宏观经济学
中国视角
（第三版）

龚刚 ◎ 著

MACROECONOMICS

北京大学出版社
PEKING UNIVERSITY PRESS

图书在版编目(CIP)数据

宏观经济学：中国视角 / 龚刚著 . — 3 版 . — 北京：北京大学出版社，2022.1
　ISBN 978-7-301-32695-4

　Ⅰ.①宏⋯　Ⅱ.①龚⋯　Ⅲ.①宏观经济学　Ⅳ.①F015

中国版本图书馆CIP数据核字(2021)第216344号

书　　　名	宏观经济学：中国视角（第三版） HONGGUAN JINGJIXUE：ZHONGGUO SHIJIAO（DI-SAN BAN）
著作责任者	龚刚　著
责任编辑	王晶
标准书号	ISBN 978-7-301-32695-4
出版发行	北京大学出版社
地　　　址	北京市海淀区成府路205号　100871
网　　　址	http://www.pup.cn
微信公众号	北京大学经管书苑（pupembook）
电子信箱	em@pup.cn
电　　　话	邮购部 010-62752015　发行部 010-62750672　编辑部 010-62767347
印　刷　者	河北滦县鑫华书刊印刷厂
经　销　者	新华书店 787毫米×1092毫米　16开本　22印张　525千字 2005年11月第1版　2012年11月第2版 2022年1月第3版　2022年1月第1次印刷
定　　　价	59.00元

未经许可，不得以任何方式复制或抄袭本书之部分或全部内容。
版权所有，侵权必究
举报电话：010-62752024　电子信箱：fd@pup.pku.edu.cn
图书如有印装质量问题，请与出版部联系，电话：010-62756370

第一版序

去年年初,龚刚教授告诉我他正在以中国经济的视角来撰写一本宏观经济学的教科书,我听了感到非常高兴,认为这是一件非常有意义的事,并鼓励他一定要把这件事做好。

近几年来,从国外翻译过来的宏观经济学教科书已经很多,书中整理的是发达市场经济国家宏观经济现象的理论研究成果,这些理论对理解成熟市场经济条件下的宏观经济运行有不少帮助。可是,宏观经济学目前仍然是经济学中最为混乱的一门学科,凯恩斯主义和新古典学派之间争论不止,像巴罗和布兰查德各自所著的宏观经济学教材那样,宏观经济学教科书随作者门派倾向的不同而在内容上有显著差异,我国的经济学界需要一本全面整理和介绍现有宏观经济理论发展的教科书。尤其目前浩如烟海的宏观经济学文献中,对发展中国家的研究不多,对转型中国家的研究则更少,我国是一个发展中经济,又是一个转型经济,宏观经济的运行有其自身的特点,根据发达市场经济国家的现象提出来的理论在我国的运用有许多局限性,我国的经济学界更需要有一本结合我国宏观经济现象研究成果的教科书。

一年多的时间过去了,我很高兴看到龚刚教授所撰写的《宏观经济学:中国经济的视角》一书已经完稿。书中不仅系统地介绍、比较、综合了凯恩斯和新古典两大学派的宏观经济学理论,同时也对我国的宏观经济问题做了大量的研究和阐释。这本书文字流畅,数据详实,结构严谨,不仅适合作为国内大学宏观经济学的教材,同时也可作为一般经济工作者了解、分析我国宏观经济和政策的参考书。

林毅夫

2005 年 8 月 24 日于朗润园

前　言

作为一本中级宏观经济学教材,本书是针对已完成经济学原理和中级微观经济学课程的学生而设计的。由于书中已经对动态系统做了概念性的介绍,因此数学上仅要求学生掌握一般的微积分运算即可。此外,本书还配备了一套电子版习题集以供教学之用。智慧树网(https://www.zhihuishu.com/)则对本人基于本教材的授课进行了全程录制。

宏观经济学是一门非常复杂同时又具有争议的学科。目前西方所流行的各种不同版本的宏观经济学教材不仅在内容安排上,而且在作者倾向上都有着明显的不同。此外,西方的宏观经济学理论主要是针对西方发达国家的市场经济所做的研究,而当前的中国经济不仅是一个发展中国家经济,同时也是具有明显社会主义特征的市场经济,其运行必然与发达国家有所不同(尽管在许多方面仍有共性)。因此,将当前宏观经济学的全景系统地展现在学生面前,同时兼顾对中国宏观经济运行的解释是一项非常艰巨的任务。我要感谢清华大学、南开大学和云南财经大学的学生们,这本书是在他们的不断敦促下完成的,而书里的内容也是在与他们的不断互动中逐步完善的。

自1978年以来,中国已经历了四十多年的改革开放。这场激励国人、令世界瞩目的变革让我们看到了一个崭新的中国。与此同时,当前的中国经济已经进入了一个新的发展阶段,而新的发展阶段也必然意味着新的经济问题和新的挑战,由此必然会产生新的经济学理论。这无疑对中国的经济学教育和研究提出了更高的要求。新版与前两版最大的区别在于追加讨论了中国经济进入新的发展阶段后所面临的新的宏观经济学问题。

在编写本书的过程中,根据教育部《高等学校课程思政建设指导纲要》等文件精神,我们力求把思政教育与专业知识有机融为一体,例如,本书第二十三章的第四节"结论和启示:从资本主义的价值观和文化看其对经济学的影响"是非常好的课程思政内容,很好地响应了国家目前提倡的教学导向,也可以根据需要将其调整为开学第一堂课的内容。

中国是发展中国家,同时也是具有明显社会主义特征的市场经济国家,对中国经济的研究在国际学术界不断升温。然而,本人一直认为,中国经济的历史、中国经济学研究的历史,要靠吾辈中国人自己来书写与完成。本书对于中国宏观经济的阐释与研究只能算是一种初步的尝试。希望得到同仁们的多多指正和不吝赐教。

龚　刚
2020年10月18日于昆明

目 录

第一部分　引言与准备

第一章　正名：作为科学的宏观经济学 (3)
一、经济学是研究"如何有效地配置资源"的吗？ (3)
二、经济学理论与经济学分析框架 (4)
三、经济环境 (6)
四、新古典和凯恩斯主义——西方经济学的简单回顾 (9)
五、目标、内容和方法 (11)
讨论与小结 (14)
思考题 (15)
附录　动态与均衡——方法论上的准备 (16)

第二章　经济波动的基本事实 (20)
一、宏观经济变量 (20)
二、发达国家的经济波动 (23)
三、中国的经济波动 (27)
四、中国是市场经济国家吗？——宏观数据的视角 (29)
讨论与小结 (32)
思考题 (32)
附录　投入－产出表和GDP的核算 (33)

第三章　新古典的批判 (37)
一、"有效配置论"的前世今生 (37)
二、完全竞争市场的批判 (40)
三、充分信心的预期 (42)
讨论与小结 (45)
思考题 (46)

第二部分　基本凯恩斯

第四章　产量决定的有效需求理论 (49)
一、Javits中心的一个交易日——虚构的故事 (49)
二、消费的决定 (53)
三、简单经济中的产出 (56)
四、乘数过程 (60)

五、混合经济中的产出 ………………………………………………………… (62)
　　讨论与小结 …………………………………………………………………… (63)
　　思考题 ………………………………………………………………………… (64)

第五章　货币与金融市场 ……………………………………………………… (66)
　　一、货币的功能和分类 ………………………………………………………… (66)
　　二、货币的需求 ………………………………………………………………… (68)
　　三、货币市场的均衡 …………………………………………………………… (71)
　　四、现代银行体系和货币供给的创造 ………………………………………… (73)
　　讨论与小结 …………………………………………………………………… (77)
　　思考题 ………………………………………………………………………… (77)

第六章　IS-LM 模型 ……………………………………………………………… (79)
　　一、投资的决定 ………………………………………………………………… (79)
　　二、产品市场和货币市场的均衡 ……………………………………………… (81)
　　三、IS-LM 模型的动态分析 …………………………………………………… (83)
　　四、均衡的变动 ………………………………………………………………… (86)
　　讨论与小结 …………………………………………………………………… (88)
　　思考题 ………………………………………………………………………… (88)

第七章　劳动力市场分析 ………………………………………………………… (90)
　　一、自然失业率 ………………………………………………………………… (90)
　　二、微观经济学中的就业理论：新古典学派的回顾 ………………………… (92)
　　三、凯恩斯的就业理论 ………………………………………………………… (96)
　　讨论与小结 …………………………………………………………………… (100)
　　思考题 ………………………………………………………………………… (100)
　　附录　举例——处于长期中的企业对劳动力的需求函数 ………………… (101)

第八章　工资与价格 ……………………………………………………………… (104)
　　一、价格决定的一般思考 ……………………………………………………… (104)
　　二、新凯恩斯主义的黏性价格理论 …………………………………………… (106)
　　三、双重菲利普斯曲线 ………………………………………………………… (109)
　　讨论与小结 …………………………………………………………………… (112)
　　思考题 ………………………………………………………………………… (112)

第九章　总供给—总需求（AS-AD）模型 ……………………………………… (114)
　　一、模型 ………………………………………………………………………… (114)
　　二、均衡和动态分析 …………………………………………………………… (119)
　　三、均衡的变动 ………………………………………………………………… (122)
　　讨论与小结 …………………………………………………………………… (127)
　　思考题 ………………………………………………………………………… (128)
　　附录 …………………………………………………………………………… (129)

第十章　宏观稳定政策 (131)
　　一、为什么需要宏观稳定政策？ (131)
　　二、货币政策 (136)
　　三、财政政策 (142)
　　讨论与小结 (145)
　　思考题 (146)

第三部分　超越凯恩斯

第十一章　凯恩斯理论的微观基础 (151)
　　一、凯恩斯基本理论的不足 (151)
　　二、追求效用最大化的消费者为什么要进行储蓄？ (153)
　　三、有界限的理性:凯恩斯产量决定理论的微观基础 (158)
　　讨论与小结 (161)
　　思考题 (162)
　　附录　具有 n 期的消费预算约束 (163)

第十二章　供给冲击 (164)
　　一、供给冲击及其对经济的影响 (164)
　　二、技术进步与积极的供给冲击 (168)
　　三、从理论公式到经验公式:双重菲利普斯曲线 (172)
　　讨论与小结 (175)
　　思考题 (176)

第十三章　开放经济(上) (177)
　　一、汇率、汇率制度与经济开放 (177)
　　二、开放经济下的总需求模型 (179)
　　三、三元悖论:开放经济条件下的宏观经济政策 (184)
　　讨论与小结 (187)
　　思考题 (188)

第十四章　开放经济(下):中国和其他发展中国家的视角 (190)
　　一、汇率与汇率制度:历史、演变与分布 (190)
　　二、发展中国家汇率制度之选择 (193)
　　三、中国外汇体制的回顾和展望 (195)
　　讨论与小结 (198)
　　思考题 (198)

第十五章　债务视角下的经济危机 (200)
　　一、明斯基的金融不稳定理论 (200)
　　二、从货币循环看债务的形成 (203)
　　三、债务利率与债务危机 (210)
　　讨论与小结 (219)

思考题 ………………………………………………………………………………（220）
第十六章　中国的宏观稳定政策 ……………………………………………………（221）
　　一、中国宏观稳定政策之特点 …………………………………………………（221）
　　二、国有商业银行体系下的货币政策 …………………………………………（225）
　　三、应对债务危机 ………………………………………………………………（228）
　　讨论与小结 ………………………………………………………………………（233）
　　思考题 ……………………………………………………………………………（234）

第四部分　增长理论

第十七章　经济增长的基本事实 ……………………………………………………（237）
　　一、趋同假设 ……………………………………………………………………（237）
　　二、人均收入转移矩阵 …………………………………………………………（240）
　　三、贫困陷阱 ……………………………………………………………………（242）
　　四、中等收入陷阱 ………………………………………………………………（244）
　　讨论与小结 ………………………………………………………………………（246）
　　思考题 ……………………………………………………………………………（247）
第十八章　哈罗德模型——古典动态分析 …………………………………………（248）
　　一、哈罗德模型 …………………………………………………………………（248）
　　二、哈罗德模型的均衡和稳定性分析 …………………………………………（250）
　　三、对哈罗德理论的批判与反批判 ……………………………………………（253）
　　讨论与小结 ………………………………………………………………………（255）
　　思考题 ……………………………………………………………………………（256）
第十九章　新古典增长模型 …………………………………………………………（258）
　　一、模型 …………………………………………………………………………（258）
　　二、均衡和稳定性分析 …………………………………………………………（261）
　　三、增长的逻辑 …………………………………………………………………（263）
　　讨论与小结 ………………………………………………………………………（267）
　　思考题 ……………………………………………………………………………（268）
第二十章　技术进步与经济增长——新增长理论 …………………………………（269）
　　一、人力资本与经济增长 ………………………………………………………（269）
　　二、知识资本与经济增长 ………………………………………………………（274）
　　三、创新及其他——关于新增长理论的几点补充 ……………………………（276）
　　讨论与小结 ………………………………………………………………………（279）
　　思考题 ……………………………………………………………………………（280）
第二十一章　两阶段理论——中国经济高速增长回顾 ……………………………（281）
　　一、过去四十多年中国经济的高速增长 ………………………………………（281）
　　二、经济发展的两个阶段 ………………………………………………………（286）
　　三、中国已经进入经济发展的第二阶段了吗？ ………………………………（291）

讨论与小结 …………………………………………………………………………（295）
　　思考题 ………………………………………………………………………………（296）

第二十二章　跨越中等收入陷阱 ……………………………………………………（297）
　　一、中等收入陷阱：原因和条件——基于简单模型的研究 ………………………（297）
　　二、国家创新体系 …………………………………………………………………（300）
　　三、中国能跨越中等收入陷阱吗？ …………………………………………………（305）
　　讨论与小结 …………………………………………………………………………（308）
　　思考题 ………………………………………………………………………………（309）

第二十三章　"看不见的手"与中国增长奇迹：是激励机制还是资源配置机制？ ……（310）
　　一、文献中"看不见的手"指什么？ …………………………………………………（311）
　　二、揭示"看不见的手"是什么 ………………………………………………………（314）
　　三、改革开放对中国经济所带来的高能激励 ………………………………………（318）
　　四、结论和启示：从资本主义的价值观和文化看其对经济学的影响 ……………（320）
　　讨论与小结 …………………………………………………………………………（323）
　　思考题 ………………………………………………………………………………（324）

参考文献 ………………………………………………………………………………（325）

第一部分
引言与准备

第一章　正名:作为科学的宏观经济学

经济学的首要任务无疑是解释经济现象。然而,当面对一个经济现象时,我们的基本分析工具是什么?是现有的经济学理论,还是基本的经济学分析框架?毋庸置疑,答案当然是后者,因为现有的经济学理论本身就来源于分析框架,它们是运用基本的经济学分析框架对某类特定的经济现象进行研究而得到的规律性总结。例如,西方经济学理论便是人们利用基本的经济学分析框架对西方市场经济运行所作的总结。从这个意义上说,经济学理论只是针对一定条件下经济现象的解说,而基本的经济学分析框架则具有普适性,是我们分析一切经济现象的基本分析工具。那么,什么是现代经济学的基本分析框架?这里,我们的论述将从经济学的研究对象开始。

一、经济学是研究"如何有效地配置资源"的吗?

作为一门独立的学科,宏观经济学必然有自己的研究对象。与此同时,作为经济学的一个重要分支,宏观经济学的研究对象与经济学的研究对象也必然存在相关性。因此,在对宏观经济学研究对象的阐释中,我们遵循从经济学到宏观经济学的分析路径。

(一)作为学科的经济学

我国教育部把经济学归为一个学科门类。但学科并不一定等于科学;算命术如果弄得复杂和系统一点也可以成为一门学科,很多人会去研究它,然而它却绝不可能成为科学。那么,什么是科学?科学就是真理、规律和事实。进一步说,科学研究的是在一定的条件下发生了什么。显然,科学不受信仰和意识形态的影响,而学科则不一样,可以具有一定的价值取向。那么,经济学是一门科学吗?还是仅仅是一门学科?

几乎所有的经济学教材都会在一开始就说明"经济学研究的是如何有效地配置资源"。这一定义在20世纪七八十年代被称为规范经济学之定义。显然,按照这样一种定义,经济学实际上就是一门劝说你应该如何去做的学问。目前主流经济学中频繁出现的最优化模型,不能不说没有受到此定义的影响。当然,这样一种定义也非常迎合一些经济学家所喜好的"指点江山"之责任。

遗憾的是,这样一种关于经济学的定义必然意味着经济学带有一定的立场和价值取向,因为对于"什么是最优"或"什么是有效"的回答本身就存在一个立场和价值取向的问题。确实,无论是在中国还是在西方,经济学研究已经越来越意识形态化。从这个意义上说,经济学已经不是一门科学,而仅仅是一门学科![1]

---

[1] 参见龚刚(2016a)。

(二)作为科学的经济学

然而,除了上述规范经济学的定义,在20世纪七八十年代,经济学还有如下实证经济学的定义:

【经济学】 经济学是研究在一定的经济环境下,经济社会的运行过程,或经济变量的决定过程。

显然,这样一种定义更符合作为科学的经济学。作为一门科学的经济学不具有阶级性,也不受意识形态的影响。如果经济学家抱着这样一种态度去研究经济问题,那么他就是科学家。

(三)宏观经济学的研究对象

在我们对作为科学的经济学有了一定的理解之后,经济学的微观和宏观之分便顺理成章了。

【微观经济学和宏观经济学】 微观经济学研究个体经济变量(如个别产品的价格和产量等)的决定过程;宏观经济学探讨宏观经济变量(如就业率、国民生产总值和通货膨胀率等)是如何被决定的。

也许有人会说,经济学研究通常是为了解决经济问题,而经济学家有责任向政府献计献策。然而,这一观点有一定的局限性。第一,只有在我们充分研究了经济社会的运行过程或经济变量的决定过程之后,才有可能提出相应的政策和建议。第二,作为一名合格的经济学家,或者作为一名科学的经济学家,他的作用绝不仅仅是提出政策和建议,以期达到某种为社会和政府所认可的目标,事实上,他还必须告诉政府和民众,这样一种政策和建议对经济所产生的各种可能的影响。例如,某项政策尽管可以减少失业(这也许是一个为社会和政府所认可的目标),然而,它却有可能造成通货膨胀的恶果(而这不会为政府和民众所认可)。当然,该项政策最终是否被采纳,仍然在于政治家和政府的抉择,而这似乎又让我们重新回到了作为科学的经济学之定义。相反,如果一名经济学家仅仅提出某项建议而吝于展示它可能带来的全方位的经济效果,则我们很难称其为合格或科学的经济学家。

二、经济学理论与经济学分析框架

我们已经知道,宏观经济学研究的是在一定的经济环境下宏观经济变量是如何决定的。于是我们不妨要问:经济变量到底是如何决定的?

(一)经济人的行为特征

毫无疑问,经济运行和经济变量的决定是众多经济人(家庭、企业和政府)的经济决策综合的结果,因此,研究经济人的决策行为(或经济人行为)是经济学研究的基本出发点。某种程度上说,经济学是对经济人行为进行研究的一门科学。① 那么,经济人行为到底具有什么样的特征?

【经济人的行为特征】 在经济学研究中,人们对经济人的行为特征有一个基本的定义,即"自私"和"理性"。所谓"自私",是指经济人在从事经济活动时总是追逐自己的利益而不顾他人的利益;所谓"理性",是指经济人是明智的,他知道自己该如何去做才能达到最优的结果。

经济人行为特征的这一假设来自经济学鼻祖亚当·斯密的《国富论》。经济学研究中经常出现的最优化模型事实上反映了理性经济人的这一假设。在现代经济学的研究中,对经济人行为特征的强调已经要求任何经济人行为方程的设定都必须来自最优化,否则将被认为不符合学术规范。

(二) 经济学分析框架

然而,上述经济人行为特征的具体表现离不开一个具体的经济环境,也绝不会是一个放之四海而皆准的真理。事实上,无论经济人如何理性、如何聪明,也无论经济人如何自私、如何贪婪,他们的行为仍然受到经济人在从事经济活动时所处经济环境的约束。②因此,经济学的研究必然是针对一定的经济环境,研究该环境下经济社会的运行过程或经济变量的决定过程。上述讨论让我们能够得出关于现代经济学研究方法和分析框架的三部曲(见图1-1):

1. 界定经济环境;
2. 确定经济人行为目标(反映自私和理性);
3. 分析经济运行(众多经济人各种经济行为的综合表现)。

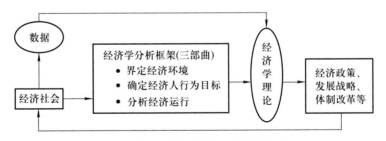

图 1-1 经济学分析框架与经济学理论

上述三部曲应该说是经济学分析的标准范式,任何合理的经济学分析都应该遵循这样一种范式。按所研究的内容、读者对象和严谨性要求的不同,具体的研究过程有可能极为复杂。例如,为了完成这三部曲,经济学家们可能会建立数学模型,借用一定的数学工具来进行分析,与此同时,为了使研究所得出的结果更加具有说服力,经济学家们还会利用数据进行检验。此外,当我们利用经济学分析框架经过实证分析得出经济学理论时,也不能忽略经

---

① 钱颖一(2003)和田国强(2005)都采用了这一定义。
② 关于经济环境更具体的讨论将在下一节展开。

济学的规范作用,如提出相应的经济政策、发展战略和体制改革建议等。经济学的这种规范作用有可能会推动经济的发展,改变现有的经济环境,而当这样一种改变达到一定程度(从量变达到质变)时,就要求我们重新界定经济环境,由此而产生新经济环境下的新经济学理论。从这个意义上说,没有永恒不变的经济学真理。①

(三) 经济学理论

应该说,现代经济学的这种分析框架具有普遍性和一般性,它不会因时而异,也不会因地而异。因此,就现代经济学的分析框架而言,"某国经济学"并不是一门独立的学科,也不存在"西方经济学"和"东方经济学"的区分。然而,现代经济学的这种分析框架并不排斥不同的经济学流派,同时也不排斥与某一区域在特定时期的经济现象相适应的经济学理论。

不同的经济学流派和经济学理论来自分析框架中特定的经济环境。正如前文所指出的,经济环境制约着经济人的行为和选择,从而形成不同的经济变量的决定过程。例如,凯恩斯主义和新古典经济学被看作宏观经济学的两大主要学派,它们都来自西方发达国家,因而都是针对西方发达国家市场经济所做的研究。然而,这两种学派对西方发达国家市场经济的观察和理解是不一样的。正是由于它们对市场经济这一经济环境的界定不同,才产生了凯恩斯主义和新古典经济学这两大国际主流经济学学派。②

由此可见,当人们用经济学的分析框架对不同的经济环境进行界定和研究时,就会得到不同的经济学理论。同理,由于目前全世界普遍接受并用于课堂教学的经济学理论来自对西方发达国家市场经济的研究,因此,当我们利用这些产生于截然不同的经济环境下的经济学理论来考察中国和其他发展中国家的经济现象时,必然会因水土不服而感到"迷惑"和"反逻辑"。

三、经济环境

我们已经知道,经济环境制约着经济人的行为和选择。作为科学的经济学,其所研究的就是在一定经济环境下,经济社会的运行过程,或经济变量的决定过程。然而,什么是经济环境?显然,经济环境是一个非常宽泛的概念。这里,我们只讨论构成经济环境最重要的两个方面,即经济发展程度和经济体制。经济发展程度和经济体制形成了经济社会环境各个方面的基础。但在这之前,我们首先需要讨论经济资源。

(一) 经济资源

实际上,经济资源并不是人们通常所理解的那样,即仅仅指由自然所赐予的土地和矿产等,更多的经济资源是由人类本身的经济活动所创造与积累的。这种非自然所赐予的资源不仅包括厂房、机器等资本设备以及道路、公园等基础设施,同时更应包括那些与技术相关

---

① 按照林毅夫教授所倡导的新结构经济学,这样一种"没有永恒不变的经济学真理"的状态被称为"常无"(林毅夫,2012d)。

② 关于凯恩斯主义和新古典经济学理论的初步比较,我们将在本章的第四节中予以讨论。更为详细的比较请参见龚刚(2007)。

的无形的人力资本和知识资本等。这其中,机器设备为企业的固定资产投资所创造;基础设施通常由政府投资而建成;人力资本从个体角度讲是个体后天获得的具有经济价值的知识、技术、能力和健康因素等,从社会角度讲是指一个国家或地区的人口素质,它的积累则来自教育投资;知识资本是人类科学研究的成果,它可以具体表现为各种论文、专著、设计和专利等,知识资本的积累来自研发投入。

【经济资源】 一个国家的经济资源不仅包括自然资源(如山川、树林和矿产等),同时更应包括人类自身经济活动所创造和积累的各种有形资源(如固定资产和基础设施等)与无形资源(如人力资本和知识资本等)。

这里我们还需强调,资源不仅是可以再生的,是可以被创造和积累的,同时也是可以被破坏、损耗、报废的。资源的再生性和被创造性为发展中国家赶上发达国家提供了希望;同时,资源的被破坏性又要求我们保护资源。我们应注意不要在创造了一种资源的同时却破坏了其他资源,减慢了资源的积累速度。

(二) 经济发展程度

毫无疑问,一个国家的经济资源,更确切地说是人均资源拥有量决定了一国居民的生活水平,而这种决定显然是通过影响和制约经济人的行为选择而实现的。当人们拥有更多经济资源时,其经济活动的选择空间就会更大,从而其经济活动的效益及生活水平就会更高。在中国,农民的生活水平普遍要低于城市居民,西部地区的发展要落后于东部地区,这些都与他们拥有的资源有关。就中国的农民而言,他们除拥有一小块赖以生存的土地和必需的生产资料外,几乎一无所有,包括没有足够的人力资本。这样,即使改革开放以后,他们被允许进入城市寻找工作,但由于他们的人力资本水平低并且缺乏其他资源,其选择也极为有限,所能从事的只是技术含量低、报酬低的工作。同理,中国西部地区的落后,在很大程度上也源于其资源的匮乏。

从某种程度上讲,发达国家和发展中国家的主要区别在于其人均资源拥有量:人均资源决定了人均 GDP(国内生产总值),从而影响一国居民的生活水平。由此,人均资源决定了一国的经济发展水平。

例如,就处于低收入水平的贫穷国家而言,其资源的禀赋结构主要体现为大量的低素质劳动力(人力资本水平较低)与相对较少的其他资本(包括固定资产及知识资本等),人均所拥有的资源很少。这样一种资源禀赋结构在经济学研究中通常被形容为大量(甚或无限)的剩余劳动力。而就处于中等收入水平的国家而言,其资本的积累(主要体现为固定资产)已达到一定程度,大规模的剩余劳动力也不复存在,但与发达国家相比,其人力资本水平仍然不高,知识资本的积累程度仍然不够。

这里有必要强调一种特殊情况:发达国家(或经济发展程度高的国家)和高收入国家并不是完全相同的概念。一个高收入国家有可能并不是一个发达国家,如部分依赖天然资源的高收入国家等,其技术水平也许并不高;但拥有先进技术和普遍高素质人力资本的发达国家一定是高收入国家。依赖天然资源的高收入国家,其选择并不多,有可能因国际资源价格的波动而重新沦为中等收入甚至低收入国家。从这个意义上说,它们并不是发达国家。

(三) 经济体制

接下来我们将讨论经济体制。显然,经济体制必然是制约经济人行为选择的另一重要因素。但什么是经济体制? 又如何区分不同的经济体制呢?

【经济体制】 一个国家的经济体制基本上可以从以下两个方面进行甄别:一是它的经济运行机制,即所谓的资源配置机制;二是它的企业制度。就经济运行机制而言,主要有市场经济和计划经济的划分;就企业制度而言,很大程度上取决于企业的所有制形式(参见图1-2)。

需要说明的是,尽管企业制度取决于所有制形式,然而同样的所有制形式也可以有不同的企业制度。例如,改革开放以来,中国的国有企业制度已经经历了不同形式的演变,有些企业制度甚至可以说是不同所有制形式的混合(如图1-2中的企业3)。尽管如此,我们仍不能否认企业的所有制形式在很大程度上制约着企业制度的设计。

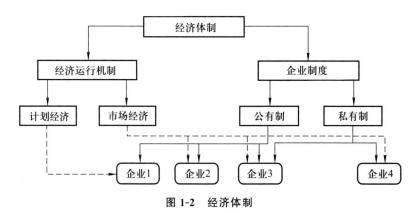

图1-2 经济体制

注:企业1——计划经济下的国有企业;企业2——市场经济下的国有企业;企业3——市场经济下的混合所有制企业;企业4——市场经济下的私有企业。

企业制度对经济的影响主要表现为对企业行为或企业所追求的目标的影响。换句话说,企业制度制约着企业的行为规范。例如,在一个集体所有制企业中,如果企业经理是由企业职工选举产生的,那么,企业的行为很可能表现为追求企业职工的最大福利,即企业职工的人均收入最高。这样的行为模式对企业的投资、雇佣和产量决策等都会产生影响。

企业制度对企业行为的影响早已引起西方新制度学派理论家们的重视。例如,加尔布雷思在其《新工业国》[①]中就曾经指出:在新工业国中,主导市场的是一些大型股份公司,由于股权极度分散,企业的决策者并不完全代表股东的利益,他们更可能是一些受过良好教育的职业经理人。因此,他们所追求的目标很可能是在一定盈利条件下企业的稳定增长或市场

---

① 参见 Galbraith(1985)。

份额。显然,这种对企业行为目标转变的强调必将冲击传统的企业行为理论。

这里我们不妨提出一个问题:构成经济体制的两大要素(经济运行机制和企业制度)之间是否存在着一个相适应的问题。我们认为,这一问题显然是存在的。例如,市场作为资源配置的一种调节机制,它的运行是否有效取决于市场参与者或交易者本身的行为。当价格上升时,我们要求供给增加或需求减少。如果交易者因企业制度的约束而反应迟钝,或作出截然相反的决策,那么我们将很难想象这样的市场能有效地调节资源的配置。

中国经济体制的改革,特别是国有企业体制的改革,在很大程度上可以理解为对构成经济体制的两大要素(经济运行机制和企业制度)进行不断调整以使两者逐步相适应的过程。(龚刚,2017)

四、新古典和凯恩斯主义——西方经济学的简单回顾

经济学中存在着各种不同的声音。如林毅夫所说:"对于同一个问题,五个经济学家可能会有六种不同的答案。"[①]然而,不同的声音背后必然有着不同的经济学理论体系和流派的支撑。接下来,我们将对本书所要讨论的两大经济学流派作一简单介绍。[②]

(一) 新古典与凯恩斯主义

西方经济学是以西方现有的经济体制和经济环境为主要背景来研究经济变量的决定过程,而市场经济和私有制企业制度是现有西方经济体制的主要特征。然而,即使是针对这样一种共同的经济体制环境,西方经济学的研究长期以来也存在着两个主要的学派:新古典学派和凯恩斯主义学派。新古典学派奉行的是自由放任的市场经济,主张减少政府干预;而凯恩斯主义学派则主张具有政府调节和干预的市场经济。

两大学派截然不同的政策主张来自它们对资本主义市场经济的不同理解。在新古典学派看来,资本主义市场经济是完全竞争的市场经济。这种完全竞争不仅体现在企业的规模和市场地位上,同时也体现在经济社会信息传递的完整性和完全性上。这种完全的信息传递使得企业和个人都能合理地预期未来,并在此基础上作出理性的经济抉择。于是,市场得以出清,社会资源得到最合理的配置。毋庸置疑,新古典学派的经济理论在很大程度上体现了亚当·斯密"看不见的手"的思想[③]。与此同时,它也反映了西方主流社会一向引以为傲的价值观。

凯恩斯主义经济学产生于20世纪30年代西方资本主义社会出现"大萧条"的时期。凯恩斯主义的这种产生背景注定了它对资本主义市场经济的解释将无法与新古典经济学相一致。在凯恩斯主义看来,资本主义市场经济并不是完全竞争的市场经济,垄断和垄断竞争是资本主义市场经济的主要特征;信息的传递通常是不对称的,具有非完整性;无论是企业还

[①] 引自 http://www.sohu.com/a/237766002_680938,访问日期:2020年5月13日。
[②] 其他学派(如奥地利学派等)还没有发展到能够按照前文所述的学术规范形成较为完整的理论体系的阶段,即使其思想极为活跃,也为很多经济学家所追捧。
[③] 事实上,经济学界对"看不见的手"有着巨大的误解。本书将对此命题逐步展开讨论。

是家庭,未来对它们来说都是不确定的,也不可能合理地预期;与此同时,市场的价格调整通常也具有黏性。正因为如此,失业和非均衡是资本主义市场经济的主要特征。所有这些都表明政府干预对经济具有积极的作用:它能减少失业和修复市场的失衡,特别是当这种失业和失衡十分严重的时候。

(二)新古典综合

新古典学派传统上注重微观层次下对经济人个体行为的研究,而凯恩斯主义学派则更注重宏观经济问题。正是这种在研究内容上侧重点的不同,使得它们在经济学发展的某一时期被当时在学术界占统治地位的经济学家们结合起来,形成了新古典综合派中的微观经济学和宏观经济学两大体系。[①]

然而,这种结合只是一种强行的撮合:它们是两种截然不同,甚至在许多情况下相互冲突的理论体系。凯恩斯主义宏观经济学不可能建立在新古典微观经济学的基础上。事实上,传统凯恩斯主义体系中的许多行为方程(如消费函数和投资函数等)并没有像微观经济学中的分析那样,从经济人的最优化过程中导出,此种形式的分析通常被认为违背了经济人行为特征的基本假设,即经济人在从事经济活动时总是最大限度地追求自己的私利。然而,在20世纪70年代中期以前,传统凯恩斯主义理论这种缺乏微观基础的弱点并没有引起经济学家们的足够重视。这在某种程度上可归因于凯恩斯主义宏观经济政策在当时对经济的有效调节。20世纪70年代以后,西方主要发达国家都先后经历了几次严重的滞胀(stagflation),即通货膨胀和失业同时存在。凯恩斯主义宏观经济政策在面对滞胀时所表现出的无能为力,使得人们开始重新审视传统的凯恩斯主义理论。这不仅导致了新古典综合派的分裂,同时也为新古典宏观经济学的崛起提供了机会。正如曼昆所指出的:

> 宏观经济学在70年代以前并没有严重的分歧。然而,有两个原因破坏了这种和谐:一个来自现实,另一个来自理论。来自现实的缺陷是,综合派的主张并不能有效地处理失业和通货膨胀的同时高涨。而理论上的缺陷则是综合派的观点在微观经济学原理和宏观经济学实践之间划下了一条裂痕。这条裂痕如此之深,使得我们无法在理智上接受。(Mankiw,1990)

(三)现代新古典和新凯恩斯主义

新古典综合派的分裂使得经济学家们开始沿着两条不同的路径展开他们的研究,并由此产生了当今经济学领域的两大主流学派:现代新古典学派(new classicals)和新凯恩斯主义学派(new Keynesians)。[②]

[①] 萨缪尔森的《经济学》一书可以被看成新古典综合派思想的集大成者。需要说明的是,即使现在,许多本科生的教材体系仍然沿用这一思路。

[②] 我们把 new classicals 译成"现代新古典",这主要是为了区分传统意义上的新古典(neoclassicals)。关于现代新古典宏观经济学的综述和批判,请参见龚刚(2004)和 Gong and Semmler(2006);关于新凯恩斯主义宏观经济学的经典文献,请参见 Woodford(2005)和 Christiano et al.(2005)等。

现代新古典学派以建立和完善以完全竞争的市场经济为微观基础的宏观经济学理论为己任。这里需要说明的是,即使在新古典综合派的框架下,索洛的新古典增长理论[①]仍然主导着宏观经济学领域对经济增长的解释。因此,新古典所缺乏的是自己的商业周期理论,即对经济波动的解释。现代新古典学派正是基于这样一种需求"成功"地创建了实际商业周期(real business cycle,RBC)理论[②]。

新凯恩斯主义学派以研究凯恩斯主义宏观经济学理论的微观基础为己任。然而,由于非完全竞争市场的情况极为复杂,新凯恩斯主义的研究远未成功。截至目前,其最为主要的成果是新凯恩斯主义的黏性价格理论,本书第八章将对此进行介绍。然而,新凯恩斯主义并没有解决凯恩斯数量决定理论的微观基础问题,这使得在大量新凯恩斯主义的研究文献中,其数量的决定方式(如产量和投资等)与新古典并没有区别。不过,数量决定理论(特别是其中的有效需求理论)才是凯恩斯理论的核心。本书对经济学研究的一个重要贡献在于弥补凯恩斯理论的这一缺陷。

五、目标、内容和方法

接下来,我们将对本书的目标、内容和方法进行简单介绍。

(一) 本书的目标

我们已经知道,宏观经济学研究特定经济环境下宏观经济变量是如何决定的。我们也同时指出,经济发展程度和经济体制基本上概括了经济环境的主要特征。西方国家以其在技术和人力资本等方面的优势通常被看作发达国家,而占世界人口大多数的第三世界则被认为是发展中国家。目前西方发达国家所流行的宏观经济学教科书通常是针对以私有经济为主体的发达市场经济所做的研究。

中国已经历了四十多年的改革开放。在这四十多年的时间里,中国经济已经从传统的计划经济转向了具有中国特色的社会主义市场经济。中国的大多数行业已成功地实现了从计划经济向市场经济的转型。在企业制度和所有制方面,中国是多种经济成分并存:民营企业、外资和合资企业在许多竞争性行业中发挥着重要作用;与此同时,传统体制中的国有经济成分在某些行业,特别是在一些关系国计民生的非竞争性行业中被完整地保留了下来。然而,就经济发展程度而言,中国仍然是一个发展中国家——尽管中国已经是一个中等收入国家,但技术、人力资本及人均GDP等与发达国家相比仍有很大的差距,部分地区仍存在着剩余劳动力,区域之间的发展也极不平衡,西部地区的经济发展远落后于东部地区。

由此可见,与西方发达经济体相比,中国经济有其自身的特点:它既是一个具有社会主义性质的市场经济,又是一个发展中经济。中国经济的这些特点造成了中国经济运行中的许多方面与西方发达国家的市场经济不尽相同,从而也无法用现有的西方经济学理论去解释。而这显然也给中国的经济学研究提出了挑战。然而,由于经济人行为中所存在的共性,

---

① 参见 Solow(1956)。
② 关于实际商业周期理论的介绍,请参见龚刚(2004)。

并且中国的大多数行业已成功地实现了从计划经济向市场经济的转变,民营经济在许多方面已经发挥着越来越大的作用,因此中国经济与西方发达国家的市场经济也存在着许多共性。这意味着我们仍然可以借用西方经济理论中的一些概念和分析方法等(特别是其中的精华部分)来研究中国的经济问题,尽管我们不能照搬照用。

本书的目标是在全面介绍西方目前所流行的宏观经济学的基础上,引入中国和发展中国家的经济元素,并严格按照现代经济学的学术规范,研究发展中国家在不同发展阶段下的经济增长和波动,对中国的宏观经济运行和宏观经济变量的决定过程进行解释。西方现有的宏观经济学理论为我们理解发达国家成熟市场经济条件下的宏观经济运行提供了许多有益的帮助。然而,在浩如烟海的经济学文献中,对发展中国家宏观经济的研究则相对较少,对社会主义市场经济条件下的宏观经济的研究则几乎是一项空白。这就要求我们在研究中国的宏观经济时,既要借鉴西方现有的宏观经济学理论,又不能受现有理论的束缚。因此,作为一种尝试,我们希望本书不仅能使读者掌握当代西方发达国家的宏观经济学,同时也能理解中国现阶段的宏观经济。

(二) 本书的内容安排

本书的内容基本上可以分为如下四个部分:

第一部分:引言与准备;

第二部分:基本凯恩斯;

第三部分:超越凯恩斯;

第四部分:增长理论。

前三章构成本书的第一部分:引言与准备。其中,第二章讨论宏观经济学所关注的宏观经济变量,它们的经济含义、波动规律和这些变量的核算方法。第三章对新古典经济学的批判可以看成是为凯恩斯的宏观经济学提供理论准备,它将帮助我们从传统的微观经济学的分析方法中解脱出来,以适应凯恩斯的动态分析方法。

本书的第二部分为基本凯恩斯模型。它是以凯恩斯在1936年出版的《就业、利息和货币通论》(以下简称《通论》)以及后人对凯恩斯《通论》思想的总结和提炼为基础。其中,第四章、第五章分别讨论了产品市场和金融市场。第六章为著名的IS-LM模型,该模型为我们揭示了产品市场和金融市场的共同作用如何决定着产量和利率。第七章讨论劳动力市场。第八章为价格和工资的决定。第九章则是基本凯恩斯模型的总结,从中我们可以看到凯恩斯理论最终可以归纳为一个总供给-总需求(AS-AD)模型。在此基础上,第十章讨论凯恩斯的宏观经济政策。

由于凯恩斯理论强调市场经济的非完全性和非均衡性,因此与新古典经济学相比,凯恩斯经济理论所揭示的经济运行过程也许更接近现实。然而,凯恩斯的宏观经济学理论并不是尽善尽美的,它对发展中国家和社会主义市场经济的研究也极为缺乏。在本书的第三部分,我们将尽可能地结合中国作为一个发展中国家和社会主义市场经济的实际情况,对基本凯恩斯模型及其政策主张进行补充和完善。

在西方经济学界,对凯恩斯理论的批判通常首先集中在它的微观基础上。例如,凯恩斯模型中的许多行为方程(如消费方程和投资方程等)并没有像微观经济学那样,从经济人的最优化过程中导出。在第十一章中,我们将从家庭的消费行为开始,对凯恩斯理论的微观基础进行讨论。

我们已经知道,基本凯恩斯理论无法解释经济的滞胀,与此同时,凯恩斯的宏观经济政策也无法有效地应对滞胀。而在20世纪80年代,这一问题在西方发达国家是普遍存在的。在第十二章中,我们将引入"供给冲击"对滞胀进行解释。

第二部分的基本凯恩斯模型所讨论的是一个封闭的经济社会,它忽略了国际经济环境对一国经济的影响。于是,在第十三章,我们讨论在开放经济条件下宏观经济变量的决定过程,并揭示开放宏观经济学中著名的"三元悖论"。在第十四章,我们讨论经济的开放将对发达国家和发展中国家所产生的不同影响。正是这种不同,导致了各国汇率制度选择等的不同。在此基础上,我们对中国的对外开放进行回顾和展望。

随着现代银行和金融业的发展,债务问题已经越来越严重。当前大量的经济危机已经不再是有效需求不足的问题,而是债务危机。在第十五章中,我们将通过对货币循环的考察,研究债务视角下的经济危机,以及如何应对债务危机等问题。第十六章则对中国的宏观调控进行回顾和总结,以凸显中国作为具有社会主义性质的市场经济国家,政府拥有强大的调动资源和控制经济的能力以应对经济危机。

对凯恩斯理论最为主要的批判也许是它缺乏对经济长期增长问题的研究。在某种程度上,基本凯恩斯模型所讨论的仅仅是短期(或中期)的经济波动或商业周期问题。就发展中国家而言,经济的长期增长问题无疑更为重要。发展中国家只有保持持续的经济高速增长,才能逐渐缩小与发达国家的差距。为此,我们将在最后七章(从第十七章到第二十三章)中,讨论经济的长期增长问题。其中,第十七章讨论经济增长的基本事实,这其中包括趋同假设、贫困陷阱和中等收入陷阱等。第十八章介绍哈罗德的古典动态模型(Harrod,1939)。正如我们所要看到的,哈罗德的古典动态模型开创了经济学从静态向动态转变的先河,也正因为如此,哈罗德无疑是现代宏观动态分析之父。可以看到,哈罗德的动态模型极为简单,这使其遭遇了众多的批判,并在主流宏观经济学中逐渐消失。然而,通过回归哈罗德,我们发现对哈罗德理论的理解和批判,不仅使我们区分出"经济增长"和"商业周期"这两大现代宏观经济学的研究主题,同时也使我们看到了凯恩斯主义经济学与新古典经济学的本质区别。

第十九章介绍索洛的新古典增长模型(Solow,1956)。毫无疑问,索洛模型是新古典宏观经济学理论的基础,其他新古典宏观动态模型基本上都可以看成是索洛模型的延伸和细化。第二十章分别从人力资本和知识资本的视角介绍新古典内生增长理论(又称新增长理论)。内生增长理论克服了传统索洛模型对技术进行简单外生化处理而没有讨论其如何进步的缺陷。

第二十一章在回顾和总结过去四十多年中国经济高速增长的基础上,研究未来中国经济增长所面临的挑战。由此建立了两阶段理论。在两阶段理论框架下,习近平所提出的中国经济"新常态"实际上就可以理解成中国的经济发展进入了其发展的第二阶段。两阶段理论无疑为习近平的"新常态"思想提供了经济学基础。第二十二章讨论中等收入陷阱问题,这其中包括陷入中等收入陷阱的原因和机制,以及中国是否陷入中等收入陷阱和如何跨越中等收入陷阱等议题。

最后,作为对全书的总结,我们将在第二十三章回到亚当·斯密"看不见的手"。我们将论证:斯密那"看不见的手"并不是指市场的资源配置机制,而是指由资本主义产权关系所决定的胁迫式的激励机制。由此我们引申出市场除了其所具备的资源配置机制,同时还具备激励机制,而激励机制(非资源配置机制)才是推动中国过去和未来经济持续高速增长的主要动力。

(三) 宏观经济学的研究方法

在讨论宏观经济学的研究方法之前,我们有必要首先澄清"均衡"这一概念。在经济学的分析中,人们经常会使用"均衡"这一概念。但"均衡"到底是一种什么状态呢?对此,人们通常的理解是供给等于需求时的状态。而当两者不相等时,市场通常被认为处于非均衡状态。毫无疑问,我们以前在微观经济学中所使用的均衡确实是指这种供需意义上的均衡。然而,在宏观经济学中,所谓的"均衡"通常已不再指供需意义上的均衡。例如,根据凯恩斯的观点,所谓的均衡通常意味着市场的非出清,或供给不等于需求。

> 下文中,我将说明:经典学派之前提,只适用于一种特例,而不适用于通常的情形;经典学派所假定的情形,是各种可能的均衡位置之极限点,而且这种特例所含属性,恰不是实际经济社会所含有的。(Keynes,1936)

这是凯恩斯在其《通论》的第一章中对经典经济学供给等于需求之"均衡"的批判。在凯恩斯看来,微观经济学中的供给等于需求之均衡只是各种可能的均衡位置上的一个特例(极限点),而且这一特例(或极限点)并非经济社会的常态(或稳定状态)。言下之意,经济的常态(或稳定状态)更可能是供给不等于需求。于是,我们该如何理解凯恩斯所说的均衡呢?

事实上,这种对"均衡"的不同认知很大程度上也体现了宏观经济学与微观经济学在研究方法上的不同。与微观经济学的静态分析相比,宏观经济学通常是一种动态分析,经济学家们通常会使用一些动态模型(或动态系统)来描述宏观经济变量的决定方式。

【宏观经济学中的均衡】 宏观经济学中的均衡通常是指动态模型中的不动点或稳定状态。

在本章的附录中,我们将对动态模型的形式、解和均衡等作一常识性的介绍。我们相信,对于动态模型的这一常识性的介绍,将有利于我们对本书内容的理解和把握。

讨论与小结

本章中我们首先提出,作为一门科学,宏观经济学是研究在特定的经济环境下宏观经济变量是如何决定的。这里的经济环境主要是指经济体制和经济发展程度。就经济体制而言,我们有所谓的计划经济和市场经济之分,以及所有制意义上的社会主义和资本主义之分;而就经济发展程度而言,我们有所谓的发展中国家经济和发达国家经济之分。

尽管不同经济环境下宏观经济变量的决定方式并不一致,然而,在任何经济环境下,宏观经济变量的决定必然是经济人行为的综合结果。事实上,经济环境对宏观经济变量决定方式的影响是通过对经济人行为选择的约束而产生的。与此同时,我们也必须看到,经济人行为又有许多共性。经济人行为共性最集中的表现在于西方经济学鼻祖亚当·斯密所提出的经济人行为特征的基本假设:追求"私利"并使其最大化。经济人行为的这种共性使得经济学研究(无论是针对何种经济环境)也体现出某种程度的共性。这种共性体现在经济学分析框架的三部曲中。

西方经济学长期以来存在着两个主要学派:新古典经济学和凯恩斯主义经济学。新古典经济学奉行的是自由放任的市场经济,主张减少政府干预。它在很大程度上论证了市场经济能有效配置资源,从而反映了西方主流社会一向引以为豪的价值观。而凯恩斯主义经济学则更主张具有政府调节和干预的市场经济。两大学派之间在政策主张上的截然不同来自它们对资本主义市场经济的不同理解。

中国已经历了长达四十多年的改革开放。中国的改革开放使得中国从传统的计划经济转向具有中国特色的社会主义市场经济。在所有制上,中国实行的是多种所有制成分并存。就经济发展程度而言,中国仍然是一个发展中国家。中国经济的这些特点意味着我们不能照搬西方现有的经济学理论。然而,由于中国已经是一个市场经济国家,由于经济学研究本身又有许多共性,因此,我们仍然可以借鉴西方的经济学理论,把其中一些有用的概念、范畴和分析方法等(特别是其中的精华部分)应用到中国的经济学研究中去(当然,我们不能照搬照用)。

思考题

1. 什么是规范经济学?什么是实证经济学?如何理解两者的关系?
2. 经济学具有意识形态吗?
3. 什么是经济学的基本分析框架?它与经济学理论是什么关系?如何区别?
4. 关于经济人行为的基本假定是什么?如何理解经济学中的最优化问题?
5. 什么是经济环境?它在经济学研究中处于什么样的地位?如何界定经济环境?
6. 什么是经济资源?如何区分各种不同类型的经济资源?各种不同类型的经济资源是如何创造或积累的?经济资源有可能被毁灭吗?
7. 什么是经济体制?如何区分不同的经济体制?能否举例说明经济体制是如何影响企业行为目标的?
8. 就经济环境而言,当前中国经济的特征是什么?
9. 请简单介绍新古典经济学、凯恩斯主义经济学、新古典综合派、现代新古典和新凯恩斯主义。
10. 什么是动态均衡?它与微观经济学中的供需均衡有何区别?
11. 请简单描述动态模型的形式、标准形式、不动点、稳定状态、均衡和解(此问题针对附录提出)。

附录　动态与均衡——方法论上的准备

我们已经知道,宏观经济学与微观经济学在方法论方面的不同很大程度上体现在对"均衡"这一概念的理解上。与微观经济学的静态分析相比,宏观经济学通常是一种动态分析。经济学家们会使用一些动态模型(或系统)来描述宏观经济变量的决定方式。接下来,我们将对动态模型的形式、解和均衡等作一个常识性的介绍。我们的目的是使读者了解动态模型的一些基本概念,这将有助于我们理解本书中的一些模型。当然,我们这里并没有过多地关注动态模型的数学解法,因为它实际上是另外一门学科的内容。

(一) 动态模型的标准形式

设 $x_{1,t}, x_{2,t}, \cdots, x_{n,t}$ 为变量 $x_1, x_2, \cdots, x_n$ 在 t 期的取值。假定这些经济变量的决定方式可以由如下动态系统(或模型)来进行描述:

$$x_{1,t} = f(x_{1,t-1}, x_{2,t-1}, \cdots, x_{n,t-1}) \tag{1.1}$$

$$x_{2,t} = g(x_{1,t-1}, x_{2,t-1}, \cdots, x_{n,t-1}) \tag{1.2}$$

$$\vdots$$

$$x_{n,t} = h(x_{1,t-1}, x_{2,t-1}, \cdots, x_{n,t-1}) \tag{1.3}$$

以上公式表明,变量 $x_{1,t}, x_{2,t}, \cdots, x_{n,t}$ 是由 $x_{1,t-1}, x_{2,t-1}, \cdots, x_{n,t-1}$ 通过函数 $f(\cdot), g(\cdot), \cdots, h(\cdot)$ 所决定的。进一步假定函数 $f(\cdot), g(\cdot), \cdots, h(\cdot)$ 为线性,则系统(1.1)—(1.3)可写成

$$x_{1,t} = a_{11}x_{1,t-1} + a_{12}x_{2,t-1} + \cdots + a_{1n}x_{n,t-1} + b_1 \tag{1.4}$$

$$x_{2,t} = a_{21}x_{1,t-1} + a_{22}x_{2,t-1} + \cdots + a_{2n}x_{n,t-1} + b_2 \tag{1.5}$$

$$\vdots$$

$$x_{n,t} = a_{n1}x_{1,t-1} + a_{n2}x_{2,t-1} + \cdots + a_{nn}x_{n,t-1} + b_n \tag{1.6}$$

其中,a_{ij} 和 $b_i (i, j = 1, 2, \cdots, n)$ 都为参数。我们可以把系统(1.1)—(1.3)或其线性形式(1.4)—(1.6)看成是动态模型的标准形式。

注意,我们这里所说的标准形式具有如下特点:第一,如果系统中有 n 个变量,则系统必有 n 个等式,否则,系统的解是不完整的。第二,系统中等式右边的变量都为一阶滞后。如果模型中出现多阶滞后的情况,我们可以用增加辅助变量的方法使模型转换成只有一阶滞后。

许多原始的动态模型都可以转换成如公式(1.1)—(1.3)或(1.4)—(1.6)所表示的标准形式。下面我们举一个例子。假如 Y_t、C_t、I_t、i_t、M_t^d 和 M_t^s 分别代表产量、消费、投资、利率、货币需求和货币供给在 t 期的取值。它们的决定方式由如下公式表示:

$$Y_t = C_t + I_t \tag{1.7}$$

$$C_t = c_0 + c_1 Y_{t-1} \tag{1.8}$$

$$I_t = a_0 - a_1 i_{t-1} \tag{1.9}$$

$$M_t^d = hY_{t-1} - ki_t \tag{1.10}$$

$$M_t^s = \overline{M} \tag{1.11}$$

$$M_t^s = M_t^d \tag{1.12}$$

模型(1.7)—(1.12)是标准的 IS-LM 模型,其中所有参数都为正值。该模型的经济意义将在第六章中予以介绍。显然,模型(1.7)—(1.12)并不是标准形式。为了把该模型转换成标准形式,我们首先用公式(1.8)和(1.9)分别解释公式(1.7)中的 C_t 和 I_t,从而得到

$$Y_t = c_0 + a_0 + c_1 Y_{t-1} - a_1 i_{t-1} \tag{1.13}$$

与此同时,用公式(1.10)和(1.11)分别代替公式(1.12)中的 M_t^d 和 M_t^s,并重新进行整理,我们得到

$$i_t = -\frac{\overline{M}}{k} + \frac{h}{k} Y_{t-1} \tag{1.14}$$

显然,公式(1.13)和(1.14)组成了一个标准的二维动态模型。

需要说明的是,当模型中出现二阶或二阶以上的滞后变量时,我们可以用增加辅助变量的方法使模型转换成只有一阶滞后。例如,在以上模型中,假如公式(1.8)变成

$$C_t = c_0 + c_1 Y_{t-1} + c_2 Y_{t-2} \tag{1.15}$$

此种情况下,我们设辅助变量 X_t:

$$X_t = Y_{t-1} \tag{1.16}$$

利用公式(1.16)解释公式(1.15)中的 Y_{t-2},然后再和公式(1.9)一起代入公式(1.7),我们得到

$$Y_t = c_0 + a_0 + c_1 Y_{t-1} + c_2 X_{t-1} - a_1 i_{t-1} \tag{1.17}$$

而公式(1.14)仍然成立。显然,公式(1.14)、(1.16)和(1.17)一起组成了一个标准的三维动态模型。

把原始的动态模型转换成标准形式的好处在于方便求解。事实上,许多求解动态系统的定理和方法都是针对标准形式来进行研究及阐述的。

(二) 动态模型的解

对于动态模型的解,我们可以理解为在给定的初始条件 $(x_{1,0}, x_{2,0}, \cdots, x_{n,0})$ 下,变量 $x_1, x_2, \cdots, x_n$ 在不同 t 时的取值。

我们以最为简单的线性动态方程

$$X_t = a + b X_{t-1} \tag{1.18}$$

为例。给定初始条件 X_0,当 $t = 1$ 时,

$$X_1 = a + b X_0$$

当 $t = 2$ 时,

$$\begin{aligned} X_2 &= a + b X_1 \\ &= a + b(a + b X_0) \\ &= a(1 + b) + b^2 X_0 \end{aligned}$$

当 $t = 3$ 时,

$$\begin{aligned} X_3 &= a + b X_2 \\ &= a + b(a + b X_1) \\ &= a + ab + b^2 (a + b X_0) \end{aligned}$$

$$= a(1+b+b^2) + b^3 X_0$$
$$\vdots$$

以此类推，我们得到

$$X_t = a(1+b+b^2+\cdots+b^{t-1}) + b^t X_0 \tag{1.19}$$

公式(1.19)反映了线性动态系统(1.18)的解，它反映了 X_t 是如何随时间 t 的变化而变化的。

需要说明的是，许多情况下，由于模型的复杂性，我们很难获得如公式(1.19)所表示的模型解的确切公式。在此种情况下，为了对模型的解有一个直观的了解，人们通常会借助计算机来对模型进行模拟，以计算模型解的路径。

（三）动态模型的稳定状态（不动点）

针对动态系统(1.1)—(1.3)或其线性形式(1.4)—(1.6)，我们可以试想，当 $t\to+\infty$ 时，$x_{1,t}$ 和 $x_{1,t-1}$ 之间、$x_{2,t}$ 和 $x_{2,t-1}$ 之间及 $x_{n,t}$ 和 $x_{n,t-1}$ 之间的距离可能会逐渐缩小。令

$$x_{1,t} = x_{1,t-1}, x_{2,t} = x_{2,t-1}, \cdots, x_{n,t} = x_{n,t-1}$$

记此时的 $x_{1,t}, x_{2,t}, \cdots, x_{n,t}$ 的取值为 $x_1^*, x_2^*, \cdots, x_n^*$。这里，我们把 $(x_1^*, x_2^*, \cdots, x_n^*)$ 称为系统的稳定状态（或不动点）。

有必要说明两点：第一，不动点（或稳定状态）有时又被称为"均衡"。显然，这里的均衡与微观经济学中的供需均衡并不是同一个概念。事实上它是一种动态意义上的均衡。第二，当动态系统为非线性时，不动点有可能是多个，甚至有可能不存在，即不动点 $(x_1^*, x_2^*, \cdots, x_n^*)$ 的解可能为多个或为复数。

我们仍然以最简单的线性动态方程(1.18)为例。令 $X_t = X_{t-1}$，并记此时的 X_t 为 X^*。于是，我们有

$$X^* = a + bX^*$$

求解 X^* 得

$$X^* = \frac{a}{1-b} \tag{1.20}$$

显然，由公式(1.20)给出的 X^* 为系统(1.18)的不动点。当 X_t 的取值为 X^* 时，X_t 保持不变。

（四）动态模型的稳定性

所谓模型的稳定性是指当 t 无限增大时，模型的解是否会趋于不动点。如果模型的解收敛于不动点，或趋于不动点周围的一个区域，则模型被认为是稳定的。其中，解收敛于不动点时，模型被认为是渐近稳定的(asymptotically stable)。否则，模型是不稳定的。模型的不稳定意味着其解是发散的。

现在我们证明：假如 $1>b>0$，公式(1.18)所代表的系统是渐近稳定的。这意味着当 $t\to+\infty$ 时，变量 X_t 必收敛于由公式(1.20)所表示的 X^*。

按照条件 $1>b>0$，我们有

$$1+b+b^2+\cdots = \frac{1}{1-b}, \quad \lim_{t\to\infty} b^t = 0$$

代入公式(1.19),我们得到

$$\lim_{t \to \infty} X_t = \frac{a}{1-b}$$
$$= X$$

在图 1-3 中,我们给出了当 $1>b>0$ 时 X 解的路径,其中,左图为 X 的初始值 X_0 小于 X^* 的情况,右图则为 X_0 大于 X^* 时的解。

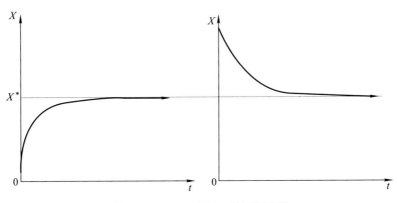

图 1-3 $1>b>0$ 下 X_t 的可能路径

最后,我们必须强调的是,不是所有的动态系统都是稳定的。例如,在线性动态方程(1.18)中,我们很容易发现,当 $b>1$ 时,X_t 是发散的,不收敛于 X^*。然而,尽管动态系统有可能是不稳定的,本书还是将和大多数宏观经济学教科书一样,如果没有特殊的说明,就把所涉及的模型都看成是稳定的,而且是渐近稳定的,即模型的解会收敛于不动点。事实上,在许多情况下,我们甚至会省略变量的时间下标。在这种情况下,我们可以把所作的分析看成是稳态分析,即针对模型的稳定状态进行分析。

第二章　经济波动的基本事实

上一章中我们谈到,宏观经济学主要是研究宏观经济变量的决定过程。那么,哪些宏观经济变量是我们所关心的?它们具有什么样的经济意义?又是怎样被衡量的?现实中它们的波动呈现出什么样的特征?所有这些都将是本章所讨论的重点。

一、宏观经济变量

我们所关心的宏观经济变量一般被分为三大类:产量、价格和就业。首先,我们讨论产量。

(一) 国内生产总值

与产量相关的最为重要的经济变量是国内生产总值(GDP)。这是我们耳熟能详的一个名词:

> 【GDP】 GDP 是指一定时期内(一月、一季度或一年)经济社会所生产的全部最终产品和服务的价值。

GDP 是反映一个国家经济活动水平的最重要的变量。我们通常所说的经济增长就是指 GDP 的增长。而一国居民的生活水平和一国的发展水平通常也是以人均 GDP 来衡量的。

这里所谓的最终产品是指所有产品中剔除了用作中间投入的那部分产品。它的用途包括消费、投资、出口等,而当其不能被用于上述途径时,则体现为存货的增加。此外,我们还须说明的是,GDP 一方面是一国最终产品的价值,另一方面也是在该国进行生产活动的所有家庭和企业所获得收入(工资、利润等)的总和。有关 GDP 的具体核算,我们将在本章的附录中作更详细的介绍。

此外,在考察一国的 GDP 时我们还必须区别名义 GDP 和实际 GDP。

> 【名义 GDP 和实际 GDP】 名义 GDP 是按当期价格计算的 GDP。实际 GDP 则是按固定价格(如某一基年价格)计算的 GDP。

显然,两者之间是有很大差别的。图 2-1 给出了中国 1952—2019 年实际 GDP 和名义 GDP 的比较,从中我们至少可以看到如下几点:

- 名义 GDP 的增长速度要快于实际 GDP,这在 1978 年改革开放以后更为明显。出现这种现象是由于名义 GDP 的增长不仅反映了实际 GDP 的增长,同时也反映了价格的增长。

- 1978年,实际GDP和名义GDP相等。这意味着在计算实际GDP时,我们采用1978年的价格。
- 1978年以前,实际GDP一般会大于名义GDP。这是由于1978年的价格高于1978年以前的价格,在用1978年作为基年计算实际GDP时,其值必然大于当期的名义GDP。然而,当我们用1978年的价格计算1978年以后的实际GDP时,其值会小于当期的名义GDP。
- 尽管1978年以前实际GDP一般会大于名义GDP,然而,它们之间的差别并不大。这意味着1978年以前,中国的物价是极为稳定的。显然,这是因为中国在当时实行的是计划经济,价格由国家所控制。

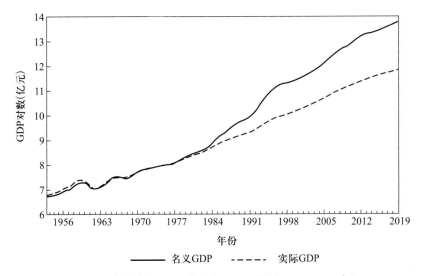

图 2-1 中国实际GDP和名义GDP对数(1952—2019年)

资料来源:国家统计局(2020),《中国统计年鉴2020》。

(二) 国民收入

如前所述,国民收入(national income)和GDP之间存在着密切的联系。然而,国民收入和GDP还是有一定的区别。

【国民收入】 国民收入是指一定时期内(一月、一季度或一年)一个国家的公民实际所获得的收入。

显然,它们之间的区别在于:由最终产品所体现的工资和利润等并不完全由本国公民所获得。例如,一家外资企业的利润显然由外国公民所拥有。在一些开放程度较高、外资企业占很大比例的国家,国民收入和GDP之间的差异可能较为明显。在此情况下,政府可能会更关注国民收入这一统计指标。当然,国民收入也应包括本国的公民在外国投资和工作所获得的收入。

(三) 物价及通货膨胀率

通货膨胀是宏观经济学所关心的另一个重要问题。严重的通货膨胀会带来政治和经济的不稳定。衡量通货膨胀严重程度的重要指标是通货膨胀率,它指的是物价的增长速度。假定 P_t 代表 t 年时的物价水平,则 t 年的通货膨胀率 p_t 可表示为

$$p_t = \frac{P_t - P_{t-1}}{P_{t-1}} \tag{2.1}$$

现实中人们会用不同的指标来衡量物价水平 P_t,其中最为主要的有 GDP 指数(又称 GDP 平减指数,GDP deflator)、消费者价格指数(consumer price index)和生产者价格指数(producer price index)。

GDP 指数和实际 GDP 的关系由下列公式给出:

$$\text{GDP 指数} = \frac{\text{名义 GDP}}{\text{实际 GDP}} \times 100\% \tag{2.2}$$

【消费者价格指数】 消费者价格指数是针对影响城市居民生活质量的一篮子商品利用加权平均法而计算出来的价格指数。

【生产者价格指数】 生产者价格指数是针对生产用原材料投入等一篮子商品所计算的价格指数。

必须说明的是,这里所选定的一篮子商品是给定的,一般不变。由此可见,GDP 指数所反映的是所有产品的价格变化;消费者价格指数关心的是与日常居民生活密切相关的消费品价格;而生产者价格指数则反映了物价变化对生产者成本的影响。

(四) 失业和失业率

宏观经济学所研究的另一个问题是失业(unemployment)。

【失业】 失业是指达到就业年龄,具备工作能力,也试图谋求工作但未得到就业机会的状态。

对于就业年龄,不同国家往往有不同的规定,美国为 16 周岁,中国为 18 周岁。

失业率是失业人数与劳动力人口之比。如果我们用 L_t 代表劳动力人口,L_t^d 代表就业,则失业率 N_t 就可以写成

$$N_t = \frac{L_t - L_t^d}{L_t} \tag{2.3}$$

失业的一个直接后果是收入的减少,从而影响到公民的生活水平,甚至会出现生活困难的情况。因此,失业问题是影响社会安定的一个重要因素。减少失业是宏观经济政策所要追求的一个主要目标。关于产生失业的原因等,我们将在第七章中专门予以讨论。

二、发达国家的经济波动

我们已经知道,经济学研究的是经济变量的决定过程。那么,现实中这些变量是如何变化的?它们之间有什么样的联系?有没有规律可循?如果经验和数据告诉我们这些规律确实存在,那么一套成熟且能适用于现有经济环境的经济学理论必须能够解释这种现象。所幸的是,现实经济中我们所观察到的经济数据通常反映的是经济社会短期的波动现象。为此,我们可以利用统计数据揭示经济的波动,并从中寻找出一些规律。接下来,我们以美国为例,考察发达国家的经济波动。

(一) 商业周期

图2-2中给出了美国1961—2014年GDP的实际年增长率,从中至少可以发现如下两个现象。第一,尽管GDP有时偶尔会下跌(增长率为负),但总体而言,美国的经济是在持续增长的(GDP的平均增长率为3.3%)。第二,经济的增长体现出某种具有周期性的波动(每个周期大约为6—9年)。在经济学中,这种周期性的波动被称为商业周期(business cycles)。

> 【商业周期】 商业周期也称经济周期,它是指市场经济周期性出现的经济扩张与经济紧缩交替更迭、循环往复的现象。一个商业周期通常需要经历由复苏到繁荣,再到衰退,最后进入危机的连续过程。

现代市场经济所体现出的这种商业周期现象,是经济学(特别是凯恩斯主义经济学)所要研究的重要课题。

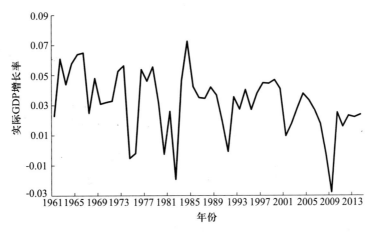

图 2-2 美国实际 GDP 增长率(1961—2014 年)

资料来源:世界银行数据库,http://data.worldbank.org.cn/。

(二) 商业周期中的失业率:奥肯法则

接下来我们将考察商业周期中失业率的波动。图2-3给出了美国1961—2014年实际

GDP 增长率和失业率变化之间的相互关系。

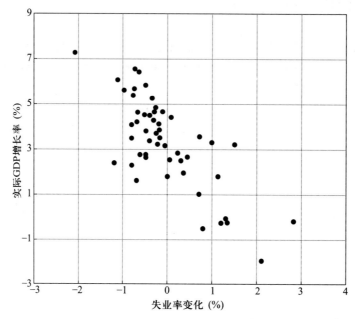

图 2-3　美国失业率变化对实际 GDP 增长率(1961—2014 年)
资料来源:世界银行数据库,http://data.worldbank.org.cn/。

我们看到两者之间是负相关的,即 GDP 的高速增长意味着失业率的下降。如果用 N_t 代表 t 期的失业率,g_t 代表 t 期 GDP 的实际增长率,对两者进行统计回归,我们会发现如下关系式:

$$N_t - N_{t-1} = -0.5(g_t - 2.25)$$

该关系式表明,要使失业率回落,GDP 增长率必须高于 2.25%。

GDP 增长率和失业率之间的这种关系通常被称为"奥肯法则",它是以发现这一关系的美国经济学家奥肯的名字命名的。①

【奥肯法则】　奥肯法则是指经济增长率和失业率的关系:当经济增长率不断上升时,失业率将从上升变为下降。

尽管将从数据所得出的某种稳定关系称为"法则"似乎有夸张之嫌,然而奥肯法则对宏观经济政策的制定具有明显的指导意义,与此同时,任何成熟的经济理论都必须对此有所解释。

(三) 商业周期中的通货膨胀率:菲利普斯曲线

通货膨胀率和失业率之间有没有稳定的关系?经验数据能告诉我们一些什么样的事实?图 2-4 给出了美国 1961—2014 年通货膨胀率和失业率之间的关系。该图似乎告诉我

---

① 参见 Okun(1962)。

们,它们之间并没有明显的稳定关系。

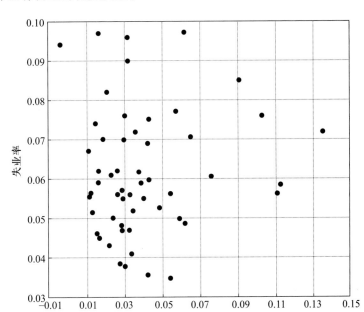

图 2-4 美国通货膨胀率对失业率(1961—2014 年)

资料来源:世界银行数据库,http://data.worldbank.org.cn/。

然而,如果我们仔细考察一下图 2-4 中的散点,就可以隐隐约约地发现三条几乎平行的向下倾斜的曲线。于是我们有必要对所观察的样本区间进行某种程度的重新组合。表 2-1 列出了我们所要考察的三个样本组合。图 2-5 给出了这三个样本组合下的通货膨胀率和失业率之间的关系。

表 2-1 考察通货膨胀率和失业率之间稳定关系的三个样本组合

	年份
样本组合 1	1961—1969 年,1994—2007 年
样本组合 2	1970—1973 年,1984—1993 年,2008—2014 年
样本组合 3	1974—1983 年

容易发现,在我们所重新组合的三个样本组合中,通货膨胀率和失业率之间存在着较为明显的替代关系。人们把通货膨胀率和失业率之间的这种替代关系称为"菲利普斯曲线"(Philips curve),它是以发现这一替代关系的英国经济学家菲利普斯的名字命名的。①

【菲利普斯曲线】 菲利普斯曲线是指通货膨胀率和失业率之间的替代:当通货膨胀率上升时,失业率会下降;反之亦然。

---

① 参见 Phillips (1958)。

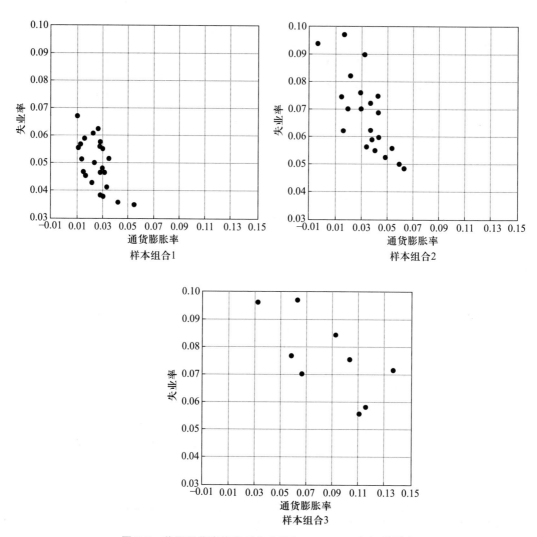

图 2-5 美国通货膨胀率对失业率(1961—2014 年):分样本

资料来源:世界银行数据库,http://data.worldbank.org.cn/。

然而,通货膨胀率和失业率之间的这种替代关系并不稳定,即菲利普斯曲线可以移动。1970年以前,通货膨胀率和失业率之间的这种替代关系不仅极为明显,而且实际上也发生于相对低水平的通货膨胀率和失业率之间(见图 2-5 中的样本组合 1)。这种替代关系意味着高通胀和高失业不可能同时并举。事实上,如果我们把样本从 1960 年往上推移到 20 世纪 50 年代初,这一低水平上的替代关系仍然非常明显。[①] 这一稳定关系的发现曾被看成是凯恩斯主义经济学的一大胜利,因为它不仅能为凯恩斯主义经济学所解释,而且也为凯恩斯主义宏观经济政策的实施提供了可行的基础。

然而,20 世纪 70 年代以后,菲利普斯曲线似乎在逐渐往外移,这一移动在 1973 年达到

---

① 有关数据我们不在此列出,感兴趣的读者可以参见 Samuelson and Solow(1960)。

极致(见图 2-5 中的样本组合 2 和样本组合 3)。事实上,在 1973 年以后的 10 年中,西方发达国家普遍经历了所谓的"滞胀"。尽管在这段时期里失业率和通货膨胀率之间仍然是相互替代的(见图 2-5 中的样本组合 3),然而与 20 世纪 70 年代以前的情况相比,无论是通货膨胀率还是失业率都可以说是极其严重的。滞胀的出现使得人们开始怀疑由菲利普斯曲线所揭示的替代关系,而这种怀疑也同样冲击着经济学理论界,因为当时在宏观经济学领域占主导地位的传统凯恩斯理论既不能解释滞胀,也找不出合适的宏观经济政策来应对滞胀。毋庸置疑,滞胀的发生是导致现代新古典宏观经济学崛起的重要原因。

1984 年以后,菲利普斯曲线似乎又在往下移。在此后的 20 年间,失业率和通货膨胀率之间的替代关系稳定地停留在 1970—1973 年的水平(见图 2-5 中的样本组合 2)。而到了 1994 年,菲利普斯曲线开始回落到 20 世纪 70 年代以前的水平(见图 2-5 中的样本组合 1)。这时,我们所看到的是较低的通货膨胀率和同时存在的较低的失业率。这一状态一直保持到 2007 年金融危机发生之前:如图 2-5 中的样本组合 2 所示,金融危机使得菲利普斯曲线再次外移至 1970—1973 年的水平。

由此我们可以看到,失业率和通货膨胀率之间确实存在着某种替代关系,尽管这种替代关系有时并不稳定,即菲利普斯曲线有时是可以移动的。经济学家们把菲利普斯曲线的移动通常归因于"供给冲击"。在第十二章,我们将对"供给冲击"做专门的讨论。

三、中国的经济波动

以上我们所给出的有关宏观经济变量的变化规律来自西方发达国家市场经济的经验。中国的改革开放已经使得中国从传统的计划经济转向了具有中国特色的社会主义市场经济,与此同时,中国仍然是一个发展中国家。那么,中国经济的运行是否也呈现出典型市场经济国家所具有的规律呢?

(一)中国的经济增长

我们对中国经济的考察将从 20 世纪 70 年代末开始。在此之前,中国的经济体制改革还没有开始,因此,当时的中国经济可以被看成是一个传统的苏联模式的计划经济。时至 20 世纪 70 年代末,中国的经济体制改革才引入了市场机制,使得中国的经济开始区别于过去传统的苏联模式。然而,中国的经济改革是一个渐进的过程,即使是现在,许多传统计划经济的因素仍然被保留了下来。与此同时,中国还是一个发展中国家。所有这些都表明,过去四十多年中国经济的运行与发达国家的市场经济相比会有许多不同之处。

图 2-6 揭示了中国自 1978 年以来的实际 GDP 增长率。可以看到,中国的经济和其他市场经济一样也会有波动,体现出明显的周期性特征。然而,中国的 GDP 平均增长率却远远高于美国等发达国家:过去四十多年,中国 GDP 的平均增长率在 9% 以上,而同期美国及一些西方发达国家 GDP 的平均增长率则在 2%—3% 左右。事实上,高速增长是改革开放以来中国经济的最大亮点。[①]

[①] 对于中国经济高速增长的解释,请参见龚刚(2008)和龚刚等(2017)。

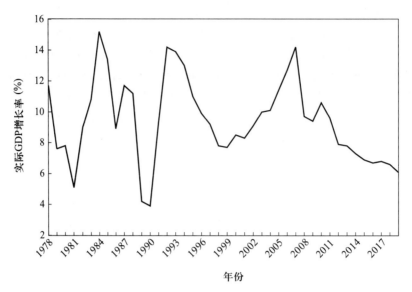

图 2-6 中国实际 GDP 增长率(1978—2019 年)

资料来源:国家统计局(2020)。

(二) 中国的奥肯法则

奥肯法则在中国是否成立呢？图 2-7 展示了中国失业率变化和实际 GDP 增长率之间的关系。与图 2-3 所揭示的美国的情况相比,我们发现,在中国,失业率变化和实际 GDP 增

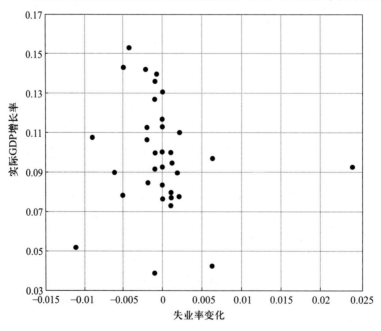

图 2-7 中国的失业率变化对实际 GDP 增长率(1979—2014 年)

资料来源:国家统计局(2015)。

长率之间并不存在明显的关系。

(三) 中国的菲利普斯曲线

如果我们考察的样本从1979年开始,则菲利普斯曲线在中国似乎也不成立。图2-8揭示了1979年以来中国的失业率和通货膨胀率之间的关系。我们发现它们之间并不存在明显的替代关系。

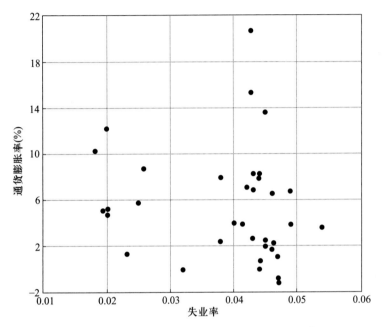

图 2-8　中国的失业率对通货膨胀率(1979—2014年)

资料来源:国家统计局(2015)。

注:通货膨胀率按GDP平减指数衡量。

上述对于中国三大宏观经济变量——GDP增长率、通货膨胀率和失业率——的考察,让我们基本可以得出如下两个结论:

- 与发达的市场经济国家相比,中国经济具有明显的高速增长态势。
- 中国的宏观经济波动与发达的市场经济国家相比具有明显的不同:无论是菲利普斯曲线还是奥肯法则在中国都还不能成立。

四、中国是市场经济国家吗?——宏观数据的视角

对于中国经济为什么会出现违反奥肯法则和菲利普斯曲线的讨论,我们首先需要理解奥肯法则和菲利普斯曲线背后的经济学逻辑。

(一) 如何理解奥肯法则和菲利普斯曲线?

首先必须说明:新古典经济学理论体系无法让我们推导出奥肯法则和菲利普斯曲线,但

它们确实能够在凯恩斯理论体系下被推导出来。详细的推导过程将随着本书的进度而逐渐明朗。这里我们只做简单论述。

在经济波动中,关于奥肯法则和菲利普斯曲线的经济学原理,可以由如下三个市场经济中的基本经济关系式导出。

- 关系式1:就业量取决于社会总产量。社会总产量越多,其所要求的劳动力投入也就越多。
- 关系式2:社会总产量取决于社会总需求。社会总需求越多,厂商所愿意提供的产量也就越多。
- 关系式3:价格取决于与社会生产能力相对应的社会总需求。过高的社会总需求通常会引发通货膨胀。

需要说明的是,以上三大关系式中,关系式1和关系式2均来自凯恩斯主义经济学。在新古典体系下,就业并非取决于产量,而是取决于工资,并通过劳动力边际产量递减曲线而得以体现。[①] 此外,在新古典体系下,产量是通过生产函数由经济社会的供给能力所决定的。

显然,奥肯法则的理论基础来自关系式1:社会总产量越多,经济越增长,其所要求的劳动力投入就越多,于是在给定的劳动力供给情况下,失业率也就当然地下降。而在给定的社会生产能力下,经济的增长通常由社会总需求的上升来拉动(关系式2),从而引起价格上涨(关系式3)。由此我们可以看出:失业率与通货膨胀率之间是相互替代的,不可能同高或同低,即确实存在着所谓的菲利普斯曲线关系。

(二) 统计数据的缺失

现在让我们回到中国经济为什么会出现违反奥肯法则和菲利普斯曲线的讨论。可以看到,无论是菲利普斯曲线还是奥肯法则,都涉及失业率这一统计数据,而有学者认为失业率目前在中国是较难全面统计的。

第一,中国的失业率目前只是针对城镇居民进行统计,而对于占人口重要部分的农民,国家并不统计其就业状况。然而,农村剩余劳动力不断涌入城市并在城市中就业和发展是过去四十多年中国经济的一大特点。由于中国户口制度的约束,农民在进入城市之后,无论是否找到工作,一般都不能享受城镇居民的福利待遇,因而他们的就业状况我们并没有掌握。

第二,在传统计划经济体制下,城镇居民的就业是一种政府行为,也就是说,企业新增劳动力并不是因为生产的需要,而是由政府分配的。尽管这种分配制度造成了城镇居民充分就业的表象,但它却加重了企业的负担,并造成了大量的隐性失业。中国的国有企业体制改革在一定程度上显化了由旧体制所造成的隐性失业,然而无论如何,这种显化仍是一个渐进的过程。

第三,如果我们一定要对中国劳动力市场的就业状况进行某种程度的描述,则可以沿用刘易斯对发展中国家二元经济的假设,即无限的剩余劳动力供给(Lewis,1954)。

所有这一切也许能够解释奥肯法则和菲利普斯曲线为什么在中国不能成立。总之,我们实际上无法获得全面的失业率统计数据。需要说明的是,就业率统计数据无法反映劳动力市场真实性的问题在许多发展中国家都存在,其他发展中国家的统计数据也同样如此。

---

① 参见本书第七章的讨论。

(三) 经济增长率与通货膨胀率之间的关系不违反典型市场经济国家的特征

如果失业率数据不能真实地反映中国劳动力市场的状况,那么我们是否还有其他方法(或数据)来考察中国是否具有市场经济国家的特征呢?为此我们有必要回到前文所述的支撑奥肯法则和菲利普斯曲线的三个经济学关系式。

可以发现,尽管我们因缺失正确的失业率统计数据而无法对关系式 1 进行求证,但如果我们能够获得正确的经济增长率和通货膨胀率数据,则我们仍然可以对关系式 2 和关系式 3 所体现的经济关系进行求证。事实上,从关系式 2 和关系式 3 中我们可以得到:经济增长率越高,通货膨胀率就越高。这一关系也可以通过奥肯法则和菲利普斯曲线推出。这里,奥肯法则是指经济增长率与失业率之间存在逆向关系,即经济增长率越高,失业率就越低;而菲利普斯曲线则反映了通货膨胀率和失业率之间的替代关系,即失业率和通货膨胀率不可能同高或同低。很显然,上述两大规律同时也意味着通货膨胀率和经济增长率之间是正相关的:较高的经济增长率通常伴随着较高的通货膨胀率。

利用与前文同样的数据,我们在图 2-9 中给出了中国自改革开放以来通货膨胀率和经济增长率之间关系的散点图。可以看到,中国的通货膨胀率和经济增长率之间呈现出明显的正相关关系,当然,个别年份除外。

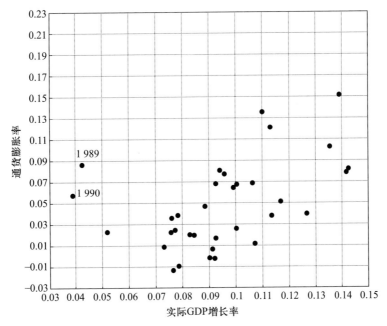

图 2-9 中国实际 GDP 增长率对通货膨胀率(1979—2014 年)

资料来源:国家统计局(2015)。

由此我们看到,至少从宏观经济数据的视角看,中国特色的社会主义市场经济并不违反典型市场经济的基本宏观经济关系。

讨论与小结

我们已经知道,宏观经济学主要是研究宏观经济变量的决定过程。为此,本章主要解决两方面的问题。第一,哪些宏观经济变量是我们所关心的?它们具有什么样的经济意义?又是怎样衡量的?第二,现实中这些宏观经济变量的波动及相互之间的关系又呈现出什么样的规律?如果经验和数据能够告诉我们这些规律确实存在,那么一套成熟且能适用于现有经济环境的宏观经济理论必须能解释此种现象。

宏观经济变量基本上可以分为三大类:产量、价格和就业。其中就产量而言,人们一般用GDP来反映。GDP是指一定时期内经济社会所生产的全部最终产品和服务(如消费、投资和出口等)的价值。与此同时,GDP也是指在该国进行生产的所有家庭和企业所获得的收入之和。

在西方发达国家的市场经济条件下,GDP是不断增长的,尽管这种增长具有波动性和周期性,这一现象被称为GDP增长的商业周期现象。与此同时,经济增长率和失业率变化之间呈负相关,此种关系被称为奥肯法则。此外,失业率和通货膨胀率之间也存在着由菲利普斯曲线所描述的替代关系,尽管这一关系并不稳定,即菲利普斯曲线是可以移动的。

中国是一个发展中国家,同时也是一个社会主义市场经济体。这就意味着我们从发达国家的市场经济中所观察到的这些规律在中国也许并不一定存在。改革开放后,中国的GDP增长率曾长期维持在9%以上,远高于同期发达国家3%左右的增长率水平。中国也存在着明显的经济周期。然而,由于中国的失业率统计只是针对城镇居民,而大量的农村剩余劳动力不在失业率统计的范围之内,因此,如果我们使用现有的中国失业率统计数据,我们会发现奥肯法则和菲利普斯曲线在中国并不成立。但与此同时,由奥肯法则和菲利普斯曲线所体现的经济增长率与通货膨胀率之间的关系在中国则明显存在。这事实上意味着至少从宏观经济数据的视角,中国特色的社会主义市场经济并不违反典型市场经济的基本宏观经济关系。

思考题

1. 请解释GDP的概念和GDP核算的支出法和收入法(此问题针对附录提出)。
2. 请解释通货膨胀率的概念以及通货膨胀率的三项指数。比较三个指数的不同。
3. 什么是失业、失业率和隐性失业?
4. 假如一位农村户口的公民来城市寻找工作,但并没有成功,那么该公民是否属于失业?为什么?
5. 从图2-2中能看出1961—2014年间美国共经历了几次商业周期吗?
6. 什么是奥肯法则?它在发达国家是否成立?在中国是否成立?
7. 什么是菲利普斯曲线?它在发达国家是否成立?在中国是否成立?
8. 请解释美国第二次世界大战以来通货膨胀率和失业率之间的替代关系。
9. 给定奥肯法则和菲利普斯曲线所体现的经济关系,经济增长率和通货膨胀率之间会有什么样的关系？为什么？

10. 什么是滞胀？滞胀的出现是如何影响菲利普斯曲线的？

11. 请简单描述投入—产出表的结构，并利用该表解释为什么GDP核算的支出法和收入法所得出的结果是一致的（此题针对附录提出）。

12. 某建筑商在2001年建造完成一套价值8 000万元的公寓大楼，并在2002年年初开始销售，假如该公寓在2002年销售完毕。请问该8 000万元价值的GDP应算入哪一年？如果2001年已出售了价值4 000万元的部分公寓套间，请问该公寓的GDP核算应如何进行？

13. 从宏观数据的视角看，中国是一个市场经济国家吗？

附录　投入—产出表和GDP的核算

在本章第一部分中我们曾经谈到，GDP是指一定时期内（一月、一季度或一年）经济社会所生产的全部最终产品和服务的价值。GDP反映的是一个国家的经济活动水平，我们通常所说的经济增长就是指GDP的增长；而一国居民的生活水平和一个国家的发展水平通常也是以人均GDP来衡量的。

然而，GDP核算绝非易事。由于它反映的是最终产品和服务的价值，因此它不是各个部门产品价值的简单加总，而应该是剔除中间产品以后所得到的价值。显然，GDP核算的要点在于克服重复计算。例如，我们不希望在把一辆汽车的全部价值计入GDP的同时，又把卖给汽车生产商的轮胎价值也算作GDP的一部分。轮胎属于中间投入，而任何中间投入的价值都不应算作GDP。

如果我们不把中间投入算入GDP，则计算GDP的方法可以有两种：一种是支出法（expenditure approach）；另一种是增值法（value added approach）或收入法（income approach）。

（一）GDP核算的支出法

利用支出法计算GDP，主要是考察最终产品和服务的用途。一般而言，最终产品和服务可以分为如下几个用途：

- 私人部门（民间）的固定资产投资；
- 私人部门（民间）的消费；
- 政府部门的消费和投资；
- 净出口（出口减进口）；
- 存货变化。

这里，我们有必要说明以下几个问题：

第一，我们没有像许多教科书上那样简单地把政府支出列入按支出法计算的GDP之中。事实上，只有政府支出中真正用于购买商品（表现为政府部门的消费和投资）的那部分支出才能计入。而政府支出中很大一部分是用于发放政府部门人员的工资和奖金等，这种支出并不能真正反映为对最终产品和服务的购买。

第二，无论是中间投入还是政府和私人部门的投资和消费都已经包括了进口产品的使用。因此，在我们按支出法计算GDP时，必须对进口予以扣除。

第三,就厂商而言,一定时期内所生产的产品并不一定能够在本期内完全出售出去,而多余的部分则体现为存货的增加。因此,存货变化也应计入按支出法计算的GDP中去。尽管这一项在整个GDP中所占比例较小,有时甚至为负值。[①]

(二) GDP核算的增值法(或收入法)

这里我们首先必须明确,所谓增值是指产品价值中扣除原材料等中间投入而得到的追加价值。例如,我们考察一辆汽车的价值构成,如表2-2所示。表中汽车的追加价值是6万元,它反映为利润、工资和折旧等。因此,在我们使用增值法(或收入法)计算GDP时,我们是把所有的产品(包括中间产品)所产生的利润、工资和折旧等收入相加而得。

表2-2 汽车的价值构成 (单位:元)

一辆汽车的价值	150 000
其中	
钢材	50 000
轮胎	10 000
玻璃	10 000
其他原材料投入	20 000
折旧	10 000
工资	30 000
利润	20 000

毋庸置疑,无论是支出法还是增值法(或收入法),它们所得出的结果是一致的。有关这一结果的证明可以在接下来的投入－产出表的分析中得到。总而言之,GDP既是一个国家所有最终产品和服务的价值,同时也是在该国进行生产的所有家庭和企业所获得的所有收入之和,它们是一个事物的两个方面。

(三) 投入－产出表

为使我们对GDP有一个更充分的了解,我们这里介绍一下投入－产出表的概念。

投入－产出表是由美国经济学家华西里·里昂惕夫于20世纪30年代所创建的。他的这一成果为他赢得了1978年的诺贝尔经济学奖。投入－产出表的基本结构由表2-3给出。

[①] 有些教科书把存货变化列为投资的一部分,即投资分为固定资产投资和存货投资。这里需要说明的是,存货投资和存货变化应该是两个不同的概念。存货投资可以看成是企业的一种理性决策行为,即企业为了应付意想不到的客户而保留的库存产量。现实中,大多数企业都为自己规定了一个标准的存货量。而存货投资则是为弥补与该标准存量相对应的现有存货的不足。当然,存货投资会造成存货变化。然而,存货变化并非仅仅来源于存货投资,它有可能产生于因企业对需求预期不精确而出现的存货积存或短缺。事实上,存货变化有可能是负的。

表 2-3 投入－产出表

投入\产出		中间产品				私人部门投资	私人部门消费	政府消费和投资	净出口	存货变化	合计
		部门 1	部门 2	⋯	部门 n						
中间投入	部门 1	X_{11}	X_{12}	⋯	X_{1n}	C_1	I_1	G_1	E_1	V_1	X_1
	部门 2	X_{21}	X_{22}	⋯	X_{2n}	C_2	I_2	G_2	E_2	V_2	X_2
	⋮	⋮	⋮	⋱	⋮	⋮	⋮	⋮	⋮	⋮	⋮
	部门 n	X_{n1}	X_{n2}	⋯	X_{nn}	C_n	I_n	G_n	E_n	V_n	X_n
追加价值	工资	W_1	W_2	⋯	W_n						
	利润	Π_1	Π_2	⋯	Π_n						
	折旧	D_1	D_2	⋯	D_n						
	其他	O_1	O_2	⋯	O_n						
合计		X_1	X_2	⋯	X_n						

表 2-3 以整个国民经济作为对象，采用表格的形式描述各个经济部门之间的投入－产出关系。其中，投入关系可以由表中的纵向列所示，它反映了各个部门产品的价值构成。按照该表，任何部门的产品价值均由中间投入价值和追加价值两部分构成。以部门 2 为例，其产品的总价值可以写成

$$X_2 = (X_{12} + X_{22} + \cdots + X_{n2}) + W_2 + \Pi_2 + D_2 + O_2 \tag{2.4}$$

其中，X_{i2} 为部门 $i(i=1,2,\cdots,n)$ 的产品被用于生产部门 2 产品的中间投入；而 W_2、Π_2、D_2 和 O_2 则分别为部门 2 中工资、利润等不同类型的追加价值。

我们接着考察表 2-3 的产出关系。这里所谓的产出是指产品的用途，它由表中的横向行所示。显然，产品的用途也基本分为两大类：一类用作中间投入，另一类则用作最终产品，如消费、投资和出口等。于是，我们同样可以用如下方法计算部门 2 的产品价值 X_2：

$$X_2 = (X_{21} + X_{22} + \cdots + X_{2n}) + I_2 + C_2 + G_2 + E_2 + V_2 \tag{2.5}$$

其中，X_{2j} 为部门 2 的产品被用于生产部门 $j(j=1,2,\cdots,n)$ 产品的中间投入；而 I_2、C_2、G_2、E_2 和 V_2 则分别为部门 2 中消费、投资等不同类型的最终产品。

显然，就某个特殊部门（如部门 2）而言，其最终产品的价值并不等于它的追加价值，因为

$$\sum_{i=1}^{n} X_{i2} \neq \sum_{j=1}^{n} X_{2j} \tag{2.6}$$

然而，当我们把所有部门的产品价值相加时，我们发现，从投入角度看，所有部门的产品价值可以写成

$$\sum_{j=1}^{n} X_j = \sum_{j=1}^{n} [(X_{1j} + X_{2j} + \cdots + X_{nj}) + W_j + \Pi_j + D_j + O_j]$$

$$= \sum_{j=1}^{n} (X_{1j} + X_{2j} + \cdots + X_{nj}) + \sum_{j=1}^{n} (W_j + \Pi_j + D_j + O_j) \tag{2.7}$$

而从产出角度看,所有部门的产品价值也可以写成

$$\sum_{i=1}^{n} X_i = \sum_{i=1}^{n}(X_{i1} + X_{i2} + \cdots + X_{in}) + I_i + C_i + G_i + E_i + V_i$$

$$= \sum_{i=1}^{n}(X_{i1} + X_{i2} + \cdots + X_{in}) + \sum_{i=1}^{n}(I_i + C_i + G_i + E_i + V_i) \quad (2.8)$$

显然,

$$\sum_{j=1}^{n} X_j = \sum_{i=1}^{n} X_i \quad (2.9)$$

$$\sum_{j=1}^{n}(X_{1j} + X_{2j} + \cdots + X_{nj}) = \sum_{i=1}^{n}(X_{i1} + X_{i2} + \cdots X_{in}) \quad (2.10)$$

其中,等式(2.9)的两边是所有部门产品价值总和的不同表达式;而等式(2.10)的两边则是中间投入(或产品)总和的不同表达式。将公式(2.7)和(2.8)分别代入等式(2.9)的左右两边,与此同时,利用公式(2.10),我们得到

$$\sum_{j=1}^{n}(W_j + \Pi_j + D_j + O_j) = \sum_{i=1}^{n}(I_i + C_i + G_i + E_i + V_i) \quad (2.11)$$

以上,等式左边是按收入法(或增值法)定义的GDP,等式右边则是按支出法计算的GDP。显然,两种方法所得出的结果是一致的。

第三章 新古典的批判

新古典经济学具有强烈的意识形态,它反映了西方主流社会一向引以为豪的价值观。这种价值观在很大程度上体现为"有效配置论",即市场能有效配置资源。某种程度上,新古典经济学是为了论证"有效配置论"而诞生和发展起来的。本章中我们将对新古典经济学理论作一番回顾,并在此基础上提出一些批判。本章可以看成是为下一章开始介绍的凯恩斯主义经济学作一理论上的准备。

一、"有效配置论"的前世今生

在经济学中,市场经济与计划经济一起被定义为一种资源的配置机制。与此同时,与计划经济相比,市场经济被公认为能有效(优化)配置资源。新古典经济学对于这样一种认识的形成可谓功不可没。

(一)"看不见的手"的至理名言

一般认为"有效配置论"源自亚当·斯密"看不见的手"的早期思想。

> 固然,他们通常没有促进公共利益心思。他们也不知道他们自己曾怎样促进社会利益。他们宁愿投资维持国内产业,而不愿意投资维持国外产业,完全为了他们自己的安全;他们所以会如此指导产业,使其生产物价值达到最大程度,也只是为了他们自己的利益。在这场合,像在其他许多场合一样,他们是受着一只看不见的手的引导,促进了他们完全不放在心上的目的。斯密(1776)

这一"看不见的手"的至理名言通常被认为是"有效配置论"最早和最为经典的论述。这里所谓"看不见的手"在经济学界通常被解释成市场机制。[①] 例如,经济学家们通常认为:市场机制是"看不见的手",政府干预是"看得见的手"。由于市场通常首先被定义为一种资源的配置机制,因此,斯密这一"看不见的手"的至理名言便自然而然地演变成了"有效配置论"。它被经济学家们在论述"市场能有效配置资源"时一次又一次地引用,影响了一代又一代的经济学家和政治家,进而指导着世界各国在经济领域的实践和选择。

然而,必须说明的是,斯密并没有从学术上论证市场经济作为一种资源的配置机制是如何有效配置资源的。在本书的最后一章,我们将论证:经济学界对斯密《国富论》的解释存在着巨大误会。所谓"看不见的手"并非指市场的资源配置机制,与此同时,《国富论》的重点也

[①] 尽管有时它又特指市场中的价格。

并不是为了论证"有效配置论"。

(二) 瓦尔拉斯的贡献

"有效配置论"的学术论证首先来自瓦尔拉斯。[①] 瓦尔拉斯给市场经济构建了一个非常具体的模型——拍卖市场,与此同时,对什么是"有效"也给出了明确的定义,即所谓市场的出清,或供给等于需求。

瓦尔拉斯的拍卖过程(tâtonnement process)也许可以理解为一种传统的市场交易模式。瓦尔拉斯假定经济社会只存在着一个市场,这意味着所有的产品都必须在这统一的市场中进行交易。市场有众多的参与者:买方和卖方。然而,当他们来到市场时,他们发现很难相互交易,因为他们首先无法确定交易价格。所幸的是,市场中存在着一个管理者(auctioneer),他的作用在于报价、调价直至得出均衡价格,即市场出清时的价格。

交易者来到市场必须遵守如下规则:他们首先必须登记其所带来的供交易的商品种类。根据交易者所提供的所有供交易的商品种类,管理者将先(随机)报出一组价格,并给交易者下发表格。于是,按照规则,交易者必须在管理者所下发的表格上如实地填写在该组价格条件下他们所愿意购买和出售的产品数量,即使他们知道该组价格并不一定是最后的成交价,即使他们知道这种填报过程需要重复多次。市场管理者在获得各交易者呈报上来的表格后,将计算出在该组价格下交易者的供给和需求,并据此作出相应的价格调整:当某种产品的需求大于其供给时,价格上调;反之,则价格下调。由此,我们的市场管理者可以报出一组新的价格并等待交易者新一轮的填报。

瓦尔拉斯声称,如果交易者按照上述规则参与市场交易,那么在反复多次进行此过程之后,我们的市场管理者必将得出一组价格:在该组均衡价格下,所有产品的供给将等于它们的需求。

然而,正如我们在前文中所指出的,这一交易模式也许只能算作众多传统交易模式中的一种。在当今社会中,我们已很难发现它的行踪。正如奈尔所指出的,

> 现在已经没有人把这一被埃格沃茨(Edgeworth)称之为"讨厌和无法令人相信的动态"(noisy and unconvincing dynamics)看成是对交易过程的一个真实写照。(Nell,1980)

瓦尔拉斯的拍卖市场后来被新古典经济学家们(如马歇尔等)包装成了看上去更为漂亮的"完全竞争市场"。而资源有效配置的标志,如市场出清(后又加上"帕累托最优"等)则进一步被包装成了所谓的"均衡"。

(三) 阿罗-德布鲁的贡献

必须说明的是,瓦尔拉斯只是以计数方程(counting equations)的方法[②]来论证均衡价格

---

① 参见 Walras(1874)。
② 所谓计数方程是指根据方程数得出能求解的变量数。

的存在,他并没有利用数学方法来证明他的结论。这一工作是由近代数学家阿罗和德布鲁完成的。

20世纪五六十年代,阿罗和德布鲁等的杰出贡献[①],使得新古典经济学在微观领域取得了巨大的成功:基于新古典经济学的一般均衡(general equilibrium)模型终于被构建出来,与此同时,新古典理论所设想的一系列结论,如"均衡""市场出清"甚至"帕累托最优"等也在他们的一般均衡模型框架下被"严格"地论证。毫无疑问,阿罗和德布鲁的贡献是令人震惊的:他们将数学如此完美地运用于经济学,突破了经济学只停留在单个市场的局部均衡(partial equilibrium)的局面,开创了向多个市场一般均衡分析的转变。从此以后,经济学与数学就结下了不解之缘。正因为如此,他们分别赢得了1972年和1983年的诺贝尔经济学奖。

那么,阿罗和德布鲁是如何构建其新古典一般均衡模型,又是如何论证均衡和市场出清的呢?接下来,我们将对此进行讨论。

拍卖市场中最为关键和核心的假定是:价格由报价员(前文的市场管理者)报价和调价,企业无权制定自己所生产的产品的价格,只能在报出的价格下提出自己所愿意的供给和需求。为了使拍卖市场中这一核心假定能够在拍卖市场之外(或实际的市场经济中)看上去合理,经济学家们不得不对完全竞争市场做一系列的假定,其中最为主要的是:

【完全竞争市场】 市场上存在着众多的生产者,生产着同质和无差别的产品,从而任何一个厂商的单独产量(或销售量)都将无法影响其产品的市场价格。

正是在这样一个"无法影响其产品的市场价格"的假定条件下,生产者将不得不放弃对自己产品的定价权,而任由自己的产品被"市场"定价。给定这样一种假设,阿罗和德布鲁首先给出了完全竞争条件下一般均衡的定义:

【完全竞争的一般均衡】 所谓完全竞争的一般均衡(competitive general equilibrium)是指一组商品和要素价格,在该组价格下,所有商品和要素的供给与它们的需求相等。

给定上述完全竞争的一般均衡之定义,阿罗和德布鲁分别论证了如下两个命题:

【一般均衡的存在性命题】 一般均衡确实存在,并且在某些特定情况下是唯一的。

【一般均衡的稳定性(或收敛性)命题】 在某些特定情况下一般均衡是收敛的,即经济会遵循其内在机制,自动地趋于一般均衡。

[①] 参见 Arrow and Debreu(1954)和 Debrue(1959)等。

二、完全竞争市场的批判

(一) 完全竞争市场存在吗?

尽管经济学教科书中把完全竞争市场看成是一种市场类型,并对其大加赞誉和论证,然而,完全竞争市场在现实中存在吗?或曾经存在过吗?

也许在历史的长河中,完全竞争市场曾经有过昙花一现,那就是资本主义商品经济的初级阶段:工匠时代(Nell,1980)。然而,随着生产力的不断发展,经济社会早已进入了以大规模生产为特征的制造业时代。在当今社会,根本就不存在千千万万个生产同质商品的厂商,即使在同一竞争性行业中,各个不同的厂商所生产的产品在质量、规格、颜色和品牌上也都存在着千差万别。

事实上,完全竞争市场最为本质的特征是厂商(生产者)无权决定自己所生产的产品价格。于是,我们不得不问:当生产者无权决定自己所生产的产品价格时,价格到底由谁来决定?可能的答案只有两种:拍卖市场中的拍卖员,或那只"看不见的手"。然而,现实中拍卖市场已经非常少见,而所谓的"看不见的手"无疑只是一种无奈的搪塞。也正因为如此,新古典经济学家们根本无法回答(或解决不了)价格是如何决定的问题,即使就所谓的农贸市场[①]而言。

事实上,非完全竞争市场(垄断、垄断竞争、自然垄断和寡头垄断等)绝对是市场经济的一般状态。价格不是由那只"看不见的手"所决定的,它是由那些生产不同品牌、质量和规格的厂商自行决定的!厂商绝不会在给定的(即由那只"看不见的手"所决定的)价格下提供自己的商品。

(二) 参照系

事实上,新古典经济学家们自己也认识到完全竞争市场在现实中并不存在。阿罗自己就曾经说过:一般均衡理论中有五个假定,每一个假定可能都有五种不同的原因与现实不符。[②] 然而,为了使一般均衡理论这一"有效配置论"最为强劲的理论支持能够保留并占据着经济学研究的制高点,经济学家们又搬出了所谓的"参照系"理论。如钱颖一教授所述:

> 现代经济学提供了多个"参照系"或"基准点"。这些参照系本身的重要性并不在于它们是否准确无误地描述了现实,而在于建立了一些让人们更好地理解现实的标尺。比如一般均衡理论中的阿罗—德布鲁定理。参照系的建立对任何学科的建立和发展都极为重要,经济学也不例外。(钱颖一,2002)

所谓参照系无疑是指比较的对象。由于完全竞争市场确实为我们描绘了一幅资源配置

[①] 农贸市场通常被经济学家们用来类比完全竞争市场。
[②] 引自钱颖一(2002)。

最完美的景象,因此,以完全竞争市场作为基准和比较的对象,研究现实经济与此最优状态的背离,看上去自然无可厚非。然而,我们不得不说,利用参照系原理对"有效配置论"进行维护有可能对经济学的研究和实践产生不可估量的负面影响。

第一,参照系原理无疑会加固西方社会长期以来一向引以为豪的价值观。在许多不明真相、对经济学一知半解的人看来,"有效配置论"通过严格的数学推演,已经得到了"科学"的论证。

第二,鉴于"参照"一词本身的含义,实践中,经济学家们在讨论经济体制改革和政府各项政策时,很容易会把它看成是一种标准。由于完全竞争市场确实意味着无须任何形式的政府干预,因此这样一种参照在实践中就会演变成"去除一切产业政策""打倒凯恩斯"和"反对有为政府"等口号。

第三,在参照系的作用下,现有的大量研究(如对房地产市场的研究、对环境和自然资源的研究和对产业结构转型升级的研究等)都不约而同地使用完全竞争市场作为其基本的市场环境之假设。一个不可忽略的原因就在于完全竞争市场通常更便于构建数理模型。事实上,当经济学开辟对某一领域的研究,如当下中国兴起的新结构经济学的研究时,通常会首先选择以完全竞争市场作为其基本的市场类型之假设。然而,参照系能参照吗?

(三) 参照系能参照吗?

在物理学和化学等自然科学的研究中,研究者们通常会构建一个实验室来论证之前的某种猜想,由此得出一定条件下物质变化的某种规律。由于这些实验室通常可以扩大重建,并形成生产产品的工厂,因此,这种科学的研究方法所得出的许多成果最后都可以产业化,进而极大地促进人类社会生产力的进步。

某种程度上,阿罗和德布鲁的研究方法非常类似于这种科学的研究方法。经济学家们首先信奉某种理念(或价值观),如"有效配置论"。为了论证这一理念的科学性,他们借用了科学研究中构建实验室的方法,构建了一个理想的经济环境——完全竞争的市场经济。在这样一种经济环境下,通过严格的数学推演,论证了"有效配置论"。

于是,一个非常有趣的问题是:既然在自然科学界,实验室环境可以扩大重建,从而使研究的成果可以产业化,那么经济环境是否也能像实验室那样构建呢?如果经济环境能够像实验室那样构建,那么我们是否就可以为我们的经济社会构建出一个完全竞争的市场经济呢?

我们认为,在某种程度上,经济社会(环境)确实能够通过外力而得以构建。例如,在中国共产党的领导下,改革开放使中国走向了市场经济。然而,这并不意味着在当前的生产力发展水平下,我们能够构建出一个完全竞争的市场经济!

在历史唯物主义视角下,人类社会有其自身的发展规律。这样一种规律来自生产力发展所具有的自身的演变规律,这种演变规律是客观的、不可逆转的和持续进步的。这样一种不可逆转的、持续进步的生产力又决定着生产关系(如经济体制和生产方式等)的不断演变。生产关系本质上是由生产力所决定的,尽管生产关系有时会对生产力具有反作用,但这种反作用通常体现在当生产关系不符合生产力时所形成的对生产力发展的制约。由此可见,生产关系必须符合生产力的发展是不可违背的真理。

生产力发展的这种自身演变的规律所体现出的客观性,使得完全竞争市场在当代经济社会根本无法构建,即使是使用最为强劲的外在力量——除非容许生产力倒退,回到资本主义早期的工匠时代。例如,完全竞争市场首先要求各个厂商的生产规模极小,从而无法形成对市场价格的影响,只能接受所谓外在给定的市场价格。然而,生产力的发展本身就意味着规模经济。由此可见,新古典所设想的完全竞争的市场经济(如果曾经存在过的话),在历史的长河中最多也只能是昙花一现。

三、充分信心的预期

斯密强调经济人是理性的,即他们不仅追逐自己的利益,同时也是聪明的人,能够知道什么样的决策对自己最好。然而,新古典所设想的经济人果真如此吗?他们真的知道什么样的决策对自己最好吗?

作为对新古典经济学理论的进一步批评,我们接下来将从新古典理论体系下经济人的决策过程揭示有关经济人行为的一个基本假设。这一假设是新古典经济学理论体系的一个关键。然而,这一假设是否符合现代市场经济的现实则是一个值得商榷的问题,或者说,这样一种经济人行为很难称得上是理性的。与此同时,凯恩斯主义的理论体系在很大程度上可以理解为是对新古典经济学这一假设的革命。因此,在某种程度上,这一讨论可以看成是为下一章开始介绍的凯恩斯主义经济学作一铺垫。

(一)家庭的决策

首先,我们将讨论家庭的决策。给定产品价格 $p_i(i=1,2,\cdots,n)$,家庭将选择需求 x_i^d 使得目标函数

$$U(x_1^d, x_2^d, \cdots, x_n^d) \tag{3.1}$$

最大,并满足约束条件

$$p_1 x_1^d + p_2 x_2^d + \cdots + p_n x_n^d = y \tag{3.2}$$

其中,$U(\cdot)$ 为家庭的效用函数;n 为产品种类的数量;y 为家庭收入。该模型的求解能使我们得出家庭对产品 i 的需求函数:

$$x_i^d = D_i(y, p_1, p_2, \cdots, p_n) \tag{3.3}$$

这里有必要澄清以下两点:

第一,一般情况下,我们会被告知收入 y 是给定的。显然,这是把家庭的消费决策孤立起来。然而,如果我们从新古典的"一般均衡"体系出发,就会发现收入来自家庭的要素(如劳动力)供给。为简单起见,我们假定家庭的要素供给是给定的,即体现为天然禀赋(endowments)。这样,收入 y 就可以定义为

$$y = w_1 l_1^s + w_2 l_2^s + \cdots + w_m l_m^s \tag{3.4}$$

以上,m 为要素种类的数量;$w_j(j=1,2,\cdots,m)$ 为要素 j 的市场价格;l_j^s 为要素 j 的供给。

第二,在家庭作决策时,它并不考虑给定的产品价格 p_i 和要素价格 w_j 是否为均衡价格。

（二）厂商的决策

我们现在考察某一生产产品 i 的厂商。它的决策可以表示为：给定产品价格 p_i 和要素价格 w_j，选择要素需求 l_j^d 和产品供给 x_i^s，使得目标函数即利润

$$p_i x_i^s - (w_1 l_1^d + w_2 l_2^d + \cdots + w_m l_m^d) \tag{3.5}$$

最大，并满足约束条件

$$x_i^s = F(l_1^d, l_2^d, \cdots, l_m^d) \tag{3.6}$$

以上，$F(\cdot)$ 可以看成是企业的生产函数。该模型的求解能使我们导出厂商对要素 j 的需求函数和产品 i 的供给函数：

$$l_j^d = d_j(p_i, w_1, w_2, \cdots, w_m) \tag{3.7}$$

$$x_i^s = s_i(p_i, w_1, w_2, \cdots, w_m) \tag{3.8}$$

显然，企业在作决策时，同样不考虑所给定的产品价格 p_i 和要素价格 w_j 是否为均衡价格。

（三）新古典决策之谜

从上述对家庭和厂商决策的描述过程中我们可以注意到如下事实：

第一，无论是家庭还是厂商，它的最优化过程都包括两个方面的决策：供给和需求。而且，两种类型的决策是同时作出的。给定有关产品和要素的市场价格（无论是否为均衡价格），厂商一方面会作出产品的供给决策，另一方面则会作出其要素的需求决策。同理，家庭一方面会作出消费的需求决策，另一方面则会作出要素的供给决策。

第二，就同一经济人而言，其决策的有效性取决于供给和需求能否都得以实现。例如，家庭需求决策的有效性不仅取决于在当前的产品价格水平下家庭能否购买到他所愿意购买的产品数量，同时更取决于他能否在当前的要素价格水平下出售他所愿意出售的要素供给。

第三，在整个决策过程中无论是产品价格还是要素价格都是给定的。家庭和厂商并不考虑这些给定的价格是否为均衡价格。

第四，上述决策过程仅仅是一种臆想的确定过程。决策并不意味着交易，唯有交易才能体现决策的有效性，没有交易的决策不具有任何的现实意义。

第五，尽管同一经济人的供给和需求决策是同时作出的，然而在现实中，与此相对应的两种交易——出售和购买——却存在着一定的时间差。

现在我们有必要举例说明新古典的决策之谜。

【农民工的决策之谜】 一个农民工来到城市寻找工作。他随身携带着一些干粮，也预备了一些现金。他进入城市后在报纸或街上的广告栏上看到了一则招工广告：某建筑工地招聘工人，工资为每小时 10 元人民币，工作时间为每周 50 个小时。

根据新古典的经济学逻辑，当看到招工广告时，该农民工会即刻计算出其每星期预期所能获得的收入为 500 元人民币，并且将此作为预算约束开始安排其消费计划。假定此消费计划包括每星期观看一场电影。于是，当该农民工恰好看到街边有一个电影院时，他就完全有可能利用身上的余钱去看一场电影，即使此刻他还

未去招聘现场,还未正式获得工作合约。

(四) 充分信心的预期

由此我们可以看到,在新古典均衡分析的背后隐藏着经济人(企业和家庭)在作决策时所持有的一个关于预期的假设。我们可以把这一假设称为"充分信心的预期"。

【充分信心的预期】 给定产品和要素的市场价格(无论均衡与否),家庭和厂商预期他们可以出售(或购买)任何数量的其愿意出售(或购买)的产品和要素。

这里我们想说明的是,上述所谓"任何数量"是指家庭和厂商通过优化过程所得出的最优数量。我们以"厂商愿意出售的产品数量"为例(见图3-1)。假如企业因生产函数的不同,其可能的供给曲线为图中的 S_1、S_2 或 S_3。显然,它们是因不同的生产函数由企业的最优化过程而导出的。因此,在给定的产品市场价格 P 下,企业愿意出售的产品数量可能为 Q_1、Q_2 和 Q_3,即给出不同的供给曲线可以得到不同的最优产量。特别地,当存在规模效益不变使得企业的边际成本为常数时,企业的供给曲线为图中的 S_4,此时企业的最优产量有可能为正无穷。按照充分信心的预期假设,无论最优产量为多少(甚至正无穷),企业都预期它可以出售出去。

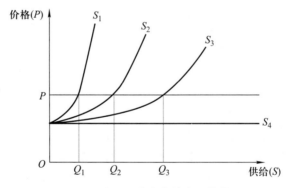

图 3-1 企业愿意出售的产品数量

显然,这一关于经济人预期行为的假设并不适合一个充满波动、不确定和信息不完全的经济社会。而这样一个经济社会却是凯恩斯经济学所设想和研究的。

需要说明的是,这一关于"充分信心的预期"假设并没有得到经济学家们的足够关注。然而,在浩如烟海的经济学文献中,我们还是可以发现一些相似的思想火花。例如,Weintraub(1977)曾经把经济人有关供给和需求决策的同时性(simultaneity)称为"谜"(anomaly);而 Clower(1965)等则把新古典经济学所定义的消费者收入[见公式(3.4)]称为"概念上的收入"(notional income),而其需求则称为"概念上的需求"(notional demand),使之与凯恩斯的有效需求(effective demand)相区别。[①]

【概念上的收入】 概念上的收入是新古典经济学理论体系下经济人所设想的收入。具体来说,它等于在当前给定的市场价格条件下,经济人所愿意提供的供给乘以当前给定的市场价格。

【概念上的需求】 概念上的需求是以概念上的收入为预算约束而得出的需求。它是新古典经济学理论体系下经济人所设想的需求,不同于凯恩斯的有效需求。

非常有趣的是,如果市场的交易是在瓦尔拉斯的拍卖市场中进行的,那么,充分信心的预期似乎能够得到充分的实现。很容易发现,交易者在瓦尔拉斯的拍卖过程中可以不受约束地按现有的报价填报他的供给和需求,而无须顾忌他所填报的供给和需求是否能够实现。交易者知道这种填报过程仅仅如同一场游戏,所以他也无须对自己的填报负责。而只有在均衡价格被报出以后,交易才被允许按均衡价格进行。此时,交易者的供需决策照理能得以实现。[②]

然而,正如我们在前文中所指出的,这一交易模式也许只能算作传统交易模式的一种。在当今社会中,我们很难发现它的行踪。

讨论与小结

新古典经济学是为了论证市场能有效配置资源,即所谓的"有效配置论"而诞生和发展的。新古典经济学具有强烈的意识形态,它反映了西方主流社会一向引以为豪的价值观。

"有效配置论"在经济学中被公认为源自亚当·斯密"看不见的手"的早期思想。然而,斯密并没有从学术上论证"有效配置论"。"有效配置论"的学术论证首先来自瓦尔拉斯,后经马歇尔、阿罗和德布鲁等的贡献,终于在新古典完全竞争市场的一般均衡理论框架下得以"严格"的论证。

然而,完全竞争市场在当今社会并不存在,非完全竞争市场(垄断、垄断竞争、自然垄断和寡头垄断等)绝对是市场经济的一般状态。事实上,新古典经济学们自己也认识到完全竞争市场在现实中并不存在。然而,为了使一般均衡理论这一"有效配置论"最为强劲的支持能够占据并保留经济学研究的制高点,经济学家们又搬出了所谓的"参照系"理论。然而,不得不说,利用参照系原理对"有效配置论"进行守护有可能对经济学的研究和实践产生不可估量的负面影响。例如,由于完全竞争市场意味着无须任何形式的政府干预,因此这样一种参照在实践中就会演变成"去除一切产业政策""打倒凯恩斯"和"反对有为政府"等口号。

[①] 有关有效需求的讨论我们将在第四章中进行。

[②] 此外,需要说明的是,这一拍卖过程仅仅是一个均衡价格的确定过程,而并没有涉及均衡价格确定以后交易该如何进行。事实上,即使在均衡价格确定以后,交易者也很难在众多的交易者中找到适合自己的交易伙伴,因此交易过程远未完成。有关交易过程的进一步讨论将在第四章中进一步展开。

此外，新古典经济学所设想的经济人具有"充分信心的预期"。这一假设是新古典理论体系的一个关键。尽管这一假设能够在瓦尔拉斯所设想的交易模式中得以实现，然而，这样一个关于经济人预期行为的假设在一个充满波动、不确定和信息不完全的经济社会中是极不理性的。而正是这样一个充满波动、不确定和信息不完全的经济社会却是凯恩斯经济学所设想和研究的。由此，本章对新古典经济学的回顾和批评可以看成是为下一章开始介绍的凯恩斯经济学体系作一理论上的铺垫。

思考题

1. 什么是"有效配置论"？
2. 什么是斯密的"看不见的手"的至理名言？这一名言确实反映了"有效配置论"这一思想吗？
3. 请介绍瓦尔拉斯的交易市场。为什么这样一种交易市场论证了"有效配置论"？
4. 瓦尔拉斯的交易市场在现实中存在吗？请考察现实生活中的一个交易市场，并研究该市场中的交易是如何进行的。
5. 什么是完全竞争市场？完全竞争市场对于"有效配置论"具有什么样的作用？
6. 完全竞争市场存在吗？为什么？
7. 什么是参照系？为什么新古典经济学家愿意将完全竞争市场看成是一个参照系？参照系的作用是什么？
8. 完全竞争市场能通过经济体制的改革参照构建吗？为什么？
9. 请讨论参照系理论对经济学的研究和实践所可能产生的负面影响。
10. 在新古典理论体系下，厂商和家庭是如何作决策的？请讨论新古典的决策之谜。
11. 什么是"充分信心的预期"？为什么说新古典经济学意味着经济人具有"充分信心的预期"？
12. 为什么按照瓦尔拉斯的交易模式，"充分信心的预期"是能够实现的？
13. 如何理解新古典理论体系下的"一致性之谜"？为什么在新古典理论体系下，家庭（或厂商）的收入和需求均是"概念上的收入"和"概念上的需求"？

第二部分

基本凯恩斯

第四章　产量决定的有效需求理论

从本章开始到第十章是本书的第二部分。在这一部分中，我们将介绍凯恩斯宏观经济学的基本理论和政策主张。我们的目标在于讨论凯恩斯理论体系下我们所关心的宏观经济变量是如何决定的，并在此基础上进一步介绍凯恩斯的宏观经济政策。

必须说明的是，凯恩斯的宏观经济学只涉及短期的商业周期问题。在凯恩斯看来，"在长期，我们都将死去"。因此，凯恩斯并不讨论长期增长问题。此外，由于这一部分内容以介绍凯恩斯宏观经济学为主要目标，因此我们基本上不太涉及中国经济。对于凯恩斯理论的批判以及它在中国经济中的应用将在本书的第三部分逐步展开。

本章中，我们将讨论凯恩斯理论体系下产量是如何决定的。我们这里所说的产量是指宏观意义上的 GDP。凯恩斯关于产量决定的理论又被称为"有效需求理论"（effective demand theory）[1]，它是整个凯恩斯理论的核心。

一、Javits 中心的一个交易日——虚构的故事

如前所述，新古典理论体系强调的是经济人的决策，即所谓的最优化过程，但决策的实现有赖于市场的交易。如果市场的交易经常使经济人的决策无法实现，那么我们有理由相信经济人将改变其决策方式。因此，对于交易过程的研究是评价任何经济学理论是否有效的一个重要环节。为此，我们将首先探讨凯恩斯主义理论体系所蕴含的交易过程。[2] 读者也可将其与瓦尔拉斯的交易过程相比较，以判断哪种交易过程与现实更为接近。

（一）先买还是先卖？——新古典均衡分析下无法破解的难题

承接上一章，现在让我们的经济人离开瓦尔拉斯的拍卖市场，来到一个充满危机和不确定性（但似乎又充满机遇和诱惑）的经济中。我们假定在这样一个经济中，我们的理性经济人不具备"充分信心的预期"。

当我们的经济人来到这一社会时，他会从事两种类型的交易：买和卖（或购买和出售）。然而到底是先买后卖还是反过来呢？新古典的经济学家们并没有回答这个问题。在他们的理论体系中，有关"买"和"卖"的决策是同时作出的。温特劳布（Weintraub，1977）曾把新古典学派这种买卖决策的同时性称为"谜"。而非均衡经济学大师贝纳西则更是在这一问题上纠缠不清，例如，在他的 *Economics of Market Disequilibrium* 一书的第四章中[3]，他对经济人在不同市场上实施的交易行为进行了时序上的排列。通过这种方法，他揭示了某一"初始

---

[1]　注意，有效需求和上一章所介绍的新古典概念上的需求有本质的区别。
[2]　本节关于交易过程的讨论来自龚刚（2005b，2007，2012）。
[3]　参见 Benassy(1982)。

扰动"(initial disturbance)在各个市场所引起的"溢出效应"(spill-over effect)。然而,在该书的第七章中,他又放弃了这种时序,并重新回到了一致性的假设。在他看来,尽管现实中经济人是有序地访问着一个又一个的市场,然而在研究中以同时性的方法描述这种行为却是"绝对标准"的:

> 我们所作的另一简化假定是经济人将在当期同时在各个市场上展开交易,尽管现实中这种交易是有序的。在一个多种市场的均衡模型中,这一假定是绝对标准的。与此同时,它简化了我们的阐述,因为我们无须对这种交易程序进行排列。(Benassy,1982)

然而,无论如何,就某一经济人而言,交易毕竟是有序的。接下来,我们将尝试回答我们所提出的"先买还是先卖"的问题。我们不妨假定所考察的经济人(家庭或厂商)是先买后卖。如果发生此种情况,那么,我们的经济人必须同时满足如下两个约束:
- 他必须有足够的资金来支付其购买;
- 他必须能够预期到他可以出售与此购买行为相关的产品或服务。

显然,如果我们的经济人并不具有充分信心的预期,则第二个条件无法满足。此时,即使他有足够的资金(如采用借款等)来支付他的购买,他仍然会首先从事他的销售活动(如获得合约和订单等)。在一个充满不确定性的经济中,企业即使拥有足够的资金,也不可能为一些无法确定销路的产品去购买原材料和劳动力等来进行生产。同样,在无法知道是否可以出售或者可以出售多少要素服务的情况下,家庭也不可能计划和实施其消费。

因此,在一个充满不确定性的经济中,我们可以预见人们将首先实施他们的销售活动,即大家都会先卖。然而,假如所有的交易者都将先卖后买,那么经济中的需求从何而来呢?如果没有人试图首先提出需求,则整个经济系统将无法运转。就新古典学派而言,这是凯恩斯主义理论因强调经济的不确定性而给新古典经济学所提出的一道理论难题!显然,在新古典理论体系下,这一难题无法破解。我们需要一场方法论上的革命!

(二)明码标价

我们已经知道,新古典关于产量决定理论的一个最大问题在于其所隐含的"充分信心的预期"之假设。我们发现这一假设并不符合一个充满不确定性的经济。为了使读者对凯恩斯的产量决定过程有一个直观的了解,我们不妨模仿一下瓦尔拉斯,构筑一个关于交易过程的故事。

市场是人们从事交易的场所。由此,市场是多种多样的:从人们日常生活中的街边小摊、商店和小菜场到华尔街的股票交易所都可以看作市场。市场也可以是穿越时空的,人们可以在A地的市场交易B地未来的产品。与此同时,市场作为"交易场所"这一概念也可以是抽象的。例如,人们可以在网上或报纸上得到信息,并用信用卡或电子支付系统进行支付。显然,这样的交易不需要一个具体的场所。

更需注意的是,随着商品经济的发展,市场的交易模式(或规则)也在不断地更新。尽管瓦尔拉斯交易市场中的拍卖模式也许可以理解为一种传统的市场交易模式,但这样一种模式在现代经济社会中已经非常少见。现代经济社会中的交易模式更多的是明码标价。

【明码标价】 明码标价是一种交易模式。它是指企业(或店家)通过展示商品,并以标签等形式明确注明该商品的价格,以求获得交易的方式。它与瓦尔拉斯交易市场中的拍卖模式具有本质的区别。

显然,无论是街边小摊、商场、农贸市场,还是互联网上的交易都是明码标价式的交易。

(三) Javits 中心的交易模式[①]

假定我们所考察的经济中有一个特殊的地方,可以称之为交易中心。在交易中心,人们按照自己的意愿提出需求和供给,并从事交易。然而,与瓦尔拉斯的拍卖过程所不同的是,这里我们无须让所有的交易者都集中在一起听从市场管理者的报价。事实上,整个中心被划分成不同的场地和摊位,被不同的厂商租用,以明码标价的方式宣传、等待和寻找交易。我们可以进一步假定,生产相同类型产品的厂商被要求将他们的摊位摆放在一处,以保证价格的传递是有效的(尽管各个厂商的生产基地分散在各处)。这样一个交易中心很像美国纽约的 Javits 中心。在那里,经常会有不同的交易会和展示会。

事实上,我们不妨设想:把交易中心内各个明码标价的摊位散落于全国各地,或者说把散落于全国各地明码标价的小摊、实体商店、网上商店和各个工厂的直销店集中于交易中心,并按产品种类划分的区域设置各自的摊位,结果,我们发现 Javits 中心的交易模式与现实中的交易模式并没有本质上的区别,尽管价格等信息的传递在 Javits 中心更为有效。

(四) Javits 中心的交易日

为了便于分析,我们假定一个特殊的星期一,它具有如下特点:

(1) 所有的生产合约(包括企业与企业之间的以及企业与个人之间的合约)都已到期,因此所有的生产活动都已在上星期五停止。

(2) 各个厂商都有一定数量的存货,这使得它们无意进货或生产更多的产量(如果没有新的订单)。

(3) 每个家庭都有足够数量的生活必需品和一定数量的存款及现金。

此种情况下,厂商来到交易中心的目的有两个:第一,它必须出售自己的存货或获得新的产品订单;第二,它必须购买新的投入以用于生产。然而,由于所有的生产合约都已过期,而存货又是足够的,因此它首要任务是销售,即它必须首先守在自己的摊位上等候买主的到来。只有在获得新的订单(或其存货减少到一定数量)时,他才会考虑购买新的投入(或进货)。

就家庭而言,由于他们的工作合约已经到期,未来能否有新的工作仍未可知,而与此同时,他们又有足够数量的生活必需品,因此,他们来到交易中心的目的首先在于出售自己的

---

① Javits 中心位于美国纽约市的曼哈顿中城。本书作者在纽约攻读经济学博士学位时,曾利用暑假在那里打工,由此观察到 Javits 中心的交易模式。

劳动，以获得新的工作合约。如果成功，他们也许会用口袋里的钱买点奢侈品回家享用。

可以试想一下，在此种情况下，整个交易中心应该是死气沉沉、冷冷清清的，因为每个经济人（厂商和家庭）都在等待——等待买主的到来，等待出售自己的产品（或劳动力）。但是，如果每个人都在等待自己的买主首先出现，那么交易又如何启动呢？①

（五）交易过程的启动

由此看来，为了打破这一潭死水，我们需要有一个特殊的交易者来到交易中心，该交易者的特殊之处就在于只买不卖，或先买后卖。然而，现实中有没有这样的交易者呢？

有！他们是投资者、政府和出口商。投资是一项长期支出，它的回报也是一个长期的过程，因此无须以近期的生产合约为必要条件，况且从投资到形成生产能力同样需要一段时期；就政府和出口商而言，他们的交易目的显然只是购买。正因为如此，对于这三项支出（投资、政府支出和出口），人们赋予其一个特殊的名称——"自需求"。

【自需求和引致需求】 宏观经济学中的需求可以区分为两种不同的类型：一种为引致需求（induced demand），另一种为自需求（autonomous demand）。引致需求是指近期必须通过某种销售活动以使财务能够获得补偿的需求。自需求是指近期与国内销售无关的需求，尽管从长远来看，其支出仍需补偿。

现实中，引致需求应包括企业的各种中间投入（如原材料投入）和家庭消费等。当然，也不是所有的家庭消费都可看成是引致需求。例如，我们很难把家庭购买住房的消费看成是引致需求，它与家庭的近期收入无关。②

假定我们的投资者来到某建筑公司的摊位上。经过一番艰难的讨价还价过程，终于以某一合理的价格敲定生意：由该建筑公司承建一座大楼。于是，该建筑公司的经理们便开始忙碌起来了，他们不停地穿梭于各个摊位间，以订单和合约的形式购买建楼所需的钢材、水泥和劳动力等。接着，那些生产钢材、水泥的厂商以及刚签下新合同的工人们也开始活跃起来，他们欣喜地来到各个摊位前提出自己的需求。于是，我们看到整个交易中心开始变得热闹起来，呈现出一派繁荣的景象。

然而，如果没有新的自需求产生，这种繁荣的景象不可能持久，因为由我们那位投资者所带来的一系列反应（引致需求）最后会收敛于零。③ 因此，在所有的反应归于平息之后，我们的交易中心将重新陷入死寂，在希望中等待新的自需求者的到来。

我们可以称这一反应上的静止为均衡。它不同于通常的供需均衡，而是经济社会对先前投资者的投资行为的反应所达到的均衡。显然，它是一种动态意义上的均衡（或不动）。

然而，我们并不应该认为这种均衡可以在现实社会中观察到。事实上，我们的交易中心恐怕没有静止之时，因为经常会有新的自需求者来到交易中心，使得在此前自需求者所引起的反应静止之前，又激起一轮新的需求连锁反应。而每一项自需求所引起的反应均需要一

---

① 这实际上意味着经济陷入了前文所提的无法运转之困局。
② 此种类型的消费似乎更应看成是家庭的一种投资，其补偿是一个长期的过程。
③ 有关这一收敛结论的证明将在后文中给出。

段时间,因此在现实中我们很难区分(事实上根本不可能区分)某项交易是对哪项自需求的反应。然而,在经济分析中,我们不妨把现实生活中所观察到的交易和需求想象成是由发生于以前的某项或多项自需求所引起的反应。

【乘数效应和乘数过程】 我们把由某项自需求所引起的反应(体现为一系列的引致需求)称为由该项自需求所带动的乘数效应,而将这一反应过程称为乘数过程。

我们的故事尽管简单抽象,却反映了凯恩斯产量决定理论的本质。而凯恩斯的产量决定理论通常又被称为"有效需求理论"或"乘数理论"。

二、消费的决定

前文所讨论的交易模式已经使得我们对凯恩斯的有效需求理论有了一个直观的了解。接下来我们将以建模方式讨论凯恩斯有效需求理论下产量的决定过程。我们已经知道,凯恩斯的有效需求理论意味着产量是由需求决定的。而需求可以分为消费、投资、政府支出和出口,其中消费是所有需求中所占比例最大的,一般在50%以上。为此,我们将首先讨论消费的决定。

(一) 消费函数

在本章的第一部分我们曾经引出了有关自需求和引致需求的概念。由于消费在许多情况下取决于家庭的近期收入,而家庭收入则由家庭出售的要素服务所得,因此,消费需求通常是一种引致需求。必须说明的是:引致需求不仅包括家庭的消费需求,同时也包括企业的各种中间(原材料)投入。然而,在宏观经济学中,由于我们只对GDP(最终产品)感兴趣,因而在通常情况下,我们不考虑企业的中间投入,所以宏观经济学中的引致需求更多是指家庭消费。

然而,并不是所有的家庭消费都是引致需求。例如,我们很难把家庭购买住房的消费需求也看成是一种引致需求,这样一种需求很难与家庭的近期收入相关联。事实上,此种类型的消费需求似乎更应看成是一种家庭的投资,其补偿通常是一个长期的过程。

按照上述讨论,我们可以把消费分成两类:一类为自消费,另一类为引致消费。记收入为符号Y,消费为C,则我们可以把消费函数写成如下形式:

$$C = \bar{C} + cY \tag{4.1}$$

其中,$\bar{C}$可以理解为自消费,它与收入Y无关;c则假定为一个大于0小于1的参数。这样一个c的取值意味着当收入增加时消费也将随之增加,但消费的增加不会超出收入的增加。图4-1描述了由公式(4.1)所表示的消费函数。

必须强调:从前文所述的交易过程中我们可以看到,这里的收入Y并非新古典理论体系下的概念上的收入,而是指已经实现或有合约等保障的确定性收入。因此,这些收入是有效的。而以这些确定性的有效收入为预算约束得出的消费需求无疑是有效需求。

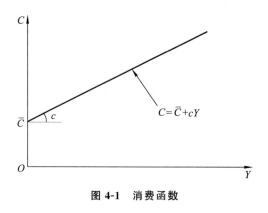

图 4-1 消费函数

【有效需求】 所谓有效需求是指在具有确定性的有效收入基础上所提出的需求。

显然,在凯恩斯理论体系下,引致需求一般都为有效需求。因此,除消费需求外,企业对原材料的需求和对劳动力的需求都可以理解为有效需求。

(二) 储蓄函数

在消费确定以后,我们也可以确定储蓄。储蓄是指收入中减去了用于消费而被储存起来的那一部分收入。记储蓄为 S,则储蓄函数可写成

$$S = Y - C \tag{4.2}$$

将公式(4.1)代入公式(4.2),我们得到

$$S = -\overline{C} + (1-c)Y \tag{4.3}$$

图 4-2 给出了由公式(4.3)所示的储蓄函数。

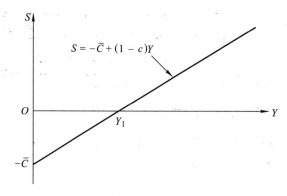

图 4-2 储蓄函数

显然,由于 c 在 $(0,1)$ 区间内取值,因此储蓄不仅存在,而且随收入的增加而增加。然而,当收入很小(如小于图中的 Y_1)时,储蓄有可能是负的。此种情况下,家庭就使用过去的

存款进行消费。当然,出现此种情况无疑是由于自消费 $\overline{C}$ 的存在。[1]

(三) 几个基本概念

接下来,我们给出几个基本概念。

边际消费倾向(MPC),增加单位收入所引起的消费增加:

$$\text{MPC} = \frac{\Delta C}{\Delta Y} \tag{4.4}$$

其中,ΔC 和 ΔY 分别表示消费和收入的增量。

边际储蓄倾向(MPS),增加单位收入所引起的储蓄增加:

$$\text{MPS} = \frac{\Delta S}{\Delta Y} \tag{4.5}$$

其中,ΔS 表示储蓄增量。

平均消费倾向(APC),平均单位收入的消费:

$$\text{APC} = \frac{C}{Y} \tag{4.6}$$

平均储蓄倾向(APS),平均单位收入的储蓄:

$$\text{APS} = \frac{S}{Y} \tag{4.7}$$

显然,由于自需求的存在,MPC 和 MPS 不等于 APC 和 APS。

(四) 消费函数的非线性

需说明的是,消费函数有可能是非线性的,即我们可以把公式(4.1)写成

$$C = f(Y)$$

非线性的消费函数通常可如图 4-3 所示。此时,边际消费倾向是递减的。边际消费倾向递减意味着随着收入的增加,人们的消费也会随之增加,但增加的幅度会越来越小。凯恩斯把这一消费规律称为边际消费倾向递减规律。边际消费倾向递减规律是凯恩斯《通论》中的三

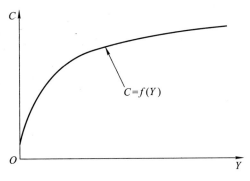

图 4-3 非线性的消费函数

---

[1] 然而,一个追求效用最大化的家庭为什么会储蓄?其微观基础何在?这一问题将在本书的第十一章中进行讨论。

大规律之一。显然,根据边际消费倾向递减规律,一般情况下,穷人的边际消费倾向会大于富人的边际消费倾向,而这对制定税收政策具有极为重要的指导意义。

三、简单经济中的产出

我们现在可以开始讨论产量的决定。但在这之前,我们有必要首先总结一下凯恩斯有效需求理论背后的一些关键性假设。

(一)基本假定

凯恩斯的有效需求理论建立在如下几个关键性假设基础上。

【假设4-1】 家庭以现已确定的有效收入而不是概念上的收入为基础作消费决策。同理,企业的产量决策受产品市场需求的约束,并以此产量提出对原材料和劳动力投入的需求。

这里我们想说明的是,所谓企业的市场需求可以体现为订单、合同,或者在具有足够信息条件下对需求的估计。显然,家庭和厂商的这种决策思维反映了凯恩斯所一再强调的经济社会的不确定性是如何影响其决策行为的。正是经济社会的这种不确定性,使得家庭和厂商对未来并不充满信心,从而使得他们在作决策时不得不小心谨慎。企业和家庭在上述情况下所提出的需求可以理解为有效需求,这与上一章所讨论的新古典学派的概念上的需求具有质的不同。

【假设4-2】 企业有足够的生产能力(或产能)满足客户的需求,也就是说,整个社会一般情况下存在着生产能力过剩。因此,需求的实现不受供给的约束。

这里,我们有必要对生产能力(或产能)这一概念作进一步的补充说明。首先,如果考察美国等西方国家的数据,产能利用率(或设备利用率)在制造行业一般都在80%左右,而且从来没有超过100%。其次,生产能力的确定本身也具有非常大的弹性,因为它显然取决于资本设备的运转时间。如果我们按照每天八小时运转来统计计算,那么考虑加班加点,实际最大可能的生产能力可以远强于由统计所得出的生产能力,这也同时说明现实中有关生产能力对需求的约束几乎是不存在的。在第十一章中,我们将论证:在非完全竞争条件下,企业一般会处于产能过剩状态。

【假设4-3】 企业的价格和产量决策是分开的。价格在企业决定产量的过程中可以被认为是按明码标价的方式给定的。

许多教科书在论述凯恩斯理论体系时都假定价格不变。这容易给人一种错觉,认为凯恩斯的整个理论体系建立在一种价格刚性的基础之上。正是由于价格的刚性(价格不变)才使得经济处于非均衡。① 如果离开了价格的刚性，让价格随供求压力上下浮动，凯恩斯的理论体系就不复存在了。我们认为，这是一种错觉。事实上，凯恩斯关于产量的决定理论，并不受价格是否容许按市场供需进行调整的影响。这里主要的考虑是价格和产量的决定过程是分开的。关于凯恩斯理论体系下价格的决定过程，我们将在第八章中给予讨论。

【假设 4-4】 家庭并不是把所有当前的收入都很快用于消费，而是让其中的一部分以储蓄的方式退出流通领域。

在凯恩斯理论体系中，这是一个极为重要的假设。在之后的分析中，我们可以看到，如果没有储蓄，则由自需求所带来的乘数效应是无限的。而当需求为无限大时，经济社会将不再是凯恩斯所设想的需求决定型的经济，新古典经济学所设想的供给决定型经济或将成为必然。

(二) 简单经济中的产量和需求

所谓简单经济是指没有政府部门的封闭型（没有进出口）经济。记总需求为 AD，于是在简单经济中，

$$AD = C + I \tag{4.8}$$

其中，C 和 I 分别为消费和投资。

尽管按照凯恩斯的有效需求理论，我们可以认为产量 GDP 是由总需求 AD 决定的，但实际中两者并不完全相等，也即企业在某一时期所生产的产量不可能完全在当期售出。剩余部分则体现为存货的增加，记为 V。于是，我们就有

$$GDP = AD + V \tag{4.9}$$

如果我们把公式(4.8)中的 AD 代入公式(4.9)，关于 GDP 的这一公式显然符合我们在第二章附录中所给出的 GDP 衡量的支出法定义。

为简化我们以后的分析，我们有必要作如下假定：假定存货变化总是为 0，即

$$V = 0 \tag{4.10}$$

可以想象在这一假定下企业完全是按照订单生产，因而没有存货的变化。需要说明的是，这一假定的重要性远低于前文所给出的那四个假定。因此，我们并不把它看作一个基本假定。

显然，按照公式(4.10)的假定，公式(4.9)可进一步写成

$$GDP = AD \tag{4.11}$$

(三) 简单经济中的产出模型

给定消费函数公式(4.1)，我们就可以得出简单经济中的产出模型。它由如下公式组成：

---

① 事实上，在 20 世纪 70 年代，西方理论界还出现过一批研究价格刚性条件下一般均衡理论的文献。此种情况下的一般均衡通常被称为 fixed price equilibrium 或 a general disequilibrium，同时，其学派也被称为 neo-Keynesian economics，与现在的 new Keynesian 相区别。有关文献请参见 Barro and Grossman (1971) 和 Benassy (1975, 1982) 等。

$$\begin{cases} C = \bar{C} + cY \\ AD = C + I \\ Y = AD \end{cases} \quad (4.12)$$

前两个公式已经分别讨论过;第三个公式则可以从第二章所讨论的 GDP 衡量的支出法和收入法中得出,即 GDP 既可以看作最终产品的价值(这里反映为总需求 AD),也可以看成是一种收入 Y。

求解模型(4.12)可以让我们很容易得到

$$Y = \frac{1}{1-c}(\bar{C} + I) \quad (4.13)$$

同样,我们可以借助图像来求解我们的模型(见图 4-4)。

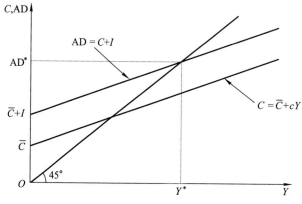

图 4-4 简单经济中的产出

图 4-4 中,横轴代表收入 Y,纵轴代表各类需求(包括消费需求 C、投资需求 I 和总需求 AD),其中,总需求曲线等于消费曲线加投资。图中的 45°线意味着在该条线上的任何一点,总需求 AD 总是等于收入 Y。因此,均衡产量(或者说由我们的模型所得出的产量)体现为总需求曲线与 45°线相交的那一点,即 Y^* 或 AD^*。其值与由公式(4.13)所给出的 Y 是一致的。

(四)产出模型的动态形式

这里,我们有必要对图 4-4 中的"均衡"作一说明。第一章中曾指出,在微观经济学中,均衡通常是指市场的供给等于需求(或市场出清),而当两者不相等时,市场处于非均衡状态。从某种程度上讲,图 4-4 中的"均衡"似乎意味着供给等于需求(或市场出清),因为它确实是指实际生产的产量等于需求。然而,这里的实际生产的产量与微观经济学中的供给仍然具有本质上的区别。

微观经济学中的供给是指在给定的价格下,厂商所愿意提供的产量(或供给)。这里,实际生产的产量并不一定等于厂商所愿意供给的产量;相反,通常情况下,厂商所愿意供给的产量远大于其实际所生产的产量。[①] 由于厂商实际所生产的产量等于市场的需求,因此,这

---

① 第十一章中,我们将对此进行论证。

里的均衡并不是指微观经济学中的供给等于需求(或市场出清)。它指的是一种动态意义上的均衡,即动态反应上的静止或稳定状态(steady state)。

为了说明这一问题,我们有必要把模型写成如下动态形式:

$$\begin{cases} C_t = \overline{C} + cY_{t-1} \\ Y_t = C_t + I_t \\ I_t = \overline{I} \end{cases} \tag{4.14}$$

上述模型中,我们以 Y 代替公式(4.12)中的 AD,从而略去了 AD;与此同时,我们使当期的消费取决于上一期的收入[①];此外,我们还假定每一期的自需求 I_t 都为给定的常数 $\overline{I}$。

通过对(4.14)中的各项公式进行简单迭代,我们得到

$$Y_t = \overline{C} + \overline{I} + cY_{t-1} \tag{4.15}$$

显然,这是一个标准的一维动态系统。令 Y_t 的稳定状态为 Y^*,则在动态均衡下,我们有

$$Y^* = Y_t = Y_{t-1}$$

代入公式(4.15)中,我们求得

$$Y^* = \frac{1}{1-c}(\overline{C} + \overline{I}) \tag{4.16}$$

显然公式(4.16)与公式(4.13)是一致的。

综合上述讨论,我们可以对公式(4.13)或公式(4.16)所给出的均衡产量作如下解释:

> 给定每一期的自需求 $\overline{C}$ 和 $\overline{I}$,实际产量将收敛于由公式(4.16)所给出的均衡产量 Y^*,无论初始产量为多少。

产量 Y_t 的收敛过程可以由图 4-5 描述。

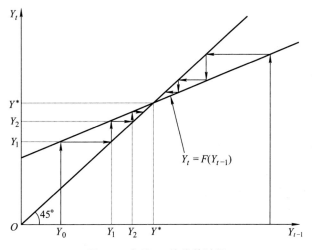

图 4-5 产量 Y_t 的收敛过程

[①] 这应该是个合理的假定,因为如果消费是由已实现的收入所决定的,则决定 t 期消费的收入必发生于 t 期之前。

在图 4-5 中,我们画出一条 45°线。函数 F 则取如下形式:

$$F(Y_{t-1}) = \bar{C} + \bar{I} + cY_{t-1} \tag{4.17}$$

这样,公式(4.15)就可以写成 $Y_t = F(Y_{t-1})$,此为图中的直线。给定初始值 Y_0,我们可以通过函数 F 获得纵坐标上的 Y_1。使用 45°线,我们得到横坐标上的 Y_1(注意,在 45°线上任何一点所对应的纵坐标和横坐标的数值都是相等的)。再次使用 F 和 45°线,我们分别获得纵坐标和横坐标上的 Y_2。如此反复下去,我们可以得到 Y_3 和 Y_4 等。最后,Y_t 将收敛于均衡值 Y^*。

四、乘数过程

前文曾经指出,在某项自需求(如投资)注入经济社会之后,其将引起一系列的反应(体现为一系列的引致需求),由此带动的需求将远大于其本身,我们把这一反应过程称为乘数过程。接下来,我们将对这一乘数过程用数学的方法进行描述。

(一) 乘数

我们现在考察自需求投资的一个增值 ΔI,即投资在原有水平 $\bar{I}$ 上增加了 ΔI。此时,产出会受到什么样的影响?公式(4.13)或(4.16)告诉我们,均衡产量的增值 ΔY 可以由如下公式给出:

$$\Delta Y = \frac{1}{1-c} \Delta I \tag{4.18}$$

由于 c 小于 1,$1/(1-c)$ 必大于 1。这意味着产量的增值 ΔY 将是自需求增值 ΔI 的倍数。经济学中,我们把这一倍数称为乘数(multiplier),即

$$乘数 = \frac{1}{1-c}$$

例如,当 c 等于 0.8 时,乘数为 5。

(二) 乘数过程

那么,为什么自需求的增加所引起的 GDP 增加会是其本身的倍数?我们已经知道,任何自需求的到来都将引起连锁的反应,产生一系列的引致需求,尽管这一过程最后会终止。与此同时,我们把由自需求所引起的一系列引致需求称为乘数效应,而这一连串反应过程则称为乘数过程。可以证明,当我们把由乘数过程所产生的所有需求(包括初始的自需求)相加时,其 GDP 的增加值将满足公式(4.18)。

表 4-1 对乘数过程进行了描述。

表 4-1　由初始投资 ΔI 所引起的乘数过程

	需求增加	产出增加	收入增加	储蓄增加
初始投资	ΔI	ΔI	ΔI	$(1-c)\Delta I$
第一轮反应	$c\Delta I$	$c\Delta I$	$c\Delta I$	$c(1-c)\Delta I$

(续表)

	需求增加	产出增加	收入增加	储蓄增加
第二轮反应	$c^2\Delta I$	$c^2\Delta I$	$c^2\Delta I$	$c^2(1-c)\Delta I$
第三轮反应	$c^3\Delta I$	$c^3\Delta I$	$c^3\Delta I$	$c^3(1-c)\Delta I$
……	……	……	……	……

如表所示,给定初始投资 ΔI,产出 GDP 也将增加相同的单位。与此同时,正如第二章所阐述的,GDP 也同样可以理解为收入(这是一个事物的两个侧面)。这样按照消费函数,当收入增加 ΔI 时,消费需求将增加 $c\Delta I$,进而带动同样数量的产出和收入。而与此同时,储蓄将增加 $(1-c)\Delta I$。给出这一新增收入,消费需求将再次增加 $c(c\Delta I)$。这一过程可以一直持续下去。

如果把所有这些收入(或产出)的增加加在一起,我们会得到

$$\Delta Y = \Delta I + c\Delta I + c^2\Delta I + c^3\Delta I + \cdots$$
$$= (1 + c + c^2 + c^3 + \cdots)\Delta I$$
$$= \frac{1}{1-c}\Delta I$$

显然,这与公式(4.18)是一致的。

(三) 投资-储蓄恒等式

与此同时,我们还可以看到,乘数过程不仅是产量、收入和消费的产生过程,同时也是储蓄的产生过程。如果把表中的所有储蓄增加加在一起,我们会得到

$$\Delta S = (1-c)\Delta I + c(1-c)\Delta I + c^2(1-c)\Delta I + c^3(1-c)\Delta I + \cdots$$
$$= (1-c)(1 + c + c^2 + c^3 + \cdots)\Delta I$$
$$= (1-c)\frac{1}{1-c}\Delta I$$
$$= \Delta I$$

由此,我们可以对经济学中经常使用的投资-储蓄恒等式作如下解释:

【投资-储蓄恒等式】 在凯恩斯主义理论体系下,储蓄是由投资通过乘数过程而产生的。因而,在投资-储蓄恒等式中,投资决定了储蓄。

这样一种解释与新古典对这一恒等式的解释是完全不一样的。在新古典理论体系下,投资是由储蓄决定的,即储蓄决定投资,因为储蓄为投资提供了金融资本。有关这一问题的讨论,我们将在第十五章中继续展开。

需要说明的是,上述过程中我们忽略了原材料等中间需求的产生。事实上,以上任何一阶循环都包括了许多子循环。里边有很多中间投入的产生。例如,我们的初始投资者所带动的需求也应包括建筑公司所购买的原材料等。有关这些中间投入的考量将使我们的描述变得非常复杂。在第十五章中,我们将从货币循环的角度重新考察乘数过程,其中包括了中

间投入的产生。可以看到:由公式(4.18)所反映的乘数关系将仍然适用。

五、混合经济中的产出

现在我们引入政府。这使得我们从简单经济转向混合经济。但由于我们仍然不考虑进出口,因此,它与开放经济相区别。对于开放经济的讨论,我们将在第十三章中展开。

(一) 混合经济中的消费和需求

政府作为经济社会中的一个重要组成部分,为公众提供了许多必不可少的服务,如国防、维持治安和行政管理等。显然,这种服务是必不可少的,因为它们对公众利益起到了保护的作用。然而,提供这种服务必然有其相应的支出,因此,政府同时也会向公众收取税收作为其支出的来源。无论是支出还是收入,它们都将对经济社会产生深刻的影响。这里,我们将讨论政府支出和收入是如何影响经济社会的产出的。

一般来说,政府的税收是按税率收取。于是我们可以假定

$$T = \tau Y \tag{4.19}$$

其中,τ 为税率,T 为税收。需要说明的是,公式(4.19)是对税收决定的一种简化。现实中,我们更容易看到的是累进税率,即政府对不同收入水平的家庭征收不同的税率:收入水平越高,税率就越高。

给定税收,家庭可支配的收入为 $Y-T$。这样,我们的消费函数就可以写成

$$C = \overline{C} + c(Y - T)$$

将公式(4.19)代入得

$$C = \overline{C} + c(1 - \tau)Y \tag{4.20}$$

接下来,我们将考察混合经济下的总需求。显然,政府支出 G 的引入将使 GDP 的组成改写为

$$Y = C + I + G \tag{4.21}$$

(二) 平衡预算下的产出

也许人们会想到,政府的支出行为应和家庭一样必须由其收入作为保证,或者说政府的支出应该受收入的约束。如果是这样的话,政府的支出应该和家庭的消费一样是一种引致需求。令 $G=\tau Y$。此时,我们的产出公式可以写成如下形式:

$$Y = \overline{C} + c(1 - \tau)Y + \tau Y + I \tag{4.22}$$

求解公式(4.22)中的 Y,我们得到均衡产量为

$$Y = \frac{1}{(1 - c)(1 - \tau)}(\overline{C} + I) \tag{4.23}$$

可以看到,当我们引入政府支出 G,并将其看成是一种引致需求(或受收入约束)时,乘数效应将被放大。这就如同收入中的更多部分通过税收形式被使用了,从而相当于边际消费倾向增加,或边际储蓄倾向减少。

(三) 非平衡预算下的产出

然而,政府支出在很多情况下并不和收入相关。现实中,赤字(支出大于收入)或盈余会经常发生。因此,我们通常将政府支出看成和投资一样是一种自需求。此种情况下,我们的产出模型应写成

$$Y = \overline{C} + c(1-\tau)Y + G + I \qquad (4.24)$$

求解 Y,我们得到

$$Y = \frac{1}{1-c(1-\tau)}(\overline{C} + I + G) \qquad (4.25)$$

我们仍然可以借助图像来解释产出模型(参见图 4-6)。

图 4-6 中,税率 τ 的出现使得消费函数向下旋转。然而,政府的支出则使总需求曲线 AD 往上移动。均衡产量仍然反映在总需求曲线与 45°线相交的那一点上。其值与由公式 (4.25)所给出的 Y 是一致的。

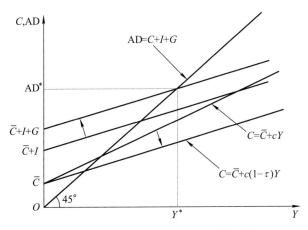

图 4-6 政府的支出和收入对产出的影响

由此可见,当政府支出为自需求时,税率的引入将减少乘数(或倍数),它对产量有负效应。与此同时,给定税率,政府支出将和投资一样是自需求,从而会产生乘数效应,促进产出的增加。通常,我们把增加支出或减少税收称为扩张性(或积极的)财政政策。显然,积极的财政政策能够带动总需求,并促进 GDP 的增加。然而,它同时也给经济带来了赤字和债务问题。有关凯恩斯财政政策的讨论将在第十章中展开。

讨论与小结

本章中,我们讨论了凯恩斯理论体系下产量是如何决定的。凯恩斯关于产量决定的理论又被称为有效需求理论,它是整个凯恩斯理论体系的核心。与新古典理论所不同的是,在凯恩斯看来,企业所生产的产量并不是由价格所决定的,或者说,企业所生产的产量并不等于在给定的价格条件下企业所愿意供给的产量,企业所生产的产量等于市场的需求,现实

中,这些市场的需求体现为订单、合约等。

这样一种产量的决定方式在 Javits 中心的交易模式中得到了充分的反映。Javits 中心的交易模式是一种明码标价式的交易模式。无论是街边小摊、商店和小菜场,还是互联网上的交易都可以看成是明码标价式的交易。事实上,如果我们把 Javits 中心内各个明码标价的摊位散落于全国各地,或者说把散落于全国各地的明码标价的小摊、实体商店、网上商店和各个工厂的直销店集中于 Javits 中心,并按产品种类划分的区域设置各自的摊位,则 Javits 中心的交易模式与现实中的交易并没有本质上的区别。

就需求而言,有所谓的自需求和引致需求之分。投资是一种自需求,而消费则是引致需求。于是,在简单经济下,交易首先由自需求投资启动,并将产生乘数效应,带动产量、收入、其他需求(如消费)和储蓄的产生。我们把凯恩斯理论体系下这一产量的决定过程称为乘数过程。

需要说明的是,在产量决定的这一乘数过程中,我们假定企业有足够的生产能力来满足市场的需求。与此同时,我们假定价格是以明码标价的方式给定的。此外,当家庭获得收入时,并不是把所有当前的收入都用于消费,而是让其中的一部分以储蓄的方式退出流通领域。事实上,需求决定产量、足够的生产能力、明码标价和储蓄是凯恩斯有效需求理论的四个基本假设。

如果政府并不是按税收支出,则政府支出也是一项自需求。政府支出将和投资一样产生乘数效应,从而促进产出的增加。通常我们把增加支出或减少税收称为扩张性(或积极的)财政政策。

思考题

1. 请解释如下名词:自需求,引致需求,有效需求,乘数,乘数效应,乘数过程,边际消费倾向,边际储蓄倾向,平均消费倾向,平均储蓄倾向。

2. 什么是市场?什么是明码标价式的交易模式?请比较瓦尔拉斯的市场交易模式和本章 Javits 中心的市场交易模式。你认为哪一种市场和交易模式更接近现实?

3. 请描述 Javits 中心的交易日。

4. 请描述在凯恩斯宏观理论体系中产量是如何决定的。凯恩斯的这一产量决定过程背后的假设是什么?

5. 假定目前的市场需求已接近经济社会的供给能力,此时投资的增加是否仍然会产生乘数效应?

6. 如何理解在产量的决定过程中价格是以明码标价的方式给定的?企业价格难道不可以按市场的需求状况调整吗?如何看待交易过程中的讨价还价?除了明码,是否还有暗码?

7. 什么是边际消费倾向递减规律?当边际消费倾向递减时,边际储蓄倾向、平均消费倾向和平均储蓄倾向成什么形状?

8. 什么是储蓄?储蓄是如何产生的?它与投资有什么样的关系?按照凯恩斯的有效需求理论,我们应如何理解投资—储蓄恒等式?

9. 考察下列简单经济
$$C_t = 100 + 0.8Y_{t-1}$$
$$I_t = 200$$
假定产量的初始值 Y_0 为 1 000。

(1) 请计算当 $t=2$ 时,该简单经济的产量、消费和储蓄。

(2) 当 $t \to +\infty$ 时,该简单经济的产量、消费和储蓄又为多少?

(注意,按照我们所定义的消费函数,这里的 t 期储蓄应定义为 $Y_{t-1} - C_t$。)

10. 考察下列混合经济
$$C_t = 100 + 0.8(Y_{t-1} - T_{t-1})$$
$$T_t = 0.2Y_t$$
$$I_t = 200$$
$$G_t = 50$$
假定产量的初始值 Y_0 为 1 000。

(1) 请计算当 $t=2$ 时,该混合经济的产量、消费、储蓄和政府预算的盈余(或赤字)。

(2) 当 $t \to +\infty$ 时,该混合经济的产量、消费、储蓄和政府预算的盈余(或赤字)又为多少?

(3) 假如政府希望产量均衡于 1 200。请问政府支出应固定在什么样的水平?

(4) 假定 $G_t = T_{t-1}$,则当 $t \to +\infty$ 时,该混合经济的产量、消费、储蓄和政府支出各为多少?

第五章　货币与金融市场

经济社会发展到现在,货币已成为经济活动不可或缺的工具。作为一种支付手段,货币存在于人们日常的交易行为中。在这个意义上,货币首先是一个流量,它伴随着交易过程而持续不断地在各个交易者之间流通转换。然而,货币既是流量,同时也是存量。本章对货币与金融市场的讨论将把货币看成是一种存量。我们将考察作为存量的货币是如何产生的,或者说货币是如何供给的,它与银行和金融体系有何联系。与此同时,作为存量的货币也是一种资产,它具有贮存功能。然而,与其他资产相比,货币的最大缺点在于不能生息(或生息很少),那么人们为什么仍然持有货币?或者说货币需求的动因是什么?

对于货币,我们还有更多更重要的问题。本章所涉及的对货币问题的讨论只是为了介绍凯恩斯理论体系而进行的必要准备。在以后的章节(特别是第十五章)中,我们将逐步对更多更重要的问题展开讨论。

一、货币的功能和分类

什么是货币?最简单地讲,货币就是我们手中的钱,如 100 元人民币这样的纸币。我们手中的纸币是由中国人民银行发行的,政府以法律的形式保证它能够在市场上流通。然而,在一个具有现代银行体系的国家,货币的定义绝非如此简单。为了明确货币的定义,我们首先必须了解货币的功能。

(一) 货币的功能

货币的功能主要有如下三个:
- 衡量价值的尺度;
- 交换中介和支付手段;
- 具有贮存价值。

任何同时具有上述货币功能的资产都可以称为货币。

货币作为价值尺度,就是把各种商品的价值都表现为一定的货币量,使得各种商品的价值在量的方面可以比较。当然,各种商品的价值并不是由于有了货币才可以互相比较,恰恰相反,正是因为各种商品都是人类劳动的凝结,所以它们才具有相同的质,从而在量上可以比较。货币产生以后,一切商品的价值都由货币来表现,商品价值的大小就表现为货币的多少。

货币作为交换中介和支付手段的功能又被称为货币的流通职能,它是货币的价值尺度职能的进一步发展。作为交换中介和支付手段,货币在商品流通过程中不断地在各个交易者之间流通转换,实现商品的价值。商品经过一定的流通过程以后,必然要离开流通领域进入消费领域,但货币却通常留在流通领域中,不断地从购买者手中转移到出卖者手中。这种不断的转手就形成货币的流通。货币流通是以商品流通为基础的,它是商品流通的表现。货币作为一种流通手段,需要有与商品量相适应的一定的数量。在一定时期内,商品流通所需的货币量由待售的商品价格总额和货币流通的平均速度共同决定:

$$商品流通所需的货币量 = 商品价格总额 / 货币流通的平均速度$$

上式一般称为货币数量恒等式。后文中我们将对此作进一步的探讨。

货币也是一种资产,从而能够发挥贮藏职能,以求获得回报或用于未来支付。由于货币是一般等价物,可以用来购买一切商品,因而贮藏货币就有必要。货币执行贮藏职能意味着货币退出流通领域,以独立的价值形式作为社会财富的一般代表而被储存起来。

现实中,许多资产(如债券等)都具有贮存价值和价值尺度的功能,然而它们都很难作为一种支付手段用于流通领域。因此,货币区别于其他金融资产的主要标准在于它作为支付手段的流通性。

(二) 货币的分类

经济社会中存在着各种各样的金融资产,货币无疑也是一种金融资产,但并不是所有的金融资产都可以称得上货币。如前所述,货币区别于其他金融资产的主要标准在于它作为支付手段的流通性。那么,什么样的资产可以称为货币?

按照货币的流通性程度,我们可以把货币区分为广义货币和狭义货币。这里,狭义货币(M1)包括现金(流通中的现金和商业银行的储备金)和活期存款,其中流通中的现金和商业银行的储备金又通常被称为基准货币或高能量货币(M0);而广义货币(M2)则同时包括定期存款等。

- 狭义货币(M1):现金 + 活期存款等;
- 广义货币(M2):M1 + 定期存款等。

由此我们可以看到,货币不仅仅是纸币,同时也包括银行存款。其中,狭义货币(M1)是最具有流通性的,即它可以随时、方便和无成本地用于支付。因此,它最具备传统意义上的货币之定义。广义货币则还包括定期存款。因为在用定期存款进行支付时,必须向存款银行提出要求以提前兑现,并且提前兑现通常还会损失利息,所以它不可能随时、方便和无成本地用于支付。这里,我们还须特别关注一下现金。现金包括流通中的现金与银行的储备金(银行为应对客户提款而储备的现金),它们一起构成了所谓的高能量货币。高能量货币又称 M0,它是由中央银行通过某种机制而直接发放的。[①]

必须说明的是,我们这里对 M1 和 M2 的定义是按中国的统计口径,它与某些教科书中的定义和一些国家的统计口径也许并不一致。例如,有些教科书还会定义 M3[②]。

(三) 货币知多少?

在表 5-1 中,我们给出了最近几年中国各种货币存量和它们占名义 GDP 的比例。

---

① 关于高能量货币的作用及产生机制,我们将在本章的第四节中予以讨论。
② 这里的 M3 主要是指那些巨额的协议存款等,一般由企业和富人拥有。

表 5-1　1997—2019 年中国各种货币存量和它们占名义 GDP 的比例

年份	M0(亿元)	M1/M0	M2/M0	M0/GDP	M1/GDP	M2/GDP
1997	10 177.60	3.42	8.94	0.13	0.44	1.14
1998	11 204.20	3.48	9.33	0.13	0.46	1.23
1999	13 455.50	3.41	8.91	0.15	0.51	1.32
2000	14 652.65	3.63	9.19	0.15	0.53	1.34
2001	15 688.80	3.82	10.09	0.14	0.54	1.43
2002	17 278.03	4.10	10.71	0.14	0.58	1.52
2003	19 745.99	4.26	11.20	0.14	0.61	1.61
2004	21 468.30	4.47	11.79	0.13	0.59	1.56
2005	24 031.67	4.46	12.43	0.13	0.57	1.59
2006	27 072.62	4.66	12.77	0.12	0.57	1.57
2007	30 375.23	5.02	13.28	0.11	0.56	1.49
2008	34 218.96	4.86	13.89	0.11	0.52	1.49
2009	38 246.97	4.96	15.95	0.11	0.64	1.75
2010	44 628.17	5.97	16.26	0.11	0.65	1.76
2011	50 748.46	5.71	16.78	0.10	0.59	1.75
2012	54 659.77	5.65	17.82	0.10	0.57	1.81
2013	58 574.44	5.76	18.89	0.10	0.57	1.87
2014	60 259.53	5.78	20.38	0.09	0.54	1.92
2015	63 216.58	6.34	22.02	0.09	0.58	2.03
2016	68 303.87	7.12	22.69	0.09	0.66	2.09
2017	70 645.60	7.70	23.93	0.09	0.66	2.06
2018	73 208.40	7.54	24.95	0.08	0.61	2.03
2019	77 189.47	7.46	25.74	0.08	0.58	2.00

资料来源：国家统计局(2020)。

由表 5-1 可知，中国的 M1 与名义 GDP 之间的比例长期以来相对稳定，M0 与名义 GDP 之间的比例最近几年似有下降趋势，从而使得 M1 与 M0 的比例在稳步上升。然而，中国的 M2 与名义 GDP 之间的比例则明显上升。2016 年达到顶峰 2.09，近年来则开始下降。

二、货币的需求

货币与其他资产相比，其最大缺点在于不能生息或生息很少。然而，人们为什么仍然需要持有货币？这实际上是一个关于货币的需求问题。

(一) 货币需求的动因

由于货币与其他资产之间是可以相互替代的,因此,我们在讨论货币的需求时,实际上也在讨论对其他资产的需求。事实上,不妨把我们的讨论看作人们如何把自己所拥有的财产分配在各种不同的资产上。为简化起见,我们这里仅假设有两种资产:货币和债券。

按照凯恩斯理论,人们对于货币需求的动因基本上可以分为两种:交易需求和资产性需求。

【货币的交易需求】 所谓货币的交易需求是指人们因货币所具有的支付手段而产生的对货币的需求。

也就是说,交易需求来自货币的流通性,而货币的这种流通性正是其他资产所缺乏的。显然,从交易需求来看,交易量越大,交易的次数越多,那么对货币的需求也就越大。而交易量和交易的频率则通常取决于经济活动的规模。在宏观上,我们可以假定这种经济活动的规模由 GDP 所反映。由此,我们假设货币的交易需求与名义 GDP 成正相关。

【货币的资产性需求】 所谓货币的资产性需求是指人们因货币的资产性特征而产生的对货币的需求。

显然,货币的资产性需求产生于货币的资产功能,即货币具有贮存价值。然而,货币作为一种资产,却不能生息(或生息很少),因此货币的这种资产性需求会随其他资产的回报率(如债券利率)的上升而下降。

(二) 债券利率

这里,我们有必要对债券利率作一番解释。

【债券】 所谓债券是指具有一定面值并可在未来某一时刻按面值兑换成一定数量现金的一种凭证。

债券通常由政府和一些大型企业发放。当债券由中央政府发放时,我们把它称为国债。

现假定某一债券的面值为 P_1,一年以后兑换,该债券现在的市场价格为 P_0。这样,当我们按现有的市场价格购买该债券时,其投资回报率 i,即债券利率可以写成

$$i = \frac{P_1 - P_0}{P_0} \tag{5.1}$$

其中,i 为债券利率。显然,给定面值 P_1,债券利率 i 随该债券现有的市场价格 P_0 的上升而下降。

这里,我们有必要介绍一下利率的期限结构(term structure of interest)的概念。

【利率的期限结构】 所谓利率的期限结构是指各种具有不同期限的债券利率之间的关系。

我们知道债券分不同的期限,有长期债券和短期债券。短期债务短至3个月,长期债券则可能为10年,甚至30年。显然,不同期限的债券利率通常是不同的,尽管它们波动的方向大体一致。图5-1给出了不同期限下美国的国债利率。可以看出:

- 大多数情况下,具有不同期限的利率的波动方向是一致的;
- 长期利率一般高于短期利率,尽管两者之间的差距并不稳定。

为什么长期利率一般会高于短期利率?显然,这是源于经济社会的不确定性,而且债券到期日越是遥远,未来的不确定性就会越大。长期利率一般高于短期利率正是反映了为弥补未来的不确定性风险而产生的风险溢价(risk premium)。

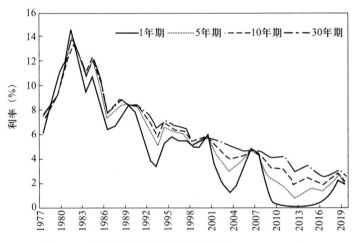

图 5-1　不同期限下美国的国债利率(1977—2019 年)

资料来源:美联储数据库。

(三) 货币需求函数

给出债券利率 i,我们可以写出关于货币需求的简单公式:

$$M^d = M(PY, i) \tag{5.2}$$

其中,M^d 为货币的需求;PY 为名义 GDP(P 为价格,Y 为实际 GDP);i 为债券利率。显然,就货币的需求函数 $M(\cdot)$ 而言,我们有

$$\frac{\partial M}{\partial Y} > 0, \quad \frac{\partial M}{\partial P} > 0, \quad \frac{\partial M}{\partial i} < 0$$

以后的分析中,我们经常会使用如下线性形式的货币需求函数:

$$M^d = hPY - ki \tag{5.3}$$

其中,参数 h 和 k 都大于 0。① 在图 5-2 中,我们画出了由公式(5.3)所描述的货币需求函数。

---

① 当然,我们不排除其他非线性形式的货币需求函数。

在图 5-2 中，我们针对不同的名义 GDP，描述了货币需求与利率之间的关系。显然，按照公式(5.3)，它们之间成负相关。与此同时，当名义 GDP 增加时，即 $P_2Y_2 > P_1Y_1$ 时，货币的需求函数将向外移。这意味着给定利率，名义 GDP 增加，货币的需求也将随之增加。

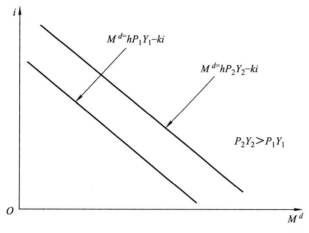

图 5-2 货币需求函数

三、货币市场的均衡

现在我们考察货币市场的均衡。为此，我们首先必须讨论货币的供给。

（一）货币供给与货币市场的均衡

按照传统的凯恩斯理论，货币的供给是外生的，完全由中央银行所控制。本章的第四节中，我们将详细讨论中央银行是如何通过商业银行体系的存款机制来控制和创造货币的供给的。这里，我们先假定货币供给 M^s 是外生的，完全由中央银行所控制：

$$M^s = \overline{M} \tag{5.4}$$

公式(5.4)意味着由中央银行所控制的货币供给 M^s 为 $\overline{M}$。而货币的需求则由公式(5.2)或(5.3)给出。

给出货币的供给和需求，我们接着讨论货币市场的均衡。首先，按照货币市场的均衡条件，我们有

$$M^s = M^d \tag{5.5}$$

将公式(5.3)和(5.4)分别代入(5.5)，我们得到

$$\overline{M} = hPY - ki \tag{5.6}$$

图 5-3 为我们描述了货币市场的均衡。

这里，我们必须说明：当我们讨论货币市场时，我们假定名义 GDP 为给定值。这样，货币的需求 M^d 随利率而发生变化：当利率上升时，或者说，当其他资产（如债券）的利率上升时，货币的需求就会减少。货币的供给由直线 M^s 所示，它与横轴的交点 $\overline{M}$ 是中央银行所控制的货币供给量。可以看到，图中的利率 i^* 为均衡利率。只有在这一利率上，货币的需求

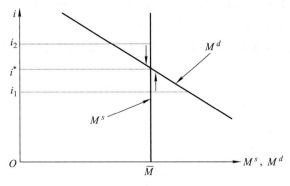

图 5-3　货币市场的均衡

才等于其供给,或货币市场达到均衡。

(二) 从均衡到非均衡

我们现在考察利率偏离于均衡利率 i^* 的情况。假定利率为图 5-3 中的 i_1。此时,债券利率过低,人们更愿意出售手中的债券,并把它转化成货币。于是,在债券市场上出现供过于求,债券价格会下跌。按照公式(5.1),债券价格的下跌意味着债券利率上升。相反,如果债券利率高于均衡利率 i^*,如图中的 i_2,此时,人们更愿意将手中的货币投向债券市场。于是债券市场会出现供不应求,从而债券的价格会上升,按照公式(5.1),利率会下跌。由此可见,在给定的名义 GDP 下,均衡的债券利率必然为 i^*。

现在假定中央银行增加了货币供给。此种情况由图 5-4 所示。

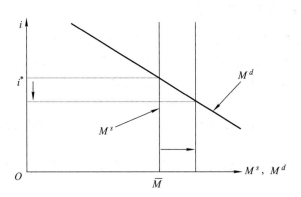

图 5-4　货币供给增加对货币市场均衡的影响

在图 5-4 中,货币供给的增加使得人们手中拥有了更多的货币。在给定的名义 GDP 下,货币的交易需求不变,从而更多的货币将投向债券市场。于是,债券市场会出现供不应求,从而债券的价格会上升,利率则会下跌。显然,在凯恩斯理论体系下,货币供给的直接后果是利率下跌。

(三) 货币数量恒等式

这里,我们有必要把由公式(5.5)所反映的货币市场的均衡公式与著名的货币数量恒等式进行比较。我们知道,按照货币数量恒等式,我们有

$$VM = PY \tag{5.7}$$

其中,M 可以理解为经济社会中所流通的货币;V 为货币的流通速度,即一定时期内货币的周转次数;P 和 Y 则仍然为价格和产量。该恒等式表明,一定时期内,经济社会按货币衡量的交易总额 VM 应该等于其名义总产量 PY。

货币数量恒等式是货币数量学派提出其货币政策的重要依据。在许多方面,货币数量学派与新古典学派在政策主张上是一致的。按照货币数量学派,经济社会的实际总产量并不受货币供给量的影响。在他们看来,总产量 Y 由社会资源(供给侧而非需求侧)所决定。与此同时,货币的流通速度 V 则相对稳定。这样货币供给增加的唯一影响就是通货膨胀,即价格 P 上升。

显然,货币数量恒等式(5.7)也可以理解为货币市场的均衡公式,其中,M 可以理解为货币供给,PY/V 为货币需求。然而,与货币市场均衡公式(5.5)所不同的是,在货币数量恒等式中,对于货币的需求并不包括货币的资产性需求。正因为如此,在凯恩斯理论体系中,货币供给的影响并不直接体现在通货膨胀上。相反,它首先使得利率下跌,而利率的下跌会进一步影响总产量 Y。有关利率下跌对实际总产量影响的讨论将在以后逐步展开。

四、现代银行体系和货币供给的创造

前文中我们假定货币的供给是一个外生变量,它完全由中央银行所控制。然而现实中,中央银行所直接控制或发行的仅仅是高能量货币(或基础货币)。它是人们手中所拥有的现金和商业银行的储备金。然而,按照我们给货币下的定义,即便是货币M1,其中的绝大部分也是存款(见表5-1)。于是,我们有必要探讨存款的来源。

就个别账户(家庭和厂商)而言,存款的增加显然是交易的结果,如企业支付的工资、产品销售所得的付款等。然而,此种交易总是体现为货币在交易者之间的转移。例如,当企业支付工资时,尽管工人的存款有所增加,企业的存款还是会减少。因此,从宏观角度来看,日常生活中的许多交易不可能增加存款。那么就整个社会而言,货币增加的源泉是什么?

(一) 美国的联邦储备系统

为了讨论这一问题,我们有必要首先以美国联邦储备系统(简称"美联储")为例,介绍现代市场经济条件下的商业银行体系。需要说明的是,其他市场经济国家的商业银行体系与美联储极其相似。就中国而言,尽管目前我国的商业银行体系在所有制上与美联储不尽相同,然而运行模式基本相同。有关中国商业银行体制改革的讨论将在第十六章中进行介绍。图5-5描述了美联储的组织结构。

图5-5中的顶端是美联储的董事局(设在华盛顿)。它负责制定有关的货币政策及其他相关决议,是美国的中央银行。其下属的12家联邦储备银行可以看作中央银行在各地的派

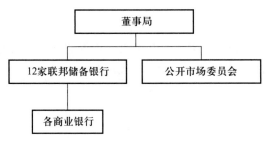

图 5-5 美联储的组织结构

出机构,负责实施货币政策,并监督所辖区域内商业银行的经营活动。公开市场委员会设在纽约,它可以看成是中央银行在公开市场上的操盘手。美联储的主要成员是各商业银行。需要说明的是,这里的商业银行都是以会员身份自愿加入这一体系的,并且大多数商业银行现已成为该体系的一员,那么加入这一体系到底有什么好处呢?会员银行在这一体系中有什么样的利益和责任?为了说明这一问题,我们有必要讨论一下商业银行的业务。

(二) 商业银行的业务

商业银行的业务主要体现为:一方面以低利率(甚或无利率)从公众手中吸收存款[①];另一方面则以较高的利率将所吸收的存款贷放出去,而利润则主要来自存贷之间的利率差。然而,商业银行不可能把所有的存款都贷放出去,它必须保留其中的一部分作为储备金,以应付公众可能的提款。

显然,商业银行的此种业务行为取决于一个非常重要的经营参数:储备金率。

$$储备金率 = \frac{所保留的储备金}{所吸收的存款总额}$$

如果储备金率过高,则商业银行将失去因可能的贷款所获得的利润;而如果储备金率过低,则它有可能无法应付公众的提款,从而有可能倒闭。

需要说明的是,20 世纪 30 年代初在西方资本主义世界所发生的大萧条,首先是从银行业开始的。当时,像美联储这样的现代银行体系尚未建立起来,因而商业银行的倒闭是有可能的。而某一商业银行的倒闭通常会产生多米诺骨牌效应:它将使得其他银行的储户(居民或企业)产生担忧,进而一窝蜂似的来到自己的开户银行提款。由于一般情况下商业银行不可能维持 100% 的储备金率,因此这种恐慌性的提款行为无疑会造成银行的连锁倒闭,从而形成金融危机。现代银行体系的建立正是吸取了这样一种教训。

在美联储体系下,会员银行将享有如下的利益和责任:

- 利益:在挤兑发生时,商业银行可以通过贴现窗口从美联储借到应急资金,这就使危机得到有效预防。
- 责任:会员银行有义务维持美联储所规定的储备金率,即法定储备金率或要求储备金率(required reserve ratio)。

[①] 人们也许会疑惑,假使在没有利率的情况下,商业银行为何也能吸收存款? 其原因在于商业银行为存款人提供了更加方便的支付方式,如用支票和信用卡付账等。

与要求储备金率相对应的是要求储备金和超额储备金：

$$要求储备金 = 要求储备金率 \times 所吸收的存款$$

$$超额储备金 = 实际储备金 - 要求储备金$$

显然，任何会员银行的超额储备金都必须是一正值，也即实际储备金必须高于要求储备金。

（三）货币创造的乘数过程

接下来，我们将讨论在这样一个现代银行体系下货币的供给和创造过程。如前所述，中央银行所能直接控制的仅仅是高能量货币。然而，中央银行又是如何通过控制高能量货币去影响其他货币的供给的呢？

现在让我们考察中央银行发行了 100 万美元的高能量货币，这有可能是中央银行通过在公开市场上购买债券而得以实现的。① 中央银行在公开市场上的这一操作究竟能使货币供给总量增加多少？我们假定：

- 要求储备金率为 20%；
- 当前所有商业银行的实际储备金刚好等于要求储备金；
- 这 100 万美元全部被一个在银行 A 开设账户的叫作张三的个人（或企业）获得。

在银行 A 的资产负债表上，这一公开市场上的交易被记录成表 5-2。

表 5-2　银行 A 的资产负债表（一）　　　　　　　　（单位：万美元）

资产		负债	
储备金	+100	存款	+100

显然，此种情况下，对于新增 100 万美元存款的相应法定储备金（或要求储备金）是 20 万美元。于是，银行 A 的超额储备金为 100−20=80（万美元）。这一超额准备金是可以贷放出去的。假定银行 A 将这一超额储备金贷放给一位叫李四的人。此时，在银行 A 的资产负债表上，这一贷款交易被记录成表 5-3。

表 5-3　银行 A 的资产负债表（二）　　　　　　　　（单位：万美元）

资产		负债	
储备金	+100	存款	+100
贷款	+80		
储备金	−80		

此时，银行 A 的储备金正好满足法定储备金。

现假定李四在银行 B 开设账户。于是，在银行 B 的资产负债表上，李四的这一贷款交易就被记录成表 5-4。

---

① 另一种可能是中央银行在贴现窗口直接借钱给某商业银行。

表 5-4　银行 B 的资产负债表(一)　　　　　　　　　　　(单位:万美元)

资产		负债	
储备金	+80	存款	+80

此时,在银行 B,储备金增加了 80 万美元,其相应的法定储备金为 80×20%=16(万美元)。这样,银行 B 的超额储备金为 80−16=64(万美元)。这一超额准备金是可以继续贷放出去的。假定银行 B 将这一超额储备金贷放给一位叫王五的人。此时,在银行 B 的资产负债表上,这一贷款交易被记录成表 5-5。

表 5-5　银行 B 的资产负债表(二)　　　　　　　　　　　(单位:万美元)

资产		负债	
储备金	+80	存款	+80
贷款	+64		
储备金	−64		

我们假定王五在银行 C 开设账户。于是,在银行 C 的资产负债表上,这一交易被记录成表 5-6。

表 5-6　银行 C 的资产负债表　　　　　　　　　　　　　(单位:万美元)

资产		负债	
储备金	+64	存款	+64

此时,银行 C 有了超额储备金:

$$64 - 0.2 \times 64 = 51.2 (万美元)$$

这一超额储备金又能被进一步贷放出去。

我们发现由最初 100 万美元的高能量货币所带来的新增总存款(货币)为

$$100 + 80 + 64 + 51.2 + \cdots$$

假定中央银行最初所发行的高能量货币为 H,法定储备金率为 r^*,则中央银行所能创造的货币供给总量 M 将满足下列等式:

$$M = [1 + (1-r^*) + (1-r^*)^2 + (1-r^*)^3 + \cdots]H$$
$$= \frac{1}{1-(1-r^*)}H$$
$$= \frac{1}{r^*}H$$

以上,我们称 $1/r^*$ 为货币乘数(money multiplier)。

由此可见,货币的创造过程与产量的决定过程极其相似:它们都可以理解成经济社会对某一初始变化的反应(乘数)过程。所不同的是,在产量决定过程中,这一初始变化来自投资等自需求,而在货币的这一创造过程中,初始变化则由中央银行的行为所启动。

关于货币创造的乘数过程,我们有以下两个要点需要说明:

第一,在货币创造的这一乘数过程中,我们假定商业银行一旦有了超额储备金,就能将其贷放出去。这意味着经济社会对贷款有着强烈的需求,而商业银行又能满足这种需求。然而,对贷款的需求实际上取决于贷款利率等一系列其他因素,所有这些我们都没有进行讨论。

第二,除初始的高能量货币外,货币的创造是通过贷款实现的,而贷款是一种债务。因此,货币的创造过程通常也是债务的创造过程。

讨论与小结

货币既是一个流量,也是一个存量。作为存量的货币与其他金融资产的不同主要体现在它作为支付手段的流通性上。从这个意义上讲,货币既包括人们手中的纸币,同时更包括各种不同的存款。人们持有货币是出于两种动因:一是交易需求,二是资产性需求。然而,货币与其他金融资产相比,其利息不高(甚至没有利息)。于是,如果其他金融资产(如债券)利率提高,人们对持有货币的热情就将降低。而货币的交易需求则显然与交易量有关。由此,从宏观上看,货币的需求取决于名义 GDP 和其他资产(如债券)的利率。

货币存量的供给受中央银行货币政策的影响。现代商业银行体系使得中央银行能通过由自己所直接控制的高能量货币来影响整个经济社会的货币供给。中央银行的这种影响货币供给的机制同样也可以理解成一种乘数过程。然而,我们必须注意的是,货币创造的这种乘数过程同时也是贷款的创造过程,也就是债务的创造过程。此外,货币的创造(或贷款的创造)取决于人们对贷款的需求。

给定货币的供给和需求,货币市场的均衡可以通过利率的调整得以实现。

思考题

1. 请解释下列名词:M0,M1,M2,货币乘数,储备金率,要求储备金率,超额储备金。
2. 什么是货币的交易需求?它取决于什么因素?什么是货币的资产性需求?它取决于什么因素?为什么?
3. 什么是债券?债券利率如何决定?它与债券价格有何联系?
4. 什么是利率的期限结构?利率的期限结构具有什么样的特征?为什么?
5. 如何解释货币市场的均衡?当货币市场处于非均衡时,均衡是如何达到的?
6. 请解释以美联储为代表的现代银行体系。这样一种体系与没有中央银行的情况相比有什么好处?
7. 请解释货币创造的乘数过程。现假定除满足要求储备金外,人们还维持着一个 q 的货币比例放于口袋或保险柜中。请重新推导货币的乘数公式。
8. 什么是货币数量恒等式?请解释其背后的经济假设和货币政策意义。
9. 请比较凯恩斯的货币理论和货币数量理论之间的不同,并解释当货币供给增加时,两种理论所预测的不同结果。

10. 考察下列货币的需求和供给函数：
$$M^d = 1.2PY - 20\,000i$$
$$M^s = \frac{1}{R}H$$

其中，M^d 和 M^s 分别为货币的需求和供给；P 为价格；Y 为产量；i 为利率；R 为要求储备金率；H 为高能量货币。假定 $R = 0.2, H = 2\,000, P = 1, Y = 10\,000$。

(1) 请计算在货币市场均衡条件下的利率。

(2) 假如中央银行在公开市场上用 200 个单位的货币购买了债券，请计算在该情况下新的利率。

第六章　IS-LM 模型

本章中,我们将把前文的产品市场和货币市场结合在一起进行分析,以得出产量和利率是如何决定的。在经济学中,本章所阐述的模型通常被称为 IS-LM 模型,其中,IS(investment and saving)代表产品市场的均衡,LM(liquidity and money)代表货币市场的均衡。需要说明的是,尽管这里的 IS-LM 模型是凯恩斯理论体系的精华,然而,凯恩斯自己事实上并没有构建该模型。该模型的构建是由后人按照凯恩斯《通论》的思想完成的。[①]

然而,在正式构建 IS-LM 模型之前,我们仍然需要讨论投资的决定。

一、投资的决定

我们已经知道,在凯恩斯理论体系下,产量是由需求决定的,而需求则由投资和政府支出等自需求通过乘数过程所创造。尽管我们可以把政府支出看成是一个政策变量,并让其外生,然而,无论如何我们仍然需要讨论投资是如何决定的。唯有如此,我们对产量决定的讨论才算完整。我们将看到,正是投资的决定使得产品市场和货币市场结合起来。

(一) 固定资产投资的特点

首先必须明确,我们这里所讲的投资是指企业的固定资产投资。它不同于一般股民所说的金融投资,也不同于家庭购买住房的投资和政府基础设施的投资。企业对固定资产的投资对宏观经济的影响一般体现在两个方面:一方面,它可以增加社会的总需求,投资能像政府支出那样带来乘数效应进而产生一系列的引致需求;另一方面,投资也将增加社会生产能力,有关投资对增加生产能力的作用将在第十七章开始讨论经济增长问题时引入。在此之前我们将仍然引用第四章中的假定,即生产能力并不能对需求形成实质性的约束。

企业的固定资产投资是一项非常重大的决策。一般情况下,投资所需的资金是巨额的,此外,固定资产投资的回报通常需要经过很长的年限才能得以实现,因此,固定资产投资具有明显的高风险特点。也正因为如此,企业在进行固定资产投资时,通常需要非常谨慎的评估。

影响企业固定资产投资的因素有很多。例如,当企业研发出一种新的产品或新的工艺时,为了使这种新产品或新工艺投入使用,必须要进行投资。从这个意义上说,技术进步能带动企业的投资,而技术进步本身也需要通过投资来实现——尽管并不是所有的投资都会带来新的产品和新的工艺。现实中,许多投资很可能只是重复已有的工艺或产品。然而,在什么条件下,企业会在不改变工艺和不推出新产品的条件下追加投资?显然,如果市场对企

[①] 参见 Hicks(1937,1980)。

业现有产品的需求旺盛,或企业看好现有产品未来的市场需求,企业就很有可能会追加投资,扩大再生产。在哈罗德(Harrod,1939)看来,这是影响投资最为主要的因素。① 此外,好的投资环境和政府相关政策(如税收政策和用地政策等)也会吸引企业投资。中国的各级地方政府设立经济开发区,推出各种优惠政策等,无疑是为了更好地招商引资。

尽管影响投资的因素多种多样,但最后对投资项目进行财务评估时,都离不开资金成本,而利率则决定着资金成本,凯恩斯正是以利率作为影响投资的主要因素来展开他的分析的。

(二) 投资与利率

企业对固定资产的投资,如建造一幢厂房、形成一条生产线等,通常体现为项目。因此,企业在进行投资时都会进行谨慎的评估。评估的目标是估计投资项目所带来的净现值(net present value,NPV),进而计算投资报酬率。② 一般情况下,只有当项目评估所得出的投资报酬率高于利率时,企业才有可能选择投资。

假定我们把在一定时期内经济社会中所有的投资项目按它们的报酬率进行排列,我们就可以得到如图 6-1 所示的一条梯阶图形。

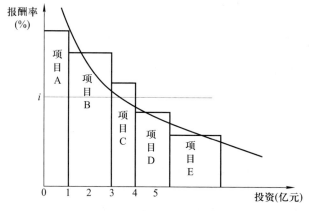

图 6-1　投资项目与报酬率

在图 6-1 中,我们把所有的投资项目按报酬率进行排列:项目 A 的报酬率最高,因此我们把它排在第一位,以下按顺序是项目 B、项目 C 等。显然,当利率为 i 时,投资项目 A、B 和 C 将会被选择,而此时社会投资总支出为 4 亿元。对于这种排列所形成的梯阶形状做光滑性处理,我们可以得到如图 6-2 所示的一条向下倾斜的曲线。这条曲线近似地反映了某一特定时期内不同投资规模下的投资报酬率。与此同时,当我们把纵轴看成利率时,它实际上也就成为一条不同利率水平下投资的需求曲线(见图 6-2)。

没有理由相信图 6-2 所示的投资函数是稳定的。图 6-2 所示的投资仅仅代表着某一特定年份的投资函数。很有可能在下一期,企业所推出的投资项目和图 6-1 完全不同。这同

---

① 关于哈罗德的投资理论和由此而产生的宏观动态模型,我们将在第十八章中予以介绍。
② 投资项目的评估是技术经济学所涉及的领域。

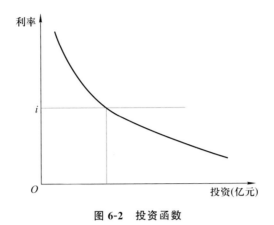

图 6-2 投资函数

时意味着投资的决定并非仅仅取决于利率,同时还有可能取决于其他许多因素。因此,每年的投资曲线都会发生变化——尽管向下倾斜这一特征始终不变。与消费相比,投资的决定更为复杂,更具有不确定性。因此,投资函数也是最不稳定的。

(三) 各种不同的利率

必须说明的是:我们这里所说的利率更准确地讲应该是银行的贷款利率,因为企业通常是通过贷款筹得资金的。显然,它与我们在上一章所讨论的利率(债券回报率)有所不同。事实上,在现代经济中,利率有多种形式,比如:

- 商业银行的存款利率;
- 商业银行给企业的贷款利率;
- 商业银行之间相互拆借的利率(在美国又称联邦基金利率);
- 中央银行对商业银行的贷款利率(又称窗口贴现率);
- 金融市场上各种具有不同期限的债券利率,等等。

然而,在构建宏观经济模型时,我们不可能对所有这些利率一一进行区别。我们通常会笼统地使用一个利率。显然,这是一种简化的处理。这种简化的处理方法建立在如下假设的基础上:

> 在一个完善的金融市场上,各种利率之间尽管水平不同,然而变化却是一致的。而各项利率之间的差异则可以看成是一种风险溢价(risk premium)。这种风险溢价来源于各种资产间的风险差异。

显然,这样一个假设与第五章所介绍的利率的期限结构是一致的。

二、产品市场和货币市场的均衡

给定如前所述的投资决定方式,我们现在可以分析产品市场和货币市场的均衡,以得出产量和利率是如何决定的。

（一）产品市场的均衡：IS 曲线

根据第四章所讨论的产品市场,在一个封闭型的混合经济中,产品市场的均衡可以由如下公式给出：

$$Y = \frac{1}{1-c(1-\tau)}(\overline{C} + G + I) \tag{6.1}$$

其中,Y 为产量；$\overline{C}$ 为自消费；G 为政府支出；I 为投资；c 为边际消费倾向；τ 为税率。假定图 6-2 所示的投资函数可以写成

$$I = I(i) \tag{6.2}$$

其中,$I' < 0$。将其代入公式(6.1),我们就可以重新写出有关产品市场的均衡公式：

$$Y = \frac{1}{1-c(1-\tau)}[\overline{C} + G + I(i)] \tag{6.3}$$

我们把这条曲线称为 IS 曲线。它反映了产品市场的均衡条件：储蓄 S 等于投资 I。

现在我们考察由这条曲线所揭示的产量 Y 和利率 i 之间的经济关系。显然,当利率 i 上升时,投资 I 将会下跌。其他情况不变时,产量 Y 将会减少。于是,我们可以得出 Y 和 i 是负相关的。与此同时,在这一关系中,利率 i 决定着投资从而决定着产量 Y。因此,Y 是因变量,i 是自变量(见图 6-3)。

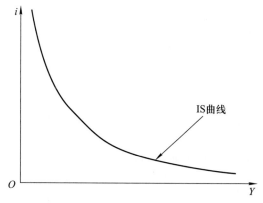

图 6-3 产品市场的均衡：IS 曲线

（二）货币市场的均衡：LM 曲线

现在我们考察货币市场的均衡。在第五章中我们得到,当货币市场处于均衡时,货币的供给等于货币的需求。此时,

$$\overline{M} = hPY - ki \tag{6.4}$$

其中,$\overline{M}$ 为货币供给量；P 为给定的价格；h 和 k 都为参数。

这里,我们仍然有必要考察一下公式(6.4)中 Y 和 i 之间的互动关系。当 Y 增加时,对货币的交易需求就会上升,于是,给定货币供给量 $\overline{M}$,利率将会上升。因此,Y 和 i 之间是正

相关的。与此同时,在这一互动关系中,我们看到的是 Y 的变化引起利率 i 的变化。从而与 IS 曲线所不同的是,这里 Y 是自变量,i 是因变量。我们把货币市场中 Y 和 i 之间的这种互动关系用 LM 曲线来进行表示(见图 6-4)。

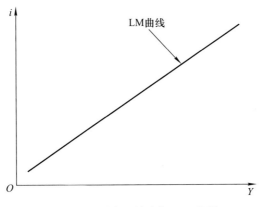

图 6-4　货币市场的均衡:LM 曲线

(三) 产品市场和货币市场的均衡:IS-LM 模型

现在我们考察当产品市场和货币市场同时处于均衡时的情况。必须说明,在 IS-LM 模型中,我们仍然沿用第四章中的假设 4-3,即假定价格是给定的(有关价格的讨论将在第八章中展开)。给定价格 P 以及其他变量,如政府支出 G、货币供给量 $\overline{M}$ 和自消费 $\overline{C}$ 等,产量 Y 和利率 i 的决定可以通过联立方程(6.3)和(6.4)求得。在图 6-5 中,它们表示为由 IS 曲线和 LM 曲线的交点所对应的 Y^* 和 i^*。

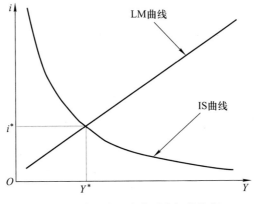

图 6-5　产品市场和货币市场的均衡

三、IS-LM 模型的动态分析

接下来我们将举例说明 IS-LM 模型中,经济是如何从非均衡(非稳定状态)到达均衡

(稳定状态)的。

(一) 模型的结构形式

我们以第一章附录所举的例子为例,再次将模型的结构写成如下形式:

$$Y_t = C_t + I_t \tag{6.5}$$

$$C_t = c_0 + c_1 Y_{t-1} \tag{6.6}$$

$$I_t = a_0 - a_1 i_{t-1} \tag{6.7}$$

$$M_t^d = h\overline{P}Y_{t-1} - k i_t \tag{6.8}$$

$$M_t^s = \overline{M} \tag{6.9}$$

$$M_t^s = M_t^d \tag{6.10}$$

其中,Y_t、C_t、I_t、i_t、M_t^d 和 M_t^s 分别代表产量、消费、投资、利率、货币需求和货币供给在 t 期的取值,$\overline{P}$ 为给定的价格,所有参数都为正值。这里,公式(6.5)为总产量的恒等式,公式(6.6)—(6.8)分别为消费、投资和货币需求的行为方程,公式(6.9)为外生给定的货币供给,公式(6.10)为货币市场的均衡。

(二) 模型的集约形式和稳定状态

用公式(6.6)和(6.7)分别解释公式(6.5)中的 C_t 和 I_t,我们得到如下 IS 曲线:

$$Y_t = c_0 + a_0 + c_1 Y_{t-1} - a_1 i_{t-1} \tag{6.11}$$

与此同时,用公式(6.8)和(6.9)分别代替公式(6.10)中的 M_t^d 和 M_t^s,并重新进行整理,我们得到如下 LM 曲线:

$$i_t = -\frac{\overline{M}}{k} + \frac{h}{k}\overline{P}Y_{t-1} \tag{6.12}$$

显然,公式(6.11)和(6.12)构成一个标准的二维宏观动态模型。模型的稳定状态或不动点(i^*, Y^*)可计算如下:令 $Y_t = Y_{t-1} = Y^*$,$i_t = i_{t-1} = i^*$。由公式(6.11)和(6.12)得

$$i^* = \frac{h\overline{P}(c_0 + a_0) - \overline{M}(1 - c_1)}{k(1 - c_0) + h\overline{P}a_1} \tag{6.13}$$

$$Y^* = \frac{c_0 + a_0}{1 - c_1} - \frac{a_1}{1 - c_1} i^* \tag{6.14}$$

假定模型中的参数由表 6-1 给出。

表 6-1　IS-LM 模型中的参数赋值

c_0	c_1	a_0	a_1	h	k	$\overline{M}$	$\overline{P}$
45	0.8	5	16	0.5	10	120	1

给定表 6-1 中的参数赋值,公式(6.13)和(6.14)让我们得到

$$i^* = 0.1, \quad Y^* = 242$$

(三) 模型的稳定性分析

现在我们考察当经济处于非均衡时,Y_t 和 i_t 是如何趋于均衡的。利用计算机进行模

拟，我们在图 6-6 中给出了 Y_t 和 i_t 的动态路径。可以看到，无论是 Y_t 还是 i_t，最后都收敛于它们的稳定状态 Y^* 和 i^*。

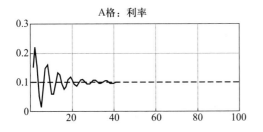
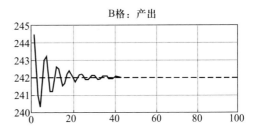
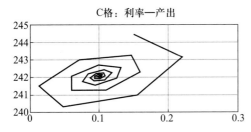

图 6-6　IS-LM 模型中 Y 和 i 解的路径（$h=0.5$）

然而，没有理由相信模型一定是收敛的。现在，让我们假定 h 从表 6-1 中的 0.5 增加的 0.7，其他参数不变。再次利用计算机进行模拟。图 6-7 中给出了 Y_t 和 i_t 的路径。我们发现模型此时是发散的。

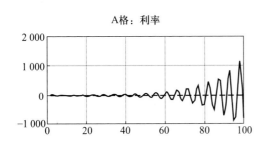
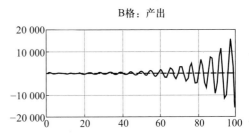
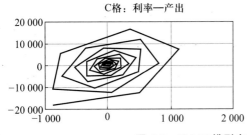

图 6-7　IS-LM 模型中 Y 和 i 解的路径（$h=0.7$）

现在让我们再次假定 h 从 0.7 下降到 0.625，其他参数不变。再次利用计算机进行模拟

(见图 6-8)。我们发现 Y_t 和 i_t 的动态轨迹此时既不发散,也不收敛,而是呈现出无限的循环。数学上,此种现象被称为极限环(limit cycles)。

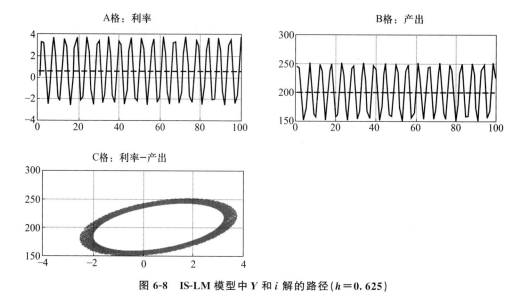

图 6-8 IS-LM 模型中 Y 和 i 解的路径($h=0.625$)

四、均衡的变动

我们已经对 IS-LM 模型进行了讨论。我们看到经济从非均衡到达均衡需有一定的调整时间。与此同时,我们也看到,即使给出足够的调整时间,经济也完全有可能永远不处于均衡,而仅仅体现为围绕均衡波动,甚至会离均衡越来越远。然而,经济社会的波动并非到此为止。事实上,均衡本身也是经常改变的。均衡的改变来自 IS 和 LM 曲线的变动,而曲线的变动又起因于其中的参数、外生变量及有关方程形式的变化。

(一) 政府支出变化对均衡的影响

我们首先以公式(6.3)所表示的 IS 曲线为例。显然,参数 c 和 τ、变量 G 和 $\bar{C}$ 以及方程形式 I 的变化都将影响 IS 曲线。接下来,让我们考察政府支出 G 的变化对产品市场和货币市场均衡的影响。当 G 增加时,即使 i 不变,Y 也会增加。于是,我们看到 IS 曲线将会往外移(见图 6-9)。更进一步地,在给定的利率水平下,Y 的变化 ΔY 将首先满足乘数关系:

$$\Delta Y = \frac{1}{1-c(1-\tau)} \Delta G \tag{6.15}$$

此即为图中 Y_1 和 Y_0 之间的距离。

然而,这一结论并没有考虑到货币市场的变化。当 Y 增加时,经济社会对货币的交易需求将会增加。如果货币的供给保持不变,则利率将会上升。利率的上升将使投资减少,从而减少 Y。而 Y 的减少将减少对货币的交易需求,从而使利率下跌,并再次引起产量的上升。如此反复下去,我们可以看到,新的均衡将在 E^* 点达到。

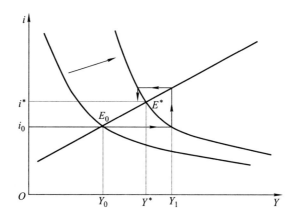

图 6-9 政府支出变化对产品市场和货币市场均衡的影响

与初始均衡 E_0 相比,此时 Y 仍会增加,但由于利率的增加使得投资减少了,乘数效应并没有充分发挥出来。经济学家们把政府支出对投资的这一影响称为挤出效应。有关政府支出对经济的这一影响我们将在第九章和第十章中作进一步的分析。

(二) 货币供给变化对均衡的影响

接下来我们将考察货币供给的变化对经济的影响。首先,在给定的产量水平下,货币供给的增加将导致利率下跌。由此,LM 曲线将往下移(见图 6-10)。在产品市场上,利率的减少将刺激投资增加,并引起产量增加。而产量 Y 的增加将使货币的需求增加,这样在货币市场上利率将会反弹。利率的反弹将使投资减少,产量下降。如此循环往复,最终新的均衡将在 E^* 点达到。

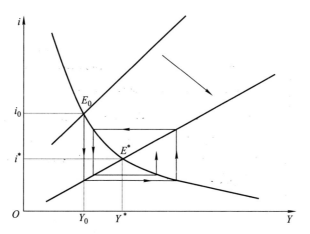

图 6-10 货币供给变化对产品市场和货币市场均衡的影响

由此我们可以看到,无论是政府支出还是货币供给,它们的增加都将增加总需求,从而增加总产出 Y。事实上,财政政策和货币政策是凯恩斯的两大宏观经济政策,它们分别通过改变政府支出和货币供给来影响经济社会的总产出。有关凯恩斯宏观经济政策的讨论将在

第十章中展开。

讨论与小结

本章中,我们首先讨论了投资的决定。我们发现,投资取决于利率,利率的上升将使投资减少,尽管它还取决于其他许多因素。

由于投资可以通过乘数效应影响产量,因此利率将对产量产生负向的影响,这就是所谓的 IS 曲线所描述的经济关系。与此同时,利率的决定来自货币市场的均衡。在给定的货币供给情况下,产量的增加意味着货币的交易需求增加,从而利率上升。于是我们看到,产量对利率具有正向的影响,这就是所谓的 LM 曲线所描述的经济关系。产量和利率之间的这种相互影响可以让我们构建出 IS-LM 模型。该模型为我们完整地描述了凯恩斯体系下的产量和利率的决定过程。

没有理由相信 IS-LM 模型的均衡(或稳定状态)是稳定的。经济从非均衡到达均衡需要一定的调整时间。与此同时,即使给出足够的调整时间,经济也完全有可能永远不处于均衡,而仅仅体现为围绕均衡波动,甚至会离均衡越来越远。而 IS-LM 模型中各种可能的动态变化似乎都在验证我们所观察到的一个基本现象,即经济社会存在着波动和商业周期。

然而,经济社会的波动并非到此为止。事实上,均衡本身也是经常改变的。均衡的改变来自 IS 和 LM 曲线的变动,而曲线的变动又起因于其中的参数、外生变量及有关方程形式的变化。其中,政府支出和货币供给的变化是造成 IS-LM 模型中均衡变动的主要因素,它们同时也是凯恩斯宏观经济政策的两大法宝。

思考题

1. 请解释什么是 IS 曲线?什么是 LM 曲线?它们分别代表了什么样的经济含义?
2. 请解释为什么当利率下降时投资会减少?与此同时,请解释为什么投资函数是极不稳定的?
3. 投资方程中的利率和货币需求公式中的利率是否为同一概念?如果不是,为什么我们在 IS-LM 模型中并没有对它们进行区别?
4. 在 IS-LM 模型中,价格是怎样处理的?
5. IS-LM 模型中的均衡是否意味着供需意义上的均衡?为什么?
6. 请尽量列出有可能使 IS-LM 模型的均衡发生变化的原因。
7. 什么是挤出效应?在 IS-LM 模型框架内,请简单描述政府支出变化对经济的影响。
8. 在 IS-LM 模型框架内,假定税率 τ 发生了变化,请简单描述经济会发生什么样的变化。
9. 在 IS-LM 模型框架内,请简单描述货币供给的变化对经济影响的传导机制。
10. 考察下列混合经济:

$$C = 200 + 0.8Y_d$$
$$I = 5\,000 - 36\,000i$$

$$T = 0.2Y$$
$$M^d = 2Y - 20\ 000i$$
$$M^s = \frac{1}{0.2}H$$
$$G = 2\ 000$$
$$H = 2\ 000$$

其中,Y 为收入;C 为消费;Y_d 为可支配收入;I 为投资;i 为利率;T 为税收;M^d 为货币需求;M^s 为货币供给;G 为政府支出;H 为高能量货币。

(1) 请推导并写出 IS 曲线和 LM 曲线。

(2) 请使用 IS-LM 模型来计算均衡的产量、投资、消费和利率。

(3) 假定现在政府支出增加了 200,请计算新的均衡产量和均衡利率。

(4) 假定政府希望增加产量 200,为此它可以增加支出,请计算政府应增加多少支出才能达到这一目标。

11. 请利用 Excel 或其他工具对本章第三部分所讨论的 IS-LM 模型进行模拟,并复制出图 6-6、图 6-7 和图 6-8。

第七章 劳动力市场分析

IS-LM模型可以理解为凯恩斯理论体系下的总产量或总需求模型。本章将讨论宏观经济学所关注的另一重要问题：就业。就业问题事关千家万户。对大多数百姓而言，失业意味着生活的困难和心理上的负担。严重的失业问题会影响一个国家的政治稳定。因此，就业问题一向是宏观经济学的一个重要研究方向。

影响就业的因素可以说是错综复杂的。其中既有体制的因素，也有产量和工资等的因素，外来的冲击也同样重要。经济学家们对失业的主要原因也有不同的解释。

本章中，我们将首先引入自然失业率的概念，接着我们将回顾微观经济学中有关生产要素的需求理论，该理论在很大程度上体现了新古典经济学对失业主要原因的诠释。最后作为对比，我们将阐述凯恩斯经济学体系中的就业理论。

一、自然失业率

首先，我们讨论就业理论中一个很重要的概念，即自然失业率。

（一）自然失业率

需要说明的是，任何时候失业总是或多或少存在的，无论经济景气与否。

【自然失业率】 所谓自然失业率是指一般情况下或经济处于稳定状态时的失业率，而现实中，我们所观察到的实际失业率可以看成是围绕自然失业率上下波动的。

自然失业率有时亦被称作非加速通货膨胀的失业率（non-accelerated inflation rate of unemployment，NAIRU）。这实际上意味着，当失业率低于自然失业率时，通货膨胀将被加速[①]，而这也将给经济社会带来问题。

【充分就业和充分就业的产量】 在自然失业率下，经济社会的就业一般可称作充分就业，而相对应的产出水平可称作充分就业的产量。

显然，自然失业率具有重要的政策意义。一般情况下它是政府所追求的目标。换言之，如果失业率低于自然失业率，政府就不会把失业当作很严重的问题。而当经济社会的失业

---

① 这样一种关系可以从菲利普斯曲线中导出。参见第二章的讨论。

率超过自然失业率时,政府一般会出台一些政策以解决失业问题。

需要说明的是,一个国家的自然失业率并非一成不变的,它有可能随时间的变化而变化。此外,即使在同一时间,不同国家的自然失业率也有可能不同。例如,20世纪80年代以后,欧洲一些国家的自然失业率一般在9%—10%左右,而美国则在6%左右。图7-1显示了20世纪80年代以来美国和欧洲一些国家失业率的变化情况。

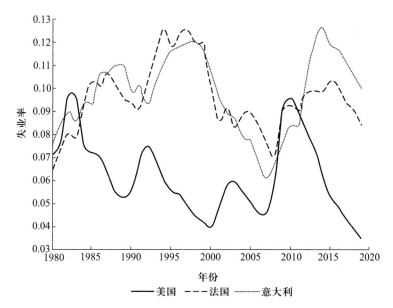

图 7-1　美国和欧洲国家(法国、意大利)失业率比较

资料来源:OECD(2019)。

(二) 自然失业率的理论模型

为了考察自然失业率的构成和原因,我们有必要构建一个关于自然失业率的模型。令 L 和 E 分别为劳动力人数和就业人数,从而就业率就可定义为 E/L,失业率为 $(L-E)/L$。为简化分析,我们假定 L 为常数。设 s 为经济处于正常状态(或稳定状态)下的离职率(separation rate),即就业人员中离开工作岗位的人数占总就业人数的比例;f 为正常状态下的发现率(finding rate),即失业人员中发现职位并重回工作岗位的人数占总失业人数的比例。由于我们讨论的是稳定状态,因此 s 和 f 均为常数。显然,在稳定状态下,我们有

$$sE = f(L-E) \tag{7.1}$$

其中,sE 为就业人员中离职的人数;$f(L-E)$ 为失业人员中发现职位并重回工作岗位的人数。显然,稳定状态下两者是相等的。两边同除以 L,并对公式(7.1)重新进行整理,我们得到

$$n = \frac{s}{s+f} \tag{7.2}$$

其中,$n \equiv (L-E)/L$,即自然失业率。公式(7.2)表明:自然失业率取决于稳定状态下的离职率和发现率:它与离职率 s 正相关,与发现率 f 负相关。例如,当 $s=0.015, f=0.3$ 时,

$n=0.0476$。这样一个失业率已非常接近美国的自然失业率。

(三) 自然失业的原因

接下来,我们将讨论自然失业率的决定因素。

上述模型让我们看到,自然失业率取决于经济正常情况下的离职率 s 和发现率 f。我们关于自然失业率决定因素的讨论将围绕着离职率 s 和发现率 f 展开。一般认为,自然失业受摩擦性失业、结构性失业和自愿失业等因素的影响。

【摩擦性失业】 所谓摩擦性失业是指因季节性和临时性原因而引起的失业。

摩擦性失业在经济社会中有时是不可避免的。例如,劳动力的流动、迁居和妇女生育等导致他们脱离现有工作。显然,摩擦性失业与离职率 s 相关。

【结构性失业】 所谓结构性失业是指由劳动力市场中供给与需求间结构的不匹配所造成的失业。

许多情况下失业和职位的空缺是同时存在的。结构性失业通常意味着一方面有人愿意工作,但找不到理想的、符合自己愿望的工作;另一方面经济社会中存在着职位空缺,等待人们去填补。一个国家(或地区)在有大量失业的同时,通常也会有大量的职位空缺,许多企业找不到合适的工人。造成此种情况的原因基本上可以分为两类:一是信息不健全,也许那些失业者并不知道有一个合适的职位正等待着他。二是失业者并不适合空缺的职位。显然,解决结构性失业问题的措施在于完善就业市场的信息传递机制(如建立人才交流中心和职业介绍所等)和政府的再就业项目(通常体现为对失业人员的培训等)。

【自愿失业】 自愿失业是指因工资太低等原因而自愿放弃工作机会所造成的失业。

自愿失业通常被认为来自政府较好的福利政策。较好的福利政策和失业救济制度通常会降低失业人员重新寻找工作的热情。如果失业所造成的经济损失与就业相差无几,或者说失业者在失业以后仍能维持相当高的生活水平,那么失业者也许会自愿选择失业。与美国相比,欧洲国家更为完善的福利制度通常能够解释10%左右的自然失业率。显然,结构性失业和自愿失业均与发现率 f 相关。

再次强调,自然失业率与制度和结构性等因素相关,与经济是否景气等无关。

二、微观经济学中的就业理论:新古典学派的回顾

接下来,我们将介绍新古典的就业理论。微观经济学中,我们曾经介绍过要素市场中家庭对劳动力的供给和企业对劳动力的需求。这些对劳动力供给和需求的讨论奠定了新古典

就业理论的基础。

(一) 劳动力的供给

首先讨论家庭的劳动力供给。一般认为对劳动力的供给来自家庭关于消费和休闲选择的决策问题。这样一种决策问题将使我们导出家庭的劳动力供给曲线将向上倾斜(图见7-2)。该图表明了在给定的实际工资 W/P 下家庭所愿意提供的劳动力供给。

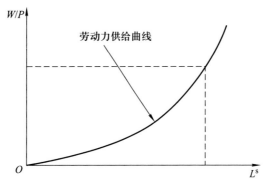

图 7-2　家庭所愿意提供的劳动力供给

然而,也有许多理论认为劳动力供给是外生给定的。此种情况如图7-3所示。此时,劳动力供给为外生给定的 $\bar{L}$。

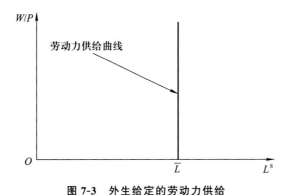

图 7-3　外生给定的劳动力供给

(二) 劳动力的需求

假定企业的生产函数为 $f(x_1,x_2,\cdots,x_m)$,其中 $x_j(j=1,2,\cdots,m)$ 为第 j 种生产要素。给定产品和生产要素的市场价格 P 和 W_j,其中,W_j 为生产要素 j 的市场价格,企业的生产决策问题可以表示为

$$\max \quad Py-(W_1x_1+W_2x_2+\cdots+W_nx_n) \tag{7.3}$$

约束于

$$y=f(x_1,x_2,\cdots,x_n) \tag{7.4}$$

其中，y 为产量。将公式(7.4)代入(7.3)，并对各生产要素求导，我们将得到如下一阶条件：

$$W_j = P\frac{\partial f}{\partial x_j}, \quad j = 1, 2, \cdots, m \tag{7.5}$$

上述公式表明，生产要素 j 的市场价格等于其边际产量的价值。对于生产要素 j 的需求可以从一阶条件(7.5)中导出。为了阐述清楚，我们有必要举例说明。

假如生产函数为柯布－道格拉斯型：

$$Y = AK^{1-\alpha}L^{\alpha} \tag{7.6}$$

其中，Y 为产量；K 为资本(表现为机器设备等)；L 为劳动力；A 则代表技术水平，在短期内，A 可看成是一个常数。该生产函数为大多数经济学家(特别是新古典经济学家们)所偏爱。给出生产函数(7.6)，一阶条件(7.5)可以写成

$$W/P = \alpha A K^{1-\alpha} L^{\alpha-1} \tag{7.7}$$

公式(7.7)的右边为劳动力 L 的边际产量；W/P 为实际工资，其中 W 为名义工资。

假如短期内资本 K 保持不变，即 $K = \overline{K}$。从公式(7.7)中我们可以得到对劳动力的需求 L^d：

$$L^d = \left(\frac{\alpha A \overline{K}^{1-\alpha}}{W/P}\right)^{\frac{1}{1-\alpha}} \tag{7.8}$$

公式(7.8)表明在给定的资本和技术条件下，对劳动力的需求取决于实际工资 W/P(见图7-4)。

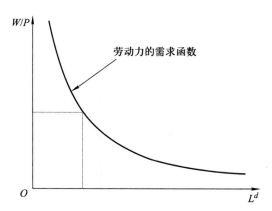

图7-4　由柯布－道格拉斯型生产函数导出的新古典的劳动力需求函数

对于劳动力需求的另一种表示方法可以推导如下。将公式(7.7)的右边乘以 L 并同时除以 L，并使用生产函数(7.6)，我们得到

$$\frac{W}{P} = \alpha \frac{Y}{L} \tag{7.9}$$

于是，对劳动力的需求 L^d 也可以写成

$$L^d = \frac{\alpha Y}{W/P} \tag{7.10}$$

需要说明的是，由公式(7.8)和(7.10)所表述的企业对劳动力的需求是一致的。我们可以把公式(7.8)中的 Y 看成是在给定资本设备 $\overline{K}$ 及价格 P 和 W 情况下的最优产量。该产

量与市场需求无关。

这里,我们还须说明,由柯布－道格拉斯型生产函数所导出的新古典的劳动力需求具有如下特定的极限特点,即当 $W/P \to 0$ 时, $L^d \to +\infty$,此时无论资本设备 $\overline{K}$ 或最优产量 Y 为多少。

(三) 劳动力市场的均衡

给定劳动力市场的供给和需求,劳动力市场的均衡如图 7-5 所示。

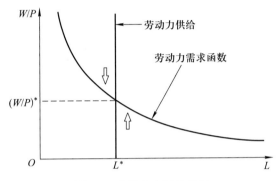

图 7-5 劳动力市场的均衡

图 7-5 中,我们假定劳动力供给为外生给定。此种情况下,工资的变化将使劳动力市场得以出清,出清时的实际工资为 $(W/P)^*$。可以设想当实际工资高于 $(W/P)^*$ 时,劳动力市场供过于求,工资下跌;当实际工资低于 $(W/P)^*$ 时,劳动力供不应求,工资上升。因此,实际工资最后必均衡于 $(W/P)^*$。

(四) 失业的原因

显然,这样一种分析很容易让经济学家们得出这样的结论:失业的主要原因来自过高的工资,而过高的工资通常是因为工会的过高要求和政府制定了过高的最低工资线。因此,解决失业问题的关键是去掉政府的干预和工会的作用,让工资自由浮动。从这个意义上说,新古典理论所设想的失业与经济周期无关。事实上,根据新古典理论,只要让工资自由浮动,就不可能产生失业,此时无论经济是否处于衰退或危机之中。此外,我们还发现这样一个为大多数经济学家所偏爱的柯布－道格拉斯型生产函数所产生的非常极端的结果:当实际工资 W/P 趋于 0 时, L^d 趋于无穷大。这一极端的结果表明无论资本(或最优产量)为多少,只要当实际工资足够低时,对劳动力的需求就可以是无限的。

然而,失业的原因仅仅是工资过高吗? 现实中,企业所生产的产量无疑会影响其对劳动力的需求:生产的产量越大,对劳动力的需求越旺盛,失业率必然会越低。实际上,这也是奥肯法则告诉我们的事实真相。

也许有人会说,新古典理论并没有否定产量对劳动力需求的作用,例如,从公式(7.10)可知,对劳动力的需求除取决于实际工资 W/P 之外,还取决于产量 Y。但是,如果我们仔细考察一下公式(7.8),就会发现对劳动力的需求取决于两个要素。一是给定的资本 $\overline{K}$:资本存量越多,生产能力越强(或规模越大),对劳动力的需求就越大。另外一个是实际工资 W/P:实际工资越高,对劳动力的需求就越小。尽管在公式(7.10)中我们看到了产量 Y 对劳动力需求的影响,然而,由于 Y 是通过生产函数转化而来的,因此,这里所谓的产量与市场需求无关,而是企业在给定的资本及实际工资 W/P 条件下的最优产量①。因此,归根结底,对劳动力的需求仍然取决于短期内给定的资本 $\overline{K}$ 和实际工资 W/P,而与市场对产品的需求无关。这样一种对劳动力的需求函数显然反映了企业在作决策时所拥有的充分信心的预期。这里,企业充分信心的预期表现为

【充分信心的预期】 在给定的价格条件下,企业预期由实际工资 W/P 下跌所引起的企业新增劳动力带来的边际产量的增加总是可以卖出去的。②

总之,所有这一切均意味着在新古典理论体系下,失业的唯一原因来自过高的工资。

三、凯恩斯的就业理论

现在让我们回到凯恩斯的理论框架来讨论就业或失业问题。

(一) 就业的产量决定

在凯恩斯看来,就业首先取决于产量。然而,凯恩斯所说的产量与公式(7.10)中的产量有所不同。它不是企业的最优产量而是受市场需求约束的产量。事实上,在凯恩斯主义看来,决定就业的最终因素仍在于市场对企业产品的需求:需求越旺盛,企业所生产的产量越多,所雇用的工人就会越多。

这里我们可以从两个层面去理解这种产量决定就业的理论。首先,现实中工资通常具有刚性,受劳动合同的保护。因此它不可能随劳动力市场供求关系的变化而适时调整。从这个意义上说,解决失业问题的主要途径不应是工资。其次,也更为重要的是,短期内资本存量和生产技术都是给定的,因此,企业对于劳动力的需求完全取决于产量而与工资和资本无关。

这里所谓给定的生产技术(短期内体现为资本的不可变性)可看成是一条已有的生产线。为使生产线得以运转,我们需要一定数量的工人来进行操作。少一个工人生产线不能运转,而多一个工人则对增加产量毫无帮助。由于企业是按产量的多少来决定生产线的运转时间的,因此对于劳动力的需求完全取决于产量,而与工资无关。如果产量不变,生产线的运转时间不变,那么即使工资再低,所雇用的劳动力人数也不会改变。

【举例】 假定企业的生产技术为一条生产线,让生产线正常运转需要 50 个工人在岗同时操作,该生产线运转 1 个小时能生产 250 箱产品。按照企业目前所获

---

① 这里,我们可以把最优产量 Y 看成是资本和实际工资的函数。
② 有关充分信心的预期的讨论请参见第三章。

得的市场订单,企业每星期需生产 10 000 箱,企业现有生产线工人 50 人,工资为每人每星期 1 000 元。显然,为完成 10 000 箱的生产任务,生产线每星期需要运转 40 个小时,从而企业现有生产线上的工人也需要工作 40 个小时。

上述例子意味着,给定生产技术(生产线),对劳动力的需求(50 人,每人工作 40 个小时)完全取决于产量(10 000 箱)。现假定有人愿意以更低的工资如每星期 800 元到生产线工作,那么企业会增加所雇用的工人吗?

显然不会!为使生产线开工 40 个小时,每星期生产 10 000 箱,企业只需 50 人即可。当然,企业可能会以 800 元的工资雇用此新人,同时解雇一名现有员工,使总就业人数不变。

由此我们可以看到,短期内产量和劳动力之间会存在如下关系:
$$Y = F(L) \tag{7.11}$$
或者更为简单地,
$$Y = AL \tag{7.12}$$
这里我们可以把公式(7.11)和(7.12)看成是企业的短期生产函数。其中,A 为一技术参数,它反映了单位劳动力对产量的贡献,即劳动生产率。该生产函数反映了在短期内,即生产技术给定条件下,劳动力与产出之间的关系。给定这一生产函数,对于劳动力的需求 L^d 则可以写成
$$L^d = F^{-1}(Y) \tag{7.13}$$
或
$$L^d = \frac{1}{A} Y \tag{7.14}$$
由此我们可以看到,至少在短期内工资对劳动力的需求不会产生影响。图 7-6 给出了处于短期内的企业对劳动力的需求函数。

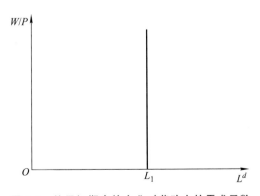

图 7-6　处于短期内的企业对劳动力的需求函数

需要说明的是以下两点:

第一,上述关于劳动力需求取决于产量的讨论与现实社会中我们所观察到的奥肯法则是一致的。按照公式(7.14),产量越大(或者说经济增长率越高),对劳动力的需求就越大,这意

味着在给定的劳动力供给情况下,失业率会下降。而这正是奥肯法则所反映的经济关系。

第二,上述对劳动力需求的讨论不是没有微观基础,它同样可以从一个优化模型中导出。有关讨论将在第十一章中给出。

(二) 工资对就业的影响

然而,在强调产量对就业的主导作用时,我们也不应否认工资对劳动力需求的影响。这种影响在长期中尤为重要。在长期中,当企业考虑采用什么样的生产技术时,工资的作用就可以体现出来。

在图 7-7 中,我们考虑三种不同的生产技术:生产技术 1 为劳动力密集型生产技术,生产技术 3 为资本密集型生产技术,生产技术 2 则位于两者之间。曲线 Y_1 和 Y_2 为不同产量水平下的等生产线。当然,我们可以试想有更多劳动密集(或资本密集)程度不同的生产技术可供选择。① 事实上,当可供选择的生产技术趋于无穷多时,等产量线 Y_1 和 Y_2 将分别趋于光滑。由此我们可以看到,典型的柯布—道格拉斯型生产函数所体现的资本和劳动力之间的相互替代,实际上也可以理解成各种劳动密集(或资本密集)程度不同的生产技术的选择。与此同时,C_1 和 C_3 则是两条等成本线。②

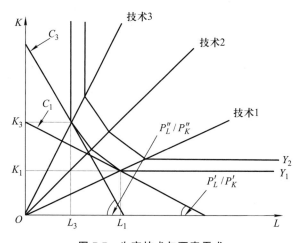

图 7-7　生产技术与要素需求

给定资本和劳动力价格 P_K 和 P_L,我们可以选择不同的生产技术,从而导出在给定生产规模条件下,对劳动力和资本的需求。显然,当相对于资本的劳动力价格较低,如 $P_L/P_K=P'_L/P'_K$ 时,企业将选择劳动密集型技术,即生产技术 1,从而对劳动力的需求就可能较大。例如在图 7-7 中,当生产规模为 Y_1 时,对劳动力的需求为 L_1。相反,如果工资较高,如 $P_L/P_K=P''_L/P''_K$ 时,企业将选择资本密集型技术,即生产技术 3,此时,对劳动力的需求就会减小。可以证明,当企业只有如图 7-7 中的三种技术可供选择时,企业对劳动力的需求

---

① 这样一种对生产技术的描述在经济学中通常被称为"生产活动分析"(production activity analysis),或简称"活动分析"。有关文献请参见 Baumol(1958,1972)、Koopman(1951)和 Gale (1989)等。

② 关于等产量线和等成本线等概念请参见微观经济学中的生产者理论。

函数可以如图 7-8 所示。

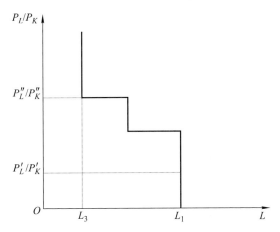

图 7-8　处于长期内的企业对劳动力的需求函数

图 7-8 表明,尽管工资对劳动力的需求有一定的影响,然而其影响是有限的。在给定产量 Y_1 的情况下,企业对劳动力的需求最多为 L_1,此时企业已经采用了劳动密集型程度最高的生产技术。显然,图 7-8 和图 7-4 形成了鲜明的对照。在本章的附录中,我们将给出一个案例,以推导这一对劳动力的需求函数。

（三）劳动力的总需求曲线

已经看到,工资对就业的影响体现在长期内当企业选择生产技术时。在给定的某一时间段内,经济社会中总有一部分企业处于长期中,从而会考虑选择新的生产技术,对于这些企业而言,它们对劳动力的需求函数如图 7-8 所示。其他企业则处于短期内,即生产技术不变,对于这些企业而言,它们对劳动力的需求函数如图 7-6 所示。而劳动力的总需求曲线则是在给定的实际工资水平下,所有企业的劳动力需求函数的水平相加。

由此我们可以看到,从宏观角度讲,工资对劳动力需求的影响总是或多或少地存在着,尽管可能并不明显。这体现在工资对劳动力的需求弹性并不大上。图 7-9 显示了在此种情况下劳动力市场可能的供给和需求。

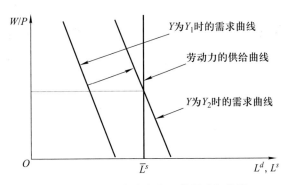

图 7-9　可能的劳动力市场的需求与供给

图 7-9 中,纵坐标 W/P 为实际工资,横坐标 L^d 和 L^s 分别为劳动力的供给和需求,其中,劳动力供给为给定值 $\bar{L}^s$。可以看到,劳动力工资对劳动力的需求仍有影响,但并不显著。因此,当总产量(或总需求)较小(如 Y 为 Y_1)时,即使工资为 0,失业仍然存在。此时,解决失业问题的唯一途径在于增加产量(或需求),使劳动力的需求曲线向外移。

讨论与小结

本章中,我们对劳动力市场进行了分析。我们首先提出了自然失业率的概念。我们指出自然失业率是指经济处于一般状态(或稳定状态)下的失业率。它与经济是否处于景气或萧条无关,但取决于一些制度和结构因素。而其主要表现则为自愿失业、结构性失业和摩擦性失业等。

我们接着尝试讨论与经济活动水平相关的失业问题。为此,我们首先回顾了新古典的就业理论。我们发现,在新古典理论框架下,就业取决于两个要素:资本和实际工资。特别是当生产函数为柯布—道格拉斯型时,只要实际工资够低,就业就可以无限扩大。这似乎在告诉我们,失业的主要原因在于过高的工资。本质上而言,新古典理论认为劳动力的需求与经济周期中的萧条和危机无关。

然而,当我们回到凯恩斯理论体系时,我们首先发现:在短期内,工资对就业没有任何影响,就业取决于市场对企业产品的需求。然而在长期中,当企业选择新的生产技术时,工资的作用就凸显出来了:工资决定着企业对生产技术的选择。当工资相对于资本更为便宜时,企业会选择劳动密集型生产技术,从而工资下降有可能使就业增加。然而,由于企业所能选择的生产技术是有限的,工资对就业的影响也是有限的。在某种情况下,即使工资下降至 0,失业仍然可能存在。所以,解决失业问题的根本之道在于增加有效需求,进而增加产量。

思考题

1. 请解释下列名词:自愿失业,摩擦性失业,结构性失业,自然失业率。
2. 什么叫充分就业和充分就业的产量?在充分就业的情况下,经济社会就没有失业了吗?
3. 为什么在欧洲一些发达国家,其失业率通常会明显高于美国和日本等发达国家?
4. 你能简要介绍和解释一下中国的就业状况吗?
5. 请简述新古典体系下决定就业的各项因素。进一步假定生产函数为柯布—道格拉斯型,则按照新古典体系,失业的主要原因是什么?为什么?
6. 如何理解在新古典体系下产量对劳动力需求的影响?这与凯恩斯理论体系下的产量决定就业的理论有何不同?
7. 经济学文献通常会区分长期和短期,那么,什么是长期?什么是短期?我们现在是处于长期还是短期?
8. 按照凯恩斯理论,实际工资在什么情况下对就业有影响?什么情况下对就业没有影响?

9. 假定企业的生产函数为
$$Y = K^{0.5}L^{0.5}$$
与此同时,企业的资本存量为100,市场对企业产品的需求为100,企业的产品价格为1,而工资为0.5。

(1) 请问:按照新古典理论,企业对劳动力的需求应为多少?按照凯恩斯理论,企业对劳动力的需求应为多少?

(2) 现在,工资减少到0.4,请问:按照新古典理论,企业对劳动力的需求应为多少?按照凯恩斯理论,企业对劳动力的需求应为多少?

10. 假定企业有三种生产技术,每种技术的投入产出系数见表7-1。

表7-1 生产技术 A、B 和 C 的投入产出系数

生产技术	A	B	C
产出 Y	1	1	1
劳动力 L	4	1.5	1
资本 K	1	1.5	3

(1) 假定 Y=100,与此同时,资本的价格为1,劳动力的价格为2。请问:企业所需求的劳动力为多少?

(2) 假定 Y=100,与此同时,资本的价格为1。请按表7-1的方式,求出在不同工资条件下,该企业对劳动力的需求,并据此画出劳动力的需求曲线。

(3) 现假定企业已经选择了技术 A,且 Y=100,求出企业对劳动力的需求函数。

11. 假定经济社会中有两家企业,企业一的生产技术如题10所示,且当下正好处于长期之中;企业二则处于短期内,其所使用的生产技术如表7-2所示。

表7-2 企业二的生产技术

	生产技术
产出 Y	1
劳动力 L	5
资本 K	1

假定在当下,市场对企业一所生产的产品需求为100,对企业二的产品需求为50,请画出当下劳动力市场上对劳动力的需求函数。

附录 举例——处于长期中的企业对劳动力的需求函数

在本附录中,我们举例说明处于长期中的企业其对劳动力的需求函数。

假定厂商采用劳动力 L 和资本 K 生产某一产品 Y,它有三种可供选择的生产技术:A、B

和 C。各生产技术的投入产出如表 7-3 所示。

表 7-3 生产技术 A、B 和 C 的投入产出系数

生产技术	A	B	C
产出 Y	1	1	1
劳动力 L	1	1.5	3
资本 K	3	1.5	1

表 7-3 中,以生产技术 A 为例,每生产 1 个单位的产品需要投入 1 个单位的劳动力和 3 个单位的资本。图 7-10 给出了三种生产技术的投入产出示意图。

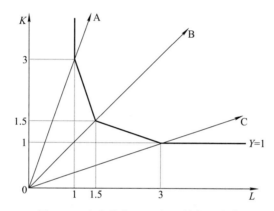

图 7-10 生产技术 A、B 和 C 的投入产出

令 P_L 和 P_K 分别为劳动力与资本的价格。于是,三种技术的单位产出成本 C_A、C_B 和 C_C 分别为

$$C_A = P_L + 3P_K$$
$$C_B = 1.5P_L + 1.5P_K$$
$$C_C = 3P_L + P_K$$

可以发现,
- 当 $0 < P_L/P_K < 1/3$ 时,C_C 最小,从而选择技术 C;
- 当 $P_L/P_K = 1/3$ 时,C_C 和 C_B 相等且最小[①],从而选择技术 C 或技术 B;
- 当 $1/3 < P_L/P_K < 3$ 时,C_B 最小,从而选择技术 B;
- 当 $P_L/P_K = 3$ 时,C_B 和 C_A 相等且最小[②],从而选择技术 B 或技术 A;
- 当 $3 < P_L/P_K < +\infty$ 时,C_A 最小,从而选择技术 A。

由此,企业对劳动力的需求如表 7-4 所示。

---

① 这可以令 $C_B = C_C$,即 $1.5P_L + 1.5P_K = 3P_L + P_K$,从而求得 $P_L/P_K = 1/3$。
② 这可以令 $C_B = C_A$,即 $1.5P_L + 1.5P_K = P_L + 3P_K$,从而求得 $P_L/P_K = 3$。

表7-4　当产量 $Y=1$ 时处于长期中的企业对劳动力的需求

P_L/P_K	生产技术	对劳动力的需求
$(+\infty,3)$	A	1
3	A 和 B 的各种组合	[1,1.5]
(3,1/3)	B	1.5
1/3	B 和 C 的各种组合	[1.5,3]
(1/3,0)	C	2

根据表7-4，我们在图7-11中画出企业对劳动力的需求曲线。

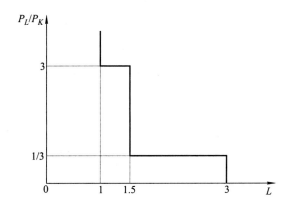

图7-11　处于长期中的企业对劳动力的需求（产量 $Y=1$）

第八章 工资与价格

在本章以前的 IS-LM 模型中,我们曾假定价格是不变的,即使市场处于非出清状态。这种分析方法通常被称为短期分析。本章中我们将讨论工资和价格是怎样决定的。许多教科书把本章所讨论的问题称为中期分析,使它与价格不变的短期分析相对应。

本章的内容安排如下。首先,我们将对价格决定理论作一番概述。其次,我们将着重介绍新凯恩斯主义的黏性价格(sticky pricing)理论,这是新凯恩斯主义最为主要的研究成果,在某种程度上它被看成是凯恩斯主义关于价格决定的微观基础。最后,我们以黏性价格理论为微观基础,从宏观上讨论工资和价格的决定方式。这一讨论实际上让我们回到了菲利普斯曲线,只不过现在我们看到的菲利普斯曲线是双重的,即价格和工资是相互影响的。

一、价格决定的一般思考

与其他经济变量一样,影响价格的因素有许多。这里,我们将先对这些因素作个一般性的概述。

(一) 价格决定的市场供求理论

首先让我们回顾一下新古典经济学中有关价格决定的理论。新古典经济学中的价格决定过程如图 8-1 所示。

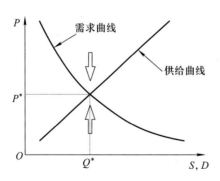

图 8-1 新古典的价格决定过程

图 8-1 中,横轴和竖轴分别代表该产品的数量和价格,其中 S 和 D 分别代表供给和需求曲线。当供给大于需求时,价格下跌;当供给小于需求时,价格上升;当供给等于需求时,价格不变。

显然,这样一种价格的决定过程确实反映了价格决定的一个重要因素,即市场的供求关系。毋庸置疑,这种市场供求决定价格的理论一直是新古典经济学价格理论的核心。经济

学家们在分析价格决定时也通常离不开这一思维。然而,无论如何我们至少可以对这种价格理论提出如下思考:

第一,除了市场供求,是否还有其他因素会影响价格的调整?毋庸置疑,影响市场价格的因素还有很多。在我们承认市场的供求关系对价格的影响作用时,也不应该忽视其他因素的影响。

第二,新古典在强调市场的供求关系对价格的影响时忽略了一个基本问题,即到底由谁来制定价格。新古典经济学家们似乎不愿意回答这一问题,他们试图用亚当·斯密神秘的"看不见的手"来进行搪塞。然而,无论如何,这显然并不是一种科学的态度。当然,我们也已经知道,在瓦尔拉斯经济下,那只"看不见的手"就是所谓的市场报价员。但瓦尔拉斯式的交易模式已经很难在当代经济社会中找到其缩影。

第三,当市场的供求关系等发生变化使价格需要调整时,价格的调整是否迅速?是逐步调整还是一步到位的调整?

(二) 影响价格的成本因素

接下来,我们首先回答上述第一个问题。除了市场的供求会影响价格,还有其他许多因素也同样会影响价格。因此,我们在承认市场的供求关系对价格的作用时,也不应忽视其他因素的影响。在这些其他因素中,我们特别需要强调的是成本和预期的作用。

显而易见,成本的上升通常也会带动价格的上升。因此,经济学家通常把通货膨胀分成两类:一类为需求拉动型的通货膨胀(demand pull inflation),此种类型的通货膨胀显然与价格决定的市场供求因素有关;另一类为成本推动型的通货膨胀(cost push inflation)。

【需求拉动型的通货膨胀】 需求拉动型的通货膨胀是指经济社会因总需求过热而产生的通货膨胀。

【成本推动型的通货膨胀】 成本推动型的通货膨胀是由原材料及其他进口产品价格的上升所引起的通货膨胀。

值得注意的是,两种不同类型的通货膨胀对经济所造成的伤害是不同的。一般来讲,需求拉动型的通货膨胀较易控制,因为有相应的宏观经济政策来应对;而成本推动型的通货膨胀则通常伴随着滞胀,即通货膨胀和失业并举。滞胀对经济的危害更大,也更难控制。凯恩斯的宏观经济政策在应对滞胀问题上似乎更显得无能为力。有关宏观经济政策对解决通货膨胀和其他宏观经济问题所起的作用将在第十章中进行讨论。

(三) 预期对价格的影响

影响价格的另一重要因素在于预期。毫无疑问,人们的经济活动通常受预期的支配。例如,当人们预期未来价格会上升时,他们可能会要求增加工资,或者会使用更多手中的货币(存款储蓄)去购买商品。所有这些都有可能促成通货膨胀。这样一个过程通常被称为预期的自我实现。此外,当一种具有非积极作用的预期变得普遍时,它对经济所造成的伤害是非常大的。一些恶性的通货膨胀通常是由于人们对未来失去信心而引起的。而事实上,人们的预期很大程度上是非理性的,通常受他人和媒体等的引导。因此,维护人民对政府及国家未来经济的信心仍是经济稳定必不可少的条件。

经济学家们对各种不同类型的预期进行了区分。首先是理性预期（rational expectation）。理性预期的思想最初由美国经济学家穆思(Muth,1961)针对当时流行的适应性预期的缺陷而提出,后经卢卡斯等人进一步发展,逐渐形成理性预期学派。

【理性预期】 理性预期是指在有效地利用一切信息的前提下,对经济变量所作出的在长期中平均说来最为准确而又与所使用的经济理论、模型相一致的预期。

假定我们所关心的经济变量的决定方式由如下模型给出：

$$Y_{t+1} = f(X_t, Y_t, \cdots) + \varepsilon_{t+1} \tag{8.1}$$

其中,ε_{t+1}为随机变量,服从均值为0的正态分布。因此,当人们能有效地利用一切有用的信息时,其所预期的结果应该为

$$E[Y_{t+1}] = f(X_t, Y_t, \cdots) \tag{8.2}$$

其中,$E[Y_{t+1}]$是对未来变量Y_{t+1}的预期。显然,理性预期是否理性取决于反映经济变量决定方式的理论模型(8.1)是否正确。

适应性预期(adaptive expectation)是在理性预期之前经济学家们热衷使用的一种预期方式。

【适应性预期】 适应性预期是将预期事件和实际事件之间的差别作适应性调整的一种预期方法。

适应性预期并不需要如公式(8.1)所示的反映经济变量决定方式的具体模型,其预期公式经常表示为

$$E[Y_{t+1}] = E[Y_t] + \lambda(Y_t - E[Y_t]) \tag{8.3}$$

其中,修正参数λ居于0和1之间。公式(8.3)表明:预期的修正$E[Y_{t+1}] - E[Y_t]$是针对预期的误差$Y_t - E[Y_t]$的一种适应性反映。显然,适应性预期是一种经验法则（rule of thumb）,它有可能为部分缺乏足够信息的经济人所使用。事实上,更为简单的经验法则为

$$E[Y_{t+1}] = Y_t \tag{8.4}$$

此时,人们直接将当前所观察到的经济现象延伸至对未来的预期。

此外,也有经济学家在做研究时喜欢使用完美预见(perfect foresight)的预期,此时,

$$E[Y_{t+1}] = Y_{t+1} \tag{8.5}$$

二、新凯恩斯主义的黏性价格理论

接下来,我们将介绍新凯恩斯主义的黏性价格理论。我们曾经指出这是新凯恩斯主义最为主要的研究成果,它也为我们在本章第三部分从宏观上讨论工资和价格的决定方式提

供了一个微观基础。

(一) 什么是黏性价格?

第四章中我们曾经指出,在产量决定的乘数过程中,价格是给定的,即以标签的形式向社会公布,也就是所谓的明码标价。但这并不意味着价格不会做调整。我们只是强调:价格的决定过程和产量的决定过程是分开的。因此,产量的决定过程(或交易过程)是在明码标价下(或在价格已经被确定的情况下)进行的。那么,价格是如何确定的? 又是如何调整的?

首先,让我们回到前文[①]第二个问题,即价格到底由谁制定(或调整)? 显然,价格并非由那只"看不见的手"来决定,也不是由瓦尔拉斯的报价员来报价,价格必然由生产者自行决定! 从这个意义上说,我们这里所讨论的市场经济并不是完全竞争的市场经济,而是非完全竞争的市场经济,如垄断或垄断竞争的市场经济。正因为如此,凯恩斯经济学所设想的市场经济与新古典所设想的市场经济是不一样的。一个完全竞争的企业不仅具有完全充分的信心,即相信其最优产量能在给定的市场价格下出售出去(见第三章),同时它只能是价格的接受者而不是制定者。当我们讨论企业自行决定价格或对价格进行调整时,我们所涉及的企业自然是垄断竞争和垄断企业。与此同时,垄断或垄断竞争企业依据所面临的市场需求曲线,使其产量等于市场需求。这样一种产量的决策和凯恩斯的产量受市场需求约束的理论(或有效需求理论)是一致的。

其次,让我们回到前文第三个问题:如果价格由生产者(或企业)自行决定,则当市场的供求关系等发生变化使得价格需要调整时,价格的调整是否迅速? 是逐步调整还是一步到位式的调整? 这事实上是近些年宏观经济学领域新凯恩斯主义研究的一个核心问题。

在新凯恩斯主义看来,价格调整是有黏性的。

【价格调整的黏性】 所谓价格调整的黏性是指价格的调整既不是即时的也不是一步到位的。相反,在价格被确定以后,它将在相当长时间内保持不变,即使在价格制定者看来目前的价格并非最优。

这实际上意味着尽管企业会根据市场的供求状况对价格进行调整,然而,价格的这种调整有可能是黏性的,即价格的调整既不及时也不会一步到位(不会一下调整到最优状态),当然也不可能使市场出清。现实中,价格调整的这种黏性具有相当的普遍性。例如,通过对美国大型超市的调查发现:大部分商品价格每半年或每一年调整一次。正如美国经济学家泰勒所指出的:

> 关于工资和价格的大量数据表明,工资和价格会在相当长的一段时期内保持稳定(这个时期通常被称为合同期)。在这一时期内,合同一般不会对外界的变化

[①] 即本章第一部分开始所提的三个问题。

作出应变性调整。(Taylor,1999)

于是,一个追求利润最大化的企业在面对市场的供给状况发生变化时,为什么不能及时和有效地调整价格?[①]

(二) 企业的价格决策

假定一开始企业所预期的市场需求曲线为 D_0(见图 8-2)。注意,就企业而言,真实的市场需求曲线是不可知的,因此,它只能按预期的市场需求曲线作决策。假如企业的边际成本曲线为 MC,边际收入曲线为 MR_0,则企业一开始所制定的最优价格为 P_0,与此相对应的最优产量为 Q_0。我们可以想象:在企业确定好最优价格 P_0 以后,它会把最优价格 P_0 公布出去。例如,把它印在菜单和价目标签上,或刊登在广告上,即所谓明码标价。

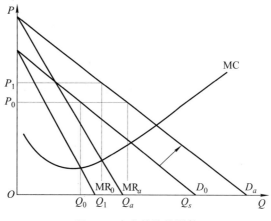

图 8-2 企业的价格调整

这里必须说明的是,尽管企业按所预期的市场需求曲线制定价格,然而,由于其所预期的市场需求曲线并不一定精确,而企业又是按实际的市场需求来进行生产的,因此,企业并不一定会在 Q_0 上进行生产,除非其所预期的市场需求恰好能得以实现。

现假定在企业所公布的价格 P_0 上,市场的实际需求为 Q_a。有理由相信,企业这时会对自己所预期的市场需求曲线作出调整。假定调整后的预期市场需求曲线为 D_a。此时,给定这一新的市场需求曲线,企业新的最优价格应为 P_1。现在我们要问:企业是否会即时调整到新的最优价格 P_1 上?

(三) 调整成本和黏性的原因

按照新凯恩斯主义理论,调整价格不是没有成本的。这种成本不仅包括菜单成本(menu cost),如重新制作产品价目单(菜单)所需的印刷费和广告费等[②],同时也包括因不断

[①] 关于新凯恩斯主义黏性价格理论的经典文章,请参见 Calvo(1983)、Rotermberg(1982)、Mankiw(1985)和 Christiano et al.(2005)等。

[②] 有关讨论请参见 Mankiw(1985)。

更改价目表给客户造成的形象损失[①]。有理由相信当这种调整成本达到一定程度时,一个追求利润最大化的企业将不会对价格进行调整,即使它知道目前的价格不为最优。

显然,从形象损失来看,调整成本与调整的幅度及调整的频率有关。调整幅度越大,形象损失就越大。例如,消费者也许能够接受5%的价格上调,但很难忍受100%的价格上涨。与此同时,调整的频率越高,形象损失也会越大。偶尔的调价一般能为客户所包容,一个价格多变的企业则最终一定会被客户抛弃。正因为如此,企业在面临市场需求发生变化时,对价格调整会呈现出某种程度的滞后。而所作的调整通常也不是一步到位[②],经济学们把这种价格变化模式称为价格调整的黏性。

三、双重菲利普斯曲线

接下来,我们将从宏观上讨论价格和工资是如何决定的。上述黏性价格理论为我们的这一讨论提供了微观基础,而我们的这一讨论也将为下一章所要介绍的总供给－总需求模型提供必要的准备。

(一) 为什么菲利普斯曲线是双重的?

前文所述的菲利普斯曲线反映了通货膨胀率与失业率之间的关系。然而,在这一关系中,为什么失业率会与通货膨胀率呈负相关,或者说为什么失业率的下降会造成通货膨胀呢?事实上,失业率所直接影响的应该是工资:失业率越高,工资(或工资增长率)就越低。而工资和价格之间则交叉影响:两者之间通过成本因素而相关。从宏观角度看,组成产品价格成本的主要因素来自工资,而组成劳动力生活成本的主要因素则为物价。由此我们看到两者之间相互正向交叉的影响。

实际的数据也说明了这一点。图8-3给出了中国的通货膨胀率和名义工资增长率的变化情况。显而易见,大多数情况下通货膨胀率和工资增长率是同方向变化的。

非常有意思的是,英国经济学家菲利普斯在其1958年的文章中首先发现的是名义工资增长率和就业率之间的负向关系。这是菲利普斯本人对英国1861—1957年工资行为研究的结果。两年之后,萨缪尔森和索洛则利用1900—1960年的美国数据对菲利普斯曲线重新进行了检验。[③] 然而,这一次他们用通货膨胀率代替了名义工资增长率。因此,现代菲利普斯曲线是由萨缪尔森和索洛的文章发展而来的。由此我们看到,菲利普斯曲线是双重的。接下来我们将讨论工资和价格的决定方式。

首先讨论工资的决定。

(二) 工资函数

制定工资的方法可以有很多。首先,工资通常受合约(contract)的保护。合约一旦签

[①] 有关讨论请参见 Rotemberg(1982)。
[②] 如果一步到位则所需的调整幅度过大。
[③] 参见 Samulson and Solow(1960)。

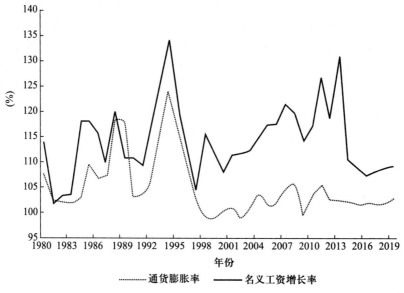

图 8-3　通货膨胀率和名义工资增长率

资料来源：国家统计局（2020）。

订,有关各方面都必须履行,无论劳动力市场的供求关系发生了何种变化。这种以合约形式对工资进行保护的方式或多或少地体现了工资调整的黏性。

许多情况下,工资合约由工会和资方通过讨价还价式的集体谈判(collective bargaining)而形成。集体谈判对于那些没有特殊技能的工人在争取他们的利益时会有一定的帮助。在日本和西欧,有关工资合约的集体谈判在大多数行业和企业都会发生。然而,在美国,集体谈判的作用则非常有限,尤其是制造业以外的一些行业。一般情况下,工资由雇主和雇员间的单独谈判所决定,或者由企业单方面决定。工作所需的技能越高,单独谈判也就越为普遍。而就大多数职位(特别是入门职位)来讲,企业通常单方面制定工资。对雇员而言,他所作的选择只能是要么接受要么放弃。

然而,无论是单独谈判、集体谈判还是单方面决定,工资的决定仍然离不开前文所讨论的关于价格决定的三大要素:市场供求、成本和预期。由此,我们可以用下列公式来反映上述因素对工资的影响：

$$W = w(P^e, N, z) \tag{8.6}$$

其中,W 表示名义工资,P^e 为预期的价格水平,N 为就业率,z 为影响工资的其他可能变量,且

$$\frac{\partial w}{\partial P^e} > 0, \quad \frac{\partial w}{\partial N} > 0$$

显然,就业率越低,或失业率越高,工人谈判的筹码就可能越小,于是工资就可能越低。因此,N 反映了决定工资价格的市场供求因素。与此同时,物价水平越高,生活的成本也就越高,工资水平就会相应地提高。然而,在签订工资合约时,我们是不知道未来的物价水平的。因此,工会和企业必须根据他们对未来物价水平的预期来进行谈判。显然,这里的预期

价格 P^e 同时反映了确定价格水平的成本和预期因素。

公式(8.5)中的其他因素 z 代表了除就业率和价格预期之外其他可能影响工资水平的变量。这里,我们可以列举许多这样的因素。例如,政府所设定的最低工资:最低工资越高,工资水平也会越高。失业救济和福利水平的提高也将提高工资水平。此外,还有技术水平(或劳动生产率):劳动生产率越高,企业的利润空间越大,提升工资的可能性就越大。当然,我们还可能会想到其他许多因素。

(三) 价格函数

在讨论了工资的决定以后,我们接着讨论一般产品的价格。从宏观角度看,影响一般产品的成本因素主要反映在工资上:工资显然是影响价格的主要因素。为了反映决定产品价格的市场供给因素,我们可以引入产能利用率这一概念。一个企业的生产能力取决于其所拥有的资本设备,它是通过投资而形成的。给定资本设备 K,企业的生产能力可以定义为

$$Y^p = \widetilde{A} K \tag{8.7}$$

其中,Y^p 为企业的生产能力,$\widetilde{A}$ 则可以解释为资本生产率,它与公式(7.12)中的 A 一样,都反映了在给定的生产技术条件下,生产要素和产出之间的关系。因此在短期内,企业的生产函数由公式(7.12)和(8.7)共同组成。两者之间的不同在于企业不能"解雇"资本设备,但可按实际生产的产量雇用和解雇工人。正因为如此,我们可以把公式(8.7)看成是企业潜在的生产能力,而通过公式(7.12)的反函数(7.14)将公式(7.12)理解成企业对劳动力的需求函数。

给定公式(8.7)所表示的生产能力,企业的产能利用率 U 则可以写成

$$U = \frac{Y}{Y^p} \tag{8.8}$$

其中,Y^p 仍然为产量。

由于企业是按市场需求生产的,产能利用率的提高意味着产品市场需求的提高,从而价格也会相应提高,因此,我们可以将价格公式写成如下形式:

$$P = p(W, U, v) \tag{8.9}$$

其中,

$$\frac{\partial p}{\partial W} > 0, \quad \frac{\partial p}{\partial U} > 0$$

除了前文所述的工资 W 和产能利用率 U,其他因素也会影响一般产品的价格,这里,我们用 v 来进行反映。从宏观角度看,这些因素可能包括进口产品的价格、市场的竞争程度以及技术等。进口产品的价格和工资一样都可以看成是影响一般产品价格的成本因素。进口产品的价格通常取决于汇率以及与本国产品相对应的外国产品的价格。市场的竞争程度则直接影响企业定价时所考虑的在成本之上的利润加成:一般来讲,垄断程度越高,利润加成的取值也会越大。这里,我们还需探讨一下技术进步对工资和物价水平的影响。技术进步通常体现为生产率的提高,这意味着单位生产所需的劳动力和资本将会减少。如果其他条件不变,则厂商将会有更大的利润空间。于是,企业一方面有可能增加工资,另一方面也可能降低价格以便使自己的产品更具竞争力。尽管增加工资会使企业的成本回升,然而,其增长幅

度不可能使企业的成本上升至技术进步以前的水平,否则,企业没有必要引入新的生产技术,而这将为企业降价提供空间。有关技术进步对价格等的影响我们还会在第十二章中进一步进行讨论。

最后,必须说明的是,我们这里所讨论的工资和价格的决定公式(8.6)和(8.9)只是一种理论公式,而非经验公式。我们的目标是把公式(8.6)和(8.9)嵌入下一章所要讨论的总供给—总需求模型中。由于经济社会的产量和物价是不断增长的,因此,为了更好地反映价格和工资的变动,无论是原始的菲利普斯曲线还是萨缪尔森和索洛的研究,被解释的经济变量并不是公式(8.6)和(8.9)中的工资或价格水平,而是它们的变化率。事实上,公式(8.6)和(8.9)以及前文的许多行为方程都可以看成是经过简化处理后的理论公式。它们的主要目的在于反映经济变量决定的几项基本要素,同时也能使我们更为容易地利用它们进行分析。因此,通常情况下,理论公式和检验公式不会完全一致。

讨论与小结

本章中,我们对价格(包括产品和劳动力价格)的决定进行了分析。为此,我们首先讨论了价格决定的一般因素。这些因素包括市场的供求、成本和预期。根据价格决定的市场供求和成本因素,经济学家们通常把通货膨胀分为两类:一类是需求拉动型的通货膨胀,另一类是成本推动型的通货膨胀。关于预期,经济学家们则把它区分为理性预期、适应性预期、经验法则和完美预见。

尽管价格能针对市场供求关系的变化进行调整,然而,价格到底由谁来调整?或者说由谁来制定?与此同时,价格的调整是否迅速?是逐步调整还是一步到位的调整?新凯恩斯主义的黏性价格理论对此进行了解释。在新凯恩斯主义看来,价格的制定和调整由生产者自行决定。从这个意义上说,凯恩斯理论的微观基础不可能建立在完全竞争的市场经济上,垄断或垄断竞争市场是凯恩斯理论体系下所设想的市场经济。与此同时,尽管企业会对市场的供求变化作出价格上的反应和调整,但由于调整成本的存在,这种调整有可能是黏性的,同时调整也可能不是一步到位的。现实中,价格调整的这种黏性具有相当的普遍性。

从宏观角度看,决定物价的产品成本主要来自工资,而劳动力生活成本的主要因素在于物价,因此,物价和工资之间是相互正向交叉影响的,从而菲利普斯曲线是双重的。工资的决定取决于劳动力市场的供求状态、对通货膨胀的预期以及一些与制度有关的因素等。价格的决定则取决于工资、产能利用率、进口产品的价格、市场的垄断(或竞争)程度及技术进步等。

思考题

1. 请描述新古典理论体系下价格的调整过程,并对此进行评论。
2. 什么是需求拉动型通货膨胀?什么是成本推动型通货膨胀?两者对经济的影响有何不同?
3. 什么是决定价格的三大要素?在工资和一般产品价格的决定公式中,它们分别是如何体现的？

4. 什么是理性预期、适应性预期、经验法则和完美预见？请分别写出它们的表达公式。

5. 为什么菲利普斯曲线是双重的？原始的菲利普斯曲线反映的是什么关系？

6. 什么是企业的生产能力和产能利用率？请写出有关公式。产能利用率可以大于1吗？为什么？

7. 如何理解技术进步对工资和一般产品价格的影响？

8. 价格到底是由谁制定的？为什么凯恩斯理论体系下的市场经济不可能是完全竞争的市场经济？

9. 什么是调整成本？调整成本包括哪些内容？请利用新凯恩斯主义的黏性价格理论解释为什么价格的调整是黏性的。

10. 工资的调整也具有黏性吗？为什么？

第九章 总供给-总需求(AS-AD)模型

本章中,我们将对到目前为止我们所学到的在凯恩斯主义理论框架下的产品市场、金融市场、劳动力市场和价格及工资决定的有关理论进行汇总,并在此基础上建立起一个涉及几乎所有市场的宏观意义上的一般均衡模型。我们把这一模型称为总供给-总需求(AS-AD)模型。该模型的建立为我们分析经济社会中所涉及的大多数宏观经济问题提供了一个基本框架。

一、模型

总供给-总需求(AS-AD)模型由两条基本的曲线构成:一条是总供给曲线,另一条是总需求曲线。它们反映的均是产量和价格之间的关系,因此,非常类似于微观经济学中的供给与需求曲线。

(一) 基本公式

我们首先列出该模型的有关公式:

IS 曲线: $$Y = \frac{1}{1-c(1-\tau)}[\overline{C}+I(i)+\overline{G}] \tag{9.1}$$

LM 曲线: $$\overline{M} = hPY - ki \tag{9.2}$$

生产函数: $$Y = F(L^d) \tag{9.3}$$

工资公式: $$W = w(P^e, N, z) \tag{9.4}$$

价格公式: $$P = p(W, U, V) \tag{9.5}$$

预期公式: $$P^e = P \tag{9.6}$$

就业率定义: $$N = \frac{L^d}{L} \tag{9.7}$$

产能利用率定义: $$U = \frac{Y}{\widetilde{A}K} \tag{9.8}$$

其中,IS 曲线代表产品市场的均衡,它由本书第四章和第六章的分析给出。LM 曲线代表货币市场的均衡,它来自本书的第五章和第六章。对于生产函数我们更应从它的反函数形式去理解:

$$L^d = F^{-1}(Y) \tag{9.9}$$

即把它看成是一个对劳动力的需求函数。产量越高,对劳动力的需求 L^d 就越大(详见第七章的讨论)。而工资和价格公式则来自本书第八章的公式(8.6)和(8.9)。为了简化我们的分析,我们在公式(9.6)中假定预期价格 P^e 等于实际价格 P。与此同时,在公式(9.7)和

(9.8)中,假定劳动力供给和资本设备的供给都为常数($\overline{L}$ 和 $\overline{K}$),从而这里我们不考虑增长。接下来,我们将从这些公式中推导总供给和总需求曲线。

(二) 总需求曲线

如前所述,对于该模型的理解我们可以借助于两条基本的曲线:总供给(aggregate supply,AS)曲线和总需求(aggregate demand,AD)曲线。

【总需求曲线】 总需求曲线反映了在给定的价格条件下,经济社会所需求的总产量。

总需求曲线可以从 IS 曲线(9.1)和 LM 曲线(9.2)中导出。

已经知道,在 IS-LM 模型中,价格是假定不变的。因此,模型的均衡反映了在给定的价格水平下产量和利率的决定。现在我们考察价格的一个变化,即价格从 P_0 变化到 P_1,此时,均衡产量和利率应作何调整?图 9-1 给出了价格变化对货币市场的影响。

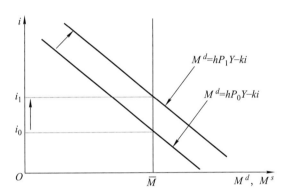

图 9-1 价格的变化对货币市场的影响

首先发现:当价格从 P_0 变化到 P_1 时,受影响的只是货币的交易需求。由图可知,价格的上升(从 P_0 变化到 P_1)时,名义 GDP 将增加,从而增加货币的交易需求,这使得图中的货币需求曲线往上移。于是,如果货币供给量不变,则货币市场的均衡将使利率上升——即使产量此时没有变化。

在图 9-2 中,我们继续给出了上述变化对 IS 和 LM 曲线的影响。显然,IS 曲线并不受价格的影响,受影响的是 LM 曲线。由于价格从 P_0 变化到 P_1 时,利率上升,因此,在其他情况不变的条件下,LM 曲线将往上旋转。由此我们可以得到新的均衡产量 Y_1。

综上所述,当价格上升时,社会所需求的产量将下跌。这一关系由图 9-3 中的总需求曲线表示。

总结一下:当价格上升时,名义 GDP 将上升,从而使得货币的交易需求上升。如果货币供给量不变,则货币市场的均衡必然使利率上升。利率的上升必然导致投资减少,从而使得总需求下降。在 IS-LM 模型中,这表现为 LM 曲线向上移动。由此我们看到一条向下倾斜的总需求曲线。

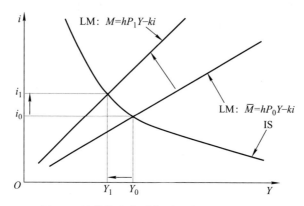

图 9-2 价格的变化对货币和产品市场的影响

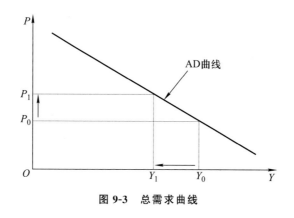

图 9-3 总需求曲线

(三) 总供给曲线

首先,我们这样定义总供给曲线:

【总供给曲线】 总供给曲线反映的是在给定的总产量水平下,经济社会的总体价格水平。

首先发现,根据这一定义,我们这里的总供给曲线与微观经济学中的供给曲线具有本质上的区别。在微观经济学中,所谓的供给曲线是指在给定的价格条件下,经济社会所愿意提供的供给。然而,总供给曲线的经济学意义恰好相反:它是指在给定的总产量下,经济社会的总体价格水平。

该曲线可以从模型中的其余公式(9.3)—(9.8)中导出。考察产量的一个变化,如产量从 Y_0 增加到 Y_1。在给定的资本存量 $\bar{K}$ 条件下,产量的这一变化将首先影响产能利用率。从公式(9.8)中可知:产量越大,产能利用率越高。于是,产量的这一变化将导致产能利用率升高。与此同时,由生产函数(9.3)或其反函数形式(9.9)可知:产量越大,就业量就越大。

于是,产量的这一变化将导致就业量增大,而就业量的提高必然会使就业率上升[见就业率的定义公式(9.7)]。于是,产量从 Y_0 增加到 Y_1 的直接结果是:一方面提高产能利用率 U,另一方面提升就业率 N。

接下来,我们考察当产量从 Y_0 增加到 Y_1 引起产能利用率从 U_0 上升至 U_1 和就业率从 N_0 上升到 N_1 时,其对工资和价格的影响。显然,此种情况下,工资和价格都将上升。而且,从工资公式(9.4)、价格公式(9.5)和预期公式(9.6)所组成的联立方程可知,这种上升是通过工资和价格的交叉影响而得以实现的。我们以工资为例,当就业率从 N_0 上升到 N_1 时,工资将根据工资公式(9.4)上升。然而,这仅仅是上升的第一步。由于工资也同样通过价格公式(9.5)影响到价格,而价格又通过预期公式(9.6)和工资公式(9.4)影响工资,如此循环往复,工资将呈螺旋式上升,直至收敛。① 同样的情况也发生于价格。

总而言之,当产量从 Y_0 增加到 Y_1 时,无论是工资还是价格都将上升。因此,产量上升将导致价格上升。我们将这一产量变化引起价格变化的经济关系称为总供给曲线。图 9-4 对这一曲线进行了描述。

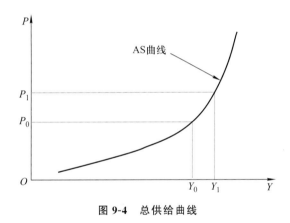

图 9-4 总供给曲线

再次总结一下:当产量增加时,产能利用率将上升,就业率也将上升。而产能利用率和就业率的上升将通过工资和价格的交叉影响推动价格(和工资)的上升。由此我们看到一条向上倾斜的总供给曲线。

(四)总供给曲线的疑惑

按照微观经济学的定义,需求曲线和供给曲线反映的是在给定的价格条件下,经济社会所愿意的需求和供给。在这一传统的产量和价格关系中,价格是自变量(给定的),产量(需求和供给)则是因变量(被决定的)。显然,这样一种产量和价格之间的因果关系同样体现在我们的总需求曲线上。然而,在总供给曲线中,这一因果关系却是颠倒的,这里产量是给定的。给定产量,我们就能按产能利用率定义公式(9.8)得到产能利用率 U;与此同时,按生产函数(9.3)和就业率定义(9.7)得到就业量和就业率,从而通过求解由工资、价格和预期公式所组成的联立方程(9.4)—(9.6)得到价格,这里价格是被决定的。

---

① 当然,是否会收敛取决于工资公式(9.4)和价格公式(9.5)中的参数值。

我们必须说明,总供给曲线所反映的与传统意义上价格和产量之间因果关系的颠倒并没有引起经济学家们的足够重视。许多著名的宏观经济学教材在给总供给曲线下定义时仍然延续着传统的因果关系。例如多恩布什和费希尔就曾这样定义总供给曲线:

总供给曲线描述了在给定的价格水平下厂商愿意供应的产品数量。(多恩布什、费希尔,1997)

曼昆则使用了另外一套理论——黏性工资模型——来对总供给曲线进行解释。[1] 现利用图 9-5 来介绍这一模型。

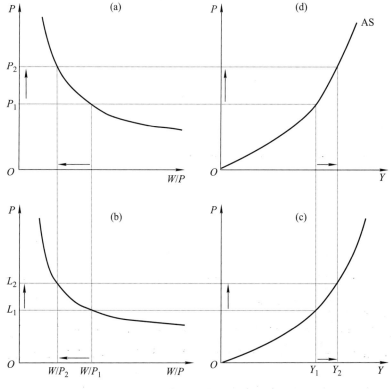

图 9-5 曼昆的黏性工资模型

在黏性工资模型下,假定工资不变,如受合约保护等,但价格可以改变。现考虑一个价格的变化,如价格从 P_1 上升到 P_2[见图 9-5(a)],此时,实际工资就会下降,即从 W/P_1 下降到 W/P_2。在图 9-5(b)中,实际工资的这一下降使得劳动力的需求从 L_1 上升到 L_2。劳动力需求的这一上升将通过生产函数使得企业的生产从 Y_1 增加到 Y_2[见图 9-5(c)]。于是,价格上升的结果是企业的产量增加。在图 9-5(d)中,这可以反映为一条向上倾斜的曲线。

显然,按照这样一种解释,我们可以把该曲线理解成在给定的价格水平下,企业所愿意

---

[1] 参见 Mankiw(1997)。

提供的产量。尽管我们不能否认工资黏性的合理性,然而,这样一种对价格曲线的解释,特别是工资决定劳动力需求、劳动力需求决定产量的推论,是违背凯恩斯有效需求理论的。曼昆的黏性工资模型反映了传统均衡分析对经济学家们的影响——尽管曼昆自称是凯恩斯主义者。

二、均衡和动态分析

接下来,我们将对前文所构建的总供给—总需求模型进行均衡和动态分析。

(一) 总供给和总需求的均衡

借助于前文所述的总供给曲线(图9-4)和总需求曲线(图9-3),我们可以求出由公式(9.1)—(9.8)所组成的总供给—总需求模型的均衡解(见图9-6)。

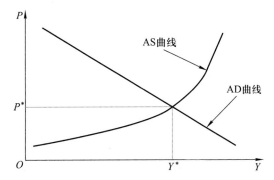

图9-6 总供给和总需求模型中的均衡产量和价格

图9-6中的Y^*和P^*为总供给—总需求模型中产量和价格的解。该解表示为在给定的外生变量,如政府支出$\overline{G}$、货币供给$\overline{M}$、消费自需求$\overline{C}$、资本设备供给$\overline{K}$及劳动力供给$\overline{L}$等情况下,经济社会的均衡产量和均衡价格。

必须说明的是:除产量和价格之外,由公式(9.1)—(9.8)所组成的总供给—总需求模型实际上包含着其他许多变量。事实上,即使是IS-LM曲线也包含着其他许多变量,如消费和投资等。因此,尽管图9-6给出的仅仅是均衡产量Y^*和均衡价格P^*的解,但给定Y^*和P^*,模型中的其他变量如消费、投资、利率、工资、就业、产能利用率和失业率等均可按有关公式求得。例如,劳动力的需求或就业可按公式(9.3)或(9.9)求得。

此外,我们还是要提出我们的老问题:总供给—总需求模型中的均衡是否意味着供需意义上的均衡?或者说,当经济处于图9-6中的(Y^*,P^*)时,市场是不是出清的?显然,由于总供给曲线并非代表微观经济学意义上的真正的供给曲线,即给定价格水平下社会所愿意提供的产量,而是它的反向形式,即给定产量条件下的价格水平,因此,其均衡并非代表市场出清,或供给等于需求。总供给—总需求模型中的均衡仍然是一种动态意义上的均衡。

接下来,我们将分析当经济处于非均衡(或Y和P不等于Y^*和P^*)时,它是如何趋于均衡Y^*和P^*的。我们仍然沿用第六章的方法,举例说明经济如何从非均衡趋于均衡。

(二) 模型的结构形式

假定我们考察的仍然是一个简单经济,其经济社会的运行由如下动态方程所描述:

$$Y_t = C_t + I_t \tag{9.10}$$

$$C_t = c_0 + c_1 Y_{t-1} \tag{9.11}$$

$$I_t = a_0 - a_1 i_{t-1} \tag{9.12}$$

$$M_t^d = h P_{t-1} Y_{t-1} - k i_t \tag{9.13}$$

$$M_t^s = \overline{M} \tag{9.14}$$

$$M_t^s = M_t^d \tag{9.15}$$

$$Y_t = A L_t^d \tag{9.16}$$

$$W_t = w_0 + w_n N_{t-1} + w_p P_t^e \tag{9.17}$$

$$P_t = p_0 + p_u U_{t-1} + p_w W_t \tag{9.18}$$

$$P_t^e = P_{t-1} \tag{9.19}$$

$$Y_t^p = \widetilde{A} \overline{K} \tag{9.20}$$

$$N_t = \frac{L_t^d}{L} \tag{9.21}$$

$$U_t = \frac{Y_t}{Y_t^p} \tag{9.22}$$

我们发现:公式(9.10)—(9.15)实际上就是第六章所举例的 IS-LM 模型(6.5)—(6.10)。不同的是,我们这里用公式(9.13)中的 P_{t-1} 代替了公式(6.8)中的 $\overline{P}$,从而容许价格可变。

(三) 总供给曲线和总需求曲线的推导

给定(9.10)—(9.22)的模型结构形式,模型的集约形式由如下命题给出:

【命题 9-1】 模型(9.10)—(9.22)将使我们得到由产量 Y_t 和价格 P_t 组成的动态系统:

$$Y_t = c_0 + a_0 + a_1 \frac{\overline{M}}{k} + c_1 Y_{t-1} - a_1 \frac{h}{k} P_{t-2} Y_{t-2} \tag{9.23}$$

$$P_t = p_0 + p_w w_0 + \left(\frac{p_u}{\widetilde{A}\overline{K}} + \frac{p_w w_n}{A\overline{L}}\right) Y_{t-1} + p_w w_p P_{t-1} \tag{9.24}$$

其中,公式(9.23)由模型中的 IS-LM 公式(9.10)—(9.15)导出,(9.24)由模型中的其余公式导出。

该命题的证明由本章的附录提供。

显然,公式(9.23)就是前文所述的总需求曲线,而公式(9.24)则为前文所述的总供给曲线。所不同的是,我们这里分别赋予了其动态特征。

(四) 稳定状态

命题 9-2 给出了动态形式的总供给－总需求模型(9.23)—(9.24)的稳定状态。

【命题 9-2】 令 $Y_t = Y_{t-1} = Y_{t-2} = Y^*$，$P_t = P_{t-1} = P_{t-2} = P^*$。于是，模型 (9.23)—(9.24) 让我们得到

$$Y^* = \frac{1}{2}\left(-\frac{1-c_1+\beta_1\alpha_0}{\beta_1\alpha_1} + \sqrt{\left(\frac{1-c_1+\beta_1\alpha_0}{\beta_1\alpha_1}\right)^2 + 4\frac{\beta_0}{\beta_1\alpha_1}}\right) \quad (9.25)$$

$$P^* = \alpha_0 + \alpha_1 Y^* \quad (9.26)$$

其中，

$$\beta_0 = c_0 + a_0 + a_1\frac{\overline{M}}{k}, \quad \beta_1 = a_1\frac{h}{k}$$

$$\alpha_0 = \frac{p_0 + p_w w_0}{1 - p_w w_p}, \quad \alpha_1 = \frac{\dfrac{p_u}{\widetilde{A}\overline{K}} + \dfrac{p_w w_n}{A\overline{L}}}{1 - p_w w_p}$$

该命题的证明由本章的附录提供。

显然，给定公式(9.25)中的 Y^*，其他变量的稳定状态也可以依次求得。例如，P^* 由公式(9.26)给出，而其他变量的稳定状态则分别为

$$C^* = c_0 + c_1 Y^* \quad (9.27)$$

$$I^* = Y^* - C^* \quad (9.28)$$

$$i^* = \frac{a_0}{a_1} - \frac{1}{a_1}I^* \quad (9.29)$$

$$U^* = \frac{Y^*}{\widetilde{A}\overline{K}} \quad (9.30)$$

$$N^* = \frac{Y^*}{A\overline{L}} \quad (9.31)$$

$$W^* = w_0 + w_n N^* + w_p P^* \quad (9.32)$$

(五) 稳定性分析

接下来，我们将通过模拟的方法分析模型的稳定性。首先假定模型中的参数由表 9-1 给出：

表 9-1 总供给－总需求模型中的参数赋值

c_0	c_1	a_0	a_1	h	k	$\overline{M}$	$\overline{K}$	
45	0.8	8	16	0.4	10	95	800	
$\overline{L}$	A	$\widetilde{A}$	w_0	w_n	w_p	p_0	p_u	p_w
70.0	4.00	0.40	0.10	0.10	0.30	0.50	0.30	0.40

给定表 9-1 中的参数赋值,模型中各个变量的稳定状态按公式(9.25)—(9.32)计算。表 9-2 给出了各个变量的稳定状态。

表 9-2 总供给—总需求模型中各个变量的稳定状态

Y^*	P^*	C^*	I^*	i^*	U^*	N^*	W^*
257.78	0.9301	251.22	6.5551	0.0903	0.8055	0.9206	0.4711

现在我们考察当经济处于非均衡时,是如何趋于均衡的。再次利用计算机进行模拟,我们在图 9-7 和图 9-8 中给出了各个变量的动态路径。可以看到所有的变量最后都收敛于它们的稳定状态。

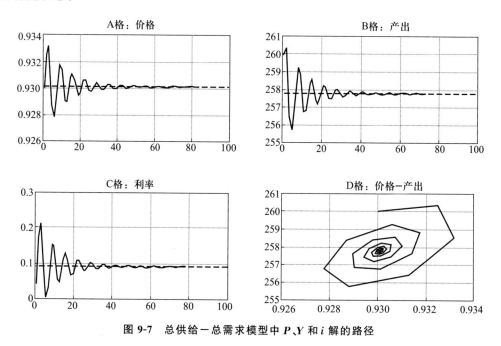

图 9-7 总供给—总需求模型中 P、Y 和 i 解的路径

三、均衡的变动

正如我们在第六章的 IS-LM 模型中所指出的那样,经济的波动不仅反映在从非均衡到均衡的转变过程中,同时均衡本身也是可以改变的。在这一部分,我们将分析总供给—总需求(AS-AD)模型中的均衡变动。首先,我们必须看到:均衡的确定总是与给定的政策变量如 $\overline{G}$ 和 $\overline{M}$ 等,外生变量如 $\overline{C}$、$\overline{K}$ 和 $\overline{L}$ 等,以及参数如 c 和 τ 等相对应。可以预见,任何一项政策变量或参数的改变都将产生新的均衡。从这个意义上说,由总供给—总需求模型所确定的均衡很难和通常所说的自然状态联系在一起。事实上,均衡(Y^*,P^*)会经常改变。

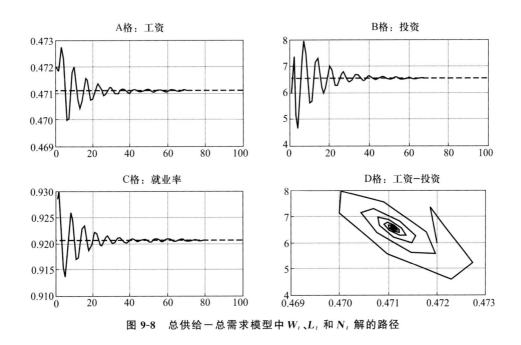

图 9-8 总供给－总需求模型中 W_t、L_t 和 N_t 解的路径

（一）政府支出的变化对均衡的影响

现在我们以政府支出为例，考察政府支出的变化对经济所产生的影响。假定政府支出从 G_0 改变为 G_1，且 $G_1 > G_0$。图 9-9 给出了政府支出的这一变化给 IS-LM 模型所带来的影响。显然，在价格不变的条件下，政府支出的增加将使产量 Y 增加，从而使 IS 曲线向外移动。这一变化和图 6-9 一致。图 9-10 则给出了政府支出的这一变化在总供给－总需求（AS-AD）模型中的反映：政府支出的这一变化首先表现为总需求曲线向外移动。

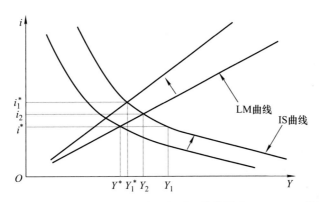

图 9-9 价格可变情况下政府支出的增加对经济的影响——IS-LM 模型分析

然而，到目前为止，我们都是在假定价格不变的前提下所进行的讨论。在总供给－总需求（AS-AD）模型下，产量的这一增加无疑会一方面使产能利用率上升，价格上升；另一方面使就业率上升。而就业率上升将会使名义工资上升，从而使价格进一步上升。由此可见，政

府支出的增加将在增加产量的同时也提升价格。

然而,经济的变化到此还没有结束。价格的上升将通过货币的交易需求使得图9-9中的LM曲线向上移动,由此带来利率上升,投资减少,产量回跌,而产量的回跌又将使价格回落(见图9-10)。这样新的均衡最终会在(Y_1^*,P_1^*)处到达。当然,我们没有理由相信这一新的均衡是收敛的。

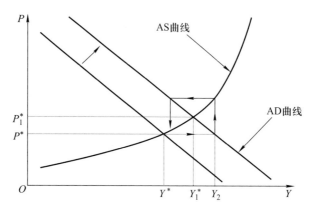

图9-10　价格可变情况下政府支出的增加对经济的影响——AS-AD模型分析

现在我们可以比较一下政府支出的增加在各种可能的假设下对产出的影响。首先我们假定利率和价格都不变。此时,政府支出的增加将满足乘数关系式

$$\Delta Y = \frac{1}{1-c(1-\tau)}\Delta G \tag{9.33}$$

在图9-9所反映的IS-LM模型中,产出的这一变化ΔY为$Y_1 - Y^*$。现假定利率允许发生变化,但价格仍然不变。此时,在IS-LM模型中,利率从i^*上升到i_2,相应地,产量将从Y_1下跌到Y_2,即产量的增加仅为$Y_2 - Y^*$。在图9-10的总供给—总需求模型中,这反映为总需求曲线的移动,从而产量从一开始(没有政府支出增加ΔG时)的Y^*增加至Y_2。

现在我们进一步放弃价格不变的假定。假如价格是可变的,则在图9-10所反映的总供给—总需求模型中,总需求曲线的移动将使价格上升至P_1^*,从而产量回跌至Y_1^*,而在图9-9的IS-LM模型中,价格的这一上升使LM曲线向上旋转,从而利率进一步上升至i_1^*,而产量则再回跌至Y_1^*。综上所述,在利率和价格可以同时变化的情况下,政府支出的增加给产量所带来的净增值仅为$Y_1^* - Y^*$。显然,这一增值远小于由传统乘数效应所产生的效果。然而,政府支出的增加给经济带来的影响还远未结束。在下一章对宏观经济政策的讨论中,我们将继续对这一问题展开讨论。

(二) 货币供给的变化对均衡的影响

我们曾在第六章的IS-LM模型中分析了货币政策对经济的影响。当货币供给增加时,LM曲线向下移动,从而利率下跌、投资增加进而产量增加(见图6-10)。然而,我们的这一分析是建立在价格不变基础上的,现在我们将利用总供给—总需求模型再次分析货币政策对经济的影响。

在图 9-11 中,我们首先假定经济在 i^*、Y^* 和 P^* 处达到均衡。现在考虑货币供给的一个增量 $\Delta M>0$。在图 9-11 的 IS-LM 模型中,货币供给的这一增量将使得 LM 曲线往下移动,从而新的均衡点在 Y_1 和 i_1 处达到。在图 9-12 中的 AS-AD 模型中,货币供给的这一增量使得总需求曲线往外移动。这样在产量增加的同时价格也会上升。价格的上升将使图 9-11 中 LM 曲线往上移动,因此,经济社会的均衡最终会处于 (Y_2,P_2,i_2)。同样,我们没有理由相信这一均衡是收敛的。

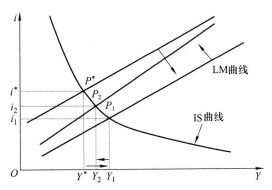

图 9-11 价格可变情况下货币供给的增加对经济的影响——IS-LM 模型分析

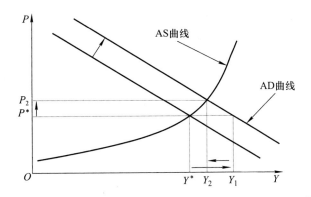

图 9-12 价格可变情况下货币供给的增加对经济的影响——AS-AD 模型分析

(三) 从 AS-AD 模型到菲利普斯曲线

我们已经看到,政府支出的变化将引起总需求曲线的移动。同样,货币供给 $\overline{M}$、自消费 $\overline{C}$ 以及投资函数①等的变化也将毫无疑问地引起总需求函数的移动。所有这些都表明总需求曲线并不是一条稳定的曲线。

与此相反,能引起总供给曲线移动的因素则并不十分显著,它们主要是生产技术、工资和价格公式中的其他因素 z 和 v 等。有理由相信这些因素在短期内都相对稳定。由此,我

---

① 注意,投资函数是极不稳定的,参见第六章中有关投资函数的讨论。

们可以认为,在短期内,与总需求曲线相比,总供给曲线是一条相对稳定的曲线,而经济的变化主要来自总需求曲线的变动(见图9-13)。

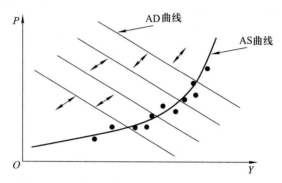

图 9-13　稳定的总供给曲线和多变的总需求曲线

按照图9-13中的描述,我们可以把经济想象成围绕总供给曲线上下波动。这同时又意味着一般而言产量和价格是成正相关的:产量越大,价格就越高。而产量的增加通常意味着就业的增加和失业的减少。于是我们又可以得到一条反映失业和价格之间关系的曲线。经济学家们把该曲线称为菲利普斯曲线。

我们可以借用图9-14来推导菲利普斯曲线。在图9-14(a)中,我们假定总供给曲线是稳定的,因此,经济的变化主要来自总需求曲线的变动。假如总需求曲线发生了移动,如政府支出有了增加,使得产量和价格从(Y_0, P_0)变化到(Y_1, P_1),此时失业率将发生什么样的变化?

在图9-14(b)中,我们给出的是生产函数。当然,我们更应把它理解成对劳动力的需求函数。当产量从Y_0增加到Y_1时,对劳动力的需求则从L_0^d增加到L_1^d。在图9-14(c)中,我们按

$$失业率 = 1 - 就业率$$

导出失业率和就业率之间的关系(这里,劳动力供给$\overline{L}$是给定的)。显然,当劳动力的需求从L_1^d增加到L_1^d时,失业率从N_0减少到N_1[①]。最后,在图9-14(d)中,我们把失业率和物价水平联系在一起。显然,它们之间存在着某种替代关系,而反映这一关系的曲线被称为菲利普斯曲线。

这里我们需要再次强调的是:传统菲利普斯曲线的形成是建立在稳定的总供给曲线基础上的,而稳定的总供给曲线则是以稳定的生产技术、稳定的工资和价格公式中的其他因素(如稳定的利润加成和稳定的国际贸易环境)等为基础的。在20世纪70年代以前,所有这些似乎都能满足,然而70年代以后,世界经济在变得越来越开放的同时也开始越来越不稳定。几次严重的石油危机就是其中一例,此外还包括当时的国际货币体系,即布雷顿森林体系的崩溃等[②]。因此,我们没有理由再认为总供给曲线仍然是稳定的。经济学家们通常把造成总供给曲线移动的经济因素称为供给冲击。关于供给冲击对经济所造成的影响我们将在

---

① 注意,这里我们让N代表失业率,而非前文所指的就业率。
② 关于布雷顿森林体系的崩溃我们将在第十四章中予以讨论。

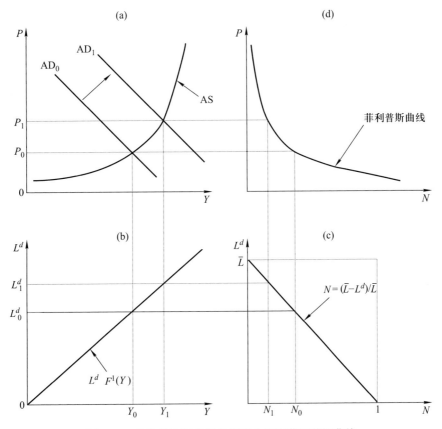

图 9-14　从总供给和总需求模型中推导菲利普斯曲线

第十二章中进行分析。

此外,AS-AD 模型对经济社会的分析也无法帮助我们解释经济社会的另一基本现象,即增长。模型中,我们得出的是均衡的产量和价格水平,这一均衡水平并没有体现增长的趋势。与此同时,模型中的劳动力、资本、技术等都是给定的,而现实中,它们都体现出增长。因此,我们这里的模型仍然是经过简化的理论模型,它与现实仍然有一定的差距。

讨论与小结

本章中,我们构建了一个宏观意义上的一般均衡模型:总供给－总需求(AS-AD)模型。借助这一模型,我们可以分析产量、就业和价格等宏观经济变量是如何决定的。我们发现第六章所讨论的 IS-LM 模型可以反映为一条总需求曲线。该曲线表明了在给定的价格条件下总需求(从而也是总产量)的决定。该曲线是一条向下倾斜的曲线。与此同时,总供给曲线则反映的是在给定的产量情况下价格的可能变化。显然,这与我们对劳动力市场和工资及价格决定的分析有关。当产量增加从而使得就业率和产能利用率上升时,价格自然就会上升。

再次强调,总供给曲线反映的是给定产量条件下的价格决定,这与传统意义上(或微观经济学中)的供给曲线具有本质上的区别。然而,许多宏观经济学教材在给总供给曲线下定义时仍然延续传统的因果关系,即将总供给曲线看成是给定价格水平下经济社会所愿意提供的总产量。此外,总供给曲线是相对稳定的,而总需求曲线则极不稳定。于是,经济经常围绕着总供给曲线上下波动,即价格和经济活动水平成正比。给定这一经济关系,我们可以进一步推导出菲利普斯曲线。由此,我们可以看到总供给—总需求(AD-AS)模型能够解释经济社会中所观察到的一些基本关系,如菲利普斯曲线和奥肯法则等。①

思考题

1. 什么是总供给曲线?什么是总需求曲线?它们具有什么样的经济含义?
2. 为什么总供给曲线向上倾斜而总需求曲线向下倾斜?
3. 如何解释总供给曲线的疑惑?
4. 请利用产品市场、金融市场、劳动力市场、生产函数及工资和价格公式等推导总供给曲线和总需求曲线。
5. 总供给—总需求模型中的均衡是否意味着供需意义上的均衡?为什么?
6. 如何解释相对于总需求曲线而言,总供给曲线是相对稳定的?
7. 请尽可能多地列出使总需求曲线和总供给曲线移动的因素,考察它们对总供给曲线和总需求曲线的影响方向,并解释原因。
8. 在总供给—总需求框架内,请描述货币供给的变化对经济影响的传导机制。
9. 在总供给—总需求框架内,请描述政府支出的增加对经济影响的传导机制。
10. 如何解释"经济围绕着总供给曲线上下波动"?请利用总供给—总需求模型推导菲利普斯曲线。
11. 总供给—总需求曲线为我们解释了经济社会中的哪些规律?
12. 请利用 Excel 或其他工具对本章第二部分所举的 AS-AD 模型进行模拟,并复制出图 9-7 和图 9-8。
13. 考察如下经济社会:

$$C = 200 + 0.8Y^d$$
$$I = 5\,000 - 36\,000i$$
$$T = 0.2Y$$
$$M^d = 1.5PY - 75\,000i$$
$$M^s = \frac{1}{0.2}H$$
$$Y = 2L^d$$
$$W = 0.5 - 0.6N + 0.5P$$
$$P = 0.2 + 0.3U + 0.7W$$
$$Y^p = \widetilde{A}\overline{K} = 0.5\overline{K}$$

---

① 正如我们在第七章中所指出的,奥肯法则直接体现在由生产函数(9.3)所反映的经济关系中。

$$G = 2\,000$$
$$H = 2\,500$$
$$\overline{L} = 6\,000$$
$$\overline{K} = 25\,000$$

以上，Y 为收入(或产量)，C 为消费，Y^d 为可支配收入，I 为投资，i 为利率，T 为税收，M^d 为货币需求，M^s 为货币供给，L^d 为劳动力需求，W 为工资，P 为价格，N 为失业率，U 为产能利用率，Y^p 为生产能力，G 为政府支出，H 为高能量货币，$\overline{K}$ 为资本存量，$\overline{L}$ 为劳动力供给。

(1) 请推导并写出总供给曲线和总需求曲线。

(2) 请计算均衡的产量、价格、工资、利率、产能利用率和失业率。

(3) 请推导和写出反映价格 P 和失业率 N 之间关系的菲利普斯曲线。

(4) 假定政府希望就业率维持在 97%，为此它将改变政府支出。请计算政府支出将增加或减少多少才能实现这一就业率目标？

(5) 假定中央银行希望价格维持在 1.2，为此它将改变货币供给。请计算货币供给增加或减少多少才能实现这一目标？

附录

命题 9-1 的证明

用公式(9.11)和(9.12)解释公式(9.10)中的 C_t 和 I_t，我们得到 IS 曲线：

$$Y_t = c_0 + a_0 + c_1 Y_{t-1} - a_1 i_{t-1} \tag{9.34}$$

与此同时，用公式(9.13)和(9.14)分别解释公式(9.15)中的 M_t^d 和 M_t^s，我们得到 LM 曲线：

$$i_t = -\frac{\overline{M}}{k} + \frac{h}{k} P_{t-1} Y_{t-1} \tag{9.35}$$

将公式(9.35)代入公式(9.34)以解释 i_t，模型的总需求曲线就可以写成

$$Y_t = c_0 + a_0 + a_1 \frac{\overline{M}}{k} + c_1 Y_{t-1} - a_1 \frac{h}{k} P_{t-2} Y_{t-2} \tag{9.36}$$

此为命题中的公式(9.23)。同理，将公式(9.17)代入公式(9.18)以解释 W_t，我们得到

$$P_t = p_0 + p_w w_0 + p_u U_{t-1} + p_w w_n N_{t-1} + p_w w_p P_t^e \tag{9.37}$$

用公式(9.19)、(9.21)和(9.22)分别解释公式(9.37)中的 P_t^e、N_t 和 U_t，我们得到总供给曲线：

$$P_t = p_0 + p_w w_0 + \left(\frac{p_u}{\widetilde{A}\overline{K}} + \frac{p_w w_n}{A\overline{L}}\right) Y_{t-1} + p_w w_p P_{t-1} \tag{9.38}$$

此为命题中的公式(9.24)。命题得证。

命题 9-2 的证明

令 $Y_t = Y_{t-1} = Y_{t-2} = Y^*$，$P_t = P_{t-1} = P_{t-2} = P^*$。由公式(9.23)可得

$$Y^* = \left(c_0 + a_0 + a_1 \frac{\overline{M}}{k}\right) + c_1 Y^* - a_1 \frac{h}{k} P^* Y^*$$

整理上式,我们得到

$$Y^* = \frac{\beta_0}{1 - c_1 + \beta_1 P^*} \qquad (9.39)$$

其中,β_0 和 β_1 由命题所示。与此同时,由公式(9.24)可知

$$P^* = p_0 + p_w w_0 + \left(\frac{p_u}{\widetilde{A}\overline{K}} + \frac{p_w w_n}{A\overline{L}}\right) Y^* + p_w w_p P^*$$

整理上述公式,我们得到

$$P^* = \alpha_0 + \alpha_1 Y^* \qquad (9.40)$$

此即为命题中的公式(9.26),其中,α_0 和 α_1 由命题给出。

将公式(9.39)和(9.40)组成联立方程以求解均衡(Y^*, P^*)。将公式(9.40)代入公式(9.39)以解释其中的P^*,我们得到

$$Y^* = \frac{\beta_0}{1 - c_1 + \beta_1(\alpha_0 + \alpha_1 Y^*)} \qquad (9.41)$$

对公式(9.41)重新进行整理,得到Y^*的二次方程:

$$Y^{*2} + \left(\frac{1 - c_1 + \beta_1 \alpha_0}{\beta_1 \alpha_1}\right) Y^* - \frac{\beta_0}{\beta_1 \alpha_1} = 0$$

由此解得

$$Y^*_{1,2} = \frac{1}{2}\left(-\frac{1 - c_1 + \beta_1 \alpha_0}{\beta_1 \alpha_1} \pm \sqrt{\left(\frac{1 - c_1 + \beta_1 \alpha_0}{\beta_1 \alpha_1}\right)^2 + 4\frac{\beta_0}{\beta_1 \alpha_1}}\right)$$

由于Y^*不可能为负,因此,我们取其中的正值:

$$Y^* = \frac{1}{2}\left(-\frac{1 - c_1 + \beta_1 \alpha_0}{\beta_1 \alpha_1} + \sqrt{\left(\frac{1 - c_1 + \beta_1 \alpha_0}{\beta_1 \alpha_1}\right)^2 + 4\frac{\beta_0}{\beta_1 \alpha_1}}\right)$$

此即为命题中的公式(9.25)。命题得证。

第十章 宏观稳定政策

到目前为止,我们对凯恩斯主义的宏观理论体系有了一个总体的了解。在此基础上,我们进一步讨论凯恩斯的宏观经济政策(或宏观稳定政策)。我们的讨论将从为什么需要宏观稳定政策开始。在此基础上,我们将分别介绍凯恩斯的两大宏观稳定政策:财政政策和货币政策。

一、为什么需要宏观稳定政策?

经济社会充满着波动。与此同时,经济社会的这种波动似乎呈现出某种具有规律性的周期现象。解释经济社会的波动和周期是经济学的基本任务。

(一)外生冲击的商业周期理论

经济学家们在解释经济的波动和周期上存在着两种截然不同的观点。一种是把经济波动归因于外生冲击,例如突发的石油危机和新冠肺炎疫情等。此种观点认为,人们所观察到的经常性的和不规则的波动产生于不断重复的对经济社会的随机扰动。历史上,此种观点可以追溯到 Frisch(1933) 和 Slutsky(1937)。当代主流的商业周期理论,如实际商业周期(RBC)理论和新凯恩斯主义的随机动态一般均衡(NK-DSGE)模型等,往往也是基于这一观点。[①]

外生冲击理论的基本逻辑在于:市场经济中价格会对经济的波动和不平衡进行调节,通过价格的调整,经济体本身是可以内生稳定的。

【内生稳定】 所谓内生稳定是指经济社会通过其自身的经济运行机制,自动地趋于稳定状态。

如果经济是内生稳定的,则经济的波动和周期只能来自外生冲击。与此同时,尽管冲击会带来波动,但由于价格的有效调节,一段时期后,经济将重新趋于平稳。从这个意义上说,价格就是经济体的一个稳定机制。

---

① 关于 RBC 理论的代表性文献有:Kydland and Prescott(1982)、Long and Plosser(1983)、King et al. (1988a,1988b)、Christiano and Eichenbaum(1992)、King and Rebelo(1999)等。关于 RBC 理论的文献综述请参见 Rebelo(2005)、Gong and Semmler(2006)和龚刚(2004)等。关于各种新凯恩斯主义的随机动态一般均衡(NK-DSGE)模型,请参见 Rotemberg and Woodford(1997)、Clarida et al. (1999)、Woodford(2005)、Woodford and Walsh(2005)、Walsh(2003)、Christiano et al. (2005)和 Altig et al. (2011)等。

【稳定机制】 所谓稳定机制是指由市场经济本身所具备的一些具有规律性的经济活动（或调整）所形成的力量，使得当经济偏离其均衡状态时，会自动趋于均衡。

显然，稳定机制的存在是经济体具备内生稳定的主要原因。更进一步地，如果经济是内生稳定的，那么，宏观稳定政策也许就没有必要，因为在冲击发生后，稳定机制（如价格调整）将发挥作用使经济体自动回归稳定。以弗里德曼为代表的大量西方经济学家都持有此种观点。在弗里德曼看来，政府只需按每年3%的增长率发行货币即可[1]，无须根据经济的波动状况而改变货币发行量。

事实上，无论是IS-LM模型还是AS-AD模型，我们发现，经济社会是可以内生稳定的。图6-6、图9-7和图9-8都可以理解为内生稳定。此种情况下，为什么还需要宏观经济政策（或宏观稳定政策）？

（二）内生不稳定的商业周期理论

另一种观点是把商业周期现象看成是经济体内自我生成的、确定性的、系统性的自我反复现象。按照内生周期理论，外生冲击仍然可以发挥作用，但通常已不那么重要，因为经济体内有强大的内部自我传递机制，使得即使没有外部冲击，经济也会内生波动（Beaudry et al.，2020）。

内生商业周期理论通常遵循着凯恩斯的核心思想——有效需求理论，从而假定产出是由总需求通过乘数决定的，而不是由生产函数决定的。这一类研究在过去曾为许多著名的经济学家所提倡，包括早期的Kalecki（1937a）、Kaldor（1940）、Hicks（1950）和Goodwin（1951）等。近期的研究则包括Flaschel et al.（2001，2002），龚刚、林毅夫（2007），Gong and Lin（2008），龚刚、高阳（2013），以及Gao and Gong（2020）等。[2]

必须说明的是，图6-6、图9-7和图9-8为我们所揭示的稳定状态并不是市场出清，而仅仅是经济动态系统的一个不动点。在这一不动点上，经济完全是有可能不出清的，或供给并不等于需求。例如，在图9-7和图9-8所示的模型中，稳定状态下的就业率仅为92%，而产能利用率为80%。这样一种就业率和产能利用率水平也许并不会为政府和民众所认可。

此外，尽管图6-6、图9-7和图9-8为我们展示了经济社会的内生稳定性，但这种稳定是非常脆弱的：它取决于一些关键参数。例如，在图6-6背后的IS-LM模型中，只要我们改变某些关键参数，例如，将h从0.5增加到0.7，而其他参数保持不变，经济社会就有可能从内生稳定转向内生不稳定（见图6-7和图6-8）。

【内生不稳定】 所谓内生不稳定是指经济社会通过其自身的经济运行机制，不能自动地趋于其稳定状态，相反，呈现出离稳定状态（或均衡）越来越远的单边发

---

[1] 因为平均而言，经济体就是按3%左右的增长率增长。
[2] 此种类型的内生周期理论常常具有较好的经验检验的结果。关于对美国经济的经验检验，请参见Flaschel et al.（2001）；对德国经济的经验检验，请参见Flaschel et al.（2002）；对于像中国这样的发展中经济体的经验检验，请参见Gong and Lin（2008）。

散或波动。

显然,图 6-7 给我们呈现的内生不稳定是离均衡越来越远的波动。而另一种内生不稳定,即所谓离均衡越来越远的单边发散则如图 10-1 所示,图中 $\bar{x}$ 为变量 x_t 的稳定状态。

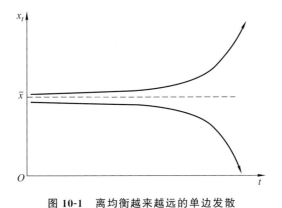

图 10-1 离均衡越来越远的单边发散

经济学文献中,非常著名的哈罗德的刀刃问题就是一种离均衡越来越远的单边发散。关于哈罗德的宏观动态模型,我们将在第十八章中予以介绍。

(三) 从稳定和非稳定机制的视角解释经济波动与周期

事实上,经济的波动是外生还是内生取决于经济体内是否存在着某种非稳定机制。尽管价格的变化可以作为一个稳定机制,然而,经济体内还可能存在着其他机制,即非稳定机制以破坏经济的稳定。

【非稳定机制】 所谓非稳定机制是指由市场经济本身所具备的一些具有规律性的经济活动(或调整)所形成的力量,使得当经济偏离其均衡状态时,不能自动地趋于其均衡状态,相反,呈现出离均衡状态越来越远的单边发散或波动。

正如我们将在第十八章中所看到的,前文所举的哈罗德的刀刃问题实际上就来自投资调整的非稳定机制,其他非稳定机制可能还有很多,如明斯基的金融不稳定机制等[①]。

给定非稳定机制的存在,现实中的经济波动就可以看作经济系统内稳定机制与非稳定机制相互作用的结果。更进一步地,如果稳定机制的力度大于非稳定机制,经济系统将仍然会内生稳定,此时,经济的波动源仍然可以看成是来自外生的冲击。相反,如果经济系统内的非稳定机制力度更大,则经济体本身是内生不稳定的。例如,如果价格的调整并非如新古典所想象的那样在拍卖市场中进行,而是由企业自行决定,那么,价格的调整绝非强劲有效,相反,由于调整成本的存在,价格的调整是有黏性的。因此,很有可能经济系统内的稳定机制功效并不强,而非稳定机制的力度则更大,从而使经济体出现内生不稳定。此种情况下,

---

① 关于明斯基的金融不稳定机制,我们将在第十五章中予以介绍。

其他稳定机制,如政府的宏观稳定政策等对于稳定经济将成为必要。

此外,还需说明的是,这样一种基于稳定机制与非稳定机制的视角对经济波动的解释并不排除外生冲击对经济波动的作用,然而,在该视角下(特别是当非稳定机制的力度大于稳定机制时),外生冲击确实已不重要。

(四) 实证检验

然而,主流经济学家们通常会拒绝内生不稳定现象的存在。在他们看来,我们所观察到的经济社会并没有体现出内生不稳定,例如,索洛就拒绝承认哈罗德的刀刃现象。确实,现实中,无论是离均衡越来越远的波动,还是离均衡越来越远的单边发散,都似乎还没有出现过,或者至少已经很长时期没有出现过——如果20世纪30年代的大萧条算是一种离均衡越来越远的下行单边发散的话。相反,有关的经济变量通常表现出围绕稳定状态的波动。而利用统计方法所构建的结构向量自回归(SVAR)模型通常也表现出一定的稳定性:其脉冲响应对背离稳定状态的任何冲击最后都将回归稳定状态。图10-2利用中国的统计数据揭示了这一现象。

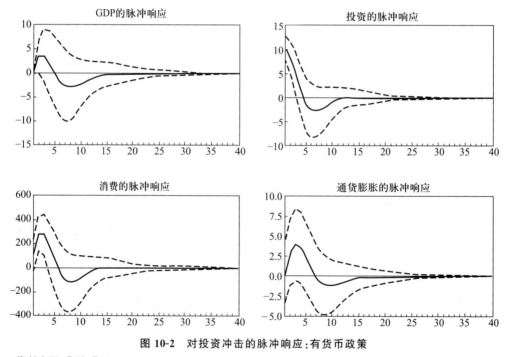

图 10-2　对投资冲击的脉冲响应:有货币政策

资料来源:龚刚、蔡昱(2019a、2019b)。

然而,我们所观察到的现实世界本身就包含着常规的宏观稳定政策。于是,一个非常有意思的问题就是:如果没有政府的宏观稳定政策,经济体是否仍然稳定?事实上,按照龚刚、蔡昱(2019a,2019b)的研究,当我们将其中的货币政策剥离时,脉冲响应将不再回归稳定状态,而是呈单边发散状态(参见图10-3)。

上述分析让我们看到,经济体本身确实存在着某种非稳定机制,并且这种非稳定机制的

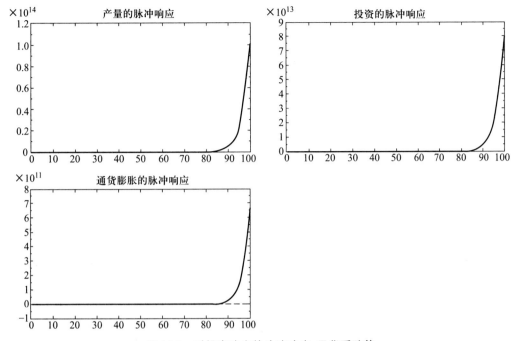

图 10-3 对投资冲击的脉冲响应：无货币政策

资料来源：龚刚、蔡昱(2019a、2019b)。

作用有可能大于稳定机制的作用，从而经济体是内生不稳定的，于是，宏观稳定政策将成为必要。

(五) 宏观稳定政策的目标：需求管理

凯恩斯宏观经济政策的目标是针对宏观经济的三大问题：失业、通货膨胀和经济危机（低水平的GDP）。某种程度上，这三大问题都与经济社会的总需求是否合适相关。

在前一章所给出的 AS-AD 模型中，我们反复强调：总供给曲线是一条稳定的曲线，而总需求曲线是极不稳定的。因此，经济基本上可以看成是围绕着总供给曲线上下波动。这样一种上下波动让我们得出一条反映经济基本状况的菲利普斯曲线（见图 10-4）。

我们可以想象经济基本上是围绕着菲利普斯曲线上下波动。它在菲利普斯曲线上的具体位置取决于社会的总需求。当总需求相对不足时，产量较小，通货膨胀的压力较小，失业率则较高，此为图 10-4 中的 A 点。相反，当总需求过旺时，产量较大，通货膨胀的压力较大，失业率较低，此时，经济处于图中的 B 点。这一由菲利普斯曲线所反映的失业和通货膨胀之间的替代关系为凯恩斯的宏观经济政策提供了必要的理论基础。

失业、经济危机和通货膨胀是经济社会的三大宏观经济问题，而且，经济危机通常意味着（或伴随着）失业，任何一个负责任的政府都不应允许其中的任何一个问题出现恶化。按照菲利普斯曲线，失业和通货膨胀之间具有某种替代关系，因此一般情况下它们也不可能同时恶化。与此同时，失业和通货膨胀之间的某种组合（菲利普斯曲线上的某一具体位置）则完全取决于社会的总需求。

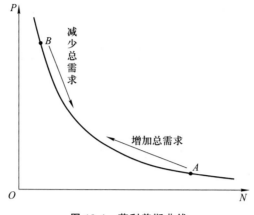

图 10-4 菲利普斯曲线

因此,在凯恩斯看来,政府的宏观经济政策目标在于调节总需求。例如,当经济处于 A 点时,经济处于萧条状态,失业问题严重,通货膨胀的压力则较小,而造成这一问题的直接原因在于总需求的不足。此时合理的宏观经济政策应该是刺激(或增加)总需求,使经济沿着菲利普斯曲线往上移。相反,当经济处于 B 点时,总需求过旺,通货膨胀问题严重,失业的压力则较小。此时合理的宏观经济政策是减少总需求,使经济沿着菲利普斯曲线往下移。传统上凯恩斯的这种以调节总需求(或调节总供给与总需求之间的平衡)为目标的宏观经济政策被称为需求管理型的宏观经济政策(demand management policy)。

按照调节总需求这样一种目标,宏观经济政策有扩张性(或积极性)和紧缩性之分。扩张性宏观经济政策的目的在于刺激总需求的增加;紧缩性宏观经济政策的目的则在于减少总需求。与此同时,无论是扩张性还是紧缩性的宏观经济政策,它都既可以由政府执行,也可以由中央银行实施。前者称为财政政策,后者称为货币政策。

二、货币政策

货币政策是指中央银行为调整社会总需求而采取的一些政策措施。货币政策有扩张性和紧缩性之分:扩张性的货币政策用于当经济不景气、总需求不足时,如图 10-4 中的 A 点;紧缩性的货币政策则用于当总需求过旺、通货膨胀高涨时,如图 10-4 中的 B 点。

(一) 货币政策的工具

货币政策按其所采取的具体措施基本上有三大工具:
- 公开市场业务;
- 调整窗口贴现率;
- 调整准备金率(或储备金率)。

就三大工具而言,扩张性的货币政策具体体现为在公开市场上购买债券、调低贴现率和调低准备金率,而紧缩性货币政策则与此相反。

【公开市场业务】 所谓公开市场业务(open market operation)是指中央银行在公开市场上买卖债券。

例如,当经济不景气时,中央银行可以在公开市场上购买债券,从而给社会注入高能量货币,并使得货币供给按倍数(或乘数)扩大(详见第五章的讨论)。显然,货币供给扩大的目的在于使利率下跌,从而刺激投资增长,带动总需求的上升。需要说明的是:公开市场业务在美国是最为主要和经常使用的货币政策工具。然而,这样一个工具在中国却很少使用。

【调整窗口贴现率】 所谓调整窗口贴现率是指中央银行增加或减少给商业银行的贷款利率。

粗看起来,这一措施似乎对经济没有太大的作用。按照传统,当商业银行遇到储备金紧缺时,它可以首先采取变卖现有资产、向兄弟银行借款等措施,而向中央银行借款则应理解成最后的一种救急手段。因此,窗口贴现(商业银行向中央银行借款)不应经常发生。然而,现实却不是如此。由于中央银行在各种压力下已无法拒绝商业银行在现有贴现率下所提出的贷款要求,中央银行对商业银行的贷款实际上已失去了其最后救助者的意义。在某种程度上,贷款的发生在现实经济中可以理解为商业银行以较低的利率从中央银行处筹得资金(而不是从公众处吸引存款),再以较高的利率贷款给客户。此种情况下,贴现率就成为一个非常重要的货币政策工具。

【调整准备金率】 调整准备金率是指中央银行增加或减少针对商业银行的要求准备金率。

调整准备金率通常被认为是最强大的货币政策工具,它可以突然改变整个商业银行系统的储备金(或银根)状况。一般情况下,中央银行不会轻易启动准备金的调整,然而在中国这一工具却经常被使用。

除了上述三大工具,中央银行还有其他一些工具。例如,在某些国家,中央银行也同时吸收公众的存款和商业银行的存款。此时,中央银行的存款利率就成为一个非常重要的政策工具。此外,中央银行在外汇市场上买卖外汇同样可以理解成一种高能量货币 M0 的发行机制。在中国,通过外汇购买来实现高能量货币的发放在整个货币政策的执行过程中曾起着极为重要的作用。有关讨论将在第十四章中给出。

(二) 货币政策的中介目标

必须说明的是,我们对货币政策的讨论都集中在中央银行如何通过其货币政策的工具来影响或控制经济社会的货币供给总量上。事实上,这里的货币供给量更应理解为货币政策的一个中介目标(或指标),最终目标自然是与总需求有关的通货膨胀率和失业率等。

【货币政策的中介目标】 所谓货币政策的中介目标是指中央银行为实现货币

政策最终目标而选择作为调节对象的目标。

货币政策的中介目标对于货币政策的正确执行具有极为重要的作用。准确地选择货币政策中介目标是实现货币政策最终目标的重要环节。中央银行选择货币政策中介目标的主要标准有以下三个:
- 可测性,即中央银行能对这些作为货币政策中介目标的变量进行比较精确的统计。
- 可控性,即中央银行可以较有把握地将选定的中介目标控制在确定的或预期的范围内。
- 相关性,即作为货币政策中介目标的变量与货币政策的最终目标具有紧密的关联性。

根据上述三个标准,我们发现:从20世纪90年代开始,以美国为代表的西方世界的货币政策的中介目标经历了从货币供给量向利率的转变。

事实上,许多发达国家的中央银行已经放弃了货币供给量指标,而更为频繁地将利率作为其货币政策的中介目标。以美国为例,联邦储备银行现已定期向外公布其联邦基金利率(federal fund rate)的目标值,这里的联邦基金利率是指各商业银行之间的拆借利率。这一利率并不为中央银行所直接控制,它不属于货币政策的工具,然而它却极为容易受中央银行货币政策工具的影响。例如,当联邦储备银行准备将其联邦基金利率从现有的3%调至3.5%时,它首先会把贴现率提高到3.5%以上,如3.7%。与此同时,它可能会在公开市场上出售债券以回笼高能量货币,这使得商业银行的准备金开始紧缺,从而导致联邦基金利率上升。

联邦基金利率对经济的影响似乎也更为直接。从经济数据看,联邦基金利率与商业银行的主要利率(prime rate,即贷款利率)几乎总是同步变动的(见图10-5)。显然,与以货币供给量作为中介目标相比,以联邦基金利率作为中介目标减少了传统货币政策传导机制中

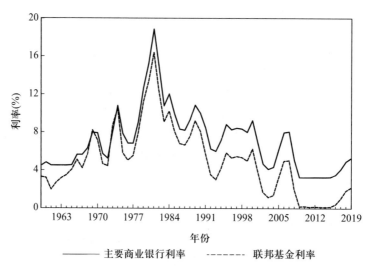

图 10-5 联邦基金利率与主要商业银行利率(1959—2019 年)

资料来源:美联储数据库。

的一些重要环节,如通过增加货币供给而使得利率下跌。

(三) 货币供给是外生还是内生?

事实上,货币政策的中介目标从货币供给量转向利率,其更重要的原因在于:货币供给在中央银行看来已经不再可能具有可控性,即货币供给已经不再是外生的,而是转向了内生。这实际上是对传统货币理论极为重要的挑战。

我们已经知道,无论是基本的凯恩斯模型还是货币数量理论,都把货币供给看成是外生的,即对于中央银行来说,它是可控的。正因为如此,中央银行的货币政策主要体现为针对当前的经济形势对货币供给量进行调节,从而影响利率和整个经济。

然而,无论如何,我们必须看到中央银行实际所能操作的仅仅是货币政策的一些工具,如公开市场业务、准备金率和贴现率等。而我们也已经知道,货币中的绝大部分来源于贷款。于是,我们不得不讨论贷款是如何决定的。

在第五章货币创造的乘数过程中,我们曾经假定在商业银行有了多余的储备金后,它总是能将这些多余的储蓄金以贷款形式贷放出去。显然,这是一个过于简单的假设。贷款的决定更多地取决于商业银行和其客户之间的互动。事实上,在中央银行通过公开市场等业务向社会注入更多的高能量货币并使得商业银行的储备金有了多余之后,商业银行也许并不一定能找到合适的受款人(接受贷款的人)。所谓合适的受款人,通常具备如下条件:第一,具有一定的信誉基础。这种信誉基础表现为银行对受款人品行和可抵押资产等的了解。第二,受款人的贷款项目被银行认为是合理的。此种合理性为贷款的归还提供了一定的保障。显然,这种合适的受款人并不是随处可见的,特别是当经济处于不景气时。如果银行找不到合适的受款人,多余的储备金也就不可能贷放出去。此时,货币创造的乘数过程就会中断。

与此同时,当经济社会应生产和流通的需要而提出对贷款的需求时,即使商业银行此时已没有足够的储蓄金,但只要这些贷款需求被商业银行认为是合理的,它仍然会想方设法筹齐贷款资金,如向其他银行借贷,甚至不惜通过贴现窗口向中央银行借款等。由此可见,货币的供给在很大程度上是内生的。

【货币供给的内生性】 所谓货币供给的内生性是指货币供给的增加是由经济社会内部因生产和流通而产生的对货币的需求所决定的。

货币供给的内生性意味着对中央银行而言,货币供给已经是不可控的。[①]诺贝尔经济学奖获得者托宾早在20世纪60年代就通过考察实际存款储备金率的变动提出了货币乘数内生性的观点。然而在当时,货币供给的内生性并没有得到充分的认同。在世界进入20世纪七八十年代以后,随着发达国家金融市场的开放以及银行和金融业的不断演变及发展,不仅出现了各种不同类型的金融衍生产品,同时商业银行和其他金融中介(如投资银行、保险公司等)在各自经营的业务上不断地相互渗透,这使得信用和货币的创造已绝非仅仅由商业银行所独占。而商业银行除了提供贷款,还可以选择投资金融资产和为客户提供各种不同类型的金

---

① 尽管它仍然可以通过其货币政策的工具来影响利率,从而影响货币供给的成本。

融服务。此外,中央银行的贴现窗口在各种压力下,已无法拒绝商业银行在现有贴现率上所提出的贷款要求,从而使得中央银行对商业银行的贷款失去了其"最后救助者"的原意。最后,金融市场的开放使得外国的金融资本和货币可以自由出入国内的金融市场。所有这一切均表明,中央银行已越来越不可能控制货币的供给,而货币供给的内生性则开始变得越来越明显。

(四) 泰勒规则

我们已经知道,由于货币供给已越来越不可控,因此,从20世纪90年代起,西方主要发达国家的中央银行已经逐步将货币政策的中介目标从过去的货币供给转向利率。接下来,我们将考察中央银行是如何针对现有的经济状况来调整其中介目标,即利率的。这实际上可以用一个反应函数来表示,例如美国的经济学家泰勒就曾经提出,中央银行的货币政策应遵循如下规则(或反应函数)[①]:

$$i_t = p_t + \bar{r} + \alpha q_t + \beta(p_t - \bar{p}) \tag{10.1}$$

其中,i_t 为名义利率,p_t 为通货膨胀率,q_t 为实际GDP与目标GDP的偏离百分比,$\bar{r}$ 可以理解为经济处于自然状态时的均衡实际利率,$\bar{p}$ 则为目标通货膨胀率,α 和 β 都为大于0的参数。显然,这里的 $\bar{p}$、$\bar{r}$ 和 q_t 可以理解为货币政策的最终目标。该规则表明,当通货膨胀率和GDP等于它们的目标水平,即 $p_t = \bar{p}$,$q_t = 0$ 时,经济应处于一般均衡状态,而此时实际利率也应等于其自然的均衡利率 $\bar{r}$。注意,实际利率应等于名义利率减通货膨胀率,即 $i_t - p_t$。相反,当经济偏离这一目标状态时,利率则应进行调整。例如,当通货膨胀率 p_t 大于其目标值 $\bar{p}$ 时,利率应上升,从而使总需求下降,通货膨胀率下降。这一反应函数(10.1)现已被经济学家们称为泰勒规则(Taylor rule)。值得称赞的是,这一规则与现实经济似乎拟合得非常好(参见图10-6)。

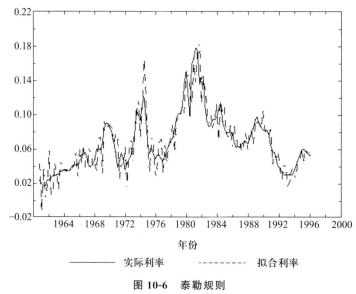

图 10-6 泰勒规则

资料来源:Gong(2005)。

[①] 参见 Taylor(1993)。

(五) 内生货币供给下的基本凯恩斯模型

我们已经知道,当货币供给为外生时,货币政策的中介目标可以体现为利率,而非货币供给。此种情况下,我们可以把利率看成是外生变量。现在让我们考察当货币供给为内生而利率为外生时,基本凯恩斯模型,如 IS-LM 模型和 AS-AD 模型的变形。图 10-7 首先考察了货币市场的均衡。

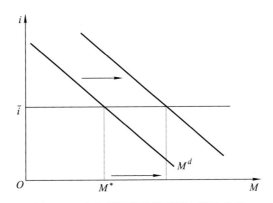

图 10-7 内生货币供给下货币市场的均衡

当利率 i 成为货币政策的中介目标时,我们可以令其为外生变量。给定外生的利率 $\bar{i}$,货币的需求由曲线 M^d 反映。此时,内生决定的货币供给为 M^*。当名义 GDP 增加时,货币的需求曲线向外移动。于是,货币的需求将会增加,而货币的供给也跟着增加以满足货币的需求。货币供给的这种内生性决定了利率的外生性和 LM 曲线是一水平直线(见图 10-8)。

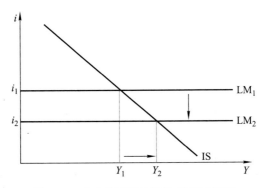

图 10-8 内生货币供给下的 IS-LM 模型

图 10-8 给出了货币供给为内生情况下的 IS-LM 模型。我们看到 LM 曲线是一水平线。它在纵轴上与外生给定的利率相交。当利率为 i_1 时,LM 曲线为 LM_1,此时总需求 Y 为 Y_1。显然,当货币供给为内生时,货币政策体现在中介目标利率 i 的改变上。扩张性货币政策将使利率下降,从而使 LM 曲线向下移动。例如,在图 10-8 中,如果其他情况不变,当利率下跌到 i_2 时,总需求增加到 Y_2。

此外,我们还应看到当货币供给为内生而利率为外生时,价格对实际总需求没有任何影响。为了说明这一问题,我们先回顾一下货币供给为外生的情况。当价格上升时,对货币的交易需求会上升,从而在给定的货币供给情况下,利率将上升,由此引起投资下降,进而导致产量下降。于是,总需求曲线是向下倾斜的,即价格上升将导致总需求下降。然而,当货币供给为内生而利率为外生时,尽管价格上升,对货币的交易需求也会上升,然而,货币的供给可以在不改变利率的情况下满足货币的需求,从而利率可以保持不变,投资不受影响。于是,实际的总需求不变,即价格的上升不会影响总需求。由此可见,在货币供给为内生的情况下,总需求曲线是一条垂直线(见图10-9)。

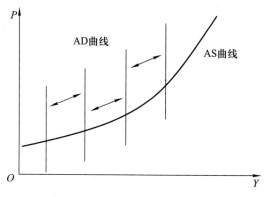

图 10-9 内生货币供给下的 AS-AD 模型

图 10-9 给出了货币供给为内生情况下的 AS-AD 模型。这里,总需求曲线是一条垂直线,因为总需求和价格无关。然而,总需求仍然受货币政策和政府支出等的影响,这种影响体现为使总需求曲线平移。

综上所述,货币供给的内生性及货币政策中介目标的转型对基本凯恩斯模型及凯恩斯的宏观经济政策并没有造成实质性的影响。

三、财政政策

财政政策是政府通过其收入和支出来影响经济的一种宏观稳定手段。财政政策也有扩张性和紧缩性之分。扩张性(或积极的)财政政策是指政府为刺激总需求而增加支出或减少税收(或两者兼有),显然,它将用于当经济处于通货紧缩或失业率高涨的经济低迷时期,如图 10-4 中菲利普斯曲线的 A 点。与此相反,紧缩性财政政策是指政府减少支出或增加税收(或两者兼有),其目的是抑制总需求以控制通货膨胀。

有关财政政策的经济学原理我们已经在第六章和第九章中做了介绍。扩张性财政政策(如增加政府支出)使 IS 曲线和总需求曲线往外移(见图 6-9 和图 9-10)。在菲利普斯曲线上,扩张性财政政策意味着经济沿曲线往上移,而紧缩性财政政策则与此相反。这里我们不再重复。① 接下来,我们将着重围绕财政政策(特别是扩张性财政政策)所引发的挤出效应等问题进行讨论。

---

① 扩张性财政政策的另一项工具减税与增加支出的经济效果是一致的。这里我们不再分析。

(一)"挤出"与"挤入"效应

所谓"挤出"是指政府支出挤出了民间投资或消费。① 从第六章 IS-LM 模型和第九章 AS-AD 模型的分析中我们可以看到,这种挤出是通过利率上升从而减少民间投资而实现的。与货币政策通过刺激民间投资的效果相比,扩张性财政政策的这种挤出效应使得经济学家们更加偏爱货币政策。

然而,当货币供给为内生时,这种政府支出挤出民间投资的效应似乎已不再可能发生。由于利率是可控的,而货币供给内生,即货币供给总能满足经济社会内部因生产和流通而产生的对货币的需求。因此,只要当民间投资者是合适的受款人时,它总能在给定的利率条件下获得所需要的贷款。这意味着政府支出挤出民间投资的效应已不复存在。

此外,我们必须看到,扩张性财政政策不仅有可能产生挤出效应,如果货币供给为外生,也有可能产生"挤入"效应。正如我们在前文中所指出的,投资不仅取决于利率,同时也有可能取决于一系列其他因素,这里的其他因素显然会包括经济社会的总需求。在许多情况下,总需求的增加会使潜在的投资者看好经济社会的前景,从而激励其投资的愿望。与此同时,在给定的供给能力下,总需求的增加也有可能使企业的供给能力相对紧缺。为了弥补供给能力的不足,企业就有可能会增加投资。② 所有这些都意味着当政府增加支出使得总需求增加时,民间投资有可能会增加。这就是所谓政府支出的"挤入"效应。

(二)政府支出的使用

扩张性财政政策通常意味着增加政府支出。而这必将涉及政府支出的使用问题。这里我们必须看到,民间投资不仅能刺激总需求,同时也提升了社会的生产能力。尽管我们还没有把生产能力引入我们的分析框架之中,而仅仅假定它不会对社会总需求的实现形成约束(见第四章中的假定 4-2),然而,生产能力的提升在长期中是有利的:它能促进经济增长。

对于上述问题的思考让我们考虑到政府支出的增加该如何使用的问题。如果假定所增加的政府支出也同样用于提升生产能力,如基础设施的投资等,则这样的政府支出也同样能促进经济增长。事实上,许多与经济的长期增长有关的支出,如人力资本的投资、知识资本的投资和基础设施的投资等通常更需要政府的支持和投入。有关这一问题的讨论将在本书的最后几章中逐步展开。

当然,也许有人会认为与民间投资相比,政府支出和政府项目可能更容易被挪用,更容易被贪污,但这一问题似乎超出了宏观经济学所要研究的范围。

(三)非线性和流动性陷阱

如果我们仔细考察一下财政政策和货币政策对经济的影响效果,我们很快会发现,它们取决于 IS、LM、AS 和 AD 曲线的斜率。

到目前为止,我们并没有讨论这些曲线的可能形式和非线性,而只是笼统地假定它们是

---

① 如果消费也与利率相关。
② 哈罗德的投资函数就是考虑了此种情况,参见第十八章的讨论。

向上或向下倾斜的。然而,某些曲线的非线性还是可以讨论的。这里我们集中分析 LM 曲线的非线性。

首先,我们必须看到现实中名义利率不可能为负(尽管实际利率有可能为负)。与此同时,在给定的时间段内,经济的产量也应有个上限。该上限取决于经济社会的供给能力,如资本和劳动力的供给等。给定这两个约束条件,我们可以画出一组 LM 曲线的可能形状(见图 10-10)。

在图 10-10 中,i_m 为名义利率 i 的下限,而 Y_m 则为产量 Y 的上限。当经济处于一般状态,如区间 Y_1 和 Y_m 之间时,货币供给的增加将使 LM 曲线往下移。这是我们在前文中所看到的。然而,当经济极度不景气,如处于 $(0,Y_1)$ 区间时,利率处于下限 i_m。① 此时,任何货币供给的增加都将不会引起 LM 曲线在 $(0,Y_1)$ 区间移动。这意味着当经济处于该区间,如图中的 A 点时,货币政策将失去其应有的效应。经济学家把 $(0,Y_1)$ 区间称为流动性陷阱。

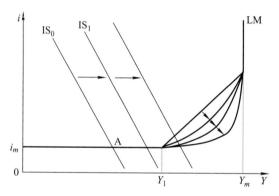

图 10-10　LM 曲线的非线性和流动性陷阱

当经济处于流动性陷阱中时,货币政策将失去作用。此时唯有财政政策才能把经济拉出流动性陷阱。与此同时,当经济处于流动性陷阱中时,扩张性财政政策,如使 IS 曲线从 IS_0 移动到 IS_1,也不会产生挤出效应(即使货币供给量不变)。显然,这是由于经济太不景气,使得总需求的增加不至于引起利率的上升。关于该段时间内积极财政政策宏观经济效益的评价,请参见 Gong(2005)。

(四) 财政政策的效果立竿见影

就凯恩斯本人而言,他更偏好使用财政政策。与货币政策不同的是,财政政策的效果可能是立竿见影的,因为政府支出可以直接增加总需求。而就货币政策而言,货币供给的增加首先要求利率下降,不仅如此,利率下降以后,民间投资应有所提升。无论是利率还是民间投资,政府都不能直接控制,而取决于市场的反应。财政政策这种立竿见影的效果曾受到许多国家政府的偏爱,尽管经济学家们会持不同态度。

中国政府在 1997 年开始的通货紧缩期间,毫不犹豫地使用了积极的财政政策。从 1997 年到 2002 年,中国政府每年都大约发行了 2 000 亿元以上的国债,这些国债大多用于基础建

---

① 在货币供给为内生的情况下,这有可能是货币政策调控的结果,而非市场均衡的结果。

设的投资。毫无疑问,从1997年开始实施的积极财政政策为我国在2003年彻底走出通货紧缩的阴影作出了不可磨灭的贡献。与此同时,由国债投资所建成的一大批基础设施,也为我国未来经济保持长期高速增长提供了坚实的基础。[①]

(五) 自动稳定器

所谓自动稳定器是指国家所建立的失业保险基金制度。这样一种制度使得经济能按财政政策的机制自动对总需求进行调节。在失业保险基金制度下,当经济不景气、总需求不足,从而导致失业增加时,失业救济的支出就会增加,这就如同政府支出的增加对经济产生刺激效应。相反,当经济高涨、通货膨胀的压力增大时,就业增加,失业救济的支出减少,这就如同实施紧缩性财政政策。

许多发达国家目前都建立了这样一种失业保险基金制度。中国的失业保险基金制度起步较晚,目前仍然有许多不完善的地方,如占人口大多数的农民即使在城里工作时被解雇了,也不能享受失业救济制度。

建立失业保险基金不仅能使经济自动按财政政策的机制对总需求进行自我调节,同时也给公民带来了某种程度的安全感,这将有利于促进消费需求。相对于发达国家而言,中国的边际消费倾向偏低。许多经济学家认为这与中国没有完善的失业和退休基金制度不无关系。

(六) 赤字和债务问题

对于用财政政策来进行的宏观调控,人们所关注的另一个问题是债务问题。无论是减税还是增加支出,扩张性财政政策都将意味着赤字,而赤字是需要弥补的。现实中,政府通常是通过发行国债来弥补赤字的,这就给我们带来了政府的债务问题。由于财政政策立竿见影的效果,第二次世界大战以后,许多经济合作与发展组织(OECD)国家的政府都频繁地发行国债,即使经济还没有处于流动性陷阱之中。某种程度上,发行债务似乎已超出了凯恩斯需求管理的目标。频繁地发行债务使得OECD国家中大多数政府的债务不断累积。目前,许多OECD国家,如美国、法国和日本等的政府债务都达到了GDP的100%-200%。

债务问题为什么值得关注?它将给经济带来什么样的影响?关于债务问题,我们能做些什么?在本书的第十五章中,我们将对这一问题作更详细的讨论。

讨论与小结

经济社会既存在着稳定机制,也存在着非稳定机制。现实中,经济的波动就可以看作稳定机制与非稳定机制相互作用的结果。更进一步地,如果稳定机制的力度大于非稳定机制,经济系统将会内生稳定,此时,经济的波动源仍然可以看成是来自外生的冲击。相反,如果经济系统内的非稳定机制力度更大,则经济体本身是内生不稳定的。此种情况下,其他稳定

[①] 这一轮的基础设施建设主要体现在高速公路的建设上。关于这一轮积极财政政策宏观经济效益的数量评估请参见龚刚(2006)。

机制,如政府的宏观稳定政策等对于稳定经济将成为必要。

本章讨论了凯恩斯的宏观经济(或稳定)政策。我们首先发现,凯恩斯宏观经济政策的目标在于调节总需求。由此,我们可以把凯恩斯的宏观经济政策看成是需求管理型的宏观经济政策。从需求管理这个意义上讲,宏观经济政策可以是紧缩性的,也可以是扩张性的(或积极的)。无论是扩张性的还是紧缩性的,都有财政政策和货币政策之分。

货币政策由中央银行执行,其基本工具有三个:公开市场业务、贴现率和准备金率。有些国家的基本工具还包括使用中央银行的存款利率及在外汇市场上买卖外汇等。货币政策有所谓中介目标。货币政策的中介目标是指中央银行为实现货币政策的最终目标而选择将某些变量作为调节对象的目标。在西方,货币政策的中介目标已经经历了从货币供给量向利率的转变,这种转变意味着金融市场结构的演变使得货币供给从外生转向了内生。无论采取哪种工具(或手段)和哪种中介目标,货币政策总是通过改变利率和影响投资这一机制来实现调节总需求的目标的。然而,当经济处于流动性陷阱时,货币政策将失去其调节总需求的功能。

财政政策是政府通过自己的收入和支出来调节社会总需求的。与货币政策相比,财政政策有立竿见影的效果,因此,它曾为许多政府所偏爱。与此同时,当经济陷入流动性陷阱之中时,唯有财政政策才能使用。然而,财政政策有可能具有挤出效应,即挤出民间投资。不过,当货币供给为内生时,这种挤出效应将不复存在。此外,我们应同时看到,当民间投资也与总需求有关时,财政政策甚至有可能产生"挤入"效应,即刺激民间投资的增长。此外,失业保险金制度的建立可以看成是按财政政策机制自动调节社会的总需求,因而通常被人们称为自动稳定器。最后,持续不断的扩张性财政政策也会给政府带来债务问题。

思考题

1. 请解释下列名词:内生稳定,内生不稳定,扩张性宏观经济政策,紧缩性宏观经济政策,泰勒规则,自动稳定器。

2. 请解释什么是外生冲击的商业周期理论,什么是内生不稳定的商业周期理论。

3. 什么是稳定机制?什么是非稳定机制?如何从稳定机制与非稳定机制的视角理解商业周期?

4. 用统计方法所进行的实证检验经常会告诉我们经济社会是内生稳定的。为什么?经济社会真的是内生稳定的吗?

5. 为什么凯恩斯的宏观经济政策可以理解为需求管理型的宏观经济政策?它的目标是什么?其基本的理论假设是什么?

6. 货币政策有哪些工具?它们各自应如何使用?其原理是什么?

7. 什么是货币政策的中介目标?成为货币政策的中介目标应具备什么样的条件?

8. 货币供给是内生的吗?为什么?

9. 当货币政策为内生时,积极的财政政策还会产生挤出效应吗?为什么?

10. 请详细阐述当货币供给为内生时,货币政策的传导机制。

11. 什么是流动性陷阱?当经济处于流动性陷阱中时,宏观经济政策应如何使用?

12. 如何理解财政政策的挤出效应？在什么情况下挤出效应较为明显？在什么情况下没有挤出效应？

13. 与货币政策相比，为什么财政政策更能产生立竿见影的效果？此外，与货币政策相比，财政政策还有哪些优缺点？

14. 1997—2003年，中国政府实行了积极的财政政策。请讨论该政策实施的背景及其合理性，同时请分析这一政策对中国经济的短期及长期影响。

第三部分
超越凯恩斯

第十一章　凯恩斯理论的微观基础

到目前为止,我们对凯恩斯的基本理论有了一个较为完整的介绍。我们发现基本凯恩斯理论可以用一个总供给—总需求(AS-AD)模型来表述。在此基础上,我们还讨论了凯恩斯的宏观经济政策(或宏观稳定政策)。从本章开始,我们的讨论将超越凯恩斯基本理论。这也同时意味着,我们前文所介绍的凯恩斯基本理论有许多不尽如人意的地方。为此本章的第一部分将讨论凯恩斯理论的不足。这一讨论为本书的其余部分提供了基础。事实上,我们以后所进行的许多讨论基本上都是围绕着凯恩斯基本理论的不足而展开的。本章的其余部分则是针对凯恩斯基本理论的一个不足之处,即缺乏微观基础来展开讨论的。

一、凯恩斯基本理论的不足

凯恩斯基本理论的不足基本上体现在三个方面:缺乏行为分析和微观基础、无法解释经济增长以及无法解释滞胀。

(一) 缺乏行为分析和微观基础

在凯恩斯理论体系中,无论是消费分析还是投资分析,无论是价格决定还是产量决定,都没有像微观经济学那样,从经济人的行为特征,即最优化出发。在许多经济学家看来,这样一种分析方法是缺乏微观基础的,而这恰恰是新古典经济学理论的优势所在。

凯恩斯理论的这种缺陷现已越来越多地引起经济学家们的重视。当代新凯恩斯主义(new Keynesian)的许多研究正是围绕着凯恩斯理论的这一缺陷展开的。我们前文所述的黏性价格模型就是其中之一。然而,与现代新古典所提出的新古典宏观经济学相比,新凯恩斯主义经济学家们的努力还没有取得令人满意的进展——尽管凯恩斯主义的价格决定,即黏性价格理论的微观基础已经被建立起来。然而,凯恩斯主义最为重要的核心,即有效需求理论的微观基础却还没有建立起来。

尽管如此,我们仍然可以肯定:凯恩斯理论的微观基础不可能建立在完全竞争的企业行为基础上。与凯恩斯理论相对应的企业行为必然是垄断竞争和不完全竞争。与此同时,与凯恩斯理论相对应的家庭消费行为也必然以当前已实现的收入为基础。

本章中,我们将讨论一些具有微观基础的消费理论,并考察其对凯恩斯消费理论的可能冲击。与此同时,我们也将尝试着讨论凯恩斯产量决定理论的微观基础。凯恩斯的消费理论和产量决定理论的结合构成了凯恩斯有效需求理论的核心。

(二) 缺乏供给决定,无法解释经济增长

凯恩斯的宏观经济理论产生于大萧条时期。因此,其理论的一个基本假设是:资本主义社

会总有过剩的供给(或生产能力),从而需求决定产量,而供给则不可能对社会总需求的实现形成实质性的约束。凯恩斯的这一思想基本上可以用图 11-1 中的 AS-AD 模型来进行表述。

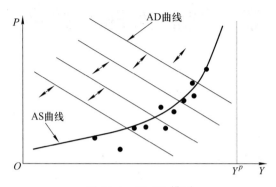

图 11-1　AS-AD 模型

与图 9-13 中的 AS-AD 模型相比,图 11-1 中多了一条垂直虚线,该线代表了经济社会潜在的生产能力 Y^p。尽管在模型中我们没有对 Y^p 作过明确的规定,但我们还是可以想象这样一种潜在生产能力的存在。而当实际的产量越接近潜在生产能力 Y^p(图中的垂直虚线)时,由总供给曲线所反映的价格就会越高。显然,潜在生产能力取决于生产要素如劳动力、资本和技术等的供给。在 AS-AD 模型中,我们假定它们都为给定的。

然而,无论如何凯恩斯的宏观经济理论毕竟是一种短期分析。由于我们没有考虑供给 Y^p 是如何决定和变化的,因此图 11-1 中的总供给－总需求模型所能确定的只是特定时期的经济总产量和与之相关的物价水平,而经济的长期变化趋势则无法确定。如果我们考虑的是一个不断增长的经济社会,供给对需求的约束则是显而易见的。从长远来看,经济的增长不仅取决于需求的拉动,同时也受制于供给(或潜在生产能力)的约束。

在图 11-2 中,我们考察了供给的变化对经济的影响。现在假定供给 Y^p 有了增加,这可能体现为资本(或其他生产要素)的增加。按照价格公式(9.5)和产能利用率定义(9.8)

$$P = P(W, U, v), \quad U = \frac{Y}{\widetilde{A}K}$$

我们发现,在产量和其他条件不变的情况下,产能 Y^p 的增加将表现为产能利用率 U 的降低,从而价格 P 下跌。这同时意味着供给 Y^p 的增加将使得总供给曲线往下(外)移。于是,

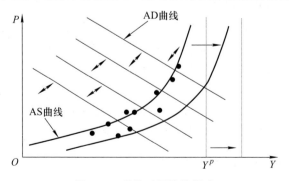

图 11-2　供给对经济的影响

供给增加时,更大的总需求就可以在不改变价格水平的情况下得以实现。

由此可见,经济增长离不开生产能力(或总供给)Y^p的增加。而 AS-AD 模型中对供给的简单处理无法为我们解释经济增长是如何实现的。有关经济增长的讨论我们将从第十七章开始。

(三) 无法解释滞胀也无法应对滞胀

我们已经知道,从 AS-AD 模型中,我们可以导出一条菲利普斯曲线,它反映了失业率和通货膨胀率之间的替代关系。该曲线同时意味着失业率和通货膨胀率之间不可能同高同低,而经济社会的总需求规模则决定了经济处于曲线上的哪一点。这一曲线的存在为凯恩斯的需求管理型宏观经济政策提供了理论基础。

20 世纪 70 年代以前,由菲利普斯曲线所体现出的这一替代关系在一些发达国家(如美国和英国等)表现得极为明显。然而在世界步入 70 年代以后,通货膨胀率和失业率之间的这种替代就变得模糊不清了。相反,我们经常看到的是通货膨胀和失业并举。经济学家们给这一经济现象创造了一个专用名词:滞胀。滞胀的出现给凯恩斯的宏观经济学带来了巨大的冲击。

首先,传统的凯恩斯理论不能很好地解释滞胀:滞胀的出现与菲利普斯曲线所体现出的经济关系相背离。其次,传统的以总需求管理为核心的宏观经济政策也无法应对滞胀。试想,如果通货膨胀和失业并举,则无论是增加总需求还是减少总需求,势必会使其中的一个问题更为严重。在某种程度上我们似乎可以认为,传统凯恩斯理论在面对滞胀时所表现出的无能为力为新古典宏观经济学的崛起提供了可乘之机。有关滞胀的讨论我们将在下一章(第十二章)中展开。

此外,基本凯恩斯模型并没有讨论开放经济。然而,当今世界几乎所有的经济都是开放的,封闭式的经济已不可能存在。对于开放经济的讨论我们将在第十三章中展开。最后,围绕着凯恩斯的货币政策和财政政策,经济学家们还有更大的争议。

二、追求效用最大化的消费者为什么要进行储蓄?

我们已经知道:凯恩斯的宏观经济理论被许多经济学家认为缺乏微观基础,这主要表现在模型中的一些行为方程并没有从经济人的最优化过程中导出。本章中,我们将主要讨论凯恩斯有效需求理论的微观基础。如前所述,凯恩斯有效需求理论由家庭的消费理论和企业的产量理论构成。在这一部分,我们将讨论凯恩斯消费理论的微观基础。为此,我们将首先介绍欧文·费雪的跨时期消费决策模型。[①] 费雪的跨时期消费决策模型开创了具有微观基础的消费行为理论。近代的莫迪格利尼的生命周期理论和弗里德曼的永久收入理论等,都可以看成是费雪跨时期消费决策模型的进一步拓展。在对这些经典的消费理论有了一定程度的了解之后,我们将讨论这些具有行为基础的消费理论可能对凯恩斯理论形成的挑战。特别地,我们要关注的核心问题是一个追求效用最大化的消费者为什么要进行储蓄。

---

① 关于费雪的跨时期消费理论,请参见 Fischer(1907)。

(一) 费雪的跨时期消费决策模型

我们的讨论将从跨时期预算约束开始。假定某一消费者的生命可以划分为两个时期：时期1和时期2。消费者在这两个时期中的收入分别为 Y_1 和 Y_2，消费则为 C_1 和 C_2。由于我们假定消费者在第2期期末结束生命，因此，在第2期他的储蓄为0。这样，他在第2期的预算约束必然满足

$$C_2 = Y_2 + S(1+r) \tag{11.1}$$

其中，S 可以看成是消费者在第1期中的储蓄，r 为利率。显然，按照定义，

$$S = Y_1 - C_1 \tag{11.2}$$

需要说明的是，S 有可能是负的。此时，我们可以把它看成是贷款。将公式(11.2)带入公式(11.1)，我们得到

$$C_2 = Y_2 + (1+r)(Y_1 - C_1)$$

两边同除以 $1+r$，并对公式作进一步整理，我们得到如下预算约束条件：

$$C_1 + \frac{C_2}{1+r} = Y_1 + \frac{Y_2}{1+r} \tag{11.3}$$

图11-3描述了由公式(11.3)所表示的预算约束。

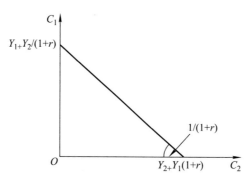

图 11-3　预算约束线

如果我们把 r 看成是贴现率，则公式(11.3)表明经过贴现以后的消费者两期收入之和应等于经过贴现以后的消费者两期消费之和。

事实上，令 C_t 为家庭在第 t 期的消费，Y_t 为家庭在第 t 期的收入，$t=1,2,3,\cdots,n$，r 为利率，则家庭的跨期预算满足

$$C_1 + \frac{C_2}{1+r} + \cdots + \frac{C_n}{(1+r)^{n-1}} = Y_1 + \frac{Y_2}{1+r} + \cdots + \frac{Y_n}{(1+r)^{n-1}} \tag{11.4}$$

本章的附录对此进行了证明。公式(11.4)表明：

【消费者的跨期预算】　如果不考虑留下遗产，消费者经过贴现以后一生的收入之和等于其一生的消费之和。

接下来，我们引入消费者的效用函数。假定消费者的效用函数为 $U(C_1, C_2)$，且满足

$$\frac{\partial U}{\partial C_1}>0, \quad \frac{\partial U}{\partial C_2}>0, \quad \frac{\partial^2 U}{\partial^2 C_1}<0, \quad \frac{\partial^2 U}{\partial^2 C_2}<0$$

这一效用特征满足边际效用倾向递减规律。在图 11-4 中,我们对这一效用函数进行了描述,图中的各条曲线(I_1、I_2)等代表相应效用水平下 C_1 和 C_2 的各种组合。显然,它与微观经济学中的无差异曲线是一致的。

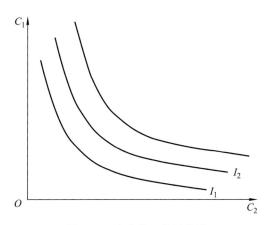

图 11-4　消费的无差异曲线

给定消费者的预算约束(11.3)和效用函数 $U(C_1,C_2)$,消费者的决策问题可表述如下:

【消费者的决策问题】　给定 Y_1、Y_2 和 r,选择决策变量 C_1 和 C_2,使效用 $U(C_1,C_2)$ 最大且满足约束条件(11.3)。

利用拉格朗日乘数法,我们可以得到求解该问题的如下一阶条件:

$$\frac{\partial U}{\partial C_1}=(1+r)\frac{\partial U}{\partial C_2} \tag{11.5}$$

求解由公式(11.3)和(11.5)所组成的联立方程,我们解得 C_1 和 C_2。图 11-5 中,我们描述了 C_1 和 C_2 的确定。显然,图中 A 点所对应的 C_1 和 C_2 是模型的最优解。

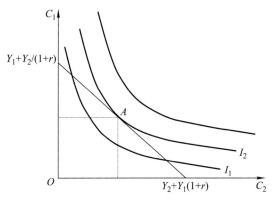

图 11-5　消费的跨时期决策

我们把消费者的最优解写成如下形式：

$$C_1 = f(Y_1, Y_2, r) \tag{11.6}$$

$$C_2 = g(Y_1, Y_2, r) \tag{11.7}$$

由此我们发现：消费不仅与当期收入有关，还与利率和消费者预期的未来收入有关；此外，从整个生命周期来看，消费者不存在储蓄的可能。所有这些似乎都对凯恩斯的消费函数提出了挑战。

进一步考察收入 Y_1 或 Y_2 的变化对消费决策的影响。假如 Y_1 增加了，很容易发现此时预算曲线往外移，从而消费从原来的 A 点移向 B 点。显然，与 A 点相比，消费者的效用提高了。

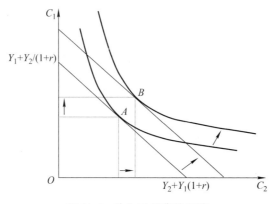

图 11-6　收入对消费的影响

假如利率发生了变化，如 r 有所增加，此时，预算约束线向外移动（见图 11-7），消费从原来的 A 点移向 C 点。由此可见，利率变化对消费的影响犹如微观经济学中的替代效应。当然，与收入影响不同的是，我们无法确定效用是否提高，这取决于效用函数的形状。于是，图 11-7 所给出的利率增加使消费者效用增加的情况仅仅是其中的一种可能。

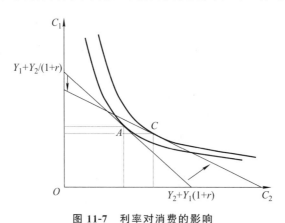

图 11-7　利率对消费的影响

费雪的跨时期消费模型为我们研究消费行为提供了一个基本的框架，这与凯恩斯消费理论中的简单假定相比显然是一种进步。然而,必须说明的是:费雪的跨时期消费模型并没有对收入的来源和偏好等作更为明确的规定,从而也无法让我们看出它对凯恩斯消费理论的实质性挑战。而接下来我们所要介绍的莫迪格利尼的生命周期理论则对收入和偏好作出了更为具体的规定。

(二) 生命周期理论

生命周期理论是由莫迪格利尼在 1961 年提出的[①],该理论对收入和偏好作出如下规定:

    1. 就某一消费者而言,收入在他的一生中会有明显的变化,例如年轻或退休以前挣钱,退休以后没有收入。
    2. 消费者偏好稳定的消费流,即年轻和年老时具有同样的生活水平。

显然,这样一种收入和偏好之间的矛盾必然意味着消费者年轻时储蓄,年老时使用储蓄。

现在我们考察一个年轻人的消费决策。首先,收入的来源可以分为两部分:一部分来源于工作所得,另一部分来自资产(或财富),如股票、房子、债券等。我们假定目前该消费者的财富为 W,它可能体现为所有财富的市场价值。与此同时,该消费者每年工作所得的收入为 Y,此外,他还可以工作 R 年。这样,如果我们不考虑利率,则一生中他的总收入应为 $W+RY$。更进一步假定该消费者还能生存 $T(T>R)$ 年。于是,在不考虑贴现的情况下,如果消费者偏爱稳定的消费流,即他希望每年的消费水平 C 一样,则我们有

$$C=(1/T)W+(R/T)Y \tag{11.8}$$

或

$$C=aW+bY \tag{11.9}$$

值得注意的是,由于 $R<T$,公式(11.9)中的 $b<1$,这似乎和凯恩斯消费理论中的边际消费倾向小于 1 的假定相一致。

(三) 对凯恩斯消费理论的挑战

显然,无论是费雪的跨时期消费理论,还是莫迪格利尼的生命周期理论,这些具有微观基础的消费行为分析与凯恩斯的简单消费理论相比,都是很大的进步。然而,这样一种进步能否对凯恩斯的有效需求理论形成实质性的挑战和冲击呢?接下来,我们将就这一问题进行讨论。

事实上,就消费理论而言,为使凯恩斯有效需求(或乘数)理论得以成立,我们只需假定

    • 消费(至少是部分消费)取决于当前已实现的收入(而非概念上的收入)。
    • 当收入增加时,消费也会随之增加。然而,消费增加的幅度并没有收入那么大,即所增加的收入中总有一部分会被储蓄起来。

显然,正是由于储蓄的存在,才使得乘数效应是收敛的。试想一下,如果边际消费倾向

---

① 对生命周期理论最简单明了的介绍可以参见 Modigliani(1986)。

为1,则按照公式(4.13),乘数$1/(1-c)$为无穷大。这意味着任何自需求的增加都将引发无限的引致需求。这似乎在告诉我们,经济社会有足够的需求,需求不是制约产量的决定性因素,唯有供给(或潜在生产能力)才决定着产量。显然,这样一种假定是违反凯恩斯有效需求理论的。

在我们所介绍的消费模型中,我们发现尽管消费同时取决于其他因素,如利率等,但是消费取决于收入这一假定仍然是存在的,当然这里的收入不完全是当前已实现的收入,事实上,它还包括未来预期的收入Y_2。然而,模型并没有告诉我们这些不同概念的收入,如费雪模型中的未来收入Y_2是如何产生的。一种可能的解释是它们取决于当前已实现的收入。如果这样一种假定能够存在,则消费最终仍然取决于当前已实现的收入。

那么,一个追求效用最大化的消费者为什么会储蓄?如果效用取决于消费,而储蓄会减少消费从而减少效用,那么储蓄似乎就违反了消费的基本原则,即效用最大化。然而,从长期来看,储蓄是为了未来的消费,是为了防老。关于这一点,莫迪格利尼的生命周期理论已为我们做了很好的解释。正是由于收入的可变性和不确定性,与此同时,消费者追求的又是平稳的消费流,因此,储蓄就成为家庭实现这种平稳消费的一种必要手段。当然,如果我们把留下遗产等作为家庭效用的影响因素之一,储蓄的存在也就更为必要了。

事实上,本人在《高级宏观经济学——中国视角》一书的第十一章中构建了一个关于家庭消费的宏观动态模型。该模型让我们发现:如果家庭偏好稳定的消费流,则只要存在着收入和支出方面的不确定性,一个追求效用最大化的家庭就必然会选择储蓄,即使其效用函数中不加入遗产。而且,收入和支出的不确定性越大,储蓄率就越高。在某些特定的条件下(如当工资性收入占总收入的比例不变时),储蓄率有可能是个常数。①

由此看来,现有的具有微观基础的消费理论似乎并没有对凯恩斯的有效需求理论形成实质性的挑战。

三、有界限的理性:凯恩斯产量决定理论的微观基础

我们接着讨论凯恩斯产量决定理论的微观基础。② 我们知道,在凯恩斯理论体系下,企业的产量是由需求决定的:企业只有在获得订单、合约或口头承诺的基础上,才会作出其产量的决策,并据此提出对投入(中间原材料和人工)的需求。于是,这样一种产量决策方式是否具有微观基础? 或者说,是否可以从优化模型中导出?

在接下来的讨论中,我们会发现,凯恩斯的这种按需求决定的产量决定理论同样可以被理解为经济人的"理性"行为,只不过这里的"理性"通常被看成是"有限理性"(bounded rationality),它与新古典所谓的理性具有质的不同。在产量决定的最优化模型中,这种"有限理性"体现为一个新增的约束条件。

(一) 产量决策问题

现考察企业j的产量决策。我们假定企业j在做自己的产量决策前,已经将其决定的

---

① 详细论证请参见龚刚(2020)。
② 关于这方面的初始研究请参见龚刚(2007)。

价格 $P_{j,t}$ 按明码标价的方式公布出去,由此产生了市场需求 $Y_{j,t}^d$。我们假定这些市场需求是由订单、合约和口头咨询等形式传递给企业的,企业再根据这些需求信息确定其所要生产的产量 $Y_{j,t}$。由此,给定明码标价的 $P_{j,t}$,企业的产量决策问题就可以表示为

$$\max \quad P_{j,t}Y_{j,t} - C(Y_{j,t}) \tag{11.10}$$

满足

$$Y_{j,t} \leqslant Y_{j,t}^d \tag{11.11}$$

以上,$C(Y_{j,t})$ 为企业的成本函数。

这里,我们需要注意两点。第一,如果没有约束条件(11.11),这一决策问题和新古典的产量决策似乎并没有任何区别,从这个意义上说,新古典的理性是没有界限(或没有约束)的理性,是建立在充分信心的预期基础上的,从而是一种盲目的理性:在一个充满着不确定性的经济社会中,本质上是非理性的。

第二,新古典理论体系中,价格是由那只"看不见的手"给定的。在瓦尔拉斯交易模型中,这体现为市场管理者的报价。然而,在凯恩斯理论体系中,价格由企业自行决定。① 只是这一决定先于产量决策,从而企业在作产量决策前,其产品已经被明码标价公布了出去。这也同时意味着凯恩斯所设想的市场经济并不是完全竞争的市场经济,而是非完全竞争(垄断和垄断竞争)的市场经济。这种非完全竞争之特征主要体现在企业的价格制定上。

(二) 产量决策问题的解

首先让我们考察无需求约束(11.11)下企业的产量决策。令这一产量为 $Y_{j,t}^*$。容易发现,此种情况下,$Y_{j,t}^*$ 满足一阶条件:

$$P_{j,t} = MC(Y_{j,t}^*) \tag{11.12}$$

其中,$MC(Y_{j,t})$ 为成本函数 $C(Y_{j,t})$ 的一阶偏导,即边际成本。显然,如果不考虑市场需求对产量的约束,则企业的最优产量应该在边际成本 MC 等于产品的价格 $P_{j,t}$ 处达到。我们可以把这一最优产量看成是新古典的最优产量,它是无界限的,即不受市场需求的约束。正如前文所指出的,只有当经济人具备充分信心的预期时,他才会考虑按这一产量进行生产。

现在,让我们考察加入约束条件(11.11)。此时,经济人不再具备充分信心的预期,从而其产量受市场需求 $Y_{j,t}^d$ 的约束。显然,此时企业的产量决策 $Y_{j,t}$ 可表示为

$$Y_{j,t} = \begin{cases} Y_{j,t}^d, & Y_{j,t}^d \leqslant Y_{j,t}^* \\ Y_{j,t}^*, & Y_{j,t}^d > Y_{j,t}^* \end{cases} \tag{11.13}$$

即当市场需求 $Y_{j,t}^d$ 小于新古典的最优产量,即公式(11.12)中的 $Y_{j,t}^*$ 时,企业的产量决策 $Y_{j,t}$ 等于市场需求 $Y_{j,t}^d$,否则,$Y_{j,t}$ 将等于新古典的最优产量 $Y_{j,t}^*$。图 11-8 对企业的产量决策进行了描述。

图 11-8 中,MC 为边际成本曲线,D 为需求曲线。如图所示,当企业所制定的价格为 $P_{j,t}$ 时,市场对产品 j 的需求为图中的 $Y_{j,t}^d$,此时,企业所愿意提供的产量(新古典的最优产量)为 $Y_{j,t}^*$。由于 $Y_{j,t}^d < Y_{j,t}^*$,因此企业实际所提供的产量(企业的产量决策)$Y_{j,t}$ 为 $Y_{j,t}^d$。而当企业所制定的价格为 $\overline{P}_{j,t}$ 时,市场需求则为图中的 $\overline{Y}_{j,t}^d$,企业所愿意提供的产量为 $\overline{Y}_{j,t}^*$。

---

① 如按黏性价格原则决定其价格。

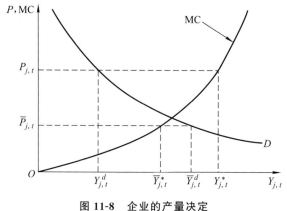

图 11-8 企业的产量决定

显然,此时 $\bar{Y}_{j,t}^d > \bar{Y}_{j,t}^*$,从而企业的产量决策 $Y_{j,t}$ 应为 $\bar{Y}_{j,t}^*$。

(三)产能过剩的假设

这里我们还想说明的是,如果我们按照传统把市场的供给定义为给定价格条件下企业所愿意出售的产量,则在垄断竞争条件下,市场一般会处于供过于求的状态。我们借助图 11-9 来说明这一现象。

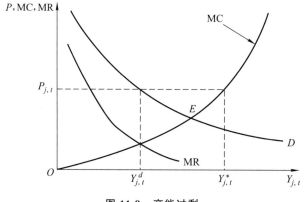

图 11-9 产能过剩

如图 11-9 所示,由于企业的边际收入曲线 MR 总是在需求曲线 D 之下,而边际成本曲线 MC 一般总是向上倾斜,因此,企业所制定的价格一般不可能低于图中需求曲线 D 和边际成本曲线 MC 的交点 E。正因为如此,企业一般按市场需求 $Y_{j,t}^d$ 决定其产量,同时,由于边际成本曲线通常又被认为是企业的供给曲线,因此,一般情况下,企业处于供过于求或产能过剩的状态。

那么,企业有没有可能会按新古典的最优产量 $Y_{j,t}^*$ 决定其产量?在图 11-10 中,我们假定实际的市场需求曲线为 D_a,而企业预期的市场需求曲线为 D,从而企业按图中的 MR 制定价格 $P_{j,t}$。此种情况下,市场的需求为 $Y_{j,t}^a$。显然,企业此时会按新古典的最优产量 $Y_{j,t}^*$

决定其供给。由此可见,只有当企业在制定价格时过分低估了市场的需求(如图11-10所示),供不应求的情况才有可能出现。

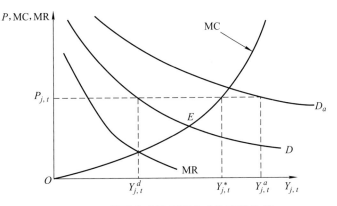

图 11-10　供不应求情况下企业的产量决策

综合上述讨论,我们对凯恩斯理论体系下企业的产量决策总结如下:

【企业的产量决策】　当企业在制定价格时,如果其预期的市场需求与实际差别不大,那么其产量必受市场需求 $Y_{j,t}^d$ 的约束,且企业会处于产能过剩的状态。只有当企业在制定价格时,其预期的市场需求过小,从而使得其制定的价格过低(低于市场出清的价格)时,企业的产量才会受供给(产能)的制约,此时,产能不再过剩。

由此,我们论证了第四章所作的假设4-2,即企业一般会处于生产能力过剩的状态。这里,我们可以看到,这种过剩的供给显然是与企业在制定价格上的垄断行为分不开的。于是,我们再次证明,凯恩斯的微观基础不可能建立在完全竞争的企业基础上,垄断或垄断竞争是凯恩斯理论体系下所设想的微观企业。

最后,在考察了凯恩斯消费理论和产量决定理论的微观基础以后,我们必须认识到凯恩斯的其他许多理论(如投资理论等)仍然缺乏微观基础。然而,我们的这一探讨也许能为我们带来如下启发:尽管现有的凯恩斯理论并没有明确的微观基础,但这并不意味着它不存在。事实上,我们也许还没有发现它们,还没有构筑它们,而这正是经济学的魅力所在。[①]

讨论与小结

在对凯恩斯基本理论有了一个较为完整的介绍以后,我们在本章中首先讨论了凯恩斯基本理论的可能缺陷。我们发现,凯恩斯基本理论的可能缺陷表现在缺乏微观基础、无法解释经济增长和无法解释滞胀上。

[①]　关于凯恩斯理论微观基础的更多讨论请参见龚刚(2020a)。

本章的其余部分探讨了凯恩斯基本理论的不足之一:缺乏微观基础。为此,我们首先考察了两个经典的具有微观基础的消费理论:欧文·费雪的跨时期消费理论和莫迪格利尼的生命周期理论。我们发现,与凯恩斯的简单消费理论相比,这些具有微观基础的消费行为分析无疑更进了一步。尽管如此,它们似乎并没有对凯恩斯的有效需求理论形成实质性的挑战。

事实上,就消费理论而言,为使凯恩斯有效需求(或乘数)理论得以成立,我们只需假定:第一,消费取决于当前已实现的收入,而非概念上的收入;第二,储蓄的存在。尽管费雪的跨时期消费理论使得消费函数看起来更为复杂,例如,消费还取决于未来收入和偏好等,但它同时并没有对偏好和未来收入给予了明确规定。而莫迪格利尼的生命周期理论则对此给予明确的规定。例如,未来的收入不仅取决于当前已经实现的收入,同时,收入在生命周期中又有着巨大的变化和不确定性,而消费者又偏好稳定的消费流。在这种情况下,我们发现上述两个假定均能满足。由此,具有微观基础的消费理论并不能对凯恩斯的有效需求理论形成实质性的挑战。

我们接着考察了凯恩斯产量决定理论的微观基础问题。我们发现:凯恩斯产量决定理论的微观基础可以用"有限理性"来进行解释。这种有限理性实际上反映了经济社会的不确定性对经济人决策行为的影响,它与新古典的理性经济人假设具有质的不同。与此同时,我们发现,由于企业在制定价格上的垄断行为,一般情况下,企业处于供过于求的状态。这在一定程度上佐证了我们所作的假设 4-2,即企业一般会处于生产能力过剩的状态。

思考题

1. 凯恩斯基本理论有哪些不足?为什么?
2. 什么是宏观理论的微观基础?如何理解它的重要性?
3. 请简单阐述费雪的跨时间消费模型。按照这一模型,消费最终取决于哪些因素?这一模型中储蓄会发生吗?
4. 请简单阐述生命周期理论。它和费雪的跨时间消费模型有何联系和不同?
5. 请简单评述具有行为分析的消费理论对凯恩斯有效需求理论体系可能产生冲击。
6. 企业在作产量决策时,价格处于什么状态?
7. 什么是有限理性?它与新古典的理性有什么区别?
8. 如何理解一般情况下企业会有生产能力过剩?请阐述在什么条件下,企业会出现产能不足的情况。
9. 考察费雪的二阶段消费模型。假定消费者的效用函数为
$$U(C_1,C_2)=\ln C_1+\ln C_2$$
其中,C_1 和 C_2 分别为第 1 期和第 2 期的消费。令 Y_1 和 Y_2 为消费者在第 1 期和第 2 期的收入。与此同时,r 为利率。

(1) 请写出有关于 C_1 和 C_2 的决策公式。

(2) 假定 Y_1 和 Y_2 分别为 100 和 50,利率为 0.1。请问:C_1 和 C_2 应为多少?与此同时,消费者在第 1 期的储蓄是多少?

10. 假定产品的市场价格为 10。在此价格条件下,市场的需求为 7。又假定企业的生产函数为
$$Y = L^{0.5}$$
其中,Y 为产量,L 为劳动力。此外,工资为 0.5。

(1) 请写出此种情况下企业的最优产量和新古典的最优产量。

(2) 假如市场的需求为 13,请写出此种情况下企业的最优产量和新古典的最优产量。

附录 具有 n 期的消费预算约束

作为一项练习,我们现在推导一下具有 n 期的消费预算约束。我们试图证明:经过贴现以后的 n 期收入之和应等于经过贴现以后的消费之和,即

$$C_0 + \frac{C_1}{1+r} + \frac{C_2}{(1+r)^2} + \cdots + \frac{C_n}{(1+r)^n} = Y_0 + \frac{Y_1}{1+r} + \frac{Y_2}{(1+r)^2} + \cdots + \frac{Y_n}{(1+r)^n} \tag{11.14}$$

我们的推导从第 n 期的消费开始。

假定消费者在第 n 期期末结束生命,则在第 n 期,他的储蓄为 0,这样他的预算约束满足条件:

$$C_n = Y_n + S_{n-1}(1+r) \tag{11.15}$$

其中,$n-1$ 期的储蓄 S_{n-1} 可以表示为

$$S_{n-1} = Y_{n-1} - C_{n-1} + S_{n-2}(1+r) \tag{11.16}$$

同理

$$S_{n-2} = Y_{n-2} - C_{n-2} + S_{n-3}(1+r) \tag{11.17}$$

以此类推,直至第 2 期。在第 1 期,

$$S_1 = Y_1 - C_1 \tag{11.18}$$

将公式(11.16)—(11.18)代入公式(11.15):

$$\begin{aligned}
C_n &= Y_n + [Y_{n-1} - C_{n-1} + S_{n-2}(1+r)](1+r) \\
&= Y_n + (1+r)(Y_{n-1} - C_{n-1}) + S_{n-2}(1+r)^2 \\
&= Y_n + (1+r)(Y_{n-1} - C_{n-1}) + (1+r)^2[Y_{n-2} - C_{n-2} + S_{n-3}(1+r)] \\
&= Y_n + (1+r)(Y_{n-1} - C_{n-1}) + (1+r)^2(Y_{n-2} - C_{n-2}) + S_{n-3}(1+r)^3 \\
&\quad \vdots
\end{aligned}$$

以此类推,我们可以得到

$$\begin{aligned}
C_n &= Y_n + (1+r)(Y_{n-1} - C_{n-1}) + (1+r)^2(Y_{n-2} - C_{n-2}) + \\
&\quad (1+r)^3(Y_{n-3} - C_{n-3}) + \cdots + (Y_0 - C_0)(1+r)^n
\end{aligned}$$

两边同除以 $(1+r)^n$ 并进行重新整理,我们可以得到公式(11.14)。

第十二章 供给冲击

在第九章中,我们从 AS-AD 模型中推导出了菲利普斯曲线。按照这一曲线,通货膨胀和失业之间存在着相互替代的关系。20 世纪 70 年代以前,这一替代关系在一些发达国家(如美国和英国等)表现得极为明显。然而,在世界步入 70 年代以后,通货膨胀和失业之间的这种替代就变得模糊不清。相反,我们经常看到的是通货膨胀和失业并举。经济学家们给这一经济现象创造了一个专用名词:滞胀。正如我们在前文所指出的,滞胀的出现给凯恩斯的宏观经济理论带来了巨大的冲击。

首先,传统的凯恩斯理论(由第九章的 AS-AD 模型所代表)不能很好地解释滞胀:滞胀的出现与菲利普斯曲线所体现出的经济关系相背离。其次,传统的以需求管理为核心的宏观经济政策(参见第十章)也不能应对滞胀。试想,如果通货膨胀和失业并举,则无论是增加总需求还是减少总需求,势必会使其中的一个问题更为恶化。在某种程度上我们似乎可以认为,传统凯恩斯理论和政策在面对滞胀时所表现出的无能为力给新古典宏观经济学的崛起提供了可乘之机。

然而,滞胀真的就不能在凯恩斯的理论框架下得以解释吗?当滞胀发生时,我们能采取什么样的宏观经济政策?

本章中,我们将首先引入"供给冲击"(supply shock)这一概念。我们发现,一种非积极的供给冲击有助于解释"滞胀"。在此基础上,我们将利用"供给冲击"对传统的菲利普斯曲线进行修正。可以发现,经过修正的菲利普斯曲线能与我们所观察到的经验数据拟合得很好。最后,我们将讨论产生于里根时期的"供给学派"(supply side economics)的政策主张。

一、供给冲击及其对经济的影响

首先,我们将对供给冲击(特别是非积极的供给冲击)对经济的影响进行分析。

(一) 什么是供给冲击?

在第九章推导菲利普斯曲线时,我们曾经假定总供给曲线是稳定的。这里,稳定的总供给曲线是以一系列其他因素的稳定为前提的。例如,我们假定价格公式中的其他因素,如技术、利润加成和进口产品的价格等保持不变。①

然而,无论如何,所谓的"稳定"仅仅是一种假设。在人类步入 20 世纪 70 年代以后,世界经济在变得越来越开放的同时,也开始变得越来越不稳定。技术进步和制度创新日新月异;国际贸易摩擦已越发频繁;特别是几次严重的石油危机更使人们记忆犹新;而布雷顿森

---

① 由价格公式(8.9)中的 v 反映。

林体系的崩溃则使得第二次世界大战以后一直保持稳定的国际金融体系完全瘫痪。因此,我们没有理由认为总供给曲线仍然是稳定的。

【供给冲击】 经济学家们把造成总供给曲线移动的经济影响称为供给冲击。

供给冲击有所谓积极和非积极之分:积极的供给冲击使总供给曲线往下(或右)移动,非积极的供给冲击将使得总供给曲线往上(或左)移动(参见图12-1)。

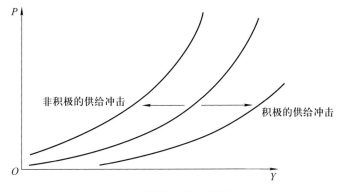

图 12-1 总供给曲线与供给冲击

那么,供给冲击(特别是非积极的供给冲击)到底会对经济造成什么样的影响?接下来,我们将对此进行分析。

(二) 供给冲击对经济的影响

首先,让我们回到第八章中所讨论的价格公式(8.9)。为了便于讨论,我们把它重写如下:
$$P = p(W, U, v) \tag{12.1}$$
其中,P、W 和 U 分别为价格、工资和产能利用率,而 v 则为影响产品价格的其他因素。我们曾经指出,从宏观角度看,这些其他因素可能包括进口产品的价格、市场的竞争程度以及技术等。

假定现在供给冲击使得总供给曲线往上移。正如我们所指出的,这是一种非积极的供给冲击,其原因可能是多种多样的。例如,汇率(外币的本币价格)上升使得进口产品变得更为昂贵,从而带动整个经济社会一般价格水平的上升——即使其他情况不变。在AS-AD模型中,这种非积极的供给冲击可以由图12-2来表述。

我们以进口原材料的上升为例来描述图12-2中由 E_0 点变化到 E_1 点的具体过程:首先,在给定的产量水平下,由进口原材料成本所推动的价格上涨使得人们对货币的交易需求增加。如果货币供给保持不变,则利率上升,于是投资就会减少,从而造成产量下跌。

由此可见,如果总需求曲线不变,则非积极的供给冲击将使经济从原来的 E_0 点移向 E_1 点,即价格上升,产量减少,而产量的减少又同时意味着失业的增加。于是,我们看到滞胀的产生。

需要说明的是,由供给冲击所造成的产品价格上升通常与需求无关,价格的上升通常可以看成是成本推动型的。例如,汇率上升使得进口原材料的价格上涨,从而生产成本上升推

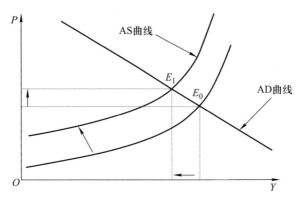

图 12-2　非积极的供给冲击对经济的影响

动了一般产品的价格上涨。

(三) 供给冲击与菲利普斯曲线

我们已经知道,非积极的供给冲击将使总供给曲线往上移,即经济现在是围绕着一条新的供给曲线波动,而这也同时意味着菲利普斯曲线将向外移动。在图 12-3 中,我们描述了菲利普斯曲线的这种移动。

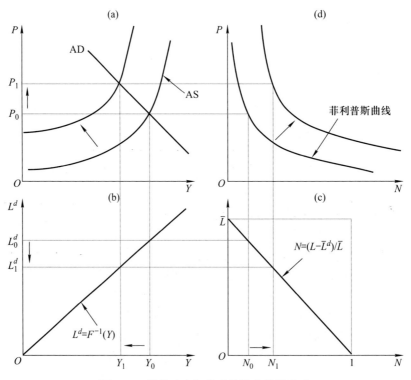

图 12-3　供给冲击与菲利普斯曲线的移动

借助图 12-3,我们现在考察供给冲击是如何造成菲利普斯曲线移动的。在图 12-3(a)中,我们假定总需求曲线不变,但总供给曲线发生了移动。于是,产量和价格从 (Y_0,P_0) 变化到了 (Y_1,P_1),此时,失业率将发生什么样的变化?是否仍然满足原有菲利普斯曲线的替代关系?

在图 12-2(b)中,我们给出的是生产函数。当然,我们更应把它理解成对劳动力的需求函数。当产量从 Y_0 减少到 Y_1 时,对劳动力的需求则从 L_0^d 减少到 L_1^d。在图 12-3(c)中,我们给出的是按照公式(9.7)所得到的就业率和劳动力供给之间的关系。当然,这里的劳动力供给 $\overline{L}$ 是给定的。显然,当对劳动力的需求从 L_0^d 减少到 L_1^d 时,失业率从 N_0 增加到 N_1[①]。最后,在图 12-3(d)中,我们把失业率和物价水平联系在一起。我们发现,(N_1,P_1) 要高于原有的 (N_0,P_0),即菲利普斯曲线往外移动。

(四) 案例:石油危机与滞胀

上述分析让我们看到,非积极的供给冲击将使得总供给曲线往上移,菲利普斯曲线往外移,从而使滞胀发生。接下来,我们讨论这样一种分析能否为我们解释 20 世纪 70—80 年代西方发达国家普遍发生的滞胀的原因。这就要求我们首先考察一下这段时期内世界经济到底发生了什么,以及有没有显著的非积极的供给冲击。

20 世纪 70—80 年代,世界发生了两次严重的石油危机,一次为 1973 年,另一次为 1980 年。两次石油危机的结果使得世界的石油价格上涨近三倍(见图 12-4)。而在 1981 年到达顶峰后,石油价格开始回落。到 90 年代中期,石油价格已基本恢复到 60 年代的水平。[②]

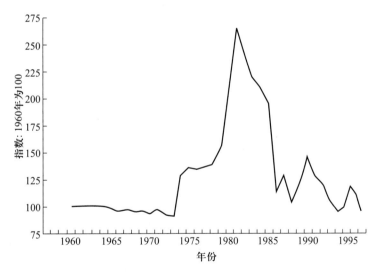

图 12-4 石油危机

资料来源:Blanchard(2000)第七章。

---

① 注意,这里 N 为失业率,而非第八章和第九章中的就业率。
② 当然,在海湾战争期间,石油价格又有上涨。

由于短期内石油仍然是一种不可替代的能源,因此对于大多数石油进口国(包括美国等发达国家)而言,石油危机意味着进口产品的价格上升,而这显然是一种非积极的供给冲击。正如我们前文所分析的,非积极的供给冲击将带来滞胀。

上述利用石油危机对滞胀进行的解释在时机上似乎也符合图 2-4 到图 2-5 所揭示的菲利普斯曲线移动的情况。我们看到 1974—1984 年的菲利普斯曲线在所有时段均处于最高位,而这显然与 1973 年和 1980 年的两次石油危机有关。[①] 当然,我们不能认为当时的供给冲击仅限于石油危机,这同时也意味着现实中的滞胀也许并不完全产生于石油危机。例如,几乎是同时,布雷顿森林体系的崩溃使得第二次世界大战以来稳定的国际金融体系完全瘫痪,而这无疑也是一种非积极的供给冲击。

二、技术进步与积极的供给冲击

作为一种特殊的供给冲击,我们这里特别需要考察技术进步对经济的影响。为此,我们首先讨论技术进步的类型。

(一) 什么是技术进步?

首先必须明确技术进步的含义。为此有必要梳理一下经济学文献中常用的生产函数或投入-产出关系。显然,经济学家们最为偏爱的生产函数是柯布-道格拉斯型生产函数:

$$Y = AK^{1-\alpha}L^{\alpha} \qquad (12.2)$$

其中,Y 为产量,L、K 为劳动力和资本。该生产函数的主要特点是资本和劳动力之间是可以相互替代的——尽管这种替代不应该是无限的(见第七章所作的讨论)。在这样一种投入-产出关系下,技术进步意味着:给定同样的投入,产出增加了;或生产同等数量的产品,所需投入减少了。需要注意的是,这里所谓投入的减少必须是全要素的,即不应该是某一种要素投入(如劳动力)减少,另一种要素投入(如资本)增加。因此,在图 7-7 中,无论是从技术 1 到技术 3 或技术 1 到技术 2 等,都不应看成是技术进步。唯有 A 的提高才可以被认为是技术进步。通常,公式(12.2)中的 A 被称为全要素生产率(total factor productivity)。

经济学文献中一种更为古典的投入-产出关系由如下公式组成:

$$\begin{cases} Y = AL \\ Y^p = \tilde{A}K \end{cases} \qquad (12.3)$$

其中,Y^p 为潜在生产能力;$\tilde{A}$ 为产量-资本比,一般被认为长期内保持平稳[②];A 为产量-劳动比(或劳动生产率),长期内不断上升。这样一种投入-产出关系我们曾经在第七章和第八章中讨论过,而第九章中的 AS-AD 模型实际是建立在公式(12.3)所示的投入-产出关系上。显然,在这样一种投入-产出关系中,技术进步体现为劳动生产率 A 的提高。

(二) 技术进步对就业的影响:短期分析

我们首先讨论技术进步对就业的影响。在这一点上,新古典和凯恩斯体系会给出完

---

① 注意,从石油危机到滞胀的发生可能会有一定的滞后。
② Kaldor(1961)。

不同的解释。先使用柯布－道格拉斯型生产函数来分析在新古典体系下技术进步是如何影响就业的。按照公式(12.2),劳动力的边际产量(MPL)可以写成

$$\text{MPL} = A\alpha K^{1-\alpha}L^{\alpha-1} \tag{12.4}$$

给定资本存量 $\overline{K}$,技术进步——A 的上升——将使得劳动力的边际产量 MPL 往上移动。在图 12-5 中,这反映为劳动力的需求曲线(劳动力的边际产量线)往外移。如果实际工资 W/P 不变,劳动力的需求就会上升。总之,其他情况不变,技术进步将使生产更有利可图,从而企业会雇用更多的劳动力来进行生产,其结果不仅是企业产量有所增加,对劳动力的需求也会增加。显然,这样一种解释是建立在企业所生产的产量(所谓最优产量)不受需求约束这一新古典的假设基础上的。

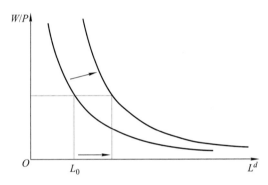

图 12-5 技术进步对就业的影响:新古典分析

然而,按照凯恩斯理论,企业所生产的产量由需求所决定。无论是使用柯布－道格拉斯型生产函数,还是公式(12.3)所示的生产函数,假如其他条件(包括需求)不变,技术进步将使生产同等水平产量的投入减少,这也就意味着对劳动力的需求将下降。例如,从公式(12.2)中我们可以推导出:

$$L = \left(\frac{Y}{AK^{1-\alpha}}\right)^{1/\alpha} \tag{12.5}$$

显然,其他条件如 Y 和 K 不变时,技术进步,即 A 增加将使 L 减少。正因为如此,在短期内技术进步也许并不是一件好事,它有可能带来失业。

(三) 技术进步的经济影响:长期分析

然而,无论如何我们必须看到,由技术进步所产生的失业仅仅是一种短期现象,在长期内,经济会对此作出调整。

现在我们以公式(12.3)中的劳动生产率 A 提高为例,分析经济社会对技术进步的这种调整。在图 12-6 中,我们首先假定经济一开始处于 E_0 点,此时,产量、价格、就业和失业率分别为 Y_0、P_0、L_0^d 和 N_0。现在技术进步使得劳动生产率提高。这首先表现为在给定的产量水平下,对劳动力的需求减少,失业增加。在图 12-6b 中,技术进步的这种影响使生产函数往下移。给定产量 Y_0,就业减少到 L_1^d,从而在图 12-6c 中,失业率增加到 N_1。因此,短期内技术进步的一个直接后果是失业。

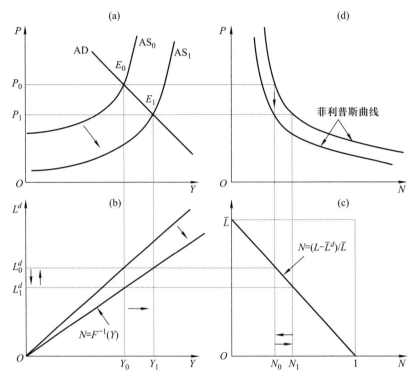

图 12-6 供给冲击与菲利普斯曲线的移动

然而，技术进步同样也影响着物价水平。这主要体现在两个方面。第一，就采用新技术的企业而言，新技术使产品的单位成本下降（即使现有员工的工资有可能上升）[①]，而单位成本的下降使得价格下调有了空间。第二，就一般企业而言，新增的失业人员使得雇主们在劳动力市场上处于更有利的地位，从而压低新雇工人（特别是无技能工人）的工资，这同样为一般产品价格的下调提供了空间。于是，在给定的利润加成下，技术进步将使产品的价格下跌。技术进步对产品价格的这种影响在图 12-6(a)中反映为总供给曲线的向下移动。

价格的下跌将使货币的交易需求减少，利率下降，投资增长，从而使产量上升。在图 12-6(a)中，新的均衡在 E_1 处达到。与此同时，产量的上升将使就业反弹。

综上所述，技术进步对就业的最终影响是不可知的。这里，我们令就业的最终影响不变，即新的产量 Y_1 使就业回升至 L_0^d，而失业率回落至 N_0。然而，无论如何我们都应该把技术进步看成是一种具有积极意义的供给冲击，因为它使总供给曲线往下移，从而产量增加，价格下跌。在图 12-5(d)中，技术进步的这种影响使菲利普斯曲线往内（或下）移动。尽管在短期内，就业可能会减少，然而，其最终会反弹。与此同时，技术进步也将使人均收入提高成为可能。有关技术进步对经济的长期影响后文将继续讨论。

---

① 注意，现有员工的工资上升不可能使产品的单位成本上升，否则，企业没有理由引入新技术。

（四）案例：中国经济的"缩长"

1997年，中国经济在经历了高达13%的高通货膨胀时期以后，开始进入长达多年的通货紧缩时期。在此期间，中国的物价水平呈负增长态势。一般情况下，通货膨胀意味着经济高涨，而通货紧缩则意味着经济危机。这可以从向上倾斜的总供给曲线得到证实（注意，正如我们一再指出的，经济围绕着总供给曲线上下波动）。然而，中国在此期间的经济增长率在世界上仍然一枝独秀，高达7%左右。这样一种经济现象显然违反了由总供给曲线所体现的经济关系。中国的经济学家们给这一经济现象起了一个专用名词："缩长"，即通货紧缩与经济增长并举。

"缩长"现象引起了经济学家们的广泛关注，有些经济学家甚至怀疑中国的统计数据。[①] 然而，如果我们使用供给冲击这一概念，中国经济的"缩长"就不难解释了。当具有积极意义的供给冲击产生时，供给曲线就往下移，于是，高速增长和低通胀（甚或紧缩）就成为可能。如果我们考察一下中国当时的经济，似乎可以看到如下具有积极意义的供给冲击。

首先，中国国有企业的改革进入了一个新的时期：国有企业开始容许职工下岗。再加上农村剩余劳动力大量涌入城市，中国的城市就业问题开始变得严重起来。严重的就业问题显然会影响到工资，而工资是决定价格的一个重要因素。这里，我们想强调的是，失业问题的出现是体制改革的结果，它与经济是否景气无关。因此，就业问题完全有可能与经济增长同时存在，而有关的数据也说明了这一点。例如，中国的登记失业率在1997—2000年为3.1%，2001年则达到3.6%。而这一登记失业率并不包括下岗人员的失业率。如果我们把下岗工人也记入失业人员，则2000年我国的城镇失业率为7.8%。[②]

供给冲击的另一个现象与人民币的币值有关。在经历了1997年的亚洲金融危机之后，世界各国的货币纷纷贬值，而美元则开始强势起来。中国实行的是钉住美元的固定汇率制度，因而，中国的人民币也开始升值。这同时也意味着进口产品的价格下降，从而产生积极的供给冲击。

当然，我们还必须看到，对中国经济"缩长"的解释绝非如此简单。另外一种可能的解释是从经济波动的动态角度出发：中国经济的"缩长"产生于经济社会对某种外生事件的过分反应（overshooting）。关于这一问题的讨论请参见 Lin(2000,2004)和龚刚、林毅夫(2007)。

（五）供给学派的主张

接下来，我们将探讨当经济处于滞胀时政府所可能采取的政策。我们已经知道，传统的凯恩斯需求管理型的宏观经济政策已无法应对滞胀。当失业和通货膨胀同时高涨时，任何调节总需求的措施都将使其中的一个问题更为恶化。

由于滞胀来自使总供给曲线往上移动的非积极的供给冲击，解决滞胀问题的有效措施应使总供给曲线回落，即产生积极的供给冲击，因此，一种可能的措施是推动技术进步。然而，技术进步需要长期的积累，无法用作短期的调控手段。为此，经济学家们提出了以减税

[①] 见 Rawski(2002)。
[②] 数据引用见蔡昉、林毅夫(2003)第六章。

为核心的应对滞胀的政策。这样一种政策主张来自经济学中的供给学派,它由共和党的里根政府首先推行。

供给学派政策主张的核心是减税,特别是减少公司所得税。在供给学派看来,减税的作用并不局限于总需求的扩张,它同时也是一项刺激供给的政策。就个人而言,减税将使工作的报酬增加,从而使人们更愿意寻找工作。就企业而言,减税将使得公司的盈利增加,从而将刺激有钱人投资以开办更多的公司。更多的投资意味着更多的资本,这不仅将提升社会潜在的生产能力,同时也会增加更多的就业机会。在 AS-AD 模型中,这样一种政策使总供给曲线往下移动。

显然,与凯恩斯理论相比,供给学派对于减税的经济影响有着不同的理解。图 12-7 比较了两个学派在减税的经济影响上的不同看法。

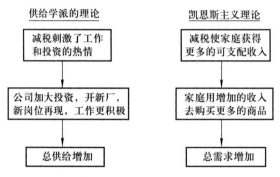

图 12-7　减税的作用:凯恩斯与供给学派的比较

尽管这样一种分析在逻辑上并不存在问题,然而,减税对供给的作用也许会有时间上的滞后。而在短期内,减税对需求的刺激可能更为明显。此外,如同扩张型的财政政策,减税将带来赤字和债务问题。与此同时,如果减税更多地针对公司所得(如同共和党所实施的政策那样),则它将加大收入分配的不平等(而这会受到来自民主党的挑战)。

然而,无论如何,供给学派的主张似乎给我们带来了某种更宽广的视野:宏观经济政策不仅可以管理需求,同时也可以关注供给。正如我们在前文中所指出的[①],从长远来看,经济的增长不仅取决于需求,同时也受制于供给(或潜在生产能力)。正因为如此,这种以关注供给为主要目标的宏观经济政策在长期内会更有利于促进经济的增长。

三、从理论公式到经验公式:双重菲利普斯曲线

在对供给冲击有了一定的了解之后,我们可以将其引入工资和价格公式,或者说,我们可以对公式(8.6)和(8.9)中的 z 和 v 作一些具体的规定。本节中,我们将讨论工资和价格的经验公式。在经济学文献中,这些经验公式通常被称为双重菲利普斯曲线。

---

① 见第十一章第一节的讨论。

(一) 原始的简单菲利普斯曲线

原始的菲利普斯曲线(Philips,1958)只反映了工资增长率和失业率之间的关系,它是菲利普斯本人对英国 1861—1957 年工资行为研究的结果。两年之后,萨缪尔森和索洛则利用 1900—1960 年的美国数据对菲利普斯曲线重新进行了检验。[①] 然而,这一次他们用通货膨胀率代替了名义工资增长率。

这里,我们必须强调两点:

第一,无论是原始的菲利普斯曲线还是萨缪尔森和索洛的研究,被解释的经济变量已不再是公式(8.6)和(8.9)中的工资或价格水平,而是它们的变化率。事实上,无论是工资水平还是价格水平,长期来看都具有不断上升的趋势,而失业率和就业率则相对平稳,没有这种不断上升的趋势。正因为如此,从经验角度讲,工资和价格水平不应和失业率之间存在替代关系。但由于工资增长率和价格增长率长期内也是平稳的,因此,从经验来看,真正形成替代关系的是价格(或工资)增长率与失业率之间。显然,公式(8.6)和(8.9)以及前文所看到的许多行为方程,事实上都可以看成是经简化处理后的理论公式。它们的主要目的在于反映经济变量决定的几项基本要素,同时也能使我们更为容易地利用它们进行分析。因此,通常情况下,理论公式和检验公式不会完全一致。

第二,由于劳动力工资和商品价格之间互为成本、交叉影响,因此,它们之间的波动通常是一致的,从而工资增长率和通货膨胀率都与失业率存在着明显的逆向关系,也正因为如此,菲利普斯曲线是双重的。

然而,在 20 世纪 70 年代以后,无论是美国还是英国(或其他发达国家),高失业和高通货膨胀的并存使得传统菲利普斯曲线所反映的失业和通货膨胀之间的替代关系事实上已不复存在。经济学家开始认识到价格决定中除市场供求之外其他因素的重要性。这种认识使得他们在传统菲利普斯曲线中开始引入预期和供给冲击。

(二) 具有预期和供给冲击的双重菲利普斯曲线

当我们引入预期和供给冲击时,工资和价格的经验公式就变得更为复杂。经济学家们利用计量经济学的方法对工资和价格的经验公式进行了估计。例如,在 Flaschel et al. (2001,2002)中,工资和价格的经验公式被假定为

$$p_{t+1} = \alpha_w + \alpha_u(U_t - \overline{U}) + \alpha_p w_t + \alpha_\pi \pi_{t+1} - \alpha_x x_t \tag{12.6}$$

$$w_{t+1} = \beta_w + \beta_v(V_t - \overline{V}) + \beta_p p_t + \beta_\pi \pi_{t+1} + \beta_x x_t \tag{12.7}$$

以上,p_{t+1} 和 w_{t+1} 分别为 $t+1$ 期的通货膨胀率和名义工资增长率;U_t 和 V_t 为 t 期的生产能力利用率和就业率,$\overline{U}$ 和 $\overline{V}$ 则可以分别被理解为它们的稳定状态(可以由各自的样本均值反映),当实际的 U_t 和 V_t 超过 $\overline{U}$ 和 $\overline{V}$ 时,工资和价格的增长将被加速。此外 x_t 为劳动生产率的增长率,π_{t+1} 为对 $t+1$ 期的通货膨胀率预期。这里所有参数都为正值。

显然,上述双重菲利普斯曲线是建立在相当对称的有关价格和工资浮动原因的假设上的。一方面,价格和工资的增长来源于需求或市场的非均衡压力(分别由 $U_t - \overline{U}$ 和 $V_t - \overline{V}$

[①] 参见 Samulson and Solow(1960)。

代表);另一方面,它们同时也为成本、预期和供给冲击所拉动(分别由 w_t、p_t、π_{t+1} 和 x_t 所衡量)。①

现假定预期的通货膨胀率按适应性规则进行调整,即

$$\pi_t = \pi_{t-1} + \beta_\pi (p_{t-1} - \pi_{t-1}) \tag{12.8}$$

利用计量经济学的方法,可以对公式(12.6)—(12.8)进行估计。图 12-8、图 12-9 揭示了估计所得的通货膨胀率和工资增长率与经验数据的拟和。②

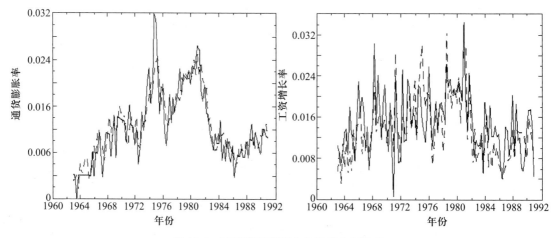

图 12-8　双重菲利普斯曲线的拟合(美国)

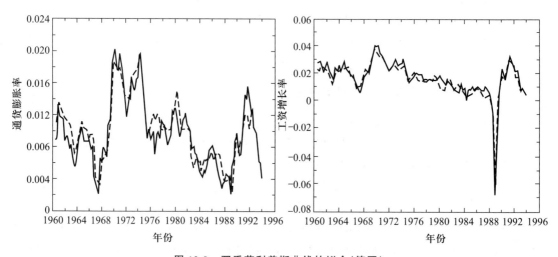

图 12-9　双重菲利普斯曲线的拟合(德国)

显然,公式(12.6)和(12.7)可以看成是双重(工资和价格)菲利普斯曲线的现代表达式,它反映了经济学家们围绕着传统菲利普斯曲线认知价格决定的一个转变过程。

---

① 尽管在各种可能的供给冲击中仅考虑了劳动生产率。
② 图 12-8 来自 Flacshel et al.(2001),图 12-9 来自 Flacshel et al.(2002)。其他相似的研究请参见 Fair(2000)等。

(三) 中国的双重菲利普斯曲线

如果利用中国的数据进行拟合，上述公式(12.6)和(12.7)也基本能够成立。图 12-10 揭示了中国的双重菲利普斯曲线的拟合。

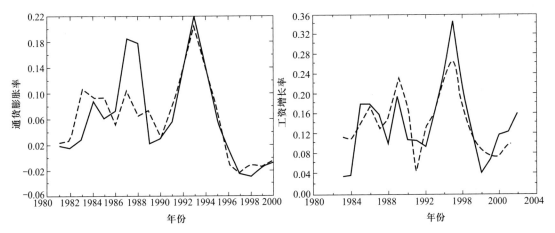

图 12-10　双重菲利普斯曲线的拟合（中国）

资料来源：龚刚、林毅夫（2007）。

与公式(12.6)和(12.7)所不同的是，这里，我们忽略了通货膨胀率预期 π_{t+1}。与此同时，由于工资公式(12.7)中的参数 β_v 极不显著，我们令其为 0。这一结果表明，由于存在着大量（甚或无限的）农村剩余劳动力，中国劳动力市场的供求状况对工资没有影响。[①]

讨论与小结

本章主要针对凯恩斯基本理论无法解释滞胀的缺陷展开讨论，为此我们首先引入了供给冲击这一概念。供给冲击将使总供给曲线发生移动，同时也将使菲利普斯曲线发生移动，于是滞胀的发生可以解释为由非积极意义的供给冲击（使总供给曲线往上移动的供给冲击）所引起的。现实中这种非积极意义的供给冲击可以体现为石油危机等。

技术进步可以看成是一种积极的供给冲击，尽管在短期内它可能会造成暂时的失业，然而长期内，就业可以恢复。技术进步使得经济可以在更平稳的物价基础上提高产量，技术进步是人均产量不断增长的源泉。中国在 2000 年前后所发生的"缩长"则可以在某种程度上理解为由积极的供给冲击所造成。

如果滞胀是由非积极的供给冲击所造成的，那么有效的政策应对应该是寻找和推动积极的供给冲击。供给学派的经济学家们为我们开出了一张药方——减税。尽管这一药方的有效性和及时性并不明确，然而无论如何，供给学派的主张还是给我们带来了某种更宽广的视野：宏观经济政策不仅可以管理需求，同时也可以影响供给。

---

① β_v 极不显著也可能是由于中国的就业数据不准确，即不包括农村劳动力的就业统计。

原始的简单菲利普斯曲线并没有引入供给冲击，同时也没有考虑价格决定的成本和预期因素。当我们把供给冲击等引入工资和价格公式时，我们发现菲利普斯曲线是双重的。现代的双重菲利普斯曲线反映了经济学家们围绕着传统菲利普斯曲线认知价格决定的一个转变过程。

思考题

1. 请解释下列名词：供给冲击，积极的供给冲击，非积极的供给冲击，"缩长"，技术进步，全要素生产率。
2. 请解释为什么一种非积极的供给冲击会导致菲利普斯曲线往外移动。
3. 请解释为什么石油危机有可能导致"滞胀"。
4. "缩长"是怎么产生的？
5. 请解释和比较凯恩斯及新古典体系下技术进步对经济的影响。它们之间有什么不同？为什么？
6. 请比较原始简单菲利普斯曲线与现代双重菲利普斯曲线的不同。
7. 发展中国家的双重菲利普斯曲线与发达国家的双重菲利普斯曲线有何不同？
8. 什么是供给学派？它的产生背景是什么？政策主张是什么？
9. 请比较在减税这一政策主张上供给学派与凯恩斯主义理论的不同。供给学派的观点给我们带来什么样的启发？
10. 为什么减税也可以理解成一种积极的供给冲击？

第十三章　开放经济(上)

到目前为止,我们所讨论的基本上是封闭型的经济社会。我们假定国际贸易和世界经济对本国经济没有影响。① 尽管凯恩斯的《通论》很少涉及开放经济,然而,当今世界中这种封闭式的经济社会已经不可能存在。本章中,我们将讨论在开放经济条件下,宏观经济变量是如何决定的,宏观经济政策又如何影响着一国的经济。

首先,我们将讨论与开放经济有关的一些基本概念。接着,我们将介绍开放经济下的总需求模型。这一模型通常被称为 Mundell-Fleming 模型②,它是传统总需求模型,即 IS-LM 模型在开放经济下的扩展。在此基础上,我们将讨论开放经济下的宏观经济政策。

一、汇率、汇率制度与经济开放

首先,我们将讨论与开放经济有关的一些基本概念。这将为我们随后的理论模型提供必要的基础。

(一) 经济开放

所谓经济开放,是针对三种不同的市场而言的:一般商品市场、金融市场和要素市场。

一般商品市场的开放使得消费者和企业能够在本国商品与外国商品之间进行选择,这样就产生了出口和进口等。当今世界的所有国家都在从事国际贸易,因此,从某种程度上说,所有国家的一般商品市场都是开放的。然而,我们也同时发现,关税和配额等贸易壁垒也几乎在所有国家都存在。各种形式的贸易壁垒衡量着一个国家一般商品市场的开放程度。

金融市场的开放(或资本市场的开放)为金融投资者在本国和外国金融资产之间进行选择提供了可能。金融市场的开放将直接影响一个国家的利率,它使得一个国家的利率不能完全独立于国际金融市场的利率,而这也势必会影响货币政策的执行效果。就大多数发达国家而言,金融市场已经完全开放,随着中国加入 WTO,其金融市场的开放也将逐步实现。

要素市场的开放意味着厂家可以选择在什么地方建厂,而工人则可以选择在什么地方工作或者移民。显然,我国大量的外商直接投资是资本要素市场开放的结果,而除了欧元国家,劳动力要素市场的开放仍然极为少见。③

---

① 当然,我们在讨论价格和供给冲击时,提到了诸如进口产品的价格等因素。
② 该模型来自蒙代尔和弗莱明的贡献,有关文献请参见 Mundell(1960,1963)和 Fleming(1962)。
③ 即使在欧元国家,劳动力要素市场的开放也没有促使一般劳动力在各欧元国家之间流动,只有那些受过良好教育的劳动者才能从中受益。

最后,经济开放也同样涉及开放的对象,即主要和哪些国家进行经济上的往来。改革开放初期,中国经济开放的主要对象无疑是以美国为首的西方发达国家。这和中国当时所处的经济地位密切相关:作为一个存在大量剩余劳动力的发展中国家,其与发达国家相比更容易形成比较优势。然而,随着中国经济的发展,以及中国劳动力成本的不断上升,中国与发达国家之间的比较优势将逐渐削弱,而竞争将趋于激烈,近年来中美之间所形成的贸易摩擦就是最好的证明。与此同时,中国也提出了"一带一路"倡议,这实际上意味着未来中国对外开放的重点对象有可能逐步转向"一带一路"沿线的发展中国家。

(二) 汇率

由于不同的国家使用不同的货币,因此,当人们从事国际贸易或购买外国金融资产时,必须将本国货币兑换成外币,该兑换比例就称为汇率。汇率有所谓名义汇率和实际汇率之分。

【名义汇率】 名义汇率是指用本国货币表示的外国货币的价格。

显然,按照这一定义,名义汇率的上升意味着本国货币的贬值。[①]

【实际汇率】 实际汇率是指用本国货币表示的外国商品的价格。

如果我们用 P^f 表示美国的物价指数,P 为中国的物价指数,E 为人民币对美元的名义汇率,则美元的实际汇率 e 可以表示为

$$e = E \frac{P^f}{P} \tag{13.1}$$

按照上述公式,商品在国外的价格越高,实际汇率也就越高,而这也同时意味着外国商品更为昂贵。

显然,真正影响家庭和企业在本国和外国商品之间进行选择的因素是实际汇率。此外,关税和壁垒也起着同样重要的作用。高额的关税将使外国商品变得更为昂贵,从而减少进口的需求。

(三) 汇率制度

名义汇率的波动在很大程度上取决于一个国家的汇率制度,而汇率制度基本上可以分为固定汇率制度和浮动汇率制度。

【固定汇率制度】 在固定汇率制度下,中央银行和政府通过对外汇市场的干预(如买卖外汇和行政管制等),使得名义汇率维持在一个目标值上。

【浮动汇率制度】 在浮动汇率制度下,中央银行和政府放弃对外汇市场的干

---

① 当然也有教科书将名义汇率定义成用外国货币表示的本国货币的价格。此时,汇率上升意味着本币升值。

预,任由外汇市场中的供给和需求来决定汇率。

此外,现实中还有所谓的有管理的浮动汇率制度。

【有管理的浮动汇率制度】 按照有管理的浮动汇率制度,中央银行把名义汇率维持在一个目标区域而非一个目标值上。

从中央银行是否对外汇市场进行干预这一角度看,有管理的浮动汇率制度实际上也是一种固定汇率制度。

显然,固定汇率制度的好处在于它会减少因汇率的波动而给经济带来的不确定性,而经济社会的这种不确定性显然会影响经济人的有关决策,如外商投资者的投资意愿等。然而,固定汇率制度需要中央银行的干预,而这会影响中央银行的货币政策在调节国内总需求上的效应。与此同时,中央银行的干预同样也需要足够的外汇储备。1997 年发生的亚洲金融危机实际上是从有关国家的中央银行已没有足够的外汇储备从而无法维持它们的目标汇率开始的。

与固定汇率制度相反,浮动汇率制度会增加汇率的波动,从而带来更多的不确定性。然而,由于中央银行已经放弃了对外币市场的干预,因此它可以更多地关注国内总需求的调节。

显然,一个国家选择什么样的汇率制度取决于一个国家能否承受由汇率的波动所带来的风险和不确定性。而这种承受能力又通常与该国的经济地位有关。关于这些问题的讨论,我们将在随后展开。

二、开放经济下的总需求模型

接下来,我们讨论开放经济下总需求和总产出的决定。我们将考察不同汇率制度下总需求的这种决定是否会不同。这里所采用的模型通常被称为 Mundell-Fleming 模型。[①] 它是传统总需求模型,即 IS-LM 模型在开放经济下的扩展。当然,在这里我们忽略了总供给曲线,从而忽略了价格的确定过程。因此,我们的讨论是在给定的价格条件下展开的。需要说明的是,我们这里所讨论的是小国开放经济,这意味着境外的经济变量如利率等是给定的,即不受本国经济的影响。此外,这里的开放是指一般商品市场和金融市场的开放,模型中并没有涉及要素市场的开放问题。为了简化分析,我们也同时忽略了关税和配额等贸易壁垒问题。

(一) 进口与出口的决定

一般商品市场的开放意味着人们可以从事国际贸易,因此,在开放经济条件下,总需求的构成可以写成

$$Y = C + I + G + X \tag{13.2}$$

[①] 这里的介绍与蒙代尔和弗莱明的原文相比在细节上有出入。

以上，Y、C、I 和 G 分别代表总需求（或总产出）、消费、投资和政府支出，X 则表示净出口，即出口减进口。这里，政府支出为外生变量，消费和投资则仍然可以沿用基本凯恩斯模型中的有关假定。于是，我们的讨论将集中在净出口 X 的决定上。

一个国家的进口首先取决于该国的整体经济活动水平：整体经济活动水平（或需求水平）越高，进口的需求也越大。正因为如此，世界上许多国家的经济复苏通常依赖于美国等经济大国的经济增长。大国经济的增长将使得这些经济大国增加它们的进口。然而，进口也显然依赖于实际汇率：实际汇率越高，外国产品在本国变得越贵，进口就会越少。

一个国家的出口就是其他国家的进口，因此，一国的出口取决于他国的经济活动水平（或整体需求水平）；他国的经济活动水平越高，出口就可能越多。与此同时，出口也取决于实际汇率：实际汇率越高，本国商品在外国的价格就会越低，出口就会越多。

由此我们可以把净出口函数写成

$$X = X(Y, Y^f, e) \tag{13.3}$$

其中，Y^f 代表外国的经济活动水平，e 则为实际汇率[参见公式(13.1)]。按照我们前文对进出口决定的讨论，我们有

$$\frac{\partial X}{\partial Y} < 0, \quad \frac{\partial X}{\partial Y^f} > 0, \quad \frac{\partial X}{\partial e} > 0 \tag{13.4}$$

（二）利率平价

我们已经知道，金融市场的开放意味着金融投资者可以自由地选择在国内或国外购买金融资产，如股票和债券等。而这种选择将使得国内利率与国际利率发生联动。

> 【利率平价】 所谓利率平价（interest parity），是指一种无套利条件。此条件由国内、国外的债券利率和汇率的预期变化等一起构成，使得投资境内、境外债券的收益相等。

在固定汇率制度下，由于预期汇率不会改变，因此，利率平价条件可直接写成

$$i = i^f \tag{13.5}$$

其中，i 为国内利率，i^f 为国际金融市场的利率。可以试想，当国际利率 i^f 大于国内利率 i 时，金融资本就会流出。于是，国内的债券需求就会减少，从而债券价格下跌，利率 i 上升。与此同时，在国际债券市场上，金融资本的流出意味着对债券的需求增加，其他条件（如债券供给等）不变，债券价格上升，利率 i^f 下跌。两种效应将使得公式(13.5)的两边趋于一致。

需要说明的是，利率的这种平价离不开中央银行对外汇市场的干预。当国际利率 i^f 高于国内利率 i 从而引起金融资本流出时，在外汇市场上，对外汇的需求增加，本币贬值，汇率上升。为了维持汇率的稳定，中央银行必须动用外汇储备来购买本国货币。

然而，在浮动汇率制度下，由于汇率变化的不确定性，利率的这种平价条件并不那么直接。为了说明这一问题，我们有必要从汇率的动态（变化）角度来考察利率的这种平价。

假定在 t 期国内利率为 i_t，而国际利率为 i_t^f。如果投资者使用一元的人民币（本币）购买国内债券，则一年以后，他所得到的回报为 $1 + i_t$。如果投资者使用人民币购买外国债券，

则它首先需要将人民币兑换成美元。此时,他的美元投资额为 $1/E_t$,其中,E_t 为 t 期的汇率(人民币对美元)。于是,一年以后,按美元衡量的投资回报为 $(1+i_t^f)/E_t$。假定此时汇率为 E_{t+1},则按人民币衡量的投资回报率为 $(1+i_t^f)E_{t+1}/E_t$。由此,我们可以得到浮动汇率制度下的利率平价条件:

$$1+i_t = (1+i_t^f)\frac{E_{t+1}^e}{E_t} \tag{13.6}$$

这里,由于投资者在 t 期无法准确地知道 $t+1$ 期时的汇率 E_{t+1},因此,我们使用预期汇率 E_{t+1}^e 来进行代替。公式(13.6)反映了在浮动汇率制度下国内利率与国际利率的挂钩。设想如果公式(13.6)不成立,例如,

$$1+i_t > (1+i_t^f)\frac{E_{t+1}^e}{E_t} \tag{13.7}$$

则投资国内债券将更为有利。此时,有两种力量使不等式(13.7)趋于等式(13.6)。第一,由于投资国内债券更为有利,因此外国的金融资本就会流入。而这意味着对人民币的需求上升,其他条件(包括预期汇率 E_{t+1}^e)不变,则当前汇率 E_t 下跌。这使得不等式(13.7)的右边上升。第二,由于外国金融资本流入,因此国内债券的需求增加,于是,债券价格上升,利率下降,从而不等式(13.7)左边下降。两种效应,即汇率 E_t 下跌和利率 i_t 下降,使得不等式(13.7)两边趋于相等。

为了更好地理解利率平价条件(13.6),我们将它写成

$$1+i_t = (1+i_t^f)\left(\frac{E_{t+1}^e - E_t}{E_t} + 1\right)$$

这里,$(E_{t+1}^e - E_t)/E_t$ 可以被理解为汇率的预期增长率,即本国货币的预期贬值率。为了简化分析,令 $i_t^f(E_{t+1}^e - E_t)/E_t \approx 0$,我们得到

$$i_t \approx i_t^f + \frac{E_{t+1}^e - E_t}{E_t} \tag{13.8}$$

于是,我们的利率平价条件(13.6)可以近似地表示为本国利率等于外国利率加上汇率的预期增长率。

由此可见,在浮动汇率制度下,国内利率和国际利率并非像固定汇率制度那样能完全挂钩。此外,无论是公式(13.6)还是(13.8),我们都可以发现,当预期汇率 E_{t+1}^e 等于 E_t 时,或者说当汇率为固定时,我们的利率平价公式将重新回到由(13.5)所表示的固定汇率制度下的利率平价。

那么,在资本市场完全开放的条件下,上述本国利率与国际利率之间的这种挂钩关系是否在现实中确实存在?在图13-1中,我们比较了1980—2004年德国和法国的短期利率。可以看到,1995年以前,德国和法国之间的短期利率并没有完全挂钩,尽管在许多时候它们之间的波动还是一致的。然而,为在2002年推行欧元作准备,1995年,德国和法国及其他欧元国家之间开始实施固定汇率制度。可以看到,此后两国利率完全挂钩。

(三) 固定汇率制度下的 IS-LM 模型

现在我们可以构建开放经济条件下的 IS-LM 模型。首先,我们考察固定汇率制度的情况。

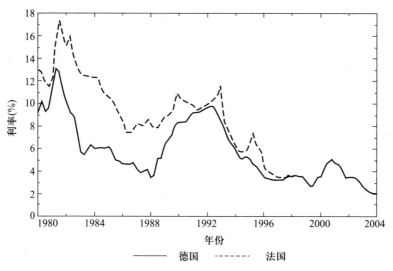

图 13-1　德国和法国的利率比较

资料来源：OECD(2004)。

将公式(13.3)及与 C 和 I 有关的行为方程代入公式(13.2)，我们得到产品市场的均衡条件：

$$Y = C(Y-T) + I(i) + G + X(Y, Y^f, \overline{E}) \tag{13.9}$$

注意，在进出口行为方程中，我们用名义目标汇率 $\overline{E}$ 代替了实际汇率 e。如前所述，我们的讨论是在给定的价格（包括国内价格和国际价格）条件下展开的，因此，用名义汇率代替实际汇率将不影响我们的讨论。与此同时，在固定汇率制度下，名义汇率为中央银行所设定的目标汇率。

给定国外产量 Y^f 和目标汇率 $\overline{E}$，代表产品市场均衡的 IS 曲线仍然向下倾斜（见图 13-2）。然而，在货币市场上，由于国内利率 i 与国际利率 i^f 完全挂钩[见公式(13.5)]，因此，LM 曲线为图 13-2 中的水平线。

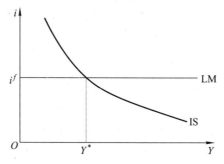

图 13-2　固定汇率制度下总需求(IS-LM)模型

(四) 浮动汇率制度下的 IS-LM 模型

现在让我们转向浮动汇率制度。首先，在浮动汇率制度下，国内利率与国际利率并不完全挂钩，它们之间的关系可以表示为如下利率平价条件：

$$i = i^f + \frac{E^e - E}{E} \tag{13.10}$$

与公式(13.8)相比,这里我们去掉了时间下标,同时我们用等号"="代替了约等号"≈"。公式(13.10)同时表明

$$E = \frac{E^e}{i - i^f + 1} \tag{13.11}$$

利用公式(13.11)替换掉产品市场均衡条件(13.9)中的汇率 $\overline{E}$,我们得到浮动汇率制度下的 IS 曲线:

$$Y = C(Y - T) + I(i) + G + X\left(Y, Y^f, \frac{E^e}{i - i^f + 1}\right) \tag{13.12}$$

注意,在固定汇率制度下,汇率 $\overline{E}$ 为固定值,因此我们不能使用上述替代。

现在我们考察利率对净出口 X 的影响。由于汇率 E 对 X 的影响是正向的,而按照利率平价条件(13.10)或(13.11),在给定 i^f 和 E^e 的条件下,利率 i 又与汇率 E 成负相关,因此,利率对净出口的影响与投资一样是负向的。利率对净出口的这一影响机制可以理解如下:利率上升将使国外资本流入,从而对本国货币的需求增加,汇率下跌,本国货币升值。而本国货币的升值使得本国产品更为昂贵,于是进口增加,出口减少。

综上所述,给定 i^f、E^e 和 Y^f,我们可以得到与封闭经济和固定汇率制度相类似的向下倾斜的 IS 曲线。

我们接着讨论货币市场的均衡。在浮动汇率制度下,由于汇率波动的不确定性,国内利率 i 的决定并不完全取决于国际利率 i^f。这也同时意味着利率 i 的决定与封闭经济相类似,即由货币的供给和需求所决定。在开放经济条件下,这种货币市场的均衡可以写成

$$M/P = M^d(Y, i, F), \quad \frac{\partial M^d}{\partial F} > 0 \tag{13.13}$$

和传统的货币均衡公式所不同的是,这里我们多了一项金融资本的净流出 F。显然,在开放经济条件下,人们对货币的资产需求不仅体现在国内债券上,国外债券也同样重要,而对国外债券的需求则表现为金融资本的流出。当然,我们可以想象 F 也同时取决于其他许多复杂的因素,如国外利率和汇率预期等。

现在考察在给定的货币供给情况下,金融资本的净流出 F 对货币市场均衡的影响。当金融资本流出时,对本国的债券需求将会减少,于是在本国的债券市场上,债券价格下跌,利率上升。很显然,其他情况不变,金融资本的这种流出在图 13-3 中可以表现为货币需求函

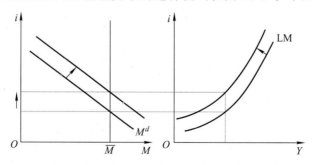

图 13-3 金融资本的流出对货币市场均衡的影响

数和 LM 曲线的向上移动。

给定金融资本的净流出 F，我们在图 13-4 中分别用 IS 和 LM 曲线代表产品和货币市场的均衡。与此同时，外汇市场的均衡则由图中右边的 IP(interest rate parity) 曲线来表示。该曲线反映了在给定的 i^f 和 E^e 条件下，由利率平价条件(13.10)所给出的利率 i 与汇率 E 之间的负向关系。

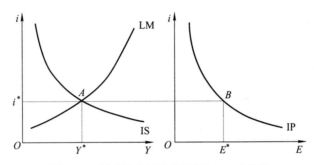

图 13-4　浮动汇率下的总需求(IS-LM)模型

可以看到，产品和货币市场的均衡在图中的 A 点达到，均衡产量和均衡利率则分别为 Y^* 和 i^*。给定均衡利率 i^*，外汇市场的均衡则由图中的 B 点反映，此时均衡汇率为 E^*。

三、三元悖论：开放经济条件下的宏观经济政策

基于我们刚才所讨论的不同汇率制度下的 IS-LM 模型，现在我们考察在开放经济条件下宏观经济政策的效应。

（一）固定汇率制度下的财政政策

首先，我们考察固定汇率制度下的财政政策。正如前文所指出的，在固定汇率制度下，IS 曲线向下倾斜，而 LM 曲线则为水平线。因此，当政府支出增加时，IS 曲线将向外移动。此时，产量上升，利率将保持不变(参见图 13-5)。

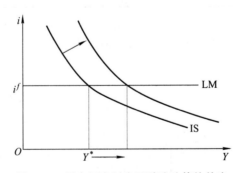

图 13-5　固定汇率制度下财政政策的效应

需要说明的是，这样一种分析并不意味着短期内利率不能暂时上升。图 13-5 所解释的

只是一种均衡的结果。当均衡还未达到时,由政府支出的增加所引起的产量提升有可能会使国内利率暂时上升。当然,利率 i 的上升将使国外资金流入,从而对债券的需求增加,债券价格上升,利率 i 回落。与此同时,我们还应看到,当国外资金流入时,对本国货币的需求增加,在外汇市场上,这意味着本国货币升值,汇率下降。为了维持汇率的稳定,中央银行必须在外汇市场上用本国货币来购买外汇,这不仅意味着国内的货币供给增加,同时中央银行也增加了其外汇储备。

综上所述,在固定汇率制度下,由于国内利率与国际利率等同,扩张性财政政策不会使利率上升而产生挤出效应,因此财政政策的效应加强了。与此同时,中央银行的外汇储备也有所增加。事实上,中央银行这种对外汇市场的干预完全可以理解成扩张性货币政策。与封闭经济下的货币政策所不同的是,这里中央银行是通过购买外汇(而不是购买国内债券)来实施其扩张性货币政策的。正是这种扩张性货币供给才使得扩张性财政政策不至于使利率上升。

(二) 固定汇率制度下的货币政策

现在我们考察固定汇率制度下的货币政策。假定经济一开始处于利率平价条件 (13.5),现在货币供给有了增加,使得利率 i 暂时低于国际利率 i^f。此时,国外债券将更有吸引力。于是,金融资本流出,对国内的债券需求减少,债券价格下跌,利率上升,恢复至原有的水平。由此可见,在金融市场完全开放及汇率固定的情况下,货币政策将失去其调节国内总需求的效应。

这里我们还要说明的是,在固定汇率制度下,中央银行会通过外汇买卖来维持汇率的稳定。例如,在扩张性货币政策下,当国内利率小于国际利率时,金融资本外流,于是在外汇市场上对外币的需求增加,汇率上升。为了维持汇率的稳定,中央银行不得不在外汇市场上用外汇购买本币,而这将减少中央银行的外汇储备。

由此可见,在固定汇率制度下,由于中央银行还必须顾及汇率的稳定,因此,其货币政策已不可能独立地被用于调节国内总需求,或者说,货币政策已失去了其传统意义上调节国内总需求的独立性。扩张性货币政策不仅不能使利率下跌以刺激总需求的增长,而且它还会使中央银行的外汇储备减少。由此我们得到如下著名的三元悖论:

【三元悖论】 三元悖论是指金融市场的开放、固定汇率制度和独立的货币政策不能兼得。

(三) 浮动汇率制度下的财政政策

接下来,我们转向浮动汇率制度,首先讨论财政政策。假如其他条件不变,政府支出有了增加,产出、利率和汇率的变化由图 13-6 反映。

政府支出的增加将使得 IS 曲线往外移动,从而通过乘数关系带来产出的增加。在给定的货币供给情况下,利率上升,投资减少,以上这些与封闭经济相似。然而,在开放经济条件下,利率上升会使国内债券更具有吸引力,从而吸引更多外国金融资本。如果其他条件不变,则在外汇市场上对本国货币的需求扩大,本国货币升值,汇率下降。而汇率的下降将造成净出口减少,从而进一步抵消了由政府支出所带来的产出增加的效应。因此,扩张性财政政策的另一个影响是贸易的逆差。需要说明的是,汇率对产出的这种影响已经反映在 IS 曲线上,这也同时意味着到目前为止经济从 A 点转移到了 B 点。

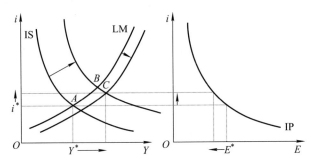

图 13-6　浮动汇率制度下财政政策的效应

然而,经济的变化并没有到此为止,当外国金融资本流入时,对本国债券的需求增加,债券价格上升,从而部分抵消了由政府支出增加所带来的利率上升。正如我们在前文中所提到的,在浮动汇率制度下,外国金融资本的流入对本国利率的影响可以体现为 LM 曲线向外移动,于是新的均衡点应为图中的 C 点。

(四) 浮动汇率制度下的货币政策

接下来,我们考察货币政策的效应。假如其他情况不变,但货币供给有了增加,图 13-7 反映了由此而引起的产出、利率和汇率的变化。

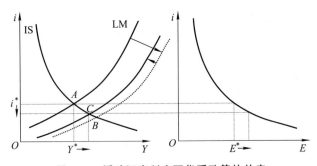

图 13-7　浮动汇率制度下货币政策的效应

首先我们想说明的是,在浮动汇率制度下,由于国内利率和国外利率并没有完全挂钩,因此货币政策仍然能在一定程度上保持其调节国内总需求的独立性。这意味着当货币供给增加时,LM 曲线将往外移动,IS 曲线则保持不变,从而利率下跌,产出增加,此种情况与封闭经济相似。然而,在开放经济条件下,利率的减少将使金融资本流出,从而在外汇市场上对外汇的需求扩大,外汇升值,本币贬值,汇率上升。汇率的上升将使净出口增加。因此,扩张性货币政策的另一个影响是贸易的顺差。如果其他情况不变,货币政策的这种效应将使得图 13-7 中经济从 A 点转移到 B 点。然而,金融资本的流出不仅使汇率上升从而带来贸易的顺差,同时本国的债券需求将会减少,债券价格下跌,利率回升,从而部分抵消了由货币供给增加所带来的利率下跌。显然,金融资本流出对本国利率的这种影响可以体现为 LM 曲线向上移动,因此新的均衡点应为图中的 C 点。

此外,我们还想说明的是,由于在浮动汇率制度下中央银行已经放弃了对外汇市场的干预,因此,无论是货币政策还是财政政策,中央银行的外汇储备均不受影响。事实上,在浮动汇率制度下中央银行的外汇储备已没有任何意义。

按照上述讨论,我们在表 13-1 中对开放经济条件下扩张性宏观经济政策的效应进行了概括。

表 13-1 开放经济条件下扩张性宏观经济政策的效应 ①

	产量	利率	净出口	外汇储备
固定汇率制				
财政政策	增加	不变	不变	增加
货币政策	不变	不变	不变	减少
浮动汇率制				
财政政策	增加	上升	减少	不变
货币政策	增加	下跌	增加	不变

讨论与小结

本章中,我们研究开放经济条件下宏观经济变量是如何决定的,以及宏观经济政策又如何影响着一国的经济。经济开放是针对三种不同的市场而言的:一般商品市场的开放、金融市场的开放和要素市场的开放。与此同时,经济的开放也同样涉及开放的对象,即主要和哪些国家进行经济上的往来。

一个国家的进口首先取决于该国的整体经济活动水平:整体经济活动水平越高,进口的需求也越高。一个国家的出口取决于他国的经济活动水平:他国的经济活动水平越高,出口就可能越大。与此同时,无论是出口还是进口也都取决于实际汇率:实际汇率越高,出口就会越多,进口则会越少。

不同的汇率制度会影响宏观经济变量的决定方式。这种不同首先体现在金融市场开放条件下利率平价的不同。在固定汇率制度下,利率的平价将体现为本国利率和外国利率直接相等。但在浮动汇率制度下,利率的平价则表现为本国利率等于经预期汇率变化而调整过的外国利率。

在固定汇率制度下,如果资本市场完全开放,则由于国际资本流动,国内利率等同于国际利率,货币政策将失去其传统意义上调节国内总需求的效应,或货币政策将失去其独立

---

① 这里,我们假定净出口只受汇率影响。当净出口同时受其他因素如产量的影响时,宏观经济政策对净出口的效应有可能不同于表中的陈述。例如,在固定汇率制度下,扩张性财政政策使产量上升,这有可能使进口增加,净出口减少。

性。我们将这一现象定义为"三元悖论"。与此同时,固定汇率制度却使得财政政策更为强劲,这显然是因为财政政策已无法因总需求的扩大而使利率上升从而挤出民间投资,利率现在完全与国际利率相等。

在浮动汇率制度下,由于汇率变化的不确定性,国内利率并不完全取决于国际利率,这使得 LM 曲线仍然向上倾斜,从而货币政策仍然能在一定程度上保持其传统意义上的独立性,尽管它的效应已在一定程度上由于国际资本流动而被弱化。

思考题

1. 什么是货币政策的独立性？在什么情况下货币政策将失去其独立性,为什么？

2. 请解释下列名词:开放经济、固定汇率制度、浮动汇率制度、有管理的浮动汇率制度、名义汇率、实际汇率、目标汇率。

3. 什么是利率平价条件？请比较不同汇率制度下的利率平价条件。

4. 请比较不同汇率制度下外汇储备的变化情况。为什么说固定汇率制度下利率平价离不开中央银行对外汇市场的干预？

5. 影响出口的因素有哪些？影响进口的因素有哪些？为什么？

6. 在浮动汇率制度下,本国利率是如何影响净出口的？请写出其传导机制。

7. 浮动汇率制度下,资本净流出是如何影响货币市场的均衡和 LM 曲线的？为什么资本会流出？影响资本流出的因素有哪些？

8. 什么是三元悖论？请解释其原理。

9. 请比较和分析不同汇率制度下宏观经济政策的效应并解释原因。

10. 考察一个开放经济。它的总需求可以写成

$$Y = C + I + G + X$$
$$C = 100 + 0.8Y_d$$
$$I = 6\,000 - 20\,000i$$
$$X = -100 + e - 0.14Y + 0.01Y^f$$
$$M^d = PY + F - 100\,000i$$
$$T = 0.2Y$$
$$G = 900$$
$$M^s = 15\,000$$
$$i^f = 0.05$$
$$Y^f = 100\,000$$
$$\overline{E} = 1$$
$$E^e = 1$$
$$P = 1$$
$$P^f = 10$$
$$F = 300$$

以上,Y 为产量(总需求),C 为消费,I 为投资,G 为政府支出,X 为净出口,i 是国内利率,i^f

是国际利率,M^d 是货币需求,M^s 是货币供给,P 是国内物价,P^f 是国外物价,F 是资本净流出,Y^d 是可支配收入,Y^f 是国外产量,T 是税收,e 是实际汇率,$\overline{E}$ 是目标汇率,E^e 是预期汇率。

现假定该国采用固定汇率制度。

(1) 请写出 IS 和 LM 曲线,并计算相应的均衡产量、均衡利率和均衡的净出口。

(2) 假定现在政府增加支出 100,请计算新的均衡产量、均衡利率和均衡的净出口。

(3) 假定政府支出不变,货币供给增加了 1 000,请计算新的均衡产量、均衡利率和均衡净出口。

现假定该国采用的是浮动汇率制度,与此同时,利率的平价条件为

$$1 + i_t = (1 + i_t^f) \frac{E_{t+1}^e}{E_t}$$

其中,E 为汇率。

(4) 请写出 IS 和 LM 曲线,并计算相应的均衡产量、均衡利率和均衡的净出口。

(5) 假定现在政府增加支出 100,请计算新的均衡产量、均衡利率和均衡的净出口。

(6) 假定政府支出不变,货币供给增加了 1 000,请计算新的均衡产量、均衡利率和均衡净出口。

第十四章 开放经济(下):中国和其他发展中国家的视角

本章将继续开放经济的讨论。然而,我们的关注点将集中在中国和其他发展中国家。与发达国家所不同的是:发展中国家的货币不是国际货币。对于国际货币和非国际货币的区别,西方主流的宏观经济学都没有(也不会)进行讨论。然而,发展中国家的非国际货币这一特征使得其在选择汇率制度和资本市场是否开放上都受到不同的约束,而这种约束在布雷顿森林体系崩溃之后显得尤为明显。

一、汇率与汇率制度:历史、演变与分布

我们已经看到,两种不同的汇率制度会产生不同的经济意义,例如,固定汇率制度有可能使货币政策失去其传统意义上的独立性。然而,我们也必须看到,上述讨论是建立在资本市场开放前提下的,而现实中,许多国家(包括中国)的资本市场并不开放或并不完全开放。此外,浮动汇率制度毕竟意味着汇率的波动,这将使经济变得更不稳定。那么,一个国家应选择什么样的汇率制度?接下来我们将对此进行讨论,然而在此之前,我们有必要回顾一下历史。

(一)布雷顿森林体系

任何制度的形成都有其历史原因,国际金融体系也不例外。历史上,国际金融体系经历了从金本位制、布雷顿森林体系到牙买加体系的演变过程。而目前的国际金融体系基本上可以看成是在牙买加体系上构建而成的。实际上,无论是金本位制还是布雷顿森林体系,都可以看成是固定汇率制度,而美元成为世界货币则是从布雷顿森林体系开始的。

1945年布雷顿森林会议上,美元凭借其在第二次世界大战期间建立起来的压倒性优势,终于成为世界货币[①]。然而,这毕竟是有代价的。按照《布雷顿森林会议协议》,美国向全世界作出了承诺:任何持有美元者都能够以35美元1盎司的比价在美国的联邦储备银行兑换黄金。作为世界货币,美元不仅是国际上通用的价值尺度,同时也是国际贸易及其他经济事务(如向联合国捐款和国际援助等)通用的支付手段。而这种支付手段又同时意味着美元是各国中央银行标准的储备货币。

布雷顿森林体系使得美元与黄金挂钩,而世界其他货币则与美元挂钩。于是,我们看到了一个稳定的国际货币体系,即世界范围内的固定汇率制度。在这样一种国际货币体系下,西方世界出现了一片繁荣。经济增长迅速,通货膨胀率较低。这一时期也被称为世界经济

---

① 世界货币和我们随后要讨论的国际货币还有所不同。世界货币是布雷顿森林体系的结果。

的黄金时代。表 14-1 比较了布雷顿森林体系时代和后布雷顿森林体系时代西方主要发达国家的通货膨胀率和经济增长率。

表 14-1　西方主要发达国家的通货膨胀率和经济增长率　　　（单位:%）

	美国	英国	德国	法国	日本	加拿大	意大利
通货膨胀率							
布雷顿森林体系时代(1946—1970 年)	2.4	3.7	2.7	5.6	4.5	2.7	3.8
后布雷顿森林体系时代(1974—1989 年)	5.6	9.4	3.3	8.8	2.6	7.3	12.9
人均 GDP 增长率							
布雷顿森林体系时代(1946—1970 年)	2.0	2.1	5.0	3.9	8.1	2.5	5.6
后布雷顿森林体系时代(1974—1989 年)	2.1	1.5	2.1	1.7	3.5	1.3	2.5

资料来源:Bordo(1995)。

然而,这样一种以美元为中心的固定汇率制度从其诞生就注定了必然的灭亡。随着各国经济规模的不断扩大和经济自身不确定性(如石油危机等)的增强,各国所持有的美元储备不断增加。但黄金作为一种稀缺的矿产资源,其增加却不能为美国所左右。于是,当作为世界货币的美元源源不断地流入世界各地时,发行美元的美联储所储备的黄金却无法按比例同步增加,这就造成了所谓的"特里芬难题"。

【特里芬难题】　特里芬难题又叫特里芬悖论,是指主权货币美元作为国际货币伴随着世界经济的增长,其需求将不断增加,这就需要美国不断保持贸易逆差,提供国际货币供给;而主权货币还必须币值坚挺,这又要求美国必须保持贸易顺差,因此这二者之间就形成一个悖论。(Triffin,1960)

这里,对美国保持贸易顺差的要求意味着美元不能无限制地通过贸易渠道在境外沉淀。事实上,当这种沉淀达到一定程度,而美联储所储备的黄金却无法按比例同步增加时,人们开始怀疑美国向全世界所作出的承诺,并开始用手中的美元兑换黄金,其结果必然是美国黄金总库中的黄金不断流失,最终迫使美国在经历了一次无效的美元贬值之后不得不自食其言——宣布放弃美元与黄金的兑换。这实际上便意味着布雷顿森林体系的崩溃。[①]

(二) 牙买加体系——当前汇率制度之世界分布

在布雷顿森林体系下,未经 IMF 同意,成员国不能擅自调整其汇率。布雷顿森林体系崩溃之后,牙买加协议于 1976 年签订。牙买加体系对布雷顿森林体系最重要的修正是关于各国汇率制度的安排。与布雷顿森林体系的固定汇率制度不同,牙买加体系允许成员国选择适合本国国情的汇率制度。而当前汇率制度之世界分布实际上是建立在牙买加体系所确立的"自由选择"原则基础上的。

---

① 事实上,许多学者认为西方世界当时所出现的"滞胀"与布雷顿森林体系的崩溃不无关系。

总体而言，大多数发达国家，如美国、日本和欧元区国家等实行的是浮动汇率制度，与此同时，中国及其他许多发展中国家选择的是固定汇率制度或有管理的浮动汇率制度。

(三) 汇率操纵条款

尽管牙买加协议容许各国按照自己的国情自由地选择汇率制度，然而，它又对各国的自由选择套上了一道枷锁——"汇率操纵"。1977年，在牙买加协议通过不到一年的时间内，国际货币基金组织执行董事会（由发达国家成员国构成）又通过了《关于汇率政策检查的决议》（俗称"1977年决议"）。该决议规定：

> 基金成员国有义务避免操纵汇率、操纵国际货币体系、阻碍其他成员国对国际收支的有效调整，或者不公平地取得优于其他成员国的竞争地位。

显然，这样一条貌似公平的条款是针对那些执行固定（或有管理的浮动）汇率制度的发展中国家，因为只有此类国家才存在着外汇市场的政府干预行为。[①] 按照这一规定，那些执行固定汇率制度和有管理的浮动汇率制度的发展中国家在对其外汇市场进行干预时，不应使其本国货币故意贬值。然而，如果我们考察一下汇率的世界分布，就会发现发展中国家的货币通常是贬值的。

几乎所有的发展中国家和地区针对美元的市场汇率都要高于按购买力平价所计算的汇率，即其比值要远远大于1。这意味着它们的货币都贬值了。与此同时，就所有的发达国家和地区而言，该比值则接近于1或小于1。从这个意义上说，几乎所有的发展中国家都是"汇率操纵国"。

(四) 国际货币与非国际货币

布雷顿森林体系的崩溃所带来的另一大影响是：世界正式进入了纸币化时代。这使世界各国货币出现了严重的两极分化，即国际货币与非国际货币之分。

【国际货币】 国际货币又称国际储备货币。它是指在国际上流通的可以充当价值尺度、支付手段和交易媒介的货币。

发达国家凭借着自己强大的经济、政治、技术和较高的信用等优势，其货币基本为国际货币；发展中国家相对落后，其货币为非国际货币。就美元而言，布雷顿森林体系的崩溃并没有削弱其作为最主要的国际货币（世界货币）之地位。在惯性的推动下，人们（特别是发展中国家的民众）仍然视美元为世界主要储备货币。

国际货币具有如下特征：
- 经常地被用于国际支付和国际结算；

[①] 这里，我们将浮动汇率制度理解为货币当局不对外汇市场进行干预（或在外汇市场上买卖外汇），而固定汇率制度和有管理的浮动汇率制度则与此相反。关于汇率制度划分的此种理解请参见甘道尔夫（2006）和 Krugman and Obstfeld（2006）。当然，我们也必须指出，在经济学文献中，对汇率制度划分的此种理解并不是唯一的。

- 其本身和以其计价的资产被国际社会(包括民间和各国央行)大量持有;
- 其兑换不受限制,且兑换成本较低。

与此相反,非国际货币一般不被国际社会承认;不能被用于国际支付和国际结算;其本身和以其计价的资产不被国际社会持有;其兑换有可能受限制,即使不受限制,其兑换成本也较高。

这里,我们想说明的是,所谓兑换是否受限制主要是从制度上考量的,例如,资本市场是否开放。而所谓兑换成本是否较高是指在没有兑换限制的条件下,当存在大量的兑换需求(以本币兑换外币)时,本币是否会大幅贬值或外汇储备是否会大幅缩水。① 而事实上,当兑换成本较高时,限制资本市场的开放是完全必要的。②

国际货币与非国际货币之区分构成了当前国际金融体系典型的非对称特征。于是,一个自然的问题是该种区分是否会对不同国家的汇率及汇率制度选择产生影响。

二、发展中国家汇率制度之选择

正如前文所指出的,在牙买加体系下,发展中国家一般会选择固定汇率制度(或有管理的浮动汇率制度),而发达国家则会选择浮动汇率制度;与此同时,即使存在着所谓"汇率操纵国"这样一道紧箍咒,发展中国家仍然无所畏惧地使本国货币故意贬值。那么,为什么发展中国家会选择固定和有管理的浮动汇率制度?为什么它们又敢冒"汇率操纵国"之大不韪使本国货币故意贬值?接下来我们将对此进行分析。

(一) 从维护国家经济安全看发展中国家汇率制度之选择

我们认为发展中国家之所以采取这样一种汇率制度是因为它们所发行的货币为非国际货币。

国际货币可直接用于国际支付(或者可以以极低的成本兑换为另一种国际货币进行国际支付)。因此,发行国际货币的国家无须积累外汇储备。确实,对发达国家而言,外汇储备的重要性已经减弱。然而,当一国的货币为非国际货币时,该国必须以他国货币(国际货币)来支付各种进口和国际债务等。于是,累积足够多的国际货币以防范各种风险成为该国在国际经济交往中一个必不可少的重要目标。

这样一种外汇储备的积累如同普通家庭的储蓄行为。尽管家庭每期有收入和支出,然而,它通常会将收入的一部分储存起来,以预防未来没有收入。同理,尽管一国每年有进口和出口,即国际货币的流入和流出,发行非国际货币的发展中国家将不可避免地储蓄一部分国际货币的流入,以维护其经济安全,此即形成所谓的外汇储备。

国际货币(外汇)储备的规模首先取决于一国的经济规模:经济规模越大,维持其经济正常运行所需要的资源(如石油等)就越多;国际货币储备规模也将随国际市场的风险和不确定性(如金融危机、石油危机和热钱等)的加强而不断增加。这意味着,如果人民币不能国际

---

① 在国际学术界,两者都被认为是货币危机。
② 例如,1997年发生的亚洲金融危机在很大程度上归因于泰国等资本市场的过早开放。

化,维持中国经济安全所需的国际货币储备也将随中国经济规模的扩大和国际市场风险和不确定性的加强而不断增加。

接下来,我们将考察发展中国家是如何积累外汇储备的。首先,为了实现外汇储备的积累,国际收支必须保持顺差:只有当国际收支为顺差时,国际货币才体现为净流入,进而使积累外汇储备成为可能。其次,为使国际收支保持顺差,本币需要贬值,这就要求本国央行在外汇市场不断以竞价的方式高价买入国际货币。[①]

(二) 储备型汇率模式

首先说明一下,与汇率制度相比,所谓的"汇率模式"是一个更为宽泛的概念。

【汇率模式】 汇率模式不仅包括汇率制度(简单地区分为固定汇率制度、浮动汇率制度和有管理的浮动汇率制度),同时也包括与此汇率制度相对应的其他因素,如本币是否贬值、央行的管理行为和目标等。

现在,我们可以总结一下发展中国家外汇体制的主要特征:

- 由于发展中国家所发行的货币为非国际货币,因此其汇率制度的设计通常旨在积累足够多的国际货币储备以维护本国经济安全;
- 积累国际货币储备这一制度目标要求本国央行对其外汇市场(一般设在本国境内)进行干预,因此其汇率制度必将是固定汇率制度或有管理的浮动汇率制度,而非完全浮动的汇率制度;
- 基于积累国际货币储备的目的,中央银行在外汇市场需以竞价的方式高价买入(而非卖出)国际货币;
- 由于本国央行存在无限多的本币供给,因此通过竞价的方式高价买入外汇储备通常是可行的(只要国际收支体现为净流入),这意味着与没有本国央行干预的情况相比本币贬值,而本币贬值又为国际收支的净流入创造了条件。

我们把发展中国家的这一外汇体制称为"储备型汇率模式"。

(三) 从优化资源配置看储备型汇率模式

下面我们首先从优化资源配置和促进经济增长的视角来讨论储备型汇率模式。

发展中国家的典型特征是二元经济,这意味着在发展中国家劳动力市场上存在大量的闲置资源(Lewis,1954)。毫无疑问,贬值性固定汇率制度将更有利于促进发展中国家的出口,与此同时,由于本国的原材料和人力成本与国际市场相比更为便宜,在其他条件相同的情况下,这样一种汇率制度更能吸引外商直接投资(Klein and Rosengren,1994)。对于存在着大量剩余劳动力的发展中国家而言,出口及投资可以使那些闲置的资源得以利用,这将加快剩余劳动力的消化以完成向发达国家的赶超。

事实上,发展中国家大量剩余劳动力的存在本身就意味着当前环境下无论是从本国还

[①] 发展中国家外汇市场通常设于境内,因为其货币不能在国际市场进行交易。

是从全球的视角,资源都没有实现最优配置,是典型的非帕累托最优。从理论上讲,这意味着存在改善世界总体福利的空间。而汇率的变动如同相对价格的变动,它同样调节着世界范围内的资源配置。因此,从增进世界总体福利的视角,衡量汇率水平是否合理,不应只看其是否使国际收支趋于平衡,而更应看其是否有利于提高世界范围内的资源配置效率。

三、中国外汇体制的回顾和展望

人民币汇率是在中国外汇交易中心形成的。然而,在改革开放之前和之初,中国并没有外汇市场。

(一) 改革之初中国外汇的行政管制

长期以来,在汇率制度上,中国执行的是钉住美元的固定汇率制度,这意味着中国人民银行维持着一个针对美元的目标汇率,而人民币对其他货币的汇率则自动按美元与其他货币的市场兑换价格计算。图 14-1 揭示了 1981 年以来人民币对美元的汇率变化。

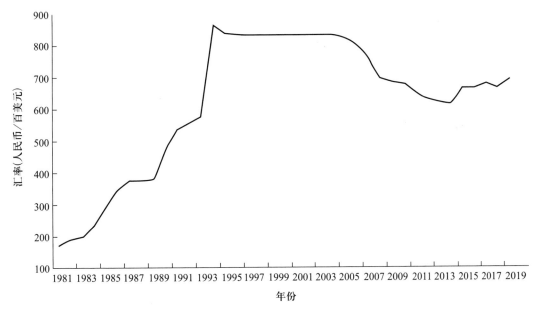

图 14-1　1981—2019 年的人民币汇率:人民币/百美元

资料来源:国家统计局(2020)。

从图 14-1 中我们可以看到,过去四十多年中,人民币汇率有大幅度的变化。这意味着中国人民银行是在不断地调整着人民币的汇率目标。1981 年,人民币对美元的汇率为 1.70。此时的人民币币值被过分抬高。1981 年以后,人民币开始逐步贬值(汇率上升)。到了 1994 年,汇率上升至 8.44。1995 年以后,汇率则逐渐平稳。2005 年以后,人民币开始面临升值的压力。

需要说明的是,维持目标汇率有两种手段:一种是市场手段,另一种是行政手段。所谓市场手段是指央行通过外汇市场上的买卖行为来维持自己所设定的目标汇率;而行政手段则意味着国家通过其权威直接规定按本币衡量的外汇交易价格(汇率)。这里,我们有必要首先说明一下,当一国所设定的汇率目标使得本国货币故意升值时,该国的中央银行是无法通过市场手段来维持其目标汇率的。

可以设想一下,如果中央银行所设定的目标汇率低于市场所决定的汇率,或者说使本国货币故意升值了,为了维持这一过高的货币币值,中央银行势必经常不断地动用自己的外汇储备在外汇市场上购买本国货币。这里我们必须注意,尽管一个国家的中央银行拥有无限多的本国货币,然而,它所拥有的外汇储备却是有限的。长此以往,中央银行的外汇储备将被掏空,从而引发金融危机。相反,当目标汇率高于市场的均衡汇率(或本国货币被故意贬值)时,通常情况下,中央银行只需要动用本国的货币来维持其目标汇率,显然,这样一种目标可以持久维持。

由此,在改革之初,由于中国人民银行所维持的目标汇率使本国货币故意升值,因此,其维持手段必然是行政手段。然而,仅仅依靠行政上规定外汇价格来维持目标汇率是远远不够的,与此相伴随的必然是外汇管制。确实,在相当长一段时期内,中国实行的是外汇管制。规定社会团体和企业的一切外汇收入都必须按照国家规定的汇率卖给国家银行。一切外汇支出和使用都必须经主管部门批准向国家银行购买。

管制最直接的后果是外汇价格的严重扭曲和大量黑市交易的产生。当时存在着一种特别的人民币,被称为兑换券(或外汇券)。它是用外汇按官方汇率换成的人民币。人们可以使用兑换券在一些特别的商店购买一些特殊的商品。

与人民币币值过高相伴随的外汇管制的另一种后果是中国的外汇储备在很长时期内得不到有效的增长(见图14-2)。而就发展中国家而言,美元等国际货币储备如同稀缺资源,它甚至会直接影响到一国的经济安全(龚刚,2013;龚刚、高坚、李炳念,2012)。

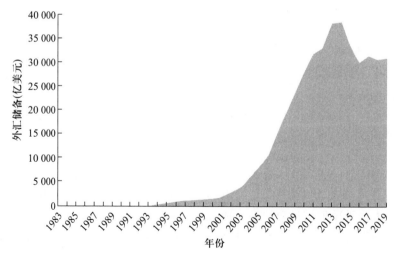

图 14-2 中国的外汇储备(1983—2019 年)

资料来源:国家统计局(2015)。

（二）中国外汇体制的改革

中国外汇体制的改革是在20世纪70年代末开始的。为了鼓励地方部门和企业积极开展对外贸易，中国于1979年实行了外汇留成制，即在国家统一管理外汇以保证重点使用的同时，可以给创汇企业一定比例的外汇留成。创汇单位对所留成的外汇拥有一定的自主权，并可参与调剂。所谓调剂就是可以将所留成的外汇通过协商转让给急需外汇的企业，而其转让价格可以不按照官方汇率。这就形成了外汇价格的双轨制，而外汇的这种调剂行为事实上形成了中华人民共和国最初的外汇市场（以分散的外汇调剂市场的形式存在）。

显然，在外汇调剂市场所形成的外汇价格为人民币的市场均衡价格提供了有用的信息，而官方汇率也在不断地朝外汇调剂市场上的汇率靠拢。外汇调剂市场的规模也越来越大，到1993年汇改前夜，中国全部外汇的80%来自调剂市场即市场轨，仅有20%来自计划轨（周其仁，2010）。而且在外汇双轨制充分发展的基础上，官方汇率已经与调剂市场上的汇率十分接近。于是在1994年中国实现了汇率的并轨，把分布于各地分散定价的外汇调剂市场整合成统一竞价的外汇市场，从而在全国形成了统一的汇率，这就是中国外汇交易中心的由来。与此同时，政府也取消了外汇企业的外汇留成，并容许外汇企业在银行参与自由买卖外汇，实现了人民币在经常项目下的自由兑换。

（三）设在上海的中国外汇交易中心

由此可见，1994年前后所形成的官方汇率是有一定的市场基础的。然而，随着中国经济的不断健康发展，人民币的国际地位也不断提升，因此，我们有理由相信，1994年以后所形成的人民币汇率是偏高了（或人民币币值是偏低了）。而正如前文所进行的分析，对于使本国货币贬值的目标汇率，中央银行是可以通过市场手段维持的，具体地，中国人民银行可以以其雄厚的人民币实力在外汇市场竞价购买外汇。

设在上海的中国外汇交易中心是一个交易所类型的市场，实行会员制。所有在中国有权合法经营外汇业务的商业银行和其他金融组织（包括其分支机构），经中国人民银行外汇管理局的审查批准，都可以成为中国外汇交易中心的会员。进入中国的外汇，无论来自贸易顺差、外国直接投资，还是所谓的"热钱"，都是先与这些会员"结汇"，然后再由会员机构在中国外汇交易中心这个"银行间市场"上竞买竞卖各自持有的外汇。从这个意义上说，人民币汇率是在市场供求竞争中形成的。

不过，在中国外汇交易中心所有可以入场交易的会员当中有一个超级会员，那就是主管中国外汇市场的中国人民银行外汇管理局。在这里，像所有其他会员一样，央行可以进场购汇。所谓"超级"，是因为央行不但是日益成长的中国外汇市场上的最后买家，而且在事实上购进了绝大部分流入中国的外汇。要说明的是，超级会员也还是会员，因为今天的中国再也不要求强制结汇，央行进场购得了外汇的绝大部分仅仅是因为它的出价最高！

由此我们看到：第一，中国官方外汇储备的不断爬高是由于中国人民银行在中国外汇交易中心以其无限多的人民币实力不断竞价购买美元而累积的；第二，如果中国人民银行不进行此种类型的交易行为，人民币将会升值。

由此可见，自1994年以来的大部分时间段，中国执行的都是前文所讨论的"储备型汇率模式"——发展中国家所特有的汇率模式。中国的这一汇率模式是与中国的发展阶段(尤其考虑到人民币还不是国际货币)相适应的。与此同时,中国目前并没有完全开放资本市场,因此,中国人民银行的货币政策并没有失去其独立性。中国人民银行的此种市场行为对中国的宏观稳定政策,特别是货币政策产生了极为重要的影响[1],然而,随着中国经济规模的日益扩大,这样一种外汇体制也越来越多地受到来自国际社会的压力,中美之间围绕着人民币汇率问题已经展开了多次激烈的交锋[2],在各种压力下,中国也于2005年启动了人民币升值之路。未来,人民币国际化无疑是中国对外发展战略的重中之重:只有当人民币实现国际化,中国才有可能开放资本市场,放弃其"储备型汇率模式",转向西方发达国家的资本市场开放和浮动汇率制度。

讨论与小结

本章中,我们从发展中国家的视角研究开放经济条件下汇率和汇率制度选择的相关问题,同时回顾人民币汇率制度的改革。

从历史上看,国际货币体系经历了从金本位制、布雷顿森林体系到牙买加体系的演变过程。无论是金本位制还是布雷顿森林体系都可以看成是固定汇率制度。布雷顿森林体系使得美元与黄金挂钩,而世界其他货币则与美元挂钩,美元由此成为世界货币。然而,"特里芬难题"却使美国自食其言,从而也使布雷顿森林体系崩溃。

当前的国际货币体系是在牙买加体系上构建而成的。与布雷顿森林体系的固定汇率制度所不同的是,牙买加体系允许成员国选择适合本国国情的汇率制度,即所谓的"自由选择"原则。总体而言,大多数发达国家,如美国、日本和欧元区国家等选择的是浮动汇率制度,而中国及其他许多发展中国家选择的是固定汇率制度或有管理的浮动汇率制度。与此同时,大多数发展中国家在选择固定汇率制度的同时,也选择使本国货币故意贬值的目标汇率。而这引起了发达国家的不满,并由此推出了所谓的《汇率操作条款》。

然而,为什么发展中国家在选择固定汇率制度的同时,也会同时选择使本国货币故意贬值的目标汇率?其原因在于:在牙买加体系下,世界各国的货币被分为国际货币与非国际货币,而发展中国家所发行的货币是非国际货币。为了维护国家经济安全,发行非国际货币的发展中国家必须积累国际货币,由此而形成其特有的与发达国家所不同的汇率和汇率制度。我们把发行非国际货币的发展中国家通常所采用的汇率和汇率制度模式称为"储备型汇率模式"。

中国目前所执行的"储备型汇率模式"是1994年汇率双轨制并轨的结果。然而,随着中国经济规模的日益扩大,这样一种汇率模式越来越多地受到来自国际社会的压力,致使中国在2005年启动了人民币升值之路。

思考题

1. 请简单阐述布雷顿森林体系,并分析美元是如何成为世界货币的。

---

[1] 关于中国人民银行在中国外汇市场的此种行为对中国货币政策的影响将在第十六章中予以讨论。
[2] 有关讨论请参见龚刚(2013)。

2. 什么是特里芬难题？为什么特里芬难题会导致布雷顿森林体系的崩溃？

3. 请简单阐述牙买加体系，并说明它与布雷顿森林体系有何区别。

4. 请描述在牙买加体系下，汇率和汇率制度是如何在世界分布的？

5. 什么是汇率操纵国条款？国际货币基金组织的这一条款合理吗？为什么？

6. 什么是国际货币？什么是非国际货币？两者有何不同？

7. 发展中国家为什么要积累外汇储备？它是如何积累外汇储备的？其机制是什么？

8. 什么是"储备型汇率模式"？请简单分析发展中国家为什么会采用这样一种汇率模式。

9. 请分析为什么发展中国家的"储备型汇率模式"更有利于世界范围内的资源优化配置。

10. 请描述改革开放初期（外汇双轨制之前）中国的外汇体制。这样一种体制有什么问题？

11. 请描述从外汇双轨制开始的中国外汇体制改革。

12. 中国人民银行是如何参与中国外汇交易中心的外汇交易的？它起着什么样的作用？

13. 人民币国际化和中国汇率模式之间有什么关系吗？

第十五章　债务视角下的经济危机

在传统凯恩斯理论体系下,经济危机通常被认为源自有效需求不足,正因为如此,需求管理也就成为凯恩斯宏观稳定政策的主要目标。然而,在许多情况下,经济危机更深层次的来源并非有效需求不足,而是债务。由 2007 年的次贷危机所引爆的全球性金融危机着实让我们见证了债务巨大的破坏性。

债务对经济的重要性是不言而喻的。在宏观层面,一国债务率的高低会极大地影响金融体系的稳定性;在微观层面,债务结构对企业财务的状况起着十分重要的作用,尤其是那些具有高杠杆的债务合约。大规模的债务违约必然会对宏观经济造成十分负面的影响。

本章将讨论债务视角下的经济危机。为此,我们将首先回顾一下经济学家们对债务问题的认识。接着,我们将研究货币的循环,从中看到债务的形成机制。以此为基础,我们将进一步揭示债务定理。这一定理会告诉我们在什么条件下债务危机会发生。

一、明斯基的金融不稳定理论

对于债务问题,经济学家们经历了从漠视到重视的过程。

(一) MM 理论的不相关命题

关于债务对经济影响的研究可以追溯到 1958 年由莫迪格利尼和米勒所提出的 MM 理论(Modigliani and Miller,1958)。MM 理论的核心概念是所谓的"资本结构"。

> 【资本结构】　所谓资本结构是指企业通过其融资过程所形成的债务与股权的相对比例。具体地,它可以用债务率(债务与股权之比)来表示。

在完美市场假设下,莫迪格利尼和米勒运用无套利原理得出如下著名的 MM 理论的不相关命题:

> 【MM 理论的不相关命题】　企业价值和融资成本与其资本结构(如债务率等)无关。

MM 理论的不相关命题的经济学原理可作如下解释。首先,企业的收益回报取决于该企业所处的等级。莫迪格利尼和米勒把企业划分成 k 个等级,并给每个等级赋予相应的对未来预期收益所要求的回报率,也称资本化率(the market rate of capitalization)。值得注意的是,在 MM 理论看来,在完美市场条件下,由所处等级所决定的企业未来收益不仅是确定的,而且对社会而言是公开和公认的。于是,在无套利原则下,这种对企业未来收益的确定、公开和一致性就保证了企业的融资成本并不受债务率提高的影响:企业完全可以通过调整债务和股权的组合来抵消资本结构变化对融资成本所带来的影响。比如,债务比例增加所导致的借款成本上升将会为相应股权所要求的回报率的同等下降所抵消。于是,无论企业债务率有多高,资本结构如何变化,企业的融资成本(如贷款利率等)可以始终不受影响。

MM 理论尽管很好地纠正了当时传统观点上的一些认识误区,如完美市场条件下企业会有一个最优的资本结构(或债务率)等,但其完美市场假设显然不适用于现实世界中存在着诸多摩擦的不完美市场,从而遭到了经济学家们的挑战,其中最为著名的是"金融不稳定"假说(Minsky,1971,1975,1986)和"金融加速器"理论(Bernanke and Gertler,1989)等。[1]

(二) 明斯基的"金融不稳定"假说

MM 理论的完美市场假说意味着企业和个人是在一种相对确定的环境下进行投融资决策的。然而,现实经济通常充满着风险和不确定性,此种风险和不确定性在金融市场尤为突出。基于此,明斯基于 1971 年提出了其著名的"金融不稳定"假说(Minsky,1971)。与凯恩斯一样,明斯基认为经济并不是完全竞争的,非完全竞争、风险和不确定性是经济的一般特征,正因为如此,投资所产生的现金流具有不确定性,从而企业的资本结构和资产负债表状况对融资成本及融资模式的选择等具有显著的影响。

明斯基(Minsky,1975)借鉴了凯恩斯(Keynes,1936)和 Kalecki(1937b)的观点,将金融的不稳定(或风险)归纳为两类:借款人风险和贷款人风险。前者是指借款人期望可得的未来收益存在不确定性;后者则是因道德风险、担保不足等对贷款人所造成的风险。在明斯基看来,随着企业债务率的不断高企,上述两类风险也随之大幅上升,于是,在债务合约中,这必将表现为利率的提高、借款期限的缩短和以特定资产作为抵押品等。

在此基础上,明斯基(Minsky,1986)进一步把现实经济中的融资按其风险高低依次分为三种类型:对冲性融资(hedge finance)、投机性融资(speculative finance)和庞氏融资(Ponzi finance):

> 【对冲性融资、投机性融资和庞氏融资】 对冲性融资是指企业在债务融资之后,每期能产生足够的净现金流,从而可以有效地对冲债务;投机性融资所产生的净现金流尽管有时不足以对冲到期债务,但每期的净流入能够满足支付利息的需要,进而在必要时也可以通过发新债来弥补到期债务和资金缺口;庞氏融资则几乎每一期都入不敷出,甚至连利息都难以兑付,从而只能通过不断地借新还旧来维持。

在明斯基看来,随着企业债务率的不断高企,其融资风险模式通常会从对冲性融资向投

---

[1] 在不完美市场框架下的其他研究还包括 Modigliani and Miller(1963)、Miller(1977)、Bradley et al.(1984)和 Fischer et al.(1989)等。

机性融资以及庞氏融资转化,但如果企业的资产负债表状况不断好转(或债务率不断降低),那么上述融资风险模式的转化就会逆转。

(三) 金德伯格的债务危机形成三阶段理论

根据明斯基关于金融体系由稳定到不稳定的形成机制,金德伯格形象地将债务危机的形成过程总结为三个阶段(Kindleberger,2005)。

第一阶段是危机形成期。此时,金融体系运转稳定,企业债务水平不高,经济繁荣增长。所有这些都使得借贷双方更偏好风险:作为借方的企业对未来投资的预期收益十分乐观,融资需求旺盛;而作为贷方的金融机构也愿意提供信贷支持,包括那些原本具有很高风险的投资项目,而这也为危机的最终发生埋下了伏笔。

第二阶段是危机发展期。此时,经济过热和投资繁荣已经使得借贷双方的资产负债表急剧扩张,企业的债务水平不断攀升,而这必然意味着利率(尤其是贷款利率)开始上升。尽管此时资产价格仍可能在上涨,但由于整体利率水平的上升导致资产现值与投资成本间的溢价空间收窄,金融体系的不稳定因素正在不断积累,其表现就是企业的对冲性融资比重开始下降,投机性融资和庞氏融资的比重开始上升。

第三阶段是危机爆发期。此时,微观企业的投机性融资和庞氏融资不断上升,并达到了所谓的"明斯基时刻"①。在"明斯基时刻",企业的融资成本不断提高,盈利低于预期,这就使得企业不得不压缩投资,企业净值也大幅下降。而居高不下的负债水平更有可能使企业不得不依靠出售资产来维持正常运营所需的现金流,其结果必然是一轮又一轮"债务通缩"②。所有这些都使得金融体系开始变得脆弱和不稳定,并且也完全陷入一个不可控制的自我循环困境之中,最终导致危机的爆发。因此,金融危机表面上也许体现为资产价值的崩溃等,但归根结底是债权人开始重新审视当前债务所存在的风险,从而令经济陷入"债务通缩"。

综上所述,明斯基的"金融不稳定"假说不仅打破了 MM 理论关于债务与企业价值和融资成本不相关的命题,同时更进一步提出了债务问题是金融(经济)危机爆发的根源。

(四) "状态查证成本"和"金融加速器"理论

尽管明斯基的"金融不稳定"假说有力地批判了 MM 理论,同时也对债务危机的传导机制进行了很好的分析,然而,明斯基的分析通常被认为是缺乏微观基础的,即无论是企业还是金融机构,其行为分析都没有从最优化过程中导出,正因如此,明斯基的理论在相当长一段时期内并没有进入主流经济学的视野。

基于企业融资的微观基础,Townsend(1979)和 Gale and Hellwig(1985)首先利用状态查证成本(the cost of state verification)对 MM 理论进行了批判。他们假定在债务融资过程中借贷双方的信息是不对称的:通常,只有借款企业掌握投资项目的真实状况,金融机构则需要支付一定的审计成本才能查证到借款企业现金流的真实状态。由于高负债企业很可能

---

① "明斯基时刻"(Minsky moment)是指经济体的投机性融资与庞氏融资的比重达到一定高度的时刻。
② "债务通缩"(debt deflation)这一概念最初由 Fisher(1933)提出,它是指由债务所引起的经济紧缩。

会出现违约(现金流不足的现象),因此,金融机构需要对其现金流状况实时进行查证,从而造成审计成本高企。所有这些都意味着金融机构会对高负债的借款企业要求更高的借贷利率,以弥补其高昂的"状态查证成本"和可能的违约风险。

Bernanke and Gertler(1989)进一步将"状态查证成本"融入其委托—代理模型之中,并在此基础上提出了"金融加速器"理论。该理论认为,借款企业的资产负债表状况的变化是经济波动的主要来源之一。借款企业如果有较高的净值(资产负债表状况较好,或债务率较低)①,则其融资的代理成本就较低。一般地,经济繁荣能改善企业净值、降低代理成本并增加投资,这就进一步加速了经济增长和繁荣;反之亦然。Bernanke et al.(1996)总结了"金融加速器"理论的三个要点:

(1)企业融资有内源融资和外源融资之分,其中,内源融资的主要来源是企业净值,且其融资成本远低于外源融资。而外源融资的这种高成本则反映了借贷过程中由信息不对称所引起的代理成本。

(2)在融资总额不变的前提下,外源融资的代理成本与借款企业的净值呈负相关,即借款企业净值越低,其融资的代理成本就越高。

(3)借款企业的净值下滑会通过代理成本上升和外源融资减少的方式使企业减少支出和生产。

由此可见,该传导机制的关键在于借款企业净值的变化,它既决定了代理成本的高低,又直接影响了借款企业的支出和生产,也正是因为企业净值具有放大实体经济波动的作用,所以被称为"金融加速器"。

综上所述,"金融不稳定"假说和"金融加速器"理论都首先否定了MM理论关于债务与企业价值和融资成本不相关的命题,与此同时,它们在对金融危机的形成机理上也具有极为相似的观点,即都强调债务的重要作用。然而,"金融不稳定"假说更为强调金融体系从稳定到不稳定的必然性(或金融危机的内生性),而"金融加速器"理论则只是强调企业的债务变化是产出波动的主要来源,并且认为经济波动本质上是外生的(尽管外生冲击是通过企业的债务进行传导的)。②

二、从货币循环看债务的形成

债务问题本质上是货币问题。通常,人们把货币看成是一种存量,进而使用传统的供给和需求方法对其进行研究。然而,货币既是存量,也是流量。作为存量的货币,也同时伴随着交易在不同的经济人之间循环反复。于是,当我们研究债务问题时,首先需要明确货币是如何循环的。

---

① 净值是流动资产(企业的留存收益)和可抵押的固定资产价值的总和。高净值等同于低负债或资产负债表的状况较好,并且企业净值往往是下面提到的内源融资的来源。

② 事实上,在此后的一些研究中,学者们也针对造成企业净值变化的各种冲击进行了研究。有关文献请参见 Oliner and Rudebusch(1996)和 Kiyotaki and Moore(1995)等。

(一) 魏克赛尔的"三角"困境

对于货币循环的研究,可以追溯到魏克赛尔的《利息与价格》。[①] 在某种程度上,现代货币微观经济学中的许多研究都可以看成是沿着魏克赛尔的思路进行的。为此,我们的讨论也将从魏克赛尔最著名的"三角"困境开始。

让我们再次回到瓦尔拉斯的拍卖过程。[②] 假定神秘的市场拍卖员通过调价和拍卖使得现有的市场价格等于均衡价格。这样,他就完成了使命,离开了自己的舞台。接下来,各交易者之间将在给定的均衡价格下展开交易。考察三个经济人:A、B 和 C。其中,经济人 A 所拥有的商品(商品 a)是经济人 B 所需要的;B 所拥有的商品(商品 b)由 C 来购买,而经济人 C 的商品(商品 c)则为经济人 A 所钟爱(见图 15-1)。此时,交易将如何开始?

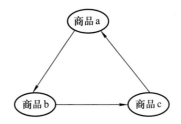

图 15-1　魏克赛尔的"三角"困境

首先,我们发现,如果没有货币,交易将非常困难。因为交易者 A 所需要的商品并不是 B 愿意提供的,尽管 B 所需要的商品由 A 提供。其次,即使我们假定交易者手中有货币,仍然存在着一个谁首先购买的问题。作为一个一般的交易者,如本例中的 A、B 和 C,他们来到市场不仅是为了购买,同时也是为了出售。于是,如果经济中存在着某种不确定性,则我们没有理由相信其中任何一个人会首先购买。如果 B 首先向 A 购买,而 C 最后没有向 B 购买,则 B 有可能破产。然而,如果没有人愿意首先购买,则交易就不可能展开,货币也就不可能流动。这使我们重新回到了第四章中 Javits 中心交易日的开始。

(二) 实体经济中的货币循环

魏克赛尔的这一"三角"困境的例子再次证明,为了使交易能展开,我们必须有一个特殊的交易者,他来到市场的目的只是购买,而不是出售。正如我们在第四章中所指出的,现实中,这样的交易者确实存在,他们是投资者和其他自需求者。

需要说明的是,此种类型的交易者在现代微观货币学中也同样存在。例如,Kiyotaki and Wright(1993)就曾在他们的搜索模型中假定:

> 一开始,交易者中有 M 比例的人,每人都拥有货币,而 $(1-M)$ 比例的交易者中,每人仅拥有某一实物商品。(Kiyotaki and Wright,1993)

---

① 参见 Wicksell(1898)。
② 参见第三章的讨论。

显然，这 M 比例的人可以理解为我们的特殊交易者，即投资和其他自需求者。正如我们在第四章中所描述的，在他们来到市场，并进行了有关的交易后，市场中将出现一系列的反应(其他交易)，从而将经济激活。这一过程可以看成是乘数反应过程。这里我们想强调的是，乘数过程实际上也就是货币的流动和循环过程。事实上，投资者(和其他自需求者)的购买行为可以理解为一种资金(或货币)的注入，从而成为货币在实体经济中循环的起点(见图15-2)。

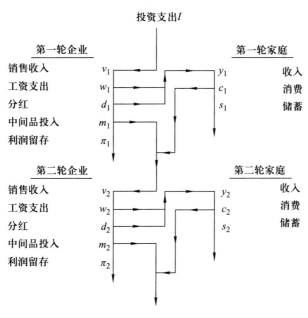

图 15-2　实体经济中的货币循环

我们首先想说明，这里所指的实体经济是由一般的商品市场和劳动力市场所构成的，并不包括金融和货币市场。现在，我们考察图 15-2。投资者的支出 I 可以被理解为货币循环流程的起点。在交易完成以后，该部分货币从投资者的存款账户中流入相关企业(第一轮企业)的账户。这将使这些企业的生产 $v_1=I$ 得以实现，并产生相应的利润。利润中的一部分 π_1 将成为企业的利润留存，并存留在企业的账户上，从而退出循环。收入中的其余部分，包括支付的劳动力工资 w_1、利润分红 d_1 和购买的中间品 m_1，则分别流入相关家庭(第一轮家庭)和相关企业(第二轮企业)的存款账户中。其中，家庭收入 $y_1=w_1+d_1$ 中的一部分 c_1 将用于消费，从而流入相关企业(第二轮企业)的账户之中。而其余部分 s_1 则成为家庭储蓄，从而退出循环。现在，流入第二轮企业的货币金额为 c_1+m_1。它相当于第二轮企业的收入总额 v_2。显然，它们中的一部分 π_2 将成为利润留存而退出循环。其余部分则继续循环，分别流入第三轮企业和第二轮家庭的账户之中。

我们可以想象，此种循环将持续下去。然而，由于在每一轮的循环中，总有部分货币以储蓄(包括企业的利润留存和家庭储蓄)的形式被滞留下来从而退出循环，因此市场中流动的货币将越来越少。我们可以想象，如果没有新的货币通过投资及其他自需求的形式注入市场,则货币循环最终将收敛于 0。这也同时意味着储蓄(从循环中退出的货币)必将等于投资(一开始注入市场并启动循环的货币)。

(三) 金融市场和货币市场中的货币循环

需要说明的是,上述关于货币的循环只是涉及商品市场和劳动力市场,我们并没有考虑货币市场。与此同时,我们假定投资者有足够的存款,使得他们能够支付对固定资产的投资。然而,投资者的资金又从何而来,或者说,投资者是如何筹资的?正是筹资使得金融市场中的货币得以流动和循环!

我们已经知道,储蓄可以被看成是货币在商品市场和劳动力市场中的退出,并滞留在储蓄者的存款账户之中。当储蓄者发现账户中有更多的货币时,他们也许会觉得自己的现金余额过多。于是除保留那些必要的用于日常交易的现金外,他们会寻求转移账户中多余的现金。如果把这些现金用于固定资产的投资或购买住房和汽车等实物资产,则他们的行为等同于自需求者,从而将现金注入由商品市场和劳动力市场所构成的实体经济中,并开始如图 15-2 所示的新一轮的循环过程。如果他们把这些现金用于购买股票和债券等金融资产,则他们直接或间接地弥补了其他自需求者的资金不足。

这里的"直接"可以理解为储蓄者直接从有关的投资者(或其他自需求者)手中购买股票等金融资产。而"间接"则可以看成是储蓄者从其他金融交易者手中购买金融资产。这些金融交易者在出售了手中的金融资产之后,又会再次购买其他资产,从而再一次直接或间接地弥补投资者资金的不足。于是,可以想象,在我们的储蓄者将多余的现金注入金融市场之后,货币将在金融市场中循环,而货币在流出金融市场后,会直接进入投资者(或其他自需求者)的账户之中。

于是我们可以用图 15-3 来描述货币的上述循环过程。投资(或其他自需求)使得货币从投资者的账户中流入由商品市场和劳动力市场所构成的实体经济中,并在各交易者之间循环往复。货币的此种循环产生了一系列的经济活动:生产、就业、消费和储蓄等。而储蓄则可以看成是货币从商品市场和劳动力市场(或实体经济)中流出,进而流入金融市场。当这些货币从金融市场流出时,它们将进入新一轮的投资者(或其他自需求者)的账户之中,从而产生一系列新的经济活动。显然,上述关于货币的循环过程是持续和动态的。

(四) 引入商业银行

需要说明的是,图 15-3 中关于货币的循环同时也反映了新古典经济学及凯恩斯关于投资和储蓄恒等式的解释。在新古典经济学看来,在投资和储蓄这一恒等式中,储蓄决定投资,因为储蓄为投资者提供了资金,而其均衡过程通常可以通过利率的调整达到。

然而,按照凯恩斯理论,投资通过乘数过程决定了储蓄(见图 15-2 和第四章的讨论)。在货币循环模型中,我们发现上述两种关系都能得以体现,只不过它们表现出不同的动态形式。如果我们假定 t 期的投资由 t 期期初注入,而把通过乘数过程所产生的储蓄看成是 t 期期末的结果,则 t 期的储蓄事实上为 $t+1$ 期的投资提供了资金。

上述设想为我们提出了一个非常有意思的问题。假如我们现在考察的是一个不断增长的经济。此时,$t+1$ 期的投资将大于 t 期的投资。假定货币的流量速度不变,即完成由图

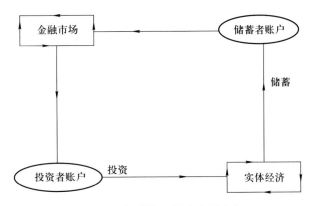

图 15-3 货币循环:引入金融市场

15-3 所示的一个货币循环所需要的时间不变。由于 $t+1$ 期的投资资金来源于 t 期的储蓄,而 t 期的储蓄又等于 t 期的投资,因此,这里就存在着一个资金缺口。如何弥补这一缺口?

也许在现代银行体系建立以前,这种资金缺口只能来源于开凿更多的金矿或银矿,甚至向外掠夺。然而在建立了现代银行体系的今天,这种缺口则由商业银行通过贷款的形式提供。因此,在我们引入商业银行的贷款以后,货币循环流程应由图 15-3 改成图 15-4。

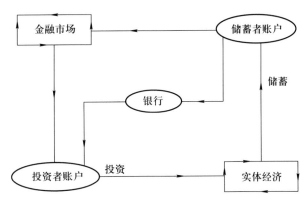

图 15-4 货币循环:引入商业银行

(五) 政府和中央银行的引入

然而,由图 15-4 所示的货币循环流程仍然无法使我们满意,因为它并没有考虑中央银行和政府的作用。在把政府和中央银行的作用考虑进去以后,我们才得到较为完整的货币循环流程图(参见图 15-5)。

现在我们可以想象,在 t 期期初(或 $t-1$ 期期末),金融和货币市场的交易将使得货币流入投资者和政府的存款账户之中。在投资者及政府实施了其投资和支出计划之后,货币被注入实体经济中,并开始了如图 15-2 所示的流程,其结果是产生一系列的生产、就业和消费活动。我们可以假定这些活动将在 $t+1$ 期期末结束。这样,所产生的储蓄和税收将通过 $t+1$ 期期初(或 t 期期末)的金融和货币市场的交易流入下一轮($t+1$ 期)的投资者和政府的

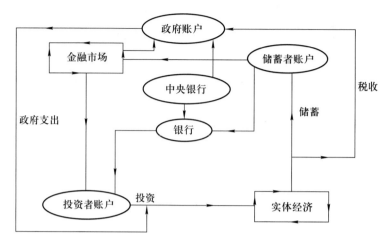

图 15-5 货币循环：引入政府和中央银行

存款账户之中。当然，投资者的资金缺口将由商业银行的贷款所弥补，而政府也可以在债券市场上筹集资金。与此同时，中央银行可以通过各种途径向社会注入高能量货币，从而商业银行的储备金得以增加。

（六）从货币循环看债务的形成

我们已经讨论了作为一种存量的货币如何伴随着交易在不同的经济人之间循环往复。对于货币循环的讨论也许能够让我们得到如下启示：

首先，货币并不是一种稀缺资源。不可否认，就某些发展中国家而言，外汇（美元等）可能是一种稀缺资源。没有美元，它们很难购买到国外先进的机器和设备，从而阻碍经济的进一步发展。因此，一些发展中国家在其发展初期实行外汇管制也许是合理的，韩国就是一例。然而，把本国货币也看成是一种稀缺资源，那就太过牵强了。货币完全可以通过银行体系被创造出来！事实上，货币资源的闸门掌握在中央银行手中。只要闸门一开，新的货币就可以通过各种渠道（如通过公开市场的业务等）流入商业银行的储备金账户中。而商业银行的贷款机制一启动，新的货币就可以以贷款的形式源源不断地流入社会各个领域（参见图15-5）。

其次，货币发行不一定带来通货膨胀。主流经济学家们认为，货币是通货膨胀的根源：当货币供给的增长率超过GDP增长率时，通货膨胀必然会发生。这样一种观点似乎忽略了货币影响经济的传导机制。其实，货币对通货膨胀的影响仍然是通过影响总需求和总供给之间的平衡实现的。当人们手中拥有更多货币时，他们有可能对商品的购买形成更多的需求。此时，如果供给跟不上，通货膨胀就可能产生。相反，人们手中拥有更多的货币之后，如果不形成新的购买需求，却把它们储存起来，或使其流入金融市场，甚至让货币在金融领域空转，这样一种货币供给的增长就不可能增加需求，当然也就不可能引发通货膨胀。

图 15-6 给出了 1979—2006 年中国的名义 GDP 增长率与货币供给增长率的比较。可以看到，中国在相当长的一段时期内（特别是在 1997 年以后），货币供给的增长率远高于名义 GDP 的增长率。然而，这种现象并没有引起通货膨胀，相反，1997—2002 年间，中国经济却

出现了通货紧缩现象。这就足以说明货币供给对通货膨胀的影响必然是通过需求购买这一机制得以实现的。这也同时说明货币数量理论中的货币恒等式实际上是站不住脚的(至少在中国是如此)。因此,在一般情况下,控制总需求和总供给的关系仍然是控制通货膨胀的根本之道。

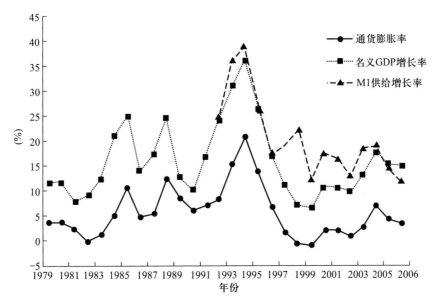

图 15-6　中国名义 GDP 增长率、货币 M1 供给增长率和通货膨胀率

资料来源:国家统计局(2007)。

然而,无论如何,我们仍然必须警惕,在任何一个时点上,人们手中所拥有的货币,其所形成的购买力都远远大于该时点上社会所能提供的商品总量,这意味着通货膨胀的危险无时无刻不在我们的身边。这就如同表面平静的活火山,随时可能喷发。而当人们手中所拥有的货币越多时,这座火山蓄积的能量就越大,其所形成的潜在危险就越大。当然,这种潜在的危险要成为现实,必须由某种机制所触发,而这一导火线通常来自人们的预期,如对未来的不确定、对政府失去信心或者恐慌等。实际上,许多恶性的通货膨胀都来自人们的恐慌心理,例如俄罗斯及东欧国家实行休克疗法时期,就出现过此种情形。值得注意的是,当中央银行持续不断地通过发行货币来弥补政府的财政赤字时,同样可能造成人们对未来预期的不确定性,进而引起恶性的通货膨胀。南美国家在 20 世纪七八十年代就是这样一种情况。

预期可以说是影响经济的重大因素,当一种具有非积极作用的预期成为普遍现象时,它对经济所造成的杀伤力是极大的。而事实上人们的预期很大程度上是非理性的,通常受他人和媒体等的引导。因此,保持经济的稳定、维护人民对政府及国家未来经济的信心仍是经济稳定和增长必不可少的条件。

最后,货币发行通常意味着债务的形成。尽管货币已不是稀缺资源,货币的创造不一定就能带来通货膨胀,然而,货币的创造是否就没有成本?在绝大多数条件下,新货币的创造并不是没有代价的,它们无一不是通过某种资产的转型机制,如负债的增加(通过银行贷款)

或债券的转移(通过公开市场的业务)等得以实现的。因此,在绝大多数情况下,货币供给的增加意味着债务的增加。

遗憾的是,许多西方主流经济学的货币理论通常把货币的创造看成是"直升机撒钱"(helicopter drop of cash)。这一形象的比喻出自货币主义大师和诺贝尔经济学奖获得者米尔顿·弗里德曼。① 这里的"撒钱"当然是指无偿的货币创造,而这种无偿性又是针对一般老百姓而言的。② 总之,尽管货币已不再是稀缺资源,而且货币的创造不一定就能带来通货膨胀,但货币的创造并不是没有成本的:货币的创造通常意味着债务。

三、债务利率与债务危机

我们已经从货币循环的视角对债务的来源进行了考察。我们发现尽管货币已不再是稀缺资源,尽管货币的创造不一定就能带来通货膨胀,不过,货币的创造通常却意味着债务,是债务问题的根源。然而,货币总是要发行的,否则经济就不能发展,与此同时,货币(或债务)的发行都是有成本的,即所谓的利率:利率直接决定着债务的积累速度。于是,对债务问题的研究不仅要研究货币发行是否过度,更为重要的是要研究货币发行的成本——利率——是否过高。本章的其余部分将讨论债务的利率对经济的影响。

(一) 简单的债务滚动模型

首先让我们考察一个简单的债务滚动模型。假定政府(中央或地方)在 t 年的支付可以分为两部分:一为它用于实现政府功能和为经济发展服务等的支出 G_t;另一部分为利息支出 $i_t B_{t-1}$,这里,i_t 为利率,B_{t-1} 为政府上一年($t-1$ 年)年底所累积的债务。政府的收入也主要有两个来源:一是它的税收收入 T_t;二是新发行的债券,记为 ΔB_t,$\Delta B_t \equiv B_t - B_{t-1}$。所有变量都是名义值。于是,政府在 t 年的预算平衡可写成

$$T_t + \Delta B_t = i_t B_{t-1} + G_t \tag{15.1}$$

对公式(15.1)重新进行安排,我们可以得到如下反映政府债务变化的恒等式:

$$B_t = (1+i_t)B_{t-1} + G_t - T_t \tag{15.2}$$

令 Y_t 为名义GDP,并将公式(15.2)两边同除以 Y_t,我们得到

$$\frac{B_t}{Y_t} = \frac{(1+i_t)B_{t-1}}{Y_t} + \frac{G_t - T_t}{Y_t} \tag{15.3}$$

设 g_t 为名义GDP在 t 期的增长率,即 $Y_t = (1+g_t)Y_{t-1}$。将其代入公式(15.3)右边的第一项,我们有

$$\frac{B_t}{Y_t} = \frac{(1+i_t)B_{t-1}}{(1+g_t)Y_{t-1}} + \frac{G_t - T_t}{Y_t} \tag{15.4}$$

进一步设 b_t 为 t 期债务率,$b_t = B_t/Y_t$;d_t 为 t 期的赤字率,$d_t = (G_t - T_t)/Y_t$。于是,公式(15.4)可进一步写成

---

① 参见 Friedman(1969)。

② 为了使这一假设合理化,人们通常借用"政府转移支付"这一机制,即中央银行首先开支票给政府,政府再以"转移支付"的形式"撒钱"给老百姓。

$$b_t = \frac{1+i_t}{1+g_t}b_{t-1} + d_t \tag{15.5}$$

公式(15.5)是我们要讨论的主要公式。

(二) 债务定理

借债要还,但除了还本金,还需还利息,即所谓连本带利。于是利率的高低将很自然地成为债务积累(或是否形成债务危机)的关键变量。由公式(15.5)可知,当利率高于名义GDP 的增长率时,债务率将更容易上升,即使 d_t 是负的(财政盈余)。由于债务是按利率增长,而经济是按其增长率增长,因此,当债务利率长期高于经济增长率时,债务率将不可避免地升高。这样一个结论可以推广到如下一般状态:

【债务定理】 一般地,就个别企业而言,如果其贷款利率长期高于其资产(或收益)增长率,则该企业将早晚会进入"明斯基时刻"。就整体经济而言,如果债务(如贷款)利率长期高于经济的整体增长率,则经济体将早晚进入"明斯基时刻"。

尽管我们已经使用了一个极为简单的债务滚动模型对此进行论证,但这似乎还远远不够。现实中,有各种各样的债务,如中央政府的债务(国债)、地方政府的债务、企业负债和居民负债等,而利率也有多种类型,如国债利率、企业和居民的贷款利率,甚至有所谓的高利贷等。接下来,我们将通过比较现实中的各种利率,来考察它们对各种债务的影响,这实际上也可以理解成用经验数据来论证上述债务定理。

(三) 债务知多少?

我们先考察现实中的各种债务水平。

首先考察总体债务水平。一国的总体债务通常是指除金融机构之外的居民、非金融企业和政府部门的债务余额总额,其占 GDP 的比例反映了该国的总体债务水平。表 15-1 给出了各国和全球的总体债务水平。

由表 15-1 可知,2008 年金融危机之后,全球的总体债务水平仍在继续提高。2013 年达到 GDP 的 212%,创历史新高,相较于 2008 年金融危机时期的 174%大幅上升了 38 个百分点。无论是发达经济体还是新兴市场经济体似乎都落入了"债务陷阱"。以 2013 年的数据为例,发达经济体的债务余额占 GDP 的比重高达 272%,比 2008 年和 2001 年分别上升了 25 与 64 个百分点,其中,英国、美国和欧元区的负债率分别为 276%、264%和 257%,依次比 2008 年金融危机时期增加了 25、23 和 19 个百分点,比 2001 年更是上升了 56、84 和 73 个百分点。更有甚者,日本 2013 年的债务余额占 GDP 的比重竟然达到 411%。就新兴市场经济体而言,尽管其债务余额占 GDP 的比重为 151%,低于发达经济体的债务水平,但也比 2008 年金融危机时上升了 36 个百分点。

表 15-1 总体债务余额占 GDP 的比重及其变化① （单位：%）

	2013 年	比 2008 年增加	比 2001 年增加
全球	212	38	—
发达经济体	272	25	64
新兴市场经济体	151	36	—
英国	276	25	56
美国	264	23	84
欧元区	257	19	73
日本	411	—	—
中国	217	72	—

资料来源：Buttiglione et al.（2014）。

同一时期，中国的债务水平也迅速升高。2013 年中国的总体负债率（不包括金融机构）为 217%，比 2008 年大幅增加了 72%，年均增速超过 14%，这一增幅不仅远高于同期新兴市场经济体中排名第二的土耳其（增幅只有 33%，不到中国增幅的一半），而且也比危机之前美国的增长速度更快（Buttiglione et al.，2014）。

接下来，我们将分别就政府、非金融企业和居民的债务水平进行考察。首先是政府债务。表 15-2 给出了各主要经济体 2008—2014 年政府债务占 GDP 的比重。

表 15-2 各主要经济体的政府债务规模变化（2008—2014 年） （单位：%）

	日本	美国	欧元区	英国	中国
2008 年	191.81	72.84	68.63	51.78	31.67
2009 年	210.25	86.04	78.38	65.81	35.79
2010 年	215.95	94.76	83.91	76.39	36.56
2011 年	229.84	99.11	86.5	81.83	36.47
2012 年	236.76	102.39	91.08	85.82	37.30
2013 年	242.59	103.42	93.40	87.31	39.38
2014 年	246.42	104.77	94.01	89.54	41.06

资料来源：Abbas et al.（2010），国际货币基金组织公共债务历史数据库 HPDD。

可以看到，2008 年金融危机之后，各主要经济体的政府债务规模均有较大程度的扩张，

---

① 这里的发达经济体共包括 21 个国家，分别是澳大利亚、奥地利、比利时、加拿大、丹麦、芬兰、法国、德国、希腊、爱尔兰、意大利、日本、荷兰、新西兰、挪威、葡萄牙、西班牙、瑞典、瑞士、英国、美国；新兴市场经济体也有 21 个国家，分别为阿根廷、保加利亚、巴西、智利、中国、哥伦比亚、捷克、匈牙利、印度、印度尼西亚、以色列、韩国、马来西亚、墨西哥、菲律宾、波兰、俄罗斯、南非、泰国、土耳其、乌克兰。

并且部分国家的负债率(年末债务余额/当年 GDP)早已超过国际公认的 60% 的风险警戒线。但就中国而言,离债务风险警戒线仍相对较远。

与中央政府所不同的是,在我国,地方政府的债务规模快速累积。无论是按宽口径(地方政府性债务)还是按窄口径(地方政府债务),2014 年年底的债务规模都至少在 2010 年的基础上翻了一番,其中,宽口径的地方政府性债务规模从 2010 年的 10.72 万亿元增长至 2014 年的 24 万亿元,而窄口径的地方政府债务规模也从 2010 年的 6.71 万亿元上升至 2014 年的 15.4 万亿元。由此可见,地方政府债务压力正在与日俱增(见表 15-3)。

表 15-3 中国地方政府性债务的规模 (单位:万亿元)

债务类型	2010 年		2012 年		2013 年 6 月		2014 年	
	余额	比重(%)	余额	比重(%)	余额	比重(%)	余额	比重(%)
地方政府债务	6.71	62.59	9.27	59.69	10.89	60.84	15.40	64.17
政府负有担保责任的债务	2.34	21.83	2.49	16.03	2.67	14.92	3.10	12.92
政府可能承担一定救助责任的债务	1.67	15.58	3.77	24.28	4.34	24.25	5.50	22.91
合计	10.72	100.00	15.53	100.00	17.90	100.00	24.00	100.00

资料来源:国家审计署(2011,2013b),国务院(2015)。

就非金融企业的债务而言,主要由传统银行信贷、金融市场债务工具发行、类影子银行的信用融资(包括信托贷款、委托贷款、未贴现银行承兑汇票等)三个部分构成。图 15-7 首先给出了各主要经济体非金融企业债务占 GDP 的比重。

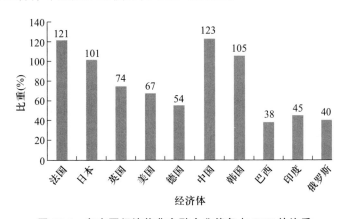

图 15-7 各主要经济体非金融企业债务占 GDP 的比重

资料来源:李扬等(2015)。

可以看到,与主要经济体相比,中国非金融企业债务占 GDP 的比重是最高的,不仅高于其余金砖国家,而且也超过发达国家。即使就债务余额的绝对值而言,截至 2013 年年底,中国非金融企业的债务余额达14.2万亿美元,已超过同期美国的水平(13.1万亿美元),成为全球非金融企业债务最多的国家。① 国内的研究也显示,2014年非金融企业的债务总额(不含地方政府融资平台债务)为78.33万亿元人民币(李扬等,2015)。

上述分析可以让我们得到关于中国债务问题的如下基本结论:

> 与发达国家相比,中国中央政府的债务占GDP的比重非常低,然而,中国非金融企业的债务和地方政府的债务则非常高。

(四) 利率知多少?

我们已经知道,债务利率是决定债务积累速度、形成债务危机的关键变量。当利率水平高于增长率时,债务积累速度将超过经济增长速度,从而债务危机早晚会到来。现实中,不同的债务类型会有不同的利率。那么,各种不同的利率到底处于一种什么样的水平呢?

首先,我们考察国债利率。图15-8给出了2008—2015年国债利率的走势。

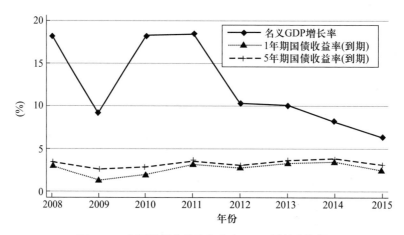

图15-8 中国国债收益率和名义GDP增长率比较

资料来源:国家统计局(2015)、中国统计局网站和中国人民银行网站。

可以看到,尽管存在着波动,但无论是长期还是短期的国债利率都远低于名义GDP的增长率。事实上,在这段时期,名义GDP的平均增长率为12.27%,短期(3个月期)平均国债率为2.14%,长期平均国债率为3.3%。

> 国债利率长期明显低于名义GDP增长率是中国中央政府的债务率一直没有明显上升的根本原因。

反观发达国家,尽管其国债利率和中国相差并不太多,但其GDP的名义增长率却远低

---

① 参见 http://qikan.cqvip.com/Qikan/Article/Detail?id=661950973,访问日期为2021年7月30日。

于中国,并且接近甚至低于其国债利率。表 15-4 给出了 2008—2015 年中国与几个主要发达国家的国债利率与名义 GDP 增长率之比较。

表 15-4 中国与主要发达国家国债率与名义 GDP 增长率 （单位:%）

国家	指标	2008年	2009年	2010年	2011年	2012年	2013年	2014年	2015年	年均值
中国	收益率	3.52	2.69	2.90	3.55	3.09	3.64	3.89	3.14	3.30
	GDP 增长率	18.18	9.12	18.31	18.40	10.33	10.09	8.18	6.38	12.27
美国	收益率	2.80	2.19	1.93	1.52	0.76	1.17	1.64	1.53	1.69
	GDP 增长率	1.66	−2.04	3.78	3.70	4.11	3.14	4.11	3.45	2.72
加拿大	收益率	3.03	2.33	2.48	2.06	1.38	1.62	1.58	0.85	1.92
	GDP 增长率	5.05	−5.18	6.05	6.49	2.99	3.81	4.27	0.52	2.94
澳大利亚	收益率	5.59	4.66	5.10	4.55	2.96	2.88	3.08	2.15	3.87
	GDP 增长率	6.84	3.05	8.71	5.76	2.24	3.95	1.60	1.19	4.14
日本	收益率	0.98	0.69	0.41	0.43	0.24	0.23	0.16	0.07	0.40
	GDP 增长率	−2.29	−6.00	2.45	−2.30	0.80	0.79	1.64	2.46	−0.35
德国	收益率	3.64	2.39	1.76	1.83	0.52	0.63	0.35	−0.02	1.39
	GDP 增长率	1.93	−3.96	4.87	4.77	1.91	2.39	3.36	3.78	2.35
法国	收益率	3.87	2.61	2.00	2.38	1.23	1.05	0.58	0.12	1.73
	GDP 增长率	2.58	−2.85	3.07	3.04	1.34	1.36	1.17	1.92	1.44
西班牙	收益率	4.00	2.97	3.41	4.70	4.83	3.29	1.36	0.75	3.16
	GDP 增长率	3.28	−3.33	0.17	−0.97	−2.57	−1.11	0.96	3.84	0.00
意大利	收益率	4.30	3.10	2.98	4.85	4.43	3.15	1.47	0.74	3.13
	GDP 增长率	1.40	−3.63	2.01	2.05	−1.48	−0.54	0.46	1.52	0.21

资料来源:中国资料来源于国家统计局(2015)、国家统计局网站和中国人民银行网站。其他国家资料来源于 OECD 数据库和各国中央银行或财政部网站。

由此我们发现：

增长率低迷,并且许多情况下甚至低于名义国债利率是发达国家政府债务占 GDP 比重高企的根本原因。

其次,我们考察中国地方政府的债务利率。地方政府的利率取决于其举债方式。这其中包括银行贷款、地方政府的债券发行等。表 15-5 给出了各种不同举债方式在地方政府举债中所占的比重。

表 15-5　地方政府各种举债方式所占的比重　　　　　（单位:%）

举债方式	2010年	2012年	2013年6月	2014年
银行贷款	74.84	78.07	50.76	51.00
发行债券	8.21	12.06	10.71	8.00
BT	—	—	11.16	—
其他举债方式	16.95	9.87	27.37	41.00
合计	100	100	100	100

资料来源:国家审计署(2011,2013a,2013b),国务院(2015)。

注:"其他举债方式"包括上级财政、其他单位和个人借款等。

可以看到,发行债券在地方政府举债中所占的比重在10%左右,其余主要为银行贷款和其他举债方式。值得注意的是,2010年以来,银行贷款所占的比重在逐渐下降,而其他举债方式所占的比重则明显上升,2014年达到41%。但无论如何,银行贷款仍然是地方政府举债的主要方式:2014年达到51%。

那么,地方政府各种举债方式的利率又处于什么样的水平呢?根据财政部、中国人民银行、银监会2015年联合下发的规定,采用定向承销方式发行的地方债,发行利率区间下限不得低于发行日前1至5个工作日相同待偿期记账式国债收益率的平均值,上限不得高于其30%。鉴于记账式国债收益率平均为3%-4%,这就表明地方债的发行利率区间将为3%-5%。

然而,根据楼继伟(2015),非债券方式举债的地方政府债务(如银行贷款等)的平均成本一般在10%左右。由此我们可以看出地方政府的债务为什么会积累得如此之快。

2015年,经国务院批准,财政部向地方下达3.2万亿元的置换债券额度,即用发行地方政府债券的方式来置换存量债务,这使得被置换的存量债务的平均成本下降至3.5%左右,预计为地方政府每年节省利息2 000亿元。

综上,尽管一部分地方政府的债务利率较低,在3%-5%左右,但由于其90%的债务利率在10%左右,接近甚至超过了各地方政府的名义GDP和财政收入的增长率,因此使地方政府的债务余额迅速累积。

最后,中国非金融企业的举债目前仍以银行业的间接融资为主,即由商业银行向非金融企业提供信贷。因此,非金融企业的债务成本就是商业银行的贷款利率。而商业银行所提供的贷款利率一般由中央银行提供的法定贷款利率和商业银行自己规定的加成两部分构成。也就是说,中央银行所提供的法定贷款利率是非金融企业债务成本的下限。表15-6汇总了2008年金融危机后至2015年我国金融机构的法定贷款利率。可以看到,2008年时法定贷款利率被规定在7%以上,2015年则下降至不到5%,但由于商业银行在此基础上需要有一个加成(一般在2%以上),因此这一利率水平已经非常接近一般企业的收益增长率(或成长率)。

表 15-6　金融机构的法定贷款利率　　　　　　　　　　　（单位：%）

	短期贷款利率 （1 年）	中期贷款利率 （1 年至 3 年）	中长期贷款利率 （3 年至 5 年）	长期贷款利率 （5 年以上）
2008－09－16	7.20	7.29	7.56	7.74
2008－10－09	6.93	7.02	7.29	7.47
2008－10－30	6.66	6.75	7.02	7.20
2008－11－27	5.58	5.67	5.94	6.12
2008－12－23	5.31	5.40	5.76	5.94
2010－10－20	5.56	5.60	5.96	6.14
2010－12－26	5.81	5.85	6.22	6.40
2011－02－09	6.06	6.10	6.45	6.60
2011－04－06	6.31	6.40	6.65	6.80
2011－07－07	6.56	6.65	6.9	7.05
2012－06－08	6.31	6.40	6.65	6.80
2012－07－06	6.00	6.15	6.40	6.55
2014－11－12	5.60	6.00	6.00	6.15
2015－03－01	5.35	5.75	5.75	5.90
2015－06－28	4.85	5.25	5.25	5.40
2015－08－26	4.60	5.00	5.00	5.15
2015－10－24	4.35	4.75	4.75	4.90

资料来源：中国经济统计数据库。

此外，中国的金融体系还经常会出现中小型民营企业贷不到款，从而不得不诉诸民间借贷、地下钱庄等非正规的民间融资手段的现象。[①] 非正规的民间融资通常意味着极高的利率。以民间借贷利率中最具代表性的温州民间融资综合利率指数为例，该利率水平大约是同期金融机构所提供法定贷款利率的 4 倍左右（见表 15-7）。

表 15-7　温州民间融资综合利率指数

时间	指数	时间	指数
2015 年第一季度	19.59%	2014 年第一季度	20.07%
2015 年第二季度	19.32%	2014 年第二季度	20.16%
2015 年第三季度	18.95%	2014 年第三季度	20.27%
2015 年第四季度	18.62%	2014 年第四季度	20.01%

资料来源：温州金融办。
注：作为反映民间融资利率市场的"晴雨表"，温州民间融资综合利率指数目前已覆盖全国 46 个民间金融活跃城市，成为具有代表性的资金价格信息来源。

---

① 中国第一部民间借贷的地方性法规《温州民间融资管理条例》对民间融资的定义为：民间借贷和私募债券、私募基金等货币资金融通活动的总称。

由此我们发现:

为什么中国的非金融企业部门和地方政府的债务会增长如此之快,甚至成为世界之首?答案只有一个:贷款利率太高!

(五) 货币空转与影子银行

这里,我们有必要介绍一下中国的货币空转和影子银行是如何助推中国的利率高涨的。在图 15-4 中,我们假定商业银行在获得存款来源后,只用于贷款给实体经济的投资者。然而,20 世纪七八十年代以后,随着发达国家金融市场的开放以及银行和金融业的不断演变及发展,出现了各种不同类型的金融衍生产品,商业银行和其他金融中介(如投资银行、保险公司等)在各自经营的业务上不断相互渗透。这使得信用和货币的创造已绝非仅仅由商业银行所独占。而商业银行除提供贷款之外,同时也可以选择投资金融资产。例如,在中国,商业银行同样可以用用户的存款在银行间市场购买国债等金融资产以及为客户提供各种不同类型的金融服务。此种情况下图 15-4 可以进一步修改为图 15-9。

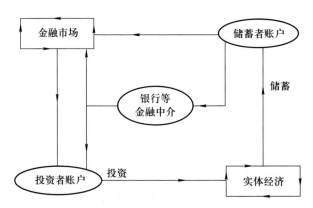

图 15-9　货币循环:引入其他金融中介和混业经营

这里,我们有必要解释一下所谓货币空转的概念。

【货币空转】　所谓货币空转是指新增的货币供给并不流向生产领域,而是流向金融领域。

这里,所谓流向金融领域基本上可以分为两个方向:一是流向股市和证券等二级市场;二是流向资金贩子。前者将推高资产价格,易于形成泡沫;后者则将推高资金成本,如最后进入投资者口袋时的贷款利率。

在中国,由于长期以来资产价格并未显著上升,有学者认为,大量资金可能会流向资金贩子。因此,尽管就正规的商业银行来讲,其贷款利率也许并不算很高,政策上可能也就是 6% 和 7% 左右,但此种贷款很可能是贷给一个金融中介(如小贷公司和地下钱庄等)。这实际上意味着,大量资金有可能在各资金贩子之间空转,进入不了真正需要贷款的人手中;而且即使最后进入真正需要贷款的人(如中小企业)手中,已经是经过多道资金贩子之手,利率可能就非常高了,可能达到13%,甚至20%。

显然,这些小贷公司、地下钱庄和金融服务公司等资金贩子实际上起到了影子银行的作用。

【影子银行】 所谓影子银行是指游离于银行监管体系之外、本身不具备吸收存款能力,却开展贷款业务的金融中介。

"影子银行"是美国次贷危机爆发之后所出现的一个重要的金融学概念。在中国,影子银行除上述资金贩子之外,还有一种是以理财产品的方式存在的。在中国,大量的地方政府融资平台或一些房地产开发商本身并不具备借款的资格,因此会委托一些信托公司,创造一些理财产品,并委托银行销售。为了使银行的理财产品能够吸引公众,其收益率通常定得较高,往往有13%—20%。与此同时,委托方还需支付银行托管费和信托公司的服务费。其中,信托公司实际上起到了影子银行的作用。毫无疑问,无论是通过资金贩子之手还是以理财产品的方式融资,都将极大地提高资金成本。这样一种货币(贷款)的传导机制必然会给经济体带来巨大的债务问题。[①]

讨论与小结

本章中,我们讨论了债务视角下的经济危机。债务对经济的伤害是不言而喻的。然而,对于债务问题,经济学家们却经历了从漠视到重视的过程。

MM 理论认为企业价值和融资成本与其资本结构(如债务率等)无关。然而,MM 理论是建立在完美和有效市场假设基础上的。明斯基则否定了完美和有效市场,并提出了其著名的"金融不稳定"假说。明斯基首先认为企业的资本结构对其融资成本和融资模式的选择等具有显著的影响。对于债务高启的企业,银行会认为其风险更大,从而在债务合约中,会要求更高的利率、更短的借款期限和以特定资产作为抵押品等现象。与此同时,经济的扩张通常是由债务所推动的,于是,经济社会就存在一种内生的金融(或债务)不稳定机制。

货币既是存量,也是流量。在基本凯恩斯模型中,我们把货币看作一种存量来研究。然而,作为存量的货币,其同时也伴随着交易在不同的经济人之间循环往复。对货币循环的讨论,让我们对乘数过程和投资—储蓄恒等式等有了更进一步的认识。与此同时,尽管货币已不是稀缺资源,而且货币的创造不一定就能带来通货膨胀,然而,在绝大多数条件下,货币供给的增加仍然意味着债务的增加。

然而,货币总是要发行的,否则经济就不能发展,与此同时,货币(或债务)的发行都是有成本的,即所谓的利率;利率直接决定着债务的累积速度。就个别企业而言,如果其贷款利率长期高于其资产(或收益)增长率,则该企业将早晚会进入"明斯基时刻"。就整体经济而

---

① 参见龚刚(2019)。

言,如果债务(如贷款)利率长期高于经济的整体增长率,则经济体将早晚进入"明斯基时刻"。无论是国内还是国外,其债务问题都和利率相关。

所谓货币空转是指新增的货币供给并不流向生产领域,而是流向金融领域。货币空转通常使货币流向影子银行,这将极大地提高资金成本。这样一种货币(贷款)的传导机制必然会给经济体带来巨大的债务问题。

思考题

1. 请解释下列名词:资本结构、对冲性融资、投机性融资、庞氏融资、明斯基时刻、内源融资、外源融资、货币空转和影子银行。

2. 什么是 MM 理论?请解释 MM 理论背后的经济学原理。MM 理论成立吗?为什么?

3. 什么是明斯基的"金融不稳定"假说?请解释明斯基"金融不稳定"假说背后的经济学原理。"金融不稳定"假说成立吗?为什么?

4. 请详细解释作为存量的货币是如何循环的。在这一循环过程中,我们应如何理解投资—储蓄恒等式?

5. 货币是否为稀缺资源?为什么?

6. 货币的发行一定会带来通货膨胀吗?在什么情况下货币的发行会带来通货膨胀?历史上的许多恶性通货膨胀是怎么产生的?

7. 如何正确理解货币的发行创造了债务?什么情况下货币的发行并不创造债务?能否设想一种机制,使得货币的发行既能直接进入实体经济,又不创造债务?

8. 什么是债务定理?请解释债务定理背后的经济学原理。债务定理成立吗?为什么?

9. 为什么发达国家的债务问题主要体现在国债上,而中国的债务问题则主要体现在企业和地方政府上?

10. 请分析影子银行对经济体债务问题的影响。

11. 需求管理型的宏观稳定政策能应对债务危机吗?为什么?

第十六章　中国的宏观稳定政策

本章中,我们将讨论中国的宏观稳定政策。这其中包括中国宏观稳定政策的一些特点,同时也包括中国宏观稳定政策未来所面临的挑战。

与西方国家的市场经济相比,中国的市场经济有其自身的特点,即属于社会主义市场经济。中国经济的特点不仅使中国经济运行中的许多方面与西方国家不尽相同,同时也造成了中国宏观稳定政策中的一些独特之处。毫无疑问,

> 中国的宏观稳定政策具有中国特色的社会主义性质,体现了国家强大的调动资源和把控经济的能力。

因此,在中国,宏观稳定政策通常被称为宏观调控,它和发达国家逆周期的宏观稳定政策极为不同。

一、中国宏观稳定政策之特点

我们将首先对中国的宏观调控体系作一简单的概述,以展示其大致轮廓。接着我们将给出中国宏观调控中的一些案例。

(一) 中国的宏观调控体系

第一,中国的宏观调控体系在组织机构上与发达国家不同。在发达国家,中央银行一般是独立于政府的,因此其货币政策可以独立地由中央银行制定和执行(这在欧元国家显得更为突出)。然而,中国的中央银行,即中国人民银行在行政上并不独立,属国务院领导。而中国的宏观调控体系也被看成是一项系统工程,由国务院统一领导和制定,并由国家发展和改革委员会(以下简称"发改委")、财政部和中国人民银行等具体负责实施。

第二,在目标选择上,中国的宏观调控体系不仅仅是为了减少经济的波动,维持物价的稳定,它通常还包括了促进经济增长这一更为长期的目标。需要说明的是,这些目标在许多情况下是相互矛盾的。通货膨胀率和经济增长率是正相关的:更高的经济增长通常会带来通货膨胀。而中国的宏观调控体系正是在这样一个相互矛盾的目标体系中游走平衡。实践中,由这样一对相互矛盾的目标体系所带来的后果必然是中国经济的"高速增长和高通胀并行"之运行特征(见表16-1)。

表 16-1　中国与主要国家的 GDP 增长率、通货膨胀率和 M2 增长率(1980—2011 年)

(单位:%)

国家	实际 GDP 平均增长率	平均通货膨胀率	平均货币供给增长率
中国	10.00	5.67	22.60
美国	2.63	3.63	6.45
日本	2.12	1.06	4.15
英国	2.16	3.37	13.31
德国	1.79	2.29	
法国	1.82	3.55	

资料来源:世界银行数据库,http://data.worldbank.org.cn/。

第三,中国目前的宏观调控通常具有政府主导下的产业调控性质。这意味着中国政府通常会把宏观经济问题细化,从而考察个别行业和个别区域的失衡。一方面,这与中国的市场经济不完善有关;另一方面,它也体现了中国作为一个发展中国家因经济的起飞及不断转型所造成的产业和区域结构上的矛盾。在许多情况下,正是这种产业和区域结构矛盾及所面临的不断调整,才造成了中国宏观经济的波动。正因为如此,中国的宏观调控离不开产业结构的调整和区域性宏观经济政策,从而也离不开发改委的介入。后文所给出的两个案例实际上都是政府对某一具体行业所采取的措施。中国的这种产业调控性质同时也体现在随后要介绍的各种项目库的支撑上。

第四,中国宏观调控的手段和工具是多种多样的。这里,不仅财政政策和货币政策会经常被同时使用,而且在货币政策方面,无论是货币政策的中介目标,还是执行货币政策时所采用的工具都与发达国家有所不同。此外,国家除动用一般市场经济国家所使用的市场手段之外,还会动用一些特殊的行政手段。行政手段的存在充分体现了中国社会主义市场经济的特点。中国大量的事业单位和国有企业为政府采用行政手段执行逆周期的宏观稳定政策提供了微观基础。例如,当经济下行时,行政手段通常体现为不减少所雇佣的工人,反而要求增加雇佣等。

第五,中国宏观调控体系所面临的外部条件和发达国家也不尽一致。中国的资本市场并不完全开放。与此同时,中国的汇率制度基本上可以被视为有政府干预的固定汇率制度和有管理的浮动汇率制度。正是这种非开放的资本市场和各种可能的行政手段,使得中国能有效地避免 1997 年的东南亚金融危机等。

第六,西方发达国家的宏观稳定政策通常只是一种简单的需求管理,它所影响的仅仅是经济社会的需求侧。然而,中国的宏观调控体系绝不仅仅是需求管理,通常也影响着供给侧。而这又与发改委通过项目库介入经济密不可分。

(二) 项目库的支撑:将"危"转化为"机"

这里,有必要专门介绍一下中国宏观调控体系的一大特点,即项目库的支撑。

【项目库的支撑】 所谓项目库的支撑是指利用经济下行的机会,将项目库中成熟的项目推向社会,从而将"危"转化为"机"。

项目库中的项目一般都存放在发改委,而且之前也进行过论证,大多为一些基础设施建设项目。这些成熟的项目之前之所以没有被推出,是因为项目的推出会明显地增加总需求,从而在经济不存在下行压力时,很有可能会引发通货膨胀。例如,1997年亚洲金融危机发生时,中国利用经济面临下行压力的机会,开始大规模建设高速公路网。而当2008年全球金融危机发生时,中国则推出了大规模的高铁建设。2019年经济面临下行压力时,中国又推出了许多新基建项目。

【新基建】 所谓新基建是指新型基础设施建设,其中包括5G、人工智能、工业互联网、物联网等。

显然,这些新基建项目包括了一些新技术的运用等,这使得中国基础设施的概念更上了一个新的台阶。特别需要说明的是,项目库的存在本身就反映了国家通过五年规划等对经济的积极介入,因此具有明显的社会主义性质。

项目库中各项目的推出需要有资金来源,而与此相配合的中国财政政策和货币政策则为项目的推出提供了融资的渠道。和西方发达国家的逆周期宏观稳定政策类似,中国也会通过货币政策和财政政策来应对经济的下行或过热。例如,当2008年全球金融危机发生时,中国也推出了4万亿元的财政政策加10万亿元贷款的货币政策。然而,与西方国家所不同的是,中国的财政政策和货币政策会有明确的载体,即前文所说的项目库中的项目。而在西方,由于奉行自由放任的市场经济,财政政策通常找不到明确的实施载体。事实上,作为逆周期的宏观稳定政策,财政政策在西方现在已经很少被使用。而扩张性的货币政策(如降低利率等)的效应则取决于私有部门对此政策的反应。因此,经济复苏过程一般极为缓慢。而在中国,由于有明确的实施载体,财政政策和货币政策的效应通常是立竿见影的。事实上,无论是1997年的亚洲金融危机还是2008年的全球性金融危机,基本上都没有使中国经济增长的步伐停滞下来。

(三)案例:对钢铁业的铁腕调控[①]

2002—2005年,中国的钢铁业进入了一个投资的快速增长期,年增长率均在30%以上,最高峰时甚至超过了100%。与此同时,中国的钢产量也以年均20%以上的速度增长,并连续九年居世界第一。2004年,中国的钢产量更是排名第二到第四位的日本、美国和俄罗斯三国钢产量的总和。此外,中国的钢铁生产企业数量众多。

中国钢铁行业的投资过热,很大程度上源自通货紧缩时期国家因执行扩张性财政政策而启动的各种大规模的基础设施建设,以及同一时间因住房体制改革而带来的房地产业的迅速发展。这使得市场对各种钢材的需求猛增,从而带动钢材价格的猛涨。2002年,国内

[①] 本案例的主要资料来源为谢玉先、周军(2007),其中的有关数据则来自国家统计局(2007)。

钢材综合价格指数为 74.65,而到了 2004 年,该指数上升到了 120 以上。

钢材价格在短期内的迅速高涨驱动着企业(包括民营企业)对钢铁业的投资热潮,而这事实上产生了诸多问题。首先,钢铁业属资本密集型行业,技术要求较高,其污染物的排放有可能较大。因此,规模较小的民营企业并不适合投资钢铁行业。其次,国家按照经济的发展前景,事实上已经对钢铁业的生产力布局进行了规划:一大批技术含量高、污染程度小的大型钢铁厂已经在规划和建设之中。

针对钢铁行业这种持续的投资过热现象,国务院在 2004 年 4 月作出决定:提高钢铁业固定资产投资项目的资本金比例,由过去的 25% 提高到 40% 及以上;并责成江苏省和有关部门对江苏铁本钢铁有限公司违规建设钢铁项目有关责任人作出处理。与此同时,为配合国务院的决定,中国人民银行也及时启动了窗口指导,严格限制对钢铁业投资的贷款。

发改委在 2005 年 7 月 20 日正式颁布了《钢铁产业发展政策》,以合理控制钢铁工业生产规模。《钢铁产业发展政策》中涵盖许多行政措施,以抬高新增企业的准入门槛。例如,对新增企业的审批进行严格限制;规定了一系列严格的技术标准,如烧结机使用面积达到 180 平方米以上、焦炉炭化室高度达到 4.3 米以上及污染物排放指标达到环保标准等。《钢铁产业发展政策》原则上已不再提倡成立新的钢铁企业。对于已经存在的钢铁企业要想跨地区投资钢铁项目,《钢铁产业发展政策》中也有明确的门槛:企业上一年的普通钢产量必须达到 500 万吨及以上,或特殊钢产量要达到 50 万吨以上。对于外资钢铁企业进入中国市场,《钢铁产业发展政策》中则规定,必须具有钢铁自主知识产权技术,并且上一年的普通钢产量必须达到 1 000 万吨以上,或特殊钢产量达到 100 万吨以上;与此同时,境外企业投资境内钢铁行业,必须结合境内现有钢铁企业的改造和搬迁,不布新点。这一规定让很多境外大型钢铁集团进军中国的计划破碎。

《钢铁产业发展政策》颁布的第二年即 2006 年,我国钢铁投资首次出现了负增长,同比下降 2.5%。

(四)案例:对房地产行业的调控[①]

中国自 1998 年开始实行住房供给制度改革,将住房的供给和需求放到了市场体系中,这对释放居民的住房需求、刺激住房建设和供给起到了巨大的推动作用。1998—2008 年,中国住宅投资年均增长率高达 17.2%,城镇的房地产开发投资年均增长率更达到 27.6%,房地产业已经成为中国经济的一项支柱产业,对中国经济的持续增长起到了巨大的作用。然而,在极大地拉动了经济增长的同时,房地产业的市场化改革也带来了住房价格的大幅波动。1998—2003 年,房价还只有轻微的上升,从 2003 年年底开始,房价开始飙升。除 2008 年由于金融危机的影响使得房价上升幅度较小甚至有所回落之外,我国的房地产价格一直高涨到现在。

房子是一种商品,它能满足人的住房需要,这是其所具有的一般商品属性。然而,房子又绝不仅仅是一种商品,它同时也是一种资产。作为资产,人们持有它并不是为了消费,而是期望它增值,以获得投资回报,这是其所具有的金融资产属性。既然作为一种金融资产,

---

① 参见张路(2019):《"双重属性"下的中国家庭住房需求与住房市场》,北京:经济科学出版社。

其价格的波动就可能很大,很容易如股票那样被吹起来和炒起来,很容易产生泡沫,而泡沫最终总是要破灭的。正因为如此,持续的房价高涨犹如悬挂于头上的一把"达摩克利斯之剑",随时让人担忧泡沫破灭的来临,给经济和金融安全造成了巨大的隐患,同时也使居民购房时面临沉重的资金压力,民怨四起。

针对持续高涨的房价,国务院从 2005 年开始先后出台了"国八条""国六条""国十条"和"国 11 条"等指导性方针和具体政策。例如,通过制定商业银行购房贷款的差别化政策,规定第二套房屋贷款的最低首付比例不能低于 40%,另外还区分了首次购房与非首次购房的不同利率和税收的优惠政策;对出售房产的收入根据所持有房屋年限征收不同的营业税和个人收入所得税等。2010 年,许多地方政府进一步出台了更为猛烈的限购政策,即限制非本地户口的居民在本地购买住房,而国务院和国资委则一纸命令,勒令 78 家央企退出房地产业。

二、国有商业银行体系下的货币政策

接下来我们将讨论中国的货币政策。为此,我们首先回顾历史。我们将发现,正是出于这些历史的原因,使得中国目前的货币政策在许多方面仍有其独特之处。

(一) 中国人民银行的"前世今生"

中国人民银行是中国的中央银行,负责制定和执行中国的货币政策。然而在改革开放以前,中国人民银行并不是真正意义上的中央银行。中华人民共和国成立之后,中国在计划经济体制下形成了由中国人民银行"大一统"的银行体系。在这"大一统"的银行体系下,中国人民银行事实上具有双重身份:第一,作为中国的中央银行,它发行人民币,从而其信用可以是无限的;第二,作为具有国家垄断性质的商业银行,它行使着商业银行的职能,即按照中央计划,直接对企业进行现金和信贷的发放,并同时吸收企业和居民的存款。事实上,改革开放以前,中国人民银行掌握着全国几乎所有的金融资产,因此通常被称为中国的"现金、信贷和结算中心"。

改革开放以后,中国人民银行的商业银行职能开始逐步淡化。1979 年中国农业银行恢复建制,从而首次打破了"大一统"的传统金融体制格局。此后,其他三家主要的国有商业银行,中国工商银行、中国银行和中国建设银行——也逐步恢复建制。这使得中国人民银行能完全摆脱其商业银行的职能。1984 年,国家决定中国人民银行专门行使中央银行的职能,并将其一般的存款和贷款业务交由四大国有商业银行承担。1994 年,国家再一次明确中国人民银行作为中国中央银行的身份。从这一年起,中国人民银行已不再对工商企业直接发放贷款,而真正意义上以调节总需求为主要目标的货币政策也从该年开始出台。

(二) 中国的商业银行体系

1984 年以前,中国的四大国有商业银行各有各的服务对象,不能交叉经营,如中国工商银行集中于工商企业贷款;中国农业银行主要为农村、农业发展提供贷款;中国银行成为外汇外贸专业银行;中国建设银行主要为基建投资提供贷款,因此当时的银行体系仍然具有垄断性质。1984年以后,四大国有商业银行间的业务划分被取消,业务交叉程度得到加深,但总体而言,银行业仍然为四大国有商业银行所垄断。直到1987年以后,伴随着一批股份制商业银行的建立,一些城市信用社被合并重组成城市商业银行,银行间的竞争才真正开始。与此同时,外资银行开始出现,由最初仅能设立代表处发展到现在可以全面经营人民币业务。然而,尽管银行业金融机构的数量大大增加,中国银行业的垄断程度仍然很高,四大国有商业银行仍占有大部分的市场份额。因此可以说四大国有商业银行是中国银行业的代表。

就所有制特征而言,中国的商业银行以国有成分为主。这样一种所有制特征即使在经过了一系列的体制改革以后也没有实质性的改变。2004年,中国国有商业银行体制改革以交通银行为试点正式全面展开。中国国有商业银行体制改革的目标是把国有独资的商业银行改造成符合市场经济规律的股份制商业银行,并让其最终在海内外上市。至今四大国有商业银行已全部完成了股份制改革,并在海内外成功上市。然而,我们不得不说,中国的商业银行体制改革并没有改变其以国有成分为主这一最根本的体制特征。从某种意义上说,所谓的体制改革实际上是把国有独资银行改变为以国有股份为主的股份制商业银行。这也意味着国家对商业银行仍有一定的行政影响:虽然建立了现代的公司治理机制,但其董事长和行长等都可能是国家任命的官员,而且具有一定的行政级别。而中国商业银行的这种体制特征也决定了中国货币政策的独特性。

(三) 双重盯住:中国货币政策的中介目标的特点

如前文(第十章)所述,中央银行在执行货币政策这一过程中,一般会按现有的经济状况制定一个货币政策的中介目标,并通过使用各项货币政策的工具如公开市场的业务等来实现这一目标。当然,这一中介目标的实现是为了达到货币政策的最终目标,即稳定的物价水平。就西方发达国家而言,这一货币政策的中介目标经历了从货币供给量到利率的转变过程。与此同时,当货币供给量为中介目标(或被中央银行盯住)时,利率任由市场决定;而当利率为中介目标(或被中央银行盯住)时,货币的供给侧任由市场决定,即所谓货币供给内生化。

然而,在中国目前的银行体系中,国有商业银行仍然占据着主导地位,因此中国在制定和执行货币政策的过程中,仍然体现出自己的特点。这种特点首先体现为在货币政策的中介目标上,国家每年制定一个关于M1和M2的货币供给量指标。其次,除银行间拆借利率(相当于美国的联邦基金利率)之外,其余的利率,无论是贷款利率还是存款利率,在相当长的一段时期内都没有完全市场化:或由政府统一规定,或在政府规定的范围内浮动,或由政府的基准利率引导。由此可见,在货币政策中介目标的选择上,中国执行的是双重盯住。

【双重盯住】 所谓双重盯住是指中央银行在货币政策中介目标的选择上,既盯住货币供给量,又盯住利率。

双重盯住意味着金融市场的扭曲。图16-1描述了此种双重盯住下的扭曲。在图16-1中,我们给出了经济社会的货币需求函数,该函数与利率呈负相关,因此是一条向下倾斜的曲线。现假定在双重盯住下,货币供给目标为 $\overline{M}$,利率目标为 $\overline{r}$。显然,这样一种组合$(\overline{r}, \overline{M})$并没有体现市场的均衡。于是,为了达到这样一种双重盯住,必须采用行政手段。在利率管制条件下,这样的行政手段(工具)通常体现为为完成货币供给量指标而出现的对贷款的"抑制"或"倒逼"[①]。例如,2004 年所推行的宏观调控措施事实上可以理解为对某些行业,如钢铁业等的贷款"抑制"。而在此之前,当经济处于通货紧缩时,各国有商业银行为完成由上级所下达的贷款指标,被迫主动地去寻找合适的贷款人,这就是所谓的"倒逼"。与此同时,在实行"抑制"和"倒逼"的同时,我国的国有商业银行通常也会在政府的要求下提供政策性贷款。

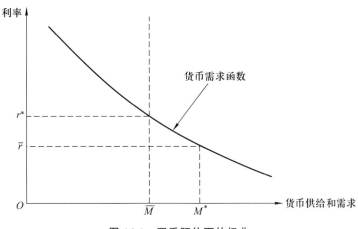

图 16-1 双重盯住下的扭曲

现假定中央银行运用行政手段成功地实现了双重盯住,于是,货币市场必产生扭曲,即在当前利率 $\overline{r}$ 下,货币的需求 M^* 大于货币供给 $\overline{M}$。实际中,这具体表现为中小企业融资难和由此而产生的大量资金空转和影子银行等。必须说明的是,尽管此时被中央银行盯住的利率低于市场的均衡利率,然而,正如前文(第十五章)所分析的,由于资金空转和影子银行的作用,实际利率可能远远高于被盯住的利率,甚至会高于市场的均衡利率。因此,货币政策的这种双重盯住很有可能会推高贷款利率,由此而产生债务问题。

(四) 外汇储备与高能量货币的发放

中国货币政策的另外一个独特之处是其高能量货币的发放机制。前文(第十四章)指出,中国人民银行通过外汇交易市场不断竞价购买美元而积累其外汇储备。这样一种购买行为无疑使美元相对于人民币的价值被人为提升,而人民币则相对贬值。与此同时,这样一种购买行为类似于美国的公开市场业务,所不同的是,美联储购买的是美元国债等,而中国的央行购买的是美元。

用人民币购买美元一方面使中国的外汇储备得以增加,另一方面则给经济社会注入了基础货币(或高能量货币)。事实上,这是中国近几年发行基础货币的主要渠道。表 16-2 给出了中美之间基础货币供应结构的比较。

---

① 这种行为通常被称作窗口指导。

表 16-2 中美 1996—2008 年基础货币供应结构比较　　　　　　（单位：%）

基础货币结构(%)	中国				美国	
	对金融机构再贷款	外汇占款	对政府净债权	中央银行债券	政府债券	对金融机构再贷款
1996 年	54.4	35.7	1.1	0	88.02	0.04
1997 年	47.2	41.2	0.4	0	89.10	0.03
1998 年	25.4	55.8	−2.1	0	87.57	0.07
1999 年	24.1	48.8	−1.5	0	91.07	0.10
2000 年	47.7	39.8	−5.1	0	90.95	0.03
2001 年	43.7	43.7	−4.2	0	91.48	0.01
2002 年	38.1	49.4	−4.0	−3.3	92.32	0.01
2003 年	34.6	64.1	−10.8	−5.8	92.53	0.01
2004 年	31.5	84.4	−10.6	−18.8	93.33	0.01
2005 年	39.7	104.3	−10.5	−31.5	94.21	0.01
2006 年	36.2	114.9	−12.0	−38.2	94.41	0.02
2007 年	20.5	122.9	−7.1	−33.9	90.56	0.55
2008 年	15.7	125.8	−5.3	−35.0	88.20	0.02

资料来源：Gong(2012)。

可以看出美国基础货币的投放以购买政府债券为主，其占基础货币投放的 90% 左右；而中国的基础货币投放则以外汇占款（通过购买外汇的途径）为主。事实上，从 2005 年起，中国的外汇占款已超过全部基础货币投放总量。例如，2008 年，外汇占款为全部基础货币投放的 125.8%。如此巨额的外汇占款产生了所谓的流动性过剩问题，这使得中国人民银行不得不发行自己的债券（又称央行票据）以回笼基础货币。2008 年，该债券已达到基础货币投放总量的 35.4%。

我们想说明的是，中国人民银行所发行的债券不同于国债，即由财政部所发行的债券。中国人民银行所发行的债券并不用于经济建设和政府支出，它的作用仅仅是为了回笼基础货币，因此是一项纯粹的金融创新。

三、应对债务危机

由债务问题所引发的经济危机所需的周期相对较长，远大于由需求冲击所带来的经济危机。也正因为如此，人们经常会忽略它。然而，债务危机对经济所造成的伤害却远远超过了一般的由需求冲击所产生的经济危机。债务问题的严重性不仅体现在其对经济的冲击上，更在于常规的宏观稳定政策已无法应对债务危机。

（一）常规宏观稳定政策已无法应对债务危机

通常情况下，随着经济周期繁荣阶段的结束，经济会出现下行波动。按照我们之前的研究,这种波动(或不稳定)是极为正常的,因为经济体本身就同时存在着稳定机制和非稳定机制,正是这两种机制的相互作用才使经济产生了波动。但由于价格调整具有黏性,其很有可能不足以使经济稳定,因此,另一种稳定机制,即政府的宏观稳定政策就成为必要。

【常规宏观稳定政策】 常规宏观稳定政策是指政府频繁使用的宏观稳定政策。常规宏观稳定政策本质上就是凯恩斯需求管理型的宏观经济政策。

然而,并不是所有的下行波动(或危机)都可以由常规宏观稳定政策予以救助。由于在债务正常状态下,经济的波动通常源自需求的波动,因此,以需求管理为目标的常规宏观稳定政策通常能够平抑因需求的不稳定而产生的波动。然而,当债务处于非正常状态时,经济所面临的不仅仅是纯粹的需求波动,同时也面临银行惜贷和企业违约风险的上升等。此种情况下,常规宏观稳定政策必然失效。表16-3揭示了危机爆发三年内各国所采取的常规宏观稳定政策及相应的产出损失累计,可以看到,常规宏观稳定政策并没有带来经济的复苏。

表16-3 各国采用常规宏观稳定政策应对大规模债务违约的效果 (单位:%)

国家 (危机发生年份)	常规宏观稳定政策 (危机发生后三年的平均值)		产出损失(危机发生 后三年累计值)
	基础货币的年增长率	财政赤字占GDP的比重	
瑞典(1991)	21.63	7.33	30.60
芬兰(1991)	1.75	5.07	59.08
墨西哥(1994)	22.03	4.77	4.25
委内瑞拉(1994)	79.32	1.64	9.62
保加利亚(1996)	245.13	3.09	1.30
牙买加(1996)	19.35	5.71	30.08
日本(1997)	8.88	6.17	17.56
韩国(1997)	4.05	1.66	50.10
印度尼西亚(1997)	47.66	2.47	67.95
泰国(1997)	12.95	2.51	97.66
越南(1997)	24.17	2.74	19.72
哥伦比亚(1998)	11.97	4.28	33.52
土耳其(2000)	33.99	10.55	53.50
阿根廷(2001)	36.28	7.23	42.65
乌拉圭(2002)	17.37	0.00	28.79
多米尼加(2003)	45.95	6.45	15.51

资料来源:Laeven and Valencia(2008)。
注:样本包括1990年以来爆发大规模债务违约且数据可得的16个国家典型案例。

(二) 非常规宏观稳定政策

面对债务危机时,如果常规宏观稳定政策失效,那么,唯有非常规宏观稳定政策才能挽救经济。那么,什么是非常规宏观稳定政策?下面将分别以中国应对1997—1999年国有商业银行大规模不良资产问题和美国应对2007年次贷危机为例来进行探讨。

1997年,中国商业银行体系的不良资产比例高达50%,尤其是占到整个银行体系资产68%的四大国有商业银行(工、农、中、建)均被认为因资不抵债而有技术性破产的问题,并且整个金融体系也陷入困境之中。①面对国有商业银行如此大规模的不良资产,中央政府不得不下决心对国有商业银行体制进行较为彻底的市场化改革。此次体制改革的逻辑就是把现有的国有独资银行改造成符合市场经济规律的由国家控股的股份制商业银行,并让其最终在境内外资本市场上市。在改革过程中,政府主要着手对国有商业银行异常糟糕的资产负债结构进行了大幅改善。具体是由财政部出资成立了四家国有资产管理公司(东方、长城、信达、华融),先后分两次对口剥离了四大国有商业银行的不良资产,合计剥离了3万多亿元的银行不良资产(具体见表16-4和表16-5)。由此可见,中国政府应对商业银行大规模不良资产问题所采用的非常规宏观稳定政策便是由政府主导来直接剥离金融机构的不良资产。

表16-4 四大资产管理公司对不良贷款的第一次剥离(1999—2001年)

资产管理公司	对口银行	剥离的资产总额(亿元)	不良贷款率(%)(1998年年底的数据)
东方	中行	2 674	20.4
长城	农行	3 458	24.6
信达	建行	3 730	21.7
华融	工行	4 077	17.9
合计		13 939	20.7

资料来源:Ma and Ben(2002)。

表16-5 四大资产管理公司对不良贷款的第二次剥离(2004—2008年)

建行	中行	工行	农行
2004年6月25日,与信达资产管理公司签署《可疑类贷款转让协议》;向其出售1 289亿元可疑类贷款,并无偿转让569亿元损失类贷款	2004年6月,以50%的面值向东方资产管理公司出售181亿美元的不良贷款	2005年5月27日,向华融资产管理公司出售2 460亿元损失类资产;2005年6月27日,向四大资产管理公司转让4 590亿元可疑类贷款	2008年11月21日,财政部以无追索权方式购买按面值剥离的不良资产8 156.95亿元

资料来源:龚刚、徐文舸、杨光(2016)。

---

① 在欧债危机最为严重的2012年,欧元区银行业的不良贷款率也只不过为5%(BIS,2013)。

为应对 2007 年次贷危机,美国政府同样采取了非常规宏观稳定政策。由于常规的货币政策几近失效(名义联邦基金利率接近目标下限 0,却仍然无法使经济好转),美联储只得采用非常规宏观稳定政策,即大规模运用其自身的资产和负债的一揽子货币政策(徐文舸,2013)。其中,美联储先后实施了四轮大规模的资产购买计划,其资产负债表的规模也因此急剧扩张了三万多亿美元,并且所购买的资产对象主要是此次危机的罪魁祸首——"两房"(房利美和房地美)所发行的"机构抵押贷款支持证券"(AMBS)。此外,美联储也积极配合财政部直接救助(或接管)陷入困境的金融机构和工业企业,如美国国际集团、"两房"和美国三大车企(通用、福特和克莱斯勒)等。当然,在推出这些救助措施的同时,监管和立法机构也对旧的金融监管体系进行了全面整改。从上述案例可知:

【非常规宏观稳定政策】 非常规宏观稳定政策与以需求管理为目标的常规宏观稳定政策具有本质的区别,它是以政府直接购买债务的方式来缓解企业或金融机构的债务问题。

当然,中国采取的债转股和债券置换等手段也属于非常规宏观稳定政策。然而,不得不说明的是,尽管两者都大为降低了债务人的债务成本(或债务利率),但实际上是将债务风险从企业和地方政府转嫁至银行和债券持有人。其实际效果将取决于被救助债务人未来经济活动的效益。如果被救助债务人未来经济活动的效益良好,成长率超过新的债务利率,则这样一种救助就是成功的;否则,无论是债转股还是债券置换,都仅仅是延缓了债务危机的爆发时间。

(三) 惩罚性救助

然而,非常规宏观稳定政策通常会带来"动态不一致"和"道德风险"等问题。基德兰德和普雷斯科特在其获得诺贝尔经济学奖的文章(Kydland and Prescott,1977)中提出了"动态不一致"(time inconsistency)的概念。

【动态不一致】 所谓动态不一致是指政府事先的承诺与其事后的行动并不一致。

在危机发生之前,政府通常会宣称对于不负责任的银行(或企业)绝不会提供救助,但由于金融体系的不稳定性和传染性,个别银行的破产将有可能导致整个金融体系的崩溃,因此,为避免发生金融危机,作为最后贷款人的中央银行经常会违背之前的承诺,对问题银行展开救助,这就产生了"动态不一致"问题。"动态不一致"不仅使政府自食其言、失去信用,同时也会助长被救助银行(或企业)和其他银行(或企业)未来的"道德风险"。此外,一些大型金融机构非但在危机期间"大而不倒"(too big to fall),而且在危机过后也"大到不能起诉"(too big to jail)。更有甚者,在金融危机中美国政府救助了一大批金融机构,但同时也让一些金融机构破产倒闭,其中不乏大型的金融机构(像雷曼兄弟、华盛顿互惠银行等),这种选择性救助无疑会让人担心政府的"寻租行为"和"道德危机"。

也正因为如此,有许多经济学家反对政府采用非常规宏观稳定政策。Fama(2010)就认为政府救助金融机构是不恰当的,这种救助所产生的"动态不一致"等问题会在未来显露出来,并且也批评选择性救助缺乏逻辑性。不过,也有部分经济学家,如 Stiglitz(2008)和 Romer(2009)等则支持政府的救助行为,特别是针对由债务所引起的经济危机。其中,Kindleberger(2005)从金融危机史的视角,对危机期间的政府救助给予了积极评价:"当金融市场面临崩溃时,需要政府进行干预,尤其要求最后贷款人来提供稳定的公共产品——额外的流动性"。

综合上述两种观点,我们认为,政府采用非常规宏观稳定政策来应对由债务所引起的经济危机是必要的,但为了避免"动态不一致"等问题,政府救助必须辅以相应的惩罚,即本着"谁出事,谁负责"的原则,对相关当事人进行经济上的惩罚和法律上的诉讼,这种既救助又惩罚的机制可以被称为"惩罚性救助"。可以说,"惩罚性救助"是政府应对债务危机的根本之道。

(四) 制度性降息

"惩罚性救助"是债务危机发生后政府不得不采取的应对之道。然而,更为重要的是,政府本身也应事先采取制度性降息以防范债务危机。

【制度性降息】 所谓制度性降息是指通过对金融体制的改革、监管和对货币政策传导机制的疏通(或金融供给侧改革),使得进入实体经济的贷款利率能系统下降。

根据债务定理,贷款利率必须低于名义 GDP 的增长率,否则经济早晚会进入"明斯基时刻"。以前中国经济处于高速增长阶段,实际 GDP 的增长率通常在 9% 左右,再加上通货膨胀率,名义 GDP 的增长率通常在 13% 左右。这实际上意味着债务率中的分母增长率很高,一般情况下高于贷款利率,从而债务问题就不会那么显著。然而,2012 年之后,中国经济的潜在增长率开始逐渐下降①,企业本身也面临各种各样的转型压力,因此,如果债务利率还是居高不下的话,中国的债务问题只会越来越严重。所以,为了防范债务危机,中国应采取制度性降息。

制度性降息首先要求减少资金空转。如前所述,在中国,就正规的商业银行而言,其贷款利率也许并不算很高,政策上可能也就是 6%—7% 左右。但此种贷款有可能是贷给一个金融中介(如小贷公司、影子银行等)了。一些大型国有企业也有金融服务公司,它们凭借其相对良好的信用而轻易获得贷款,转而投向信托贷款、委托贷款等高收益领域,从而某种意义上成为资金的"二道贩子"。此外,个别大型银行也经常扮演着资金拆出行的角色。更有甚者,在金融深化(或金融自由化)和解决中小企业贷款难的口号下,中国的各种金融中介(如影子银行、小贷公司和民间借贷等)如雨后春笋般涌现出来,扮演着资金的"三道贩子"甚至"四道贩子"的角色。大量资金滞留于"资金贩子"之手而没有进入实体经济,本身就意味

---

① 即中国经济进入其发展的第二阶段。关于两阶段理论的研究,请参见本书第二十一章的讨论。

着整个经济社会实际上并不缺乏资金的流动性,而是资金无法流入实体经济,在金融领域空转。

主流经济学家们也许会说,金融深化(或金融自由化)因金融压抑而起,其本身就是为了解决信息不对称情况下中小企业贷款难等问题。尽管信息不对称和中小企业贷款难等在中国确实存在,但如果以增加资金的"二道贩子"的形式出现,那么,它对经济的损害无疑是巨大的。

多道资金贩子的出现必然意味着更高的资金成本,例如,尽管一般商业银行的贷款利率也许并不高(大约在7%左右),但经过多道贩卖,最终进入实体经济的利率很可能达到百分之十几,例如,温州民间借贷的利率曾达到20%左右,这样一种利率毫无疑问已经是高利贷了。然而,在许多经济学家看来,在有效市场和理性经济人的假设下,高利贷的出现也属正常,因为经济中本身就存在着所谓的异质性贷款人:他们愿意接受高利贷,本身就意味着其盈利水平很高,成长率很高。然而,这种有效市场和理性经济人假设却很难通过实践的检验。现实中,很少有人会心甘情愿地接受高利贷。能够接受高利贷者很可能就是那些本身已债务累累,已经无法从正规渠道获得贷款之人;获得高利贷也许是他们最后的希望。即使如此,除了使他们能延缓一段时期,高利贷并没有办法帮助他们最终走出破产等困境。此外,接受高利贷者也可能包括一些怀着侥幸心理的赌徒,如炒股和炒房者;甚至也有可能包括一些无知和非理性的大学生等人群:此种非理性经济人的存在,使得校园贷款和套路贷等现象出现,从而对社会造成一定的伤害。

总之,理顺货币政策传导机制,减少货币在金融领域的空转,降低货币进入实体经济的贷款利率,使之在微观上低于企业本身的成长率,在宏观上低于名义GDP的增长率,才能避免经济走向"明斯基时刻"。

讨论与小结

本章讨论了中国的宏观稳定政策。与西方国家相比,中国的宏观稳定政策具有鲜明的社会主义性质,体现了国家强有力的调动资源和把控经济的能力。中国的宏观调控由国务院统一领导,并由发改委、财政部和中国人民银行等具体负责实施。中国宏观调控的手段和工具是多种多样的,其中包括了行政手段。中国宏观调控体系最为重要的特点是项目库的支撑,即利用经济下行的机会,将项目库中成熟的项目推向社会。项目的推出使得中国的财政政策和货币政策均有明确的实施载体,从而能起到立竿见影的效果,并将"危"转化为"机"。

改革开放之前,中国人民银行既是中央银行,同时也是唯一的"大一统"的商业银行。1994年的金融体制改革使得中国人民银行脱离了其商业银行的职能。在中国目前的银行体系中,国有商业银行仍然占据着主导及垄断地位。这样一种主导和垄断地位为中国特色的货币政策提供了所有制基础。中国货币政策最为重要的特点是双重盯住:既盯住货币供给,又盯住利率。双重盯住必然会带来金融市场的扭曲。于是,为了实现双重盯住,必须采用行政手段,如"抑制""倒逼"和政策性贷款等。所有这些都表明,中国目前的货币政策仍然具有行政色彩。此外,中国的货币政策也同样受到其储备型汇率模式之影响。实践中,这表现为中国高能量货币的发放通常是以央行在外汇市场上购买外汇实现的。大量外汇占款甚至给中国经济带来了流动性过剩问题，而这迫使中国人民银行不得不发行大量的央行票据以回笼过剩的流动性。

未来，中国宏观调控体系最为重要的挑战是如何应对债务危机。常规宏观稳定政策已无法应对危机，唯有非常规宏观稳定政策才能挽救经济脱离债务危机。非常规宏观稳定政策说到底就是政府直接买单。无论是中国还是美国，历史上都曾使用过非常规宏观稳定政策。然而，非常规宏观稳定政策容易出现"动态不一致"问题，同时也可能会带来"道德风险"。因此，一种更好的处理方式是"惩罚性救助"。"惩罚性救助"是债务危机发生后政府不得不采取的应对之道。然而，更为重要的是，政府本身也应事先采取"制度性降息"以防范债务危机。

思考题

1. 请解释下列名词：新基建、窗口指导、抑制、倒逼、贷款计划、双重盯住、外汇占款、央行票据、非常规宏观稳定政策、动态不一致。
2. 请简单描述中国的宏观调控体系。为什么在中国宏观稳定政策通常被称为宏观调控？
3. 请解释为什么项目库的支撑会使"危"转化为"机"。
4. 请简单描述中国人民银行的"前世今生"。
5. 与西方发达国家相比，中国当前的商业银行体制具有什么样的特点？这些特点对中国的货币政策将产生什么样的影响？
6. 什么是双重盯住？双重盯住是如何实现的？双重盯住会带来金融扭曲吗？为什么？双重盯住和高利率有关系吗？为什么？
7. 请解释中国的储备型汇率模式是如何影响中国的货币政策的？
8. 什么是非常规宏观稳定政策？为什么当债务危机发生时，唯有非常规宏观稳定政策才能挽救经济脱离债务危机？
9. 为什么非常规宏观稳定政策容易出现"动态不一致"和"道德风险"问题？
10. 什么是"惩罚性救助"？为什么要进行"惩罚性救助"？
11. 什么是制度性降息？为什么要进行制度性降息？

第四部分

增长理论

第十七章　经济增长的基本事实

对于经济的观察,人们容易为当前的经济波动所左右:衰退令人沮丧,它给百姓的生活带来困难;扩张尽管带来了希望,但又使人们开始担心通货膨胀。然而,如果我们把眼光放长远一些,回过头去考察更长期的经济活动,或者展望未来的经济发展,经济波动的重要性也许就会被淡化,而经济增长,即总产量的不断上升则成为一个更值得关注的问题。正如诺贝尔经济学奖得主罗伯特·卢卡斯所指出的:

> 一旦一个人开始思考(经济增长问题),他就不会再考虑其他任何问题。
> (Lucas,1988)

本章将考察经济增长的一些基本事实。关于经济增长的基本事实有哪些?这些基本事实在发展中国家(包括中国)和发达国家有区别吗?经济学理论能解释这些事实吗?

一、趋同假设

从长期来看,世界绝大多数国家的经济都在不断增长。当经济增长速度快于人口增长速度时,人均产出(或人均收入)将会增长,而这意味着人们的生活水平将会得到改善。因此,研究经济增长时,通常考虑的是人均产出(或人均收入)的增长,而不是单纯的 GDP 增长。

(一) 趋同假设

首先给出趋同假设的定义。

【趋同假设】　所谓趋同假设,是指经济落后的国家有可能增长得更快,从而趋同于经济发达的国家。

在表 17-1 中,我们给出了法国、德国、日本、英国和美国 1950—2014 年的人均产出及其增长率的记录。之所以选择这五个国家,不仅因为它们在世界上具有超强的经济实力,而且因为它们的发展代表了发达国家第二次世界大战后到 2014 年的经历。

我们的第一个发现是,所有五个国家都经历了十分强劲的经济增长,经济的增长明显大于人口的增长,这使得人均产出上升,人们的生活水平得以提高。例如,美国 2014 年的人均产出是 1950 年的 4.9 倍,德国是 11.0 倍,而日本是 19.9 倍。

第二,五个国家的人均产出增长率在 1973 年以后开始下降,这种下降在日本、德国和法国更为明显。

表 17-1 一些发达国家的经济增长

国家	人均产出增长率(%)			人均产出(美元)		
	1950—1972年	1973—1997年	1998—2014年	1950年	2014年	2014年/1950年
法国	4.2	1.6	0.95	5 150	42 732	8.3
德国	4.9	1.8	1.39	4 356	47 821	11.0
日本	8.1	2.5	0.59	1 820	36 194	19.9
英国	2.5	1.9	1.44	6 870	46 331	6.7
美国	2.2	1.5	1.32	11 170	54 629	4.9

资料来源：Blanchard(2000)；世界银行数据库。

第三，五个国家的人均产出水平随时间的推移而趋同。例如，1950年，日本的人均产出只有美国的16%，而到了2014年，这一比例为66%。这也意味着曾经落后的国家经济增长更快，正是这种更快的增长速度使得它们缩小了与最富裕国家之间的差距。

现在我们考察人均产出趋同这一现象是否能扩展到其他国家。首先，我们把视野扩大到OECD国家。在图17-1中，我们画出了OECD国家1950—1992年平均人均GDP增长率与1950年人均GDP水平之间的关系。可以发现，人均GDP的初始水平和人均GDP增长率之间有明显的负向关系；1950年时落后的国家增长得更快。尽管这一负向关系并不完美，但无论如何，我们不能否定，就大多数OECD国家而言，经济落后的国家，其经济增长速度更快，正是这种更快的增长速度使得它们缩小了与前沿国家的差距，这就是所谓的"趋同"。

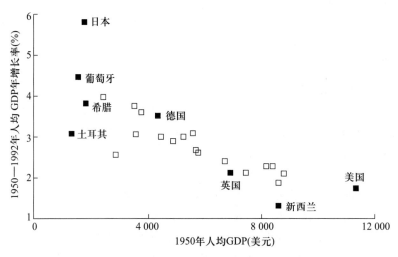

图 17-1 OECD 国家中的趋同

资料来源：Blanchard(2000)。

(二)趋同假设的背离

现在让我们把考察对象扩大到世界范围内。图 17-2 画出了 97 个国家和地区 1960 年的人均 GDP 水平与人均 GDP 增长率(1960—1992 年)的关系,其中包括亚洲、非洲和拉丁美洲中一些最贫穷的国家。可以发现,所谓的趋同假设在更广泛的世界范围内并不明显。总体而言,1960 年,相对贫穷的国家并没有出现更快的经济增长。

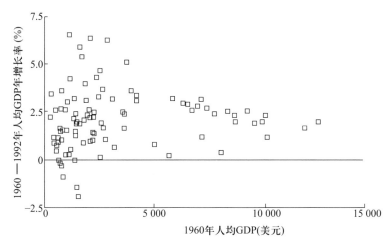

图 17-2 世界范围内的趋同

资料来源:Blanchard(2000)。

上述讨论让我们得出如下关于有条件趋同的假设:

【有条件的趋同】 经济落后的国家有可能增长得更快,从而使自己趋同于经济发达的国家。然而,趋同并不是一个普遍规律,它的实现必须满足一定的条件。

有条件的趋同(conditional convergence)意味着中国经济过去四十多年来的高速增长实际上并不是一个例外,但同时也不是必然会发生的。有条件的趋同同时也给经济学家们提出了难题:趋同需要什么样的条件?

(三)经济学家们的解释

对于有条件的趋同,经济学家们有各自的解释。首先,具有相似政治和经济体制的国家应该会有相似的储蓄率、折旧率以及与技术有关的一些参数,这决定了它们具有相同的人均产量的稳定状态,从而趋同就会发生;趋同过程实际上就是人均产量较小的国家向其稳定状态的移动。由于 OECD 国家在政治和经济制度上较为类似,因此趋同更有可能在 OECD 国家之间发生。其次,那些没有进入趋同的亚非拉贫穷国家由于政治和经济体制的差异,储蓄率、折旧率和技术等区别较大,从而其人均产量的稳定状态落后于 OECD 国家。

但是,把能否趋同完全归因于政治和经济体制似乎过于简单。中国经济的崛起也一定程度上打破了这种猜想。中国的政治和经济体制在许多方面不同于现有的 OECD 国家,尽管过去四十多年中国不断地朝着市场化方向进行经济体制的改革,但是作为社会主义市场经济,中国在许多方面仍保留着国有经济和强政府的特征。在政治体制上,中国与OECD国家的差别则更为明显。中国经济的崛起向世人展现了经济增长的另一种模式,而这足以引起研究经济增长和中国经济问题的学者们的关注与思考。与此同时,我们还想说明的是,许多OECD国家在经济起飞时期,其经济体制并不完全和它们现在的体制一样。

我们还是要强调一点:尽管对于趋同的原因我们还不能完全明了,然而,有些事实却是肯定的。比如,社会环境的稳定是落后国家进入趋同行列、实现经济高速增长的前提条件。亚非拉一些最贫穷国家不稳定的社会环境、频繁发生的军事政变和动乱严重阻碍了它们的经济增长。中国经济的高速增长显然得益于自改革开放以来稳定的社会和政治环境。

二、人均收入转移矩阵

我们已经看到,尽管有一部分发展中国家能够以比发达国家更快的速度实现经济增长,最终进入趋同行列,但更多的国家则没有。那么,就大多数发展中国家而言,它们的经济增长(和发展)呈现出什么样的特征?具有什么样的基本事实?例如,在漫长的经济增长过程中,有多少发展中国家脱离了贫困?又有多少发展中国家成功进入了高收入国家的行列?

(一)绝对人均收入转移矩阵

表17-2中,我们借助Penn World Table(PWT)数据库收集了167个国家(或地区)1960—2010年的人均GDP数据[①],并且按人均GDP将它们划分为低收入(贫困)、中等收入和高收入国家(或地区),其中,高收入为人均GDP大于15 220美元,中等收入为人均GDP在2 418美元和15 220美元之间,低收入为人均GDP小于2 418美元。所有收入经购买力平价(PPP)折算后按2005年的美元衡量,其收入等级的划分也与联合国的划分基本一致。[②]

表17-2中的第二行表示,1960年,低收入国家(或地区)一共有78个,其中有37个(占47.44%)国家(或地区)到2010年时(50年之后)仍然停留在低收入组别,即人均GDP小于2 418美元,38个(占48.72%)国家(或地区)升入中等收入队列,3个(占3.85%)国家(或地区)更是跃入高收入俱乐部。表17-2中的第三行表示,1960年中等收入国家(或地区)一共有79个,其中有3个(占3.8%)到2010年退入低收入队列,39个(占49.37%)则仍然停留在中等收入队列,另外37个(占46.84%)则进入高收入俱乐部。就高收入国家(或地区)而言,1960年只有10个国家(或地区),2010年时它们全部留在高收入俱乐部,尽管该俱乐部的成员已由1960年的10个增加到2010年的50个。

[①] 参见Feenstra, Inklaar and Timmer (2013)。

[②] 这里我们并没有像联合国那样将中等收入区分为低中等收入和高中等收入,也没有像Han and Wei(2015)那样进一步将低收入区分为极低收入和低收入。对于部分1960年数据缺失的国家,我们用其1970年的数据代替。对于苏联加盟共和国,我们用其1990年的数据代替。这种代替对最后的结果并不具有实质性的影响。

表 17-2　人均收入转移矩阵

	低收入	中等收入	高收入	1960 年加总
低收入	37 (47.44%)	38 (48.72%)	3 (3.85%)	78 (46.71%)
中等收入	3 (3.8%)	39 (49.37%)	37 (46.84%)	79 (47.31%)
高收入	0 (0%)	0 (0%)	10 (100%)	10 (6.00%)
2010 年加总	40 (23.95%)	77 (46.11%)	50 (29.94%)	167 (100%)

资料来源：Penn World Table 数据库。

表 17-2 的结果表明，经过 50 年的发展，将近一半（48.72%）的低收入国家（或地区）成功转变为中等收入国家（或地区），有 3 个甚至直接成为高收入国家（或地区）。同时，也有将近一半（46.84%）的中等收入国家（或地区）成功转变为高收入国家（或地区）。而 1960 年时的高收入国家（或地区）仍然属高收入国家（或地区）。

上述讨论似乎告诉我们，只要时间足够长（如 50 年），收入组别的升级就是一个较大概率（近 50%）的事件。这也意味着，从更长远来看，所有非高收入组别的国家（或地区）最终都有可能进入高收入组别（Han and Wei，2015）。

（二）相对人均收入转移矩阵

出现以上情况显然是因为我们将高收入的标准固定在 15 220 美元。这样，只要 GDP 增长率高于人口增长率，人均 GDP 就会增长，从而经济体早晚要达到高收入的标准——人均收入达到 15 220 美元。

由此可见，利用绝对收入标准来区分国家（或地区）的发展水平在长期是不合理的。一种更合理的考察方式是相对人均收入的转移。表 17-3 中，我们将收集到的 167 个国家（或地区）按相对于美国人均收入的比例进行组别划分，其中，高收入组别为人均 GDP 大于美国人均 GDP 的 60%，中等收入组别为人均 GDP 在美国人均 GDP 的 10% 至 60% 之间，低收入组别则为人均 GDP 小于美国人均 GDP 的 10%。同样，所有收入水平经购买力平价（PPP）折算后按 2005 年的美元衡量。

现在我们看到，1960 年低收入组别一共有 56 个国家（或地区），其中有 42 个（占 75.00%）到 2010 年时仍然停留在低收入组别，只有 13 个（占 23.21%）升入中等收入组别，1 个国家（占 1.79%）即韩国进入了高收入俱乐部。表 17-3 中的第三行则表示，1960 年中等收入国家（或地区）一共有 90 个，其中有 17 个（占 18.89%）到 2010 年退入低收入组别，59 个（占 65.56%）仍然停留在中等收入组别，另外 14 个（占 15.56%）则进入高收入俱乐部。就高收入国家（或地区）而言，1960 年有 21 个国家（或地区），2010 年时有 18 个（占 85.71%）继续留在高收入俱乐部，尽管该俱乐部的成员已由 1960 年的 21 个增加到 2010 年的 33 个。

表 17-3　相对人均收入转移矩阵

	低收入	中等收入	高收入	1960 年加总
低收入	42 (75.00%)	13 (23.21%)	1 (1.79%)	56 (33.53%)
中等收入	17 (18.89%)	59 (65.56%)	14 (15.56%)	90 (53.89%)
高收入	0 (0%)	3 (14.29%)	18 (85.71%)	21 (12.57%)
2010 年加总	59 (35.33%)	75 (44.91%)	33 (19.76%)	167 (100%)

由此可见,与绝对收入的转移相比,相对收入的转移概率明显下降。经过漫长的 50 年的发展,只有 13 个(占 23.21%)国家(或地区)从低收入国家(或地区)成功转变为中等收入国家(或地区)。同时,也只有 14 个(占 15.56%)国家(或地区)从中等收入国家(或地区)成功转变为高收入国家(或地区)。相反,50 年后,继续留在原收入组别则是大概率事件,其概率从低到高分别为 75.00%、65.56% 和 85.71%。

三、贫困陷阱

上文提到,即使是经过 50 年的发展,贫困(或低收入)国家(或地区)继续贫困的概率仍高达 75.00%,这就是发展经济学中的所谓"贫困陷阱"。

【贫困陷阱】 所谓贫困陷阱,是指当一个经济体的财富、人力资本和技术水平等发展要素的积累没有达到一个临界点时,经济体无法脱离贫困。

理论界关于贫困陷阱的研究由来已久,其基本思想是基于一种"临界点"的模式,即在一个国家(或地区)经济起飞之前,财富、人力资本和技术进步等发展要素应该积累达到一个临界点:超过临界点,则经济起飞;处于临界点以下,则经济停滞。

(一) 贫困陷阱形成的机制

当一个国家的人均收入很低时,人们会将绝大部分收入用于消费,以维持基本的生存状态,从而储蓄率会非常低,缺乏用于发展工业化的资本积累,经济增长将出现停滞。有的时候,即使经济出现增长,其成果也可能会被加速增长的人口瓜分殆尽,使人均收入重回生存水平附近,无法摆脱贫困。

18 世纪末,马尔萨斯在《人口原理》一书中提出,对于贫困阶级,人均收入只要提高到生存水平之上,人口就将快速增长,从而降低人均收入,重回生存水平,即"贫困阶级之所以贫困,是因为无法摆脱人口陷阱"。

20 世纪 50 年代,Nelson(1956)发展了马尔萨斯的思想,构建了一个低收入水平下低储蓄率和低投资率的模型,从而发现收入、储蓄(或投资)和人口之间相互作用形成一种低水平均衡,即贫困陷阱,以此解释发展中国家的贫困:一个国家由于贫困,将继续贫困,因为它无法积累足够的资本以变得富有。之后关于贫困陷阱的研究大多基于该模型的思想。[①]

(二)"S"形储蓄率函数、生存性消费和门槛消费

很容易发现,上述关于贫困陷阱研究中的一个很重要的假设是:当收入很低时,储蓄率也非常低。这与经典的宏观经济学模型(包括新古典模型和凯恩斯主义模型)中假定储蓄率不变存在着本质上的差别。那么,为什么当收入很低时,储蓄率也非常低?这一假定是否具有足够的微观基础?是否经得起经验检验?这是 Nelson(1956)之后理论界围绕贫困陷阱展开研究的一个主要内容。

一种可能的途径就是假定储蓄率函数为"S"形。Sachs et al.(2004)认为在收入水平较低时,人们的储蓄率较低,但随着收入的提高,储蓄率有较大的提高。因此,储蓄率函数为"S"形。然而,Kraay and Raddatz(2007)的跨国实证研究并没有发现"S"形储蓄函数的存在。

内生的储蓄率模型从代表性家庭的消费和储蓄决策出发,不做非线性储蓄率函数的假设,而是引入生存性消费(subsistence consumption)的概念。Azariadis(1996)由此发现经济发展水平低于生存性消费水平是出现贫困陷阱的一个重要原因。Ben-David(1998)和Steger(2000)的研究也发现,在收入水平较低时,生存性消费限制了人们的储蓄,经济发展水平接近生存性消费水平的国家将跌入贫困陷阱。

Meysonnat et al.(2015)在生存性消费基础上,进一步引入门槛消费(threshold consumption)的概念。门槛消费作用于效用函数中的效用折旧率,从而在非线性的效用折旧率假设基础上构建模型。其政策内涵为:如果一个国家处在消极的低储蓄率水平,那么可以通过援助,使其转变为乐观的高储蓄率水平,从而摆脱贫困陷阱。

(三)走出贫困陷阱

一般认为,常规的市场经济手段已经无法让一个处于生存水平的发展中国家走出贫困陷阱。如 Nelson(1956)所述,要逃离贫困陷阱,必须越过"门槛",在短期内大量投资,即投资规模需达到一个下限,称为"临界最小努力",低于这个下限的投资起不到推动经济持续增长和走出贫困陷阱的作用。显然,市场经济很难完成这样一种"临界最小努力"。

既然经济发展水平接近生存水平是储蓄率太低、无法积累工业资本和陷入贫困陷阱的根本原因,那么,外部援助和强行降低生存水平就是提高储蓄率、积累工业资本和走出贫困陷阱的两个根本之道。现实中,美国第二次世界大战后的马歇尔计划帮助自己的许多盟国(如韩国、日本等)走出贫困陷阱;而新中国前三十年则通过计划经济和城乡分治等手段,降低了本国居民(特别是农村居民)的生存水平,提高了储蓄率,为今天的经济发展打下了基础,正如习近平所指出的:不能用改革开放后的历史时期否定改革开放前的历史时期。[②]

[①] 还有学者提出地理和制度因素也是造成贫困陷阱的主要原因,有关文献请参见:Bloom,Canning and Sevilla(2003);Kraay and McKenzie(2014);Jalan and Ravallion(2002);以及 Acemoglu,Johnson and Robinson(2001)等。

[②] 参见中共中央党史研究室(2013)。

四、中等收入陷阱

中等收入陷阱的概念最早由世界银行的一份报告(Gill et al.,2007)提出。但围绕着中等收入陷阱,理论界仍存在着诸多争论。这些争论主要包括两个方面:一是关于中等收入陷阱这一概念本身,二是关于中等收入陷阱的原因。

(一) 中等收入陷阱的概念

按照 Gill et al.(2007)的报告,大多数发展中国家在进入中等收入阶段之后,经济增长速度明显下降,并长期徘徊在中等收入水平,由此首次提出了中等收入陷阱之概念。姚洋(2011)给出了支持性的证据:1980 年属于中等收入组的 71 个国家中,有 61 个国家到 2009 年仍停留在原来的组别或者下降到了更低的一组。其他相似的经验研究有 Eichengreen et al.(2012,2013)等。需要说明的是,世界银行等的研究只是提供了经验上的支持性证据,对中等收入的范围也只是做了一个大致上的规定,对陷入中等收入陷阱的原因和机制尚缺乏科学合理的解释。由此,产生了一系列的争论。

关于中等收入陷阱这一定义本身,Han and Wei(2015)指出,如果将高收入国家定义为人均收入超过某一定值,则由于总体而言任何一个国家的人均 GDP 都具有上升的趋势,从而它们早晚会加入高收入国家行列,因此,不存在绝对意义上的中等收入陷阱。正如表 17-2 所示,经过 50 年的发展,将近一半(46.84%)的中等收入国家(或地区)成功进入了高收入俱乐部。针对这一问题,有学者提出用相对收入来定义中等收入陷阱。例如,胡永泰(2011)就以一国人均收入占美国人均收入的比值来衡量收入水平。于是,所谓的中等收入陷阱就可定义如下:

> 【中等收入陷阱】 所谓中等收入陷阱,是指一个发展中国家在经历了一段时期的高速增长(高于发达国家人均 GDP 的增长),并达到中等收入水平之后,其增长动力开始减弱,从而使其人均 GDP 水平与发达国家之间的差距比例再也无法缩小。

我们把这种中等收入陷阱定义为相对意义上的中等收入陷阱。如前所述,如果绝对意义上的中等收入陷阱是一种小概率事件,则相对意义上的中等收入陷阱就是大概率事件。如表 17-3 所示,在 1960 年的 90 个中等收入国家(或地区)中,有 59 个(占 65.56%)仍然停留在中等收入组别,只有 14 个(占 15.56%)进入了高收入俱乐部。其中,又有许多是依靠石油等资源收入进入高收入俱乐部的,而这些国家(或地区)很难看成是发达国家。

(二) 对中等收入陷阱的质疑

然而,也有许多学者对中等收入陷阱的存在持否定观点,其中,最具代表性的观点来自巴罗(Barro,2016)。巴罗认为,中等收入陷阱理论是一个谜。无论是低收入向中等收入转移,还是中等收入向高收入转移,都是一种挑战,因为它们都要求转移中的经济体以高于前沿国家经济增长率的速度增长。然而,没有数据能够支持在达到第一个转移目标的基础上,第二个转移比第一个转移更困难。正因为如此,中等收入陷阱与低收入陷阱没有区别。郭熙保、朱兰(2016)也以"第二个转移不比第一个转移更困难"为理由,否定中等收入陷阱的存在。

仅仅以"第二个转移不比第一个转移更困难"为理由否定中等收入陷阱的存在并不一定合理。真正能够判断中等收入陷阱是否存在的标准,应该是这种转移是否困难,或者说,这种转移是大概率事件还是小概率事件。由于低收入陷阱(或贫困陷阱)在发展经济学中已经得到普遍承认,因此,即使第二个转移不比第一个转移更困难,但只要两者区别不大,或者说这种转移的成功仍然是小概率事件,那么我们就没有理由否定中等收入陷阱的存在。事实上,由表17-3可知,在50年的时间段内,从中等收入转移到高收入的概率只有15.56%,甚至低于低收入向中等收入的转移概率23.21%,明显是一个小概率事件。

否定中等收入陷阱研究的另一个理由是:从长期来看,任何一个国家的人均GDP都是增长的,从而最后都会进入高收入行列,因此研究中等收入陷阱没有意义。显然,这样一种观点所可能造成的后果是:发展中国家将放弃赶超发达国家的战略意图,由此而固化世界收入分配上的利益格局。对于像中国这样希望赶超发达国家的发展中大国而言,这样一种对中等收入陷阱的理解是无法接受的。

(三)中等收入陷阱形成的原因

理论界对中等收入陷阱形成的原因有着各种不同的解释,大致可以概括为如下几个方面:

第一,发展战略的失误。林毅夫、蔡昉、李周(1999)提出发展中国家在制定发展战略时需要充分考虑自身的要素禀赋条件,按照比较优势来选择适当的产业结构。例如,发展中国家的一大特点是劳动力资源充裕,从而发展劳动密集型产业、充分利用自身充裕的劳动力资源参与国际分工,能够比较容易取得成功,反之,追求资本密集型产业的赶超战略则往往会导致失败,拉美的教训就是值得吸取的。这种观点在很长一段时期内得到了广泛认可,然而,比较优势战略是否可以解释拉美的停滞还有待进一步的探讨。江时学(1996)强调,拉美执行进口替代战略是特定的国际和国内背景的产物。更为重要的是,传统的比较优势战略只强调劳动密集和资本密集,忽略了知识密集,而体现为知识密集的技术进步才是发展中国家跨越中等收入陷阱的前提条件。

第二,制度缺陷。不利于经济增长的制度是拉美经济停滞的重要原因(Acemoglu et al.,2001)。胡永泰(Woo,2009)的研究发现,马来西亚在马来民族统一机构(简称"巫统")执政时期采取的歧视性政策对经济长期缓慢增长负有重要责任。例如,为了提高马来人的经济地位,巫统对华人投资采取一系列的限制措施。印度尼西亚的苏哈托家族长期垄断国内主要的经济部门,裙带关系盛行,严重阻碍了经济增长。刘世锦、徐伟(2011)通过全面总结拉美、南亚和中东欧转轨国家的经验,发现从中等收入向高收入阶段突破的关键在于克服一些制度障碍,他们称其为"制度高墙"。

第三,不良的宏观管理措施。拉美许多国家曾多次爆发货币危机和债务危机,严重扰乱了国内经济秩序,这可能是造成经济缓慢增长的重要原因。这种情况也同样出现在部分南亚国家。一些学者强调,拉美的宏观管理水平低下是危机发生的重要原因(谢亚轩等,2011)。然而,与拉美国家形成对照,韩国在1997年金融危机中同样遭受了打击,但其后却得到了较快的恢复。

第四,分配差距和社会因素。几乎所有关于中等收入陷阱的讨论都关注了收入分配问题。蔡洪斌(2011)认为收入分配的恶化会导致社会阶层固化,不利于穷人投资于人力资本。孙立平(2012)也有类似的观点。有学者估算了部分国家的中产阶级规模,认为中产阶级是扩大国内消费需求的主力,分配差距过大不利于社会稳定,会阻碍经济增长。

第五,产业结构。大野健一(Ohno,2009)在重点考察了东亚国家和地区的经验之后,强调产业结构升级(在国际产业分工链中,由低附加值向高附加值生产环节的转变)是避免陷入中等收入陷阱的关键,并特别强调合理的政策引导和适当的干预有助于完成这种转变。马晓河(2010)认为发展中国家,特别是中国,在经历了劳动密集型产业的长期发展之后,能否实现产业结构升级是能否跨越中等收入陷阱的决定性因素。他认为,中国在进入中等收入阶段以后,现有主导产业的比较优势会明显下降,产业国际竞争力也会大幅度下滑,这是因为有更多的低收入国家开始参与国际竞争,而中国要进入高附加值行业又面临很多困难,从而在国际竞争中出现"两头受挤压的情形"。

(四) 从技术进步的视角看中等收入陷阱

技术进步是推动一个国家经济长期增长的关键力量。技术进步主要体现为干中学(Arrow,1962;Romer,1986;Stokey,1988)、知识资本的积累(Romer,1990)和人力资本的积累(Lucas,1988)等。就发展中国家而言,技术进步还可以通过技术引进(而非自主研发)予以实现(Acemoglu et al.,2006;Vandenbussche et al.,2006)。尽管技术进步如此重要,相关文献也十分丰富,但在对中等收入陷阱的前期研究中,明显对技术进步仍不够重视,有些文章虽然提到了技术进步,但并没有对其进行深入分析,更没有用到规范的数学模型。

然而,我们认为发展中国家的发展本身是分阶段的。忽略技术进步,特别是自主研发型技术进步也许在发展的初期(或低收入阶段)确实情有可原,但随着剩余劳动力的逐渐消化,以及技术水平逐渐接近前沿,不仅经济增长的动力只能来自技术进步,而且引进技术的空间将越来越小。此时,唯有自主研发型的技术进步才是经济继续保持增长的动力(龚刚等,2013)。

事实上,前文所说的产业结构升级根本上取决于一国的自主研发能力:如果没有自主研发能力,一国在国际产业分工链中的定位只能是低附加值。因此,尽管政策、制度和宏观经济管理等因素均有可能成为发展中国家经济增长的障碍,但长期过分依赖技术引进、缺乏自主研发是很多发展中国家陷入中等收入陷阱的根本原因。而且事实上,政策、制度和宏观经济管理等因素通常也是通过影响技术来影响经济的,例如,能否为自主研发和创新提供足够的激励是衡量制度的重要标准。本书中,我们将从技术进步的视角讨论中国是否能够以及如何跨越中等收入陷阱。

讨论与小结

经济增长是我们在世界大多数国家所观察到的一个基本事实。当经济增长速度快于人口增长速度时,人均产出(或收入)将会提高。

第二次世界大战以后,OECD 国家普遍经历了人均产出的趋同,这意味着曾经落后的国家增长可能会更快。正是这种更快的增长速度使得它们缩小了与前沿最富裕国家的差距。然而,如果把考察的视角扩大到世界范围内,我们发现人均产出的趋同并没有产生。为什么趋同会在某些国家产生却不是一个普遍的现象?作为一个发展中国家,什么原因使得它能进入趋同行列并最终赶上发达国家?这是经济增长理论需要研究的问题。

一个贫穷落后的发展中国家要想追赶发达国家必须跨越两个陷阱:一个是贫困陷阱,另一个是中等收入陷阱。

贫困陷阱是指当一个经济体的生产活动水平很低时,人们的绝大多数生产活动被用于消费的生产,以维持基本的生存状态,从而储蓄率会非常低,缺乏用于发展工业化的资本积累,经济增长将出现停滞。脱离贫困陷阱,必须越过"门槛",在短期内大量投资,即投资规模需有一个下限,称为"临界最小努力"。显然,市场经济是不可能完成这样一种"临界最小努力"的。现实中,外部援助和强行降低生存水平是完成这种"临界最小努力"、积累工业资本和走出贫困陷阱的两个根本之道。

中等收入陷阱是指一个发展中国家在经历了一段时期的高速增长(高于前沿发达国家人均 GDP 的增长)并达到中等收入水平之后,其增长动力开始减弱,从而其人均 GDP 水平与前沿发达国家之间的差距比例再也无法缩小。中等收入陷阱是一个相对较新的概念。尽管有经验事实证明中等收入陷阱的存在,但部分经济学家仍对此持怀疑态度,其中,很重要的原因在于人们对形成中等收入陷阱的原因仍然认识不足,而这正是我们需要研究和探讨的问题。

思考题

1. 什么是趋同假设?趋同假设在什么范围内成立?在什么范围内不成立?
2. 什么是有条件的趋同假设?经济学家是如何解释这些条件的?他们的解释对吗?
3. 什么是绝对人均收入转移矩阵?什么是相对人均收入转移矩阵?请利用人均收入转移矩阵和其他有关数据,考察和分析第二次世界大战以来各国的经济增长情况。从中能得到一些什么样的发现?
4. 什么是贫困陷阱?一国陷入贫困陷阱的原因是什么?
5. 市场经济能使陷入贫困陷阱的国家脱离贫困陷阱吗?为什么?
6. 什么是中等收入陷阱?中等收入陷阱存在吗?为什么?
7. 请讨论巴罗等经济学家对中等收入陷阱的质疑。他们的质疑有道理吗?为什么?
8. 一国陷入中等收入陷阱的原因是什么?发展中国家应如何跨越中等收入陷阱?

第十八章 哈罗德模型——古典动态分析

如前文所述,宏观经济学分析通常是动态分析。如果要追根溯源,有关动态经济学的研究最早可以追溯到哈罗德在 1939 年所作的贡献(Harrod,1939)。哈罗德在 1939 年所发表的"动态理论随笔"开创了经济学研究从静态分析向动态分析转变的先河:在哈罗德以前,很少有人对经济的动态现象有过系统的研究。①从这个意义上说,哈罗德无疑是宏观动态分析之父。

正如我们即将看到的,哈罗德的宏观动态模型基本上可以看成是在凯恩斯的需求分析基础上引入供给侧,从而使经济出现了增长现象。与此同时,对于哈罗德理论的理解和批判,不仅使我们区分出"经济增长"和"商业周期"这两大现代宏观经济学的研究领域,同时也使我们看到了凯恩斯主义经济学与新古典经济学的本质区别。正因为如此,在对现代增长理论介绍之前,我们首先介绍哈罗德理论。

一、哈罗德模型

和凯恩斯一样,哈罗德并没有利用数学模型来解释他的理论。这里所列出的公式是后人对他的理论所作的一种数学解释。②

(一) 产品市场

假定我们所考察的经济社会是一个简单经济,因此,总需求(或产量)Y_t 可以写成

$$Y_t = C_t + I_t \tag{18.1}$$

其中,C_t 为家庭消费,I_t 为企业投资。假定家庭的消费函数可以表示为

$$C_t = (1-s)Y_t \tag{18.2}$$

其中,$s \in (0,1)$ 为储蓄率。

设经济社会的潜在产出(或生产能力)Y_t^p 由社会总资本(由厂房、机器等固定资产构成)通过如下公式决定:

$$Y_t^p = AK_{t-1} \tag{18.3}$$

其中,$A \in (0,1)$ 被称为资本系数(或产量-资本比,即单位资本的产量)。

这里需要说明两点:第一,我们令资本系数 A 小于 1 意味着由投资所形成的资本回报不可能在一期内实现,或一期内其所产生的 GDP 不可能大于投资额本身,即使其产能得以充分利用。第二,根据公式(18.3),我们假定 $t-1$ 的资本存量 K_{t-1} 按 $t-1$ 期的期末(t 期的期

---

① 参见 Hahn and Matthews(1964) 和 Solow(1994)。
② 参见 Sen(1967)、Gong(2001)和龚刚(2009)。

初)存量衡量,从而它为 t 期的生产提供产能 Y_t^p。在以后的讨论中,我们将把由公式(18.3)所描述的生产函数定义为 AK 生产函数,让它与现代经济学中流行的柯布-道格拉斯型生产函数相区别。

给定经济体的生产能力 Y_t^p,产能利用率 U_t 可定义为

$$U_t = \frac{Y_t}{Y_t^p} \tag{18.4}$$

经济社会的资本则通过投资不断积累,即

$$K_t = (1-d)K_{t-1} + I_t \tag{18.5}$$

其中,$d \in (0,1)$ 为折旧率。由于投资通过公式(18.5)的资本积累创造产能,以弥补可能的产能不足,因此,投资必与产能利用率 U_{t-1} 相关,即

$$\frac{I_t}{K_{t-1}} = -\xi_0 + \xi_u U_{t-1} \tag{18.6}$$

其中,$\xi_0 > 0$,$\xi_u > 0$。公式(18.6)意味着产能利用率越高,市场需求越旺,越容易引发企业家们的投资热情,从而投资率 I_t/K_{t-1} 就越高。$\xi_0 > 0$ 则意味着只有当 U_{t-1} 达到一定程度,如 $U_{t-1} > \xi_0/\xi_u$ 时,企业追加投资才成为可能。

(二) 劳动力市场

以上我们讨论了产品市场,接下来我们将讨论劳动力市场。按照哈罗德理论,在给定的资本设备下,对劳动力的需求 L_t 取决于产量 Y_t,从而我们有

$$L_t = \frac{1}{A_t} Y_t \tag{18.7}$$

其中,A_t 可以理解为劳动生产率,即单位劳动力的产量。显然,公式(18.7)意味着给定所需要生产的产量 Y_t,劳动生产率 A_t 越高(或技术越先进),对劳动力的需求 L_t 也就越少。

可以看到,与资本系数 A 所不同的是,劳动生产率 A_t 是一个变量,从而是可以提高的,这意味着在哈罗德模型中技术进步反映为劳动生产率 A_t 的提高。假定技术(或劳动生产率)按一个外生给定的增长率 x 增长,于是,

$$A_t = (1+x)A_{t-1} \tag{18.8}$$

此外,劳动力供给 L_t^s 也为外生,并按固定增长率增长:

$$L_t^s = (1+n)L_{t-1}^s \tag{18.9}$$

其中,n 为外生给定的劳动力供给增长率。

(三) 模型背后的经济学逻辑

公式(18.1)—(18.9)构成了哈罗德模型的基本结构。在对模型进行分析之前,我们有必要说明如下几个要点:

第一,就经济变量的决定方式而言,模型暗含着企业实际所生产的产量由需求决定的假设,也就是说,模型中的 Y_t 既表示总需求,也表示企业实际所生产的产量。这样一种产量的决定方式不同于新古典生产函数下的产量决定方式,但与凯恩斯有效需求理论下的产量决定方式是一致的。众所周知,凯恩斯有效需求理论下的产量决定方式同时隐含着一个乘

数过程。

第二,就生产技术而言,模型中产量、劳动力和资本之间的投入—产出关系完全由(A, A_l)进行描述,技术进步反映为劳动生产率 A_l 的提高,而资本系数 A(每单位资本的潜在产出)维持不变。显然,这样一种对生产技术的描述有别于现代经济学中常用的柯布—道格拉斯型生产函数。然而,资本系数长期保持稳定并非与事实不符,它是卡尔多关于经济增长的五大特征化事实之一。① 此外,即使使用柯布—道格拉斯型生产函数,哈罗德模型的基本结论也不会改变。②

第三,模型中对劳动力的需求由公式(18.7)给出。公式(18.7)意味着在给定的技术条件下,对劳动力的需求完全取决于产量:产量越大,对劳动力的需求就越大;与此同时,就生产同样单位的产量而言,技术越先进,劳动力的使用就越节约,反之亦然。这与之前所讨论的凯恩斯理论体系下对劳动力的短期需求函数相一致。③ 由此可见,哈罗德模型暗含着如下生产活动之特征:

【生产活动】 企业短期内不能"解雇"资本设备,却可以随时解聘工人并按生产需要雇用工人,因此,给定资本设备,企业按需求所决定的产量雇用工人,操作生产设备以进行生产。

第四,公式(18.1)—(18.9)中的关键变量是投资 I_t。投资不仅通过公式(18.3)和(18.5)创造了产能 $Y_t^p = A[(1-d)K_{t-2} + I_{t-1}]$,同时也通过公式(18.1)和(18.2)决定了总需求 $Y_t = (1/s)I_t$。总需求的增加意味着产量的增加,进而增加了就业[见公式(18.7)]。尽管哈罗德并没有给出具体的投资函数,但其分析则暗含着投资与总需求正相关,与产能负相关。换言之,投资取决于产能利用率[见公式(18.6)]。需要说明的是,这样一种投资的决定方式(或投资函数)与前文 IS-LM 模型中的投资取决于利率并不一致。这也再次说明,投资函数是非常复杂的函数。此外,我们还想说明的是,哈罗德的这一投资函数并非没有微观基础。龚刚、林毅夫(2007)通过构建一个关于投资行为的动态优化模型论证了当不存在金融方面的约束时,投资方程可以写成如公式(18.6)所示的形式。

总之,哈罗德模型可以看成是在凯恩斯理论体系下引入了供给侧,从而使其模型能够解释增长现象。

二、哈罗德模型的均衡和稳定性分析

接下来,我们将对哈罗德模型进行具体分析。

---

① 参见 Kaldor(1961)。
② 有关讨论请参见 Gong and Gao(2020)。
③ 这里缺少了工资这一在现代主流经济学中不可或缺的对劳动力就业产生巨大影响的因素。事实上,整个哈罗德模型并没有引入工资和价格。

（一）保证增长率——产品市场的均衡

哈罗德模型中，产品市场的供需均衡反映在 Y_t 和 Y_t^p 的比较上。为此，哈罗德首先引入了保证增长率之概念。

【保证增长率】 所谓保证增长率，是指当供给等于需求（$Y_t = Y_t^p$）时，经济社会所体现出的增长率。

现推导这一增长率。将公式(18.2)代入公式(18.1)，得

$$Y_t = \frac{1}{s} I_t \tag{18.10}$$

显然，公式(18.10)反映了投资通过乘数效应决定总需求，进而决定总产量。进一步令 $Y_t = Y_t^p$，即产品市场出清，由公式(18.3)和(18.10)得

$$\frac{1}{s} I_t = A K_{t-1} \tag{18.11}$$

将公式(18.5)两边同时除以 K_{t-1}，可得

$$k_t = -d + \frac{I_t}{K_{t-1}} \tag{18.12}$$

这里，$k_t \equiv (K_t - K_{t-1})/K_{t-1}$ 为资本增长率（同时也是产能 Y_t^p 的增长率，从而在 $Y_t = Y_t^p$ 条件下，也是产量 Y_t 的增长率）。把产品市场的均衡条件(18.11)代入公式(18.12)，我们得到

$$k_t = sA - d \tag{18.13}$$

由此，保证增长率为一常数 $sA - d$。

显然，保证增长率是一种理想状态，它反映了产品市场供求关系平衡条件下经济的增长速度。当实际的经济增长率偏离保证增长率时，社会的供求将趋于不平衡。因此，从某种程度上讲，保证增长率是社会所应追求的合理的增长率。事实上，在计划经济时代，保证增长率也通常被政府作为编制计划的参考指标。

（二）刀刃问题——产品市场的非稳定性

在提出了保证增长率这一概念后，哈罗德进一步考虑在没有政府干扰的情况下，经济社会是否可能因自己的内生增长机制而自动趋于保证增长率。在哈罗德看来，这似乎不可能，相反，当经济稍微偏离这一增长率（或供求稍有不平衡）时，它将离均衡越来越远。

例如，当经济有某种程度的过热时，实际增长率高于保证增长率。此时，企业看好市场前景，因而会加大投资。然而，企业的投资不仅会提升自己的生产能力，同时也增加了整个社会的总需求。而且，由于 $A<1$，而 $1/s>1$，因此，从宏观角度讲，由投资增加 ΔI 所创造的总需求增加 ΔY 要大于它所增加的产能 ΔY^p，这样，经济的过热将会扩大。而过热的经济将促使企业更进一步地加大投资力度，使得经济社会离供需平衡越来越远。相反，如果经济社会出现供过于求，则投资将会减少。而投资的减少也同样会减少总需求，而且总需求的减少将大于产能的减少。于是，供过于求的非均衡将进一步扩大。哈罗德把这一现象称为刀刃

问题。

从数学角度讲,所谓刀刃问题实际上意味着哈罗德模型是不稳定的。现在我们对此进行数学分析。由公式(18.3)、(18.4)和(18.10),我们有

$$U_t = \frac{I_t}{sAK_{t-1}}$$

将投资函数(18.6)代入,我们得到由模型的结构方程转换而来的标准的一维动态系统:

$$U_t = -\frac{\xi_0}{sA} + \frac{\xi_u}{sA} U_{t-1} \tag{18.14}$$

现在让我们对该动态系统进行分析。令 $U_t = U_{t-1} = \overline{U}$,其中,$\overline{U}$ 为 U_t 的稳定状态,公式(18.14)让我们得到

$$\overline{U} = \frac{\xi_0}{\xi_u - sA} \tag{18.15}$$

显然,为了使公式(18.15)中的 $\overline{U}$ 为正值,$\xi_u > sA$ 必须成立,从而公式(18.14)中的 $\xi_u/(sA) > 1$。这实际上意味着系统(18.14)是不稳定的。图 18-1 给出了 U_t 的变化轨迹,图中 $U_t = i(U_{t-1})$ 即为公式(18.14)。

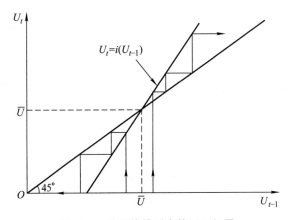

图 18-1 哈罗德模型中的刀刃问题

(三) 自然增长率——劳动力市场的均衡

上述分析是针对哈罗德模型中的产品市场,接下来我们将考察模型中的劳动力市场。为此,哈罗德首先为我们引入了自然增长率的概念。

【自然增长率】 在哈罗德模型中,所谓自然增长率是指当劳动力供给等于劳动力需求(或劳动力市场出清)时经济社会所体现出的 GDP 增长率。自然增长率约等于劳动力供给增长率和技术增长率之和。

现推导这一增长率。令

$$L_t = L_t^s \tag{18.16}$$

即劳动力市场出清。用公式(18.7)解释公式(18.16)中的 L_t^s，我们得到

$$Y_t = A_t L_t^s \tag{18.17}$$

将 Y_t 写成 $Y_t = (1+y_t)Y_{t-1}$，其中，y_t 为产量 Y_t 的增长率，同时将公式(18.8)和(18.9)代入以解释 A_t 和 L_t^s，于是，公式(18.17)可进一步写成

$$(1+y_t)Y_{t-1} = (1+x)A_{t-1}(1+n)L_{t-1}^s \tag{18.18}$$

由公式(18.17)可知，$Y_{t-1} = A_{t-1}L_{t-1}^s$，将其代入公式(18.18)，得到

$$1 + y_t = (1+x)(1+n) \tag{18.19}$$

公式(18.19)意味着按总值增长率(gross growth rate)衡量[①]，自然增长率等于技术增长率和人口增长率之积。公式(18.19)可进一步写成

$$y_t = x + n + xn$$
$$\approx x + n \tag{18.20}$$

由此我们看到，自然增长率也为一常数，约等于人口(或劳动力)增长率和技术增长率之和。当经济增长率高于自然增长率时，就业市场上会形成过剩的需求；反之，失业问题就会产生。

(四) 非平衡增长问题

上述分析让我们看到，为了使产品市场得以出清，经济社会需按保证增长率 $sA - d$ 增长，而为了使劳动力市场出清，经济社会需按自然增长率 $x + n + nx$ 增长。于是，即使我们假定经济按照保证增长率增长(忽略刀刃问题)，除非

$$sA - d = x + n + nx \tag{18.21}$$

能够成立(自然增长率等于保证增长率)，否则，我们仍然会有劳动力市场的非均衡问题存在。而现实中，我们没有理由相信公式(18.21)中的各项常数会恰好使等式两边相等。这就产生了产品市场和劳动力市场之间的非平衡增长问题。

三、对哈罗德理论的批判与反批判

随着时间的流逝，哈罗德模型已渐渐淡出了学术界的视野，主流经济学教科书已很少提及哈罗德理论。然而，正如我们将要看到的，哈罗德理论仍然具有极强的生命力。

(一) 对哈罗德理论的批判

哈罗德模型无疑是一个极为简单的宏观动态模型。也正是由于这种简单，使得它存在着许多不足，受到了众多的批判，最终在主流经济学中逐渐消失。

通过引入经济社会的供给侧，哈罗德的分析可以很自然地被认为是对只注重需求分析的凯恩斯理论的补充。然而，很遗憾的是，尽管引入供给侧使经济产生了动态，但此种动态却是不稳定的。这与现实中我们所观察到的经济现象并不一致。现实中，尽管经济是波动的，但这种波动通常围绕着某个中心(或稳定状态)，而不至于发散和扩大。正因为如此，哈

[①] 所谓总值增长率就是指增长率加1，即本期产量与上一期产量之比。

罗德模型本身并不能真正解释经济的波动及增长现象,它的作用仅仅在于揭示当我们研究经济动态或经济增长问题时可能遇到的几个不解之谜,如刀刃问题和非平衡增长问题等。从某种程度上说,哈罗德的贡献更在于抛砖引玉,以激发经济学家们对动态经济理论的研究热情。例如,索洛本人就承认他的新古典增长理论是为了解决哈罗德的非平衡增长问题(Solow,1956),尽管我们将会看到,索洛的解决方案已经完全背离了哈罗德的理论框架。

然而,主流经济学对哈罗德理论所采取的"一棍子打死"的做法是否值得商榷?难道哈罗德理论就没有值得我们借鉴的地方吗?

(二) 反批对哈罗德理论的批判

哈罗德模型本身无法解释经济动态也许是因为其模型结构过于简单。哈罗德模型讨论了产量、投资和劳动力需求等数量类变量的决定方式,这些决定方式都高度符合凯恩斯的有效需求理论,与新古典理论相比,它们具有更好的现实基础。然而,哈罗德模型并没有引入相关的价格因素,如产品价格、资本价格(利率)和劳动力价格(工资)等。也就是说,该模型只有非稳定机制,即投资调整,而没有稳定机制,如价格调整。与此同时,模型对于技术(A,A_t)的描述也过于简单,无法反映出劳动力和资本之间的替代关系。正是模型的这种简单化,才使得模型产生了刀刃问题和非平衡增长问题等现象。

如果我们认可哈罗德模型中的数量类变量(如产量、投资和就业等)的决定方式,那么,解决哈罗德不解之谜的一种正确做法是:在哈罗德模型中引入价格类稳定机制,并且在生产函数中容许劳动力和资本之间的替代——这才应该是解决哈罗德之谜的正确方案。但主流经济学却采取了"一棍子打死"的做法,这实际上是将哈罗德模型所揭示的精华部分也一并掩盖住了,例如,哈罗德的刀刃问题为我们揭示了经济社会存在着的某种非稳定机制。很多经济学家认为,通过价格的调整,经济体本身是可以渐进稳定的,从而价格的调整可以看成是一种稳定机制。正因为如此,经济的波动(或商业周期)只能来自外生冲击。然而,在我们承认价格调整这一稳定机制的同时,经济体内是否还存在着其他机制以破坏经济的稳定?事实上,早在1939年,哈罗德就已经通过其"刀刃问题"为我们揭示了非稳定机制的存在。正如我们所看到的,这一非稳定机制就是企业的投资调整。

遗憾的是,哈罗德这一最为主要的贡献却被当代经济学家无情抛弃了:大量代表性的主流宏观模型甚至都没有独立的投资函数,在这些模型中,投资被简单地规定为等于储蓄。然而,投资无疑是最为重要和最为复杂的宏观经济变量:投资不仅创造了供给,同时也创造了需求;与此同时,决定投资的经济要素也最为复杂,既有市场需求,也有金融和技术要素等;现实中,投资的波动也远大于消费的波动。对于如此重要的宏观经济变量,主流经济学却作出了如此草率的处理(令其简单地等于储蓄),实在是经济学研究的一大缺憾。

更为可惜的是,对于哈罗德投资调整这一非稳定机制的漠视,使得主流经济学家很自然地认为经济社会只有稳定机制,而没有非稳定机制,从而经济社会必然是内生稳定的,因此,政府对于经济的宏观稳定就没有必要。

事实上,正如我们在第十章所揭示的,经济社会之所以没有出现如哈罗德所描述的刀刃问题,其原因就在于稳定机制的存在,包括政府宏观稳定政策,而当我们剥离了政府的宏观稳定政策时,刀刃问题将会重现(见图10-2和图10-3)。

(三) 长期和短期

哈罗德模型没有引入价格也许可以解释为"价格假定不变",在许多经济学家看来,这和资本与劳动力之间的不可替代一起构成了经济社会的短期现象。短期内(甚至中期内)价格和生产技术的调整有可能是不变的,或者呈现出某种程度的黏性和时滞,这样,无论是产品市场还是就业市场都有可能存在非均衡。然而,在长期内,价格和生产技术等都能得到充分的调整。价格和生产技术的这种调整将使得经济在长期内不可能过分地偏离市场的均衡。例如,当劳动力市场出现供过于求时,短期内工资受合约的保护不能下调,而生产技术也是不能改变的;然而在长期内,工资合约需要重新签订,而企业也可以利用设备更新的机会重新选择新的生产技术,这样,劳动力市场上的供过于求必然会使实际工资在长期内下跌,从而使企业选择劳动密集型的生产技术,因此,其他情况不变,企业对劳动力的需求就会上升。[①] 同样,产品价格的调整也能在很大程度上修复市场的失衡。

退一步讲,即使我们不能假定价格和工资的调整在长期内能使产品和劳动力市场都得以出清,我们至少可以假定通过价格和工资的调整,经济在长期内不可能过分地偏离市场的均衡。我们得出这一假定的另一个理由是政府的作用:政府可以通过需求管理型的宏观经济政策对经济进行调控,而调控的目的也是修复产品市场的失衡。

经济的这种长期特征意味着当研究经济增长这一长期问题时,也许可以忽略需求而仅关注供给,这将使我们能更为容易地抓住推动经济增长的一些关键性因素,如技术进步等。而下一章所要介绍的索洛模型正是此种只注重供给而忽略需求的典型。

然而,我们不得不说,忽略需求无论如何都是一种简化:它能使我们摆脱因同时考虑供给和需求而带来的复杂性。显然,这种简单化的分析方法并不意味着我们应该排斥那些同时考虑供给和需求的经济增长模型。事实上,我们认为,这种仅考虑供给的经济增长模型在某些情况下很难解释一些特殊的经济增长现象,如中国和其他发展中国家的经济增长。[②]

其实,哈罗德将他的开创性论文命名为"动态理论随笔"。在现代经济学中,所谓"动态理论"既可以是经济增长理论也可以是商业周期理论,这意味着哈罗德本人并未将他所研究的问题局限于经济增长问题。从现代宏观经济学的研究领域来看,哈罗德的刀刃问题属商业周期问题,非平衡增长问题则属经济增长问题,而将哈罗德的动态问题只限定于增长领域的恰恰是索洛。也许在索洛看来,动态问题都是长期增长问题。通过这样一个限定,索洛"成功地"在新古典框架下通过忽略需求而避开了哈罗德的刀刃问题,并通过引入能使资本和劳动力相互替代的柯布—道格拉斯型生产函数解决了非平衡增长问题。

讨论与小结

哈罗德模型基本上可以看成是在凯恩斯的需求分析基础上引入供给侧,从而使经济出现了增长和动态现象。通过引入供给侧,哈罗德首先定义了两个增长率:一个是保证增长

[①] 参见龚刚(2012)第七章的分析。
[②] 例如,在相当长的一段时期内,中国的经济学家们通常用三驾马车(消费、投资和出口)来分析中国的经济增长。

率,另一个是自然增长率。以此为基础,哈罗德进一步揭示了两个不解之谜:一个是刀刃问题,另一个是非平衡增长问题。

所谓保证增长率是指当产品市场的供给等于需求时,经济社会所体现出的增长率。在提出了保证增长率这一概念之后,哈罗德进一步考虑了市场经济是否可能因自己的内生增长机制而自动趋于保证增长率。在哈罗德看来,这似乎不可能,相反,当经济稍微偏离这一增长率(或供求稍有不平衡)时,它将离均衡越来越远。这就是所谓的刀刃问题。

所谓自然增长率是指当劳动力市场的供给等于需求时经济社会所体现出的 GDP 增长率。自然增长率约等于劳动力供给增长率和技术增长率之和,该概念至今仍然在被沿用。所谓平衡增长问题是指市场经济有没有存在着一条平衡增长路径,使得经济体在增长过程中,既能保证产品市场的均衡,即按保证增长率增长,也能保证劳动力市场的均衡,即按自然增长率增长。在哈罗德看来,这样一条平衡增长路径是不存在的。

通过引入经济社会的供给侧,哈罗德的分析可以很自然地被认为是对只注重需求分析的凯恩斯理论的补充。遗憾的是,这样一种引进尽管使经济产生了增长和动态,但此种增长和动态却是不稳定的,与现实中我们所观察到的经济现象并不一致。这也许是因为其模型结构过于简单:模型并没有引入相关的价格因素,如产品价格、资本价格(利率)和劳动力价格(工资)等。也就是说,该模型只有非稳定机制,即投资调整,而没有稳定机制,如价格调整。与此同时,模型对于技术(A, A_t)的描述也过于简单,不能反映出劳动力和资本之间的替代关系。正是模型的这种简单化,才使得模型产生刀刃问题和非平衡增长问题。

思考题

1. 为什么投资调整是一种非稳定机制?其内在机理是什么?
2. 什么是保证增长率?保证增长率能保证吗?为什么?
3. 什么是自然增长率?什么是平衡增长?请解释非平衡增长问题。
4. 请解释为什么哈罗德模型会产生刀刃问题和非平衡增长问题。应该如何解决这两个问题?
5. 什么是长期?什么是短期?它们之间的区别是什么?为什么经济学家愿意将增长问题看成是长期问题,而将周期问题看成是短期问题?
6. 哈罗德所揭示的两个不解之谜是属于长期增长问题还是短期周期问题?
7. 为什么经济学家会认为当研究经济增长这一长期问题时可以忽略需求而仅关注供给?其背后的逻辑是什么?能否对此背后的逻辑进行评价?
8. 请考察如下哈罗德模型:

$$Y_t = \frac{1}{0.3} I_t$$

$$Y_t^p = 0.5 K_{t-1}$$

$$U_t = \frac{Y_t}{Y_t^p}$$

$$K_t = (1 - 0.1) K_{t-1} + I_t$$

$$\frac{I_t}{K_{t-1}} = -0.1 + 0.3 U_{t-1}$$

$$L_t^d = \frac{1}{A_t} Y_t$$

$$A_t = (1+0.01) A_{t-1}$$

$$L_t = (1+0.01) L_{t-1}$$

其中，Y_t 代表产量（或总需求），I_t 代表投资，Y_t^p 为潜在生产能力，K_t 为资本存量，U_t 为产能利用率，L_t^d 为就业（或对劳动力的需求），A_t 为劳动生产率，L_t 为劳动力供给。

（1）请计算保证增长率。

（2）请计算自然增长率。

（3）请推导出关于 U_t 的动态公式，并计算其稳定状态 $\overline{U}$。U_t 会稳定吗？为什么？

第十九章　新古典增长模型

新古典增长理论中最为经典的模型无疑是索洛的增长模型(Solow,1956)。索洛模型同时也是新古典宏观经济学的基础:无论是之后的新增长理论,还是研究商业周期的实际周期理论[①],都可以看成是索洛模型的延伸和扩展。

索洛自称他的长期增长模型建立在其对哈罗德理论的继承和发展基础之上:

> 本文对长期增长理论的贡献将建立在对哈罗德—多马模型所有假设的接受上,除了那个固定比例。(Solow,1956)

这里的固定比例是指哈罗德模型中的资本系数 A,这一固定的资本系数意味着资本和劳动力之间不可相互替代。但与此同时,他又明确指出:哈罗德模型的错误在于其对长期和短期的混淆:

> 哈罗德—多马模型的一个明显特征是试图使用短期的研究工具研究长期问题。通常,长期是新古典分析的适合范畴。但哈罗德和多马使用乘数、加速及资本系数讨论长期。(Solow,1956)

通过这样一种批判,索洛将哈罗德所讨论的动态问题限制在了长期增长问题上,从而使其可以在新古典一般均衡的框架下进行研究。正是在这样一个框架下,索洛"成功地"避开了哈罗德的刀刃问题,并通过引入能使资本和劳动力相互替代的柯布—道格拉斯型生产函数解决了非平衡增长问题。

一、模型

首先,我们讨论模型的结构形式。

(一) 模型的结构形式

假定我们所考察的经济社会是一个简单经济。因此,经济社会的总需求 Y_t 就可以写成

$$Y_t = C_t + I_t \tag{19.1}$$

其中,C_t 为家庭消费,I_t 为投资。我们假定家庭的消费函数仍然为

[①] 本书并未对新古典的商业周期理论,即实际周期理论进行介绍。有兴趣的读者可以参考龚刚(2004)和龚刚(2020a)。

$$C_t = (1-s)Y_t \tag{19.2}$$

其中，$s \in (0,1)$ 为储蓄率。而投资 I_t 则形成了资本 K_t 的积累：

$$K_t = (1-d)K_{t-1} + I_{t-1} \tag{19.3}$$

其中，$d \in (0,1)$ 仍然为折旧率。以上都和哈罗德模型相一致。

与哈罗德模型所不同的是，索洛假定经济社会的总供给（或社会所愿意提供的总产量）Y_t^s 由如下柯布－道格拉斯型生产函数给出：

$$Y_t^s = K_t^{1-\alpha}(A_t L_t)^{\alpha} \tag{19.4}$$

其中，L_t 为实际雇用的劳动力（也可以看成是对劳动力的需求），A_t 为技术，$A_t L_t$ 通常被称为有效劳动，$\alpha \in (0,1)$ 则为参数。在新古典理论框架下，α 的经济学意义是：劳动力的工资性收入占总收入（GDP）的比例。与哈罗德的 AK 技术相比，柯布－道格拉斯型生产函数显然满足了资本和劳动力之间的相互替代。

最后，技术和劳动力供给仍然按外生给定的增长率增长：

$$A_t = (1+a)A_{t-1} \tag{19.5}$$

$$L_t^s = (1+n)L_{t-1}^s \tag{19.6}$$

其中，L_t^s 为劳动力供给。显然，这和哈罗德模型也是一致的。

可以看到，索洛的增长模型与哈罗德模型极为相似：除生产函数(19.4)之外，其他公式在哈罗德经济中都能看到。然而，与哈罗德经济相比，索洛却给模型增加了一个很强的假设——市场出清：

$$L_t = L_t^s \tag{19.7}$$

$$Y_t = Y_t^s \tag{19.8}$$

公式(19.1)—(19.8)构成了模型的结构形式。

必须说明的是，尽管索洛模型包括了哈罗德模型中的许多公式，但我们发现哈罗德模型中最为重要的公式，即独立的投资函数(18.6)却被排除在外了。正如我们将要看到的，恰恰是因为索洛增加了强硬的市场出清的假设，使得投资将因市场的均衡条件而不得不以一种残余变量的方式等于储蓄。因此，类似于哈罗德模型和 IS-LM 模型中的独立的投资函数已不再需要了。

(二) 市场是如何出清的？

在索洛看来，由于我们讨论的是经济增长这一长期问题，而长期是新古典分析的适合范畴，因此市场出清在研究长期问题时是可以接受的。

然而，市场是如何出清的？在新古典理论框架下，市场的出清可以通过价格的调整而实现。例如，给定(19.4)所表示的生产函数，对劳动力的需求 L_t 就很自然地由如下一阶条件导出：

$$W_t = \alpha K_t^{1-\alpha}(A_t L_t)^{\alpha-1} A_t \tag{19.9}$$

其中，W_t 为实际工资，等式右边则为劳动力的边际产量 $\partial Y_t^s / \partial L_t$。公式(19.9)让我们得到对劳动力的需求函数：

$$L_t = \left[\frac{\alpha K_t^{1-\alpha}(A_t)^{\alpha}}{W_t}\right]^{1/(1-\alpha)}$$

从而给定劳动力供给 L_t^s,我们可以很容易地得到使劳动力市场得以出清的均衡工资 W_t^*。可以设想在 t 期的劳动力市场上,当实际工资高于 W_t^* 时,劳动力市场供过于求,工资下跌;当实际工资低于 W_t^* 时,劳动力供不应求,工资上升。因此,实际工资最后必均衡于 W_t^*,从而市场得以出清。图 19-1 给出了劳动力市场中实际工资的这种调整。

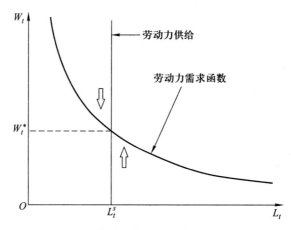

图 19-1　使劳动力市场得以出清的工资调整

显然,通过类似于实际工资的这种调整,产品市场上的价格调整也必将使产品市场得以出清。

(三) 模型的集约形式

给定模型的结构形式(19.1)—(19.8),通过简单替代,我们可以很容易地得到模型的集约形式,它们由如下公式组成:

$$Y_t = K_t^{1-\alpha}(A_t L_t)^\alpha \tag{19.10}$$

$$K_t = (1-d)K_{t-1} + I_{t-1} \tag{19.11}$$

$$I_t = sY_t \tag{19.12}$$

$$A_t = (1+x)A_{t-1} \tag{19.13}$$

$$L_t = (1+n)L_{t-1} \tag{19.14}$$

以上,公式(19.11)和(19.13)是公式(19.3)和(19.5)的简单重复,为便于分析,我们把它们重新列出。公式(19.10)来自公式(19.4)和产品市场的出清条件(19.8),公式(19.12)来自公式(19.1)和(19.2),公式(19.14)则来自公式(19.6)和劳动力市场的出清条件(19.7)。

(四) 索洛模型中经济变量的决定

在对模型进行分析之前,我们有必要对模型作如下说明。

首先比较公式(18.10)和(19.12),我们发现两者似乎是一致的:它们同时来自公式 $Y_t = C_t + I_t$ 和 $C_t = (1-s)Y_t$,从而同时体现为经济学中的投资-储蓄恒等式。然而,就模型所体现的经济学意义而言,两者却截然不同。

在哈罗德模型下,公式(18.10)给出的是产量 Y_t 的决定方式,即投资如何通过乘数过程产生需求、收入和储蓄。① 因此,在投资－储蓄恒等式中,投资决定储蓄。与此同时,为了使整个体系完整,必然要求有另外一个独立的投资函数(18.6)。

然而,在索洛模型下,由于假定市场是出清的,因此,产量由生产函数(19.10)决定,并进一步按比例在消费和投资之间进行分配。从而,投资－储蓄恒等式(19.12)给出的是投资 I_t 的决定方式,即投资等于储蓄(或储蓄 sY_t 决定投资)。这样一种简单的投资决定方式实际上意味着模型已不需要另外独立的投资函数。事实上,所有的新古典宏观模型中都没有独立的投资方程。

为了进一步说明这一问题,我们有必要考察模型(19.10)—(19.14)中各经济变量的决定过程。首先,t 期的技术和劳动力供给是完全外生的,分别由公式(19.13)和(19.14)反映,而 t 期资本的供给是由 t 期以前的投资所积累的[参见公式(19.11)]。于是,给定资本、技术和劳动力供给,产量由生产函数(19.10)决定。给定生产的产量 Y_t,我们接着考察它的分配。显然,公式(19.12)意味着产量的一部分按 $1-s$ 比例用于消费,其余部分 sY_t 则用于投资。如果我们把 Y_t 看成是收入,sY_t 就可以看成是储蓄。于是,上述 Y_t 的分配过程也可以看成是收入中的一部分 $(1-s)Y_t$ 用于消费,另一部分 sY_t 用于储蓄,而这部分储蓄则转换成了投资。

二、均衡和稳定性分析

接下来我们对模型进行分析。

(一) 平稳化

所谓平稳化是指将具有不断上升或下降趋势的变量转化成平稳的变量。例如,现实中 GDP 水平是不断上升的,但增长率是平稳的。平稳化的目的在于推导稳定状态。不具有平稳化的变量是没有稳定状态的。模型(19.10)—(19.14)中的变量都是不平稳的,即都具有随时间而不断增长的特性。因此,为了对模型进行分析,我们有必要首先对模型进行平稳化处理。

将公式(19.10)—(19.12)两边同除以 $A_t L_t$,于是,

$$y_t = k_t^{1-\alpha} \tag{19.15}$$

$$k_t = \frac{1}{(1+n)(1+a)}[(1-d)k_{t-1} + i_{t-1}] \tag{19.16}$$

$$i_t = s y_t \tag{19.17}$$

其中,$y_t \equiv Y_t/(A_t L_t)$ 被称为有效人均产量;$k_t \equiv K_t/(A_t L_t)$ 为有效人均资本;$i_t \equiv I_t/(A_t L_t)$ 为有效人均投资。用公式(19.15)解释公式(19.17)中的 y_t,并将其代入公式(19.16),得到

$$k_t = \frac{1}{(1+n)(1+a)}[(1-d)k_{t-1} + s k_{t-1}^{1-\alpha}] \tag{19.18}$$

---

① 关于乘数过程更详细的讨论请参见本书第四章。

显然,公式(19.18)是标准的一维动态系统。

(二) 稳定状态

接下来,我们将推导 k_t 的稳定状态 $\bar{k}$。令 $k_t = k_{t-1} = \bar{k}$。于是,公式(19.18)可写成

$$\bar{k} = \frac{1}{(1+n)(1+a)}[(1-d)\bar{k} + s\bar{k}^{1-\alpha}]$$

求解上式,我们得到

$$\bar{k} = \left(\frac{s}{a+n+an+d}\right)^{1/\alpha} \quad (19.19)$$

给定有效人均资本的稳定状态 $\bar{k}$,有效人均产量的稳定状态 $\bar{y}$ 可以很容易地由公式(19.15)导出:

$$\bar{y} = \left(\frac{s}{a+n+an+d}\right)^{(1-\alpha)/\alpha} \quad (19.20)$$

由此我们可以看到,在稳定状态下,无论是有效人均资本还是有效人均产量均为常数。

现在我们考察当有效人均产量 $Y_t/(A_t L_t)$ 是一常量时,人均产量 Y_t/L_t 和产量 Y_t 是如何增长的。按照定义,在稳定状态下,

$$\frac{Y_t}{A_t L_t} = \frac{Y_{t-1}}{A_{t-1} L_{t-1}} = \bar{y}$$

从而,

$$\frac{Y_t/Y_{t-1}}{(A_t/A_{t-1})(L_t/L_{t-1})} = \bar{y}/\bar{y}$$

利用公式(19.13)和(19.14),我们得到

$$\frac{Y_t/L_t}{Y_{t-1}/L_{t-1}} = 1+a$$

$$\frac{Y_t}{Y_{t-1}} = (1+a)(1+n)$$

上述公式意味着按总值增长率衡量,人均产量按技术增长(或进步)率增长,产量则按自然增长率增长。同理,我们可以证明稳定状态下,

$$\frac{K_t/L_t}{K_{t-1}/L_{t-1}} = 1+a$$

$$\frac{K_t}{K_{t-1}} = (1+a)(1+n)$$

即人均资本也按技术增长(或进步)率增长,资本则按自然增长率增长。于是,我们得到索洛模型中关于稳定状态的如下基本结论:

> 在索洛模型中,稳定状态下,经济社会的人均产量和人均资本均按技术增长率 a 增长,而产量和资本则按哈罗德所定义的自然增长率增长。[①]

---

① 关于自然增长率的定义请见本书第十八章。

(三) 稳定性分析

接下来,我们将对模型的稳定性进行分析。我们借助图 19-2 来分析 k_t 的动态变化。为此,首先将公式(19.18)写成

$$\Delta k_t = \delta k_{t-1}^{1-\alpha} - \theta k_{t-1} \tag{19.21}$$

其中,

$$\Delta k_t = k_t - k_{t-1}, \theta = 1 - \frac{1-d}{(1+n)(1+a)} > 0, \delta = \frac{s}{(1+n)(1+a)} \tag{19.22}$$

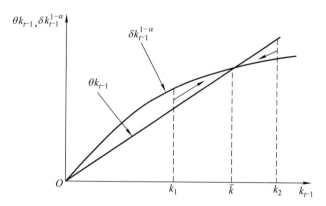

图 19-2　人均有效资本向稳定状态移动

在图 19-2 中,我们分别画出了曲线 $\delta k_{t-1}^{1-\alpha}$ 和直线 θk_{t-1},两者之差为 Δk_t。当两线相交时,$\Delta k_t = 0$。因此,k_t 的不动点(或均衡点)为图中的 $\bar{k}$。假如 $k_{t-1} < \bar{k}$,当经济处于 k_1 时,$\delta k_{t-1}^{1-\alpha} > \theta k_{t-1}$。按照公式(19.21),此时 $\Delta k_t > 0$,即 k_t 将会增加。相反,如果 $k_{t-1} > \bar{k}$,当经济处于 k_2 时,$\delta k_{t-1}^{1-\alpha} < \theta k_{t-1}$,此时 $\Delta k_t < 0$,即 k_t 将会减少。由此可见,不动点 $\bar{k}$ 是收敛和稳定的。

三、增长的逻辑[①]

经济的发展或增长通常意味着人均产量的不断提高,然而,导致人均产量发生变化的机制是什么?这是我们在解释经济增长时需要解决的核心问题。

(一) 从劳动密集转向资本密集

为了讨论索洛模型下人均产量的动态演变,不妨先暂时假定技术水平 A_t 为一常数 A,即此时 $a=0$,从而公式(19.18)就可以重新写成

$$\frac{K_t}{AL_t} = \frac{1}{1+n} \left[(1-d) \frac{K_{t-1}}{AL_{t-1}} + s \left(\frac{K_{t-1}}{AL_{t-1}} \right)^{1-\alpha} \right] \tag{19.23}$$

现假定

---

① 需要说明的是,本章给出的索洛模型背后的增长逻辑和一些流行的教科书不尽相同。

$$k_t \equiv \frac{K_t}{L_t}$$

即 k_t 为人均资本,而非之前的人均有效资本,从而公式(19.23)仍然可以写成公式(19.21),但其中的 δ 和 θ 已与公式(19.22)不同。现在,

$$\theta = 1 - \frac{1-d}{1+n}, \quad \delta = \frac{sA^\alpha}{1+n} \tag{19.24}$$

图 19-3 反映了技术水平不变情况下,人均资本 k_t 的增长过程。

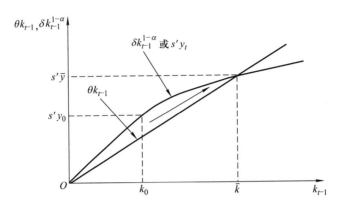

图 19-3 技术水平不变条件下人均资本和人均产量的增长过程

与此同时,公式(19.15)也应改写成

$$y_t = A^\alpha k_t^{1-\alpha} \tag{19.25}$$

其中,y_t 为人均产量。于是,图 19-3 中的曲线 $\delta k_{t-1}^{1-\alpha}$ 也同时表现为 $\left(\frac{s}{1+n}\right)y_t$,即图中的 $s'y_t$,这里 $s' = \frac{s}{1+n}$。由此,图 19-3 不仅揭示了技术不变条件下人均资本的变化过程,同时也揭示了人均产量的提高过程。

图 19-3 对经济增长过程的描述给予我们如下启示:假定经济的初始状态 (k_0, y_0) 具有如下特征:

(1) 经济已脱离了贫困陷阱,从而为资本的积累提供了可能。
(2) 发展水平落后,这表现为人均产量 y_0 较低,而人均产量较低在很大程度上也体现为人均所拥有的资本(机器、设备等)k_0 较低。

于是,图 19-3 中的增长过程实际上就体现为人均资本和人均产量从 k_0 和 y_0 不断提高的过程。显然,在技术不变的条件下,经济的增长过程本质上就体现为人均资本不断提高的过程,而这样一个过程是通过持续不断的投资(或资本积累)而实现的。

需要说明的是,较低的人均资本(如 k_0)本身也意味着在生产方式上的劳动密集,从而人均产量 y_t 的提高也可以表现为生产方式上的趋资本密集化,即人均资本 k_t 不断提高。现实中,人均资本的提高通常表现为更多的农村剩余劳动力进入城市工作,即越来越多的劳动

力脱离土地而与资本结合。而事实上,城市也正是通过不断地投资和开工建厂来吸纳和消化农村剩余劳动力。因此,就整个国家而言,农村剩余劳动力的消化和转移过程也就是生产方式从劳动密集向资本密集逐渐转化的过程,或人均资本拥有量不断提高的过程。

(二)从资本密集转向技术密集

然而,如果技术水平维持不变,由资本积累所带动的人均资本和人均产量的提高就是有极限的,即人均资本最后稳定在图 19-3 中的 $\bar{k}$,而人均产量则稳定在 $s'\bar{y}$,这实际上意味着经济增长滑入了某种陷阱[①]。

但上述分析以技术水平保持不变为前提。现假定技术水平发生了变化。为方便起见,我们将公式(19.24)中的 δ 写成 $\delta(A)$。图 19-4 考察了技术从 A 提高到 A' 时经济的动态演变。可以看到,当技术水平从 A 提高到 A' 时,人均资本和人均产出的稳定状态会相应提高到 $\bar{k}'$ 和 $s'\bar{y}'$,而当技术水平不断提高时,人均资本和人均产量将不断提高。由此可见,技术水平的不断提高是经济发展达到一定程度后,人均资本和人均产量不断提高的关键。

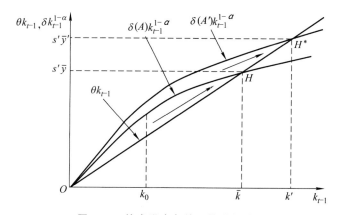

图 19-4　技术进步条件下的增长过程

需要说明的是,在此阶段,

(1)人均产量的提高并不是不要投资,而是经济社会的任何投资都必须体现为一种新的、更为先进的生产技术。

(2)如果投资并不能体现为技术进步,则投资所带来的产能只能是过剩的产能,从而不会带来人均产量的提高。

由于技术进步本身是由知识所推动的,因此,经济社会的生产方式此时已经从资本密集转向了知识密集(参见图 19-4)。

---

① 我们以后将要论证,这里的陷阱就是所谓的中等收入陷阱。

(三) 劳动力供给对经济增长的影响

接下来,我们将讨论劳动力供给的增加对经济增长的影响。

首先,从前述稳定状态下有关增长率的结论可知,在稳定状态下,经济的增长率将等于自然增长率,即劳动力供给增长率加上技术增长率,从而劳动力供给的增加确实能推动产量(GDP)的提高。然而,稳定状态下,人均产量的提高只能来自技术进步,与劳动力供给无关。从而劳动力供给的增加确实能推动经济增长率,但不能推动人均 GDP 的增长。

然而,情况远非如此简单。接下来我们将论证:在技术不变条件下,劳动力供给的增长将降低人均资本和人均产量的稳定状态。根据公式(19.24),我们发现

$$\frac{\partial \theta}{\partial n} > 0, \quad \frac{\partial \delta}{\partial n} < 0$$

这意味着当劳动力供给的增长率 n 提高时,直线 θk_{t-1} 向上倾斜,曲线 $\delta k_{t-1}^{1-\alpha}$ 则向下移动。从而,如图 19-5 所示,稳定状态下的人均资本将下降,因此人均产量也下降。

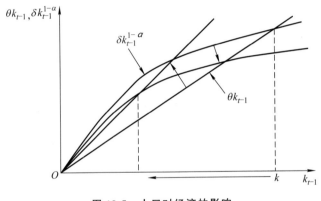

图 19-5　人口对经济的影响

由此我们发现劳动力供给的增加对经济增长的如下影响:

劳动力供给的增加确实能推动经济增长率,但不能推动人均 GDP 的增长。相反,在技术不变条件下,劳动力供给的增加将降低人均产量。

(四) 增长的逻辑

新古典增长模型是以柯布—道格拉斯型生产函数为基础来讨论经济增长过程的。柯布—道格拉斯型生产函数包括三大生产要素:劳动力、资本和技术。也正因为如此,从表面上看,劳动力、资本和技术的提高必成为经济增长的动力。然而,这样一种分析毕竟是有缺陷的。事实上,并不是在所有情况下增加三大要素就能促进经济增长或人均 GDP 增长。例如,我们已经看到,在技术不变的条件下,当经济已达到稳定状态时,资本投入的增加将不会促进经济增长,现实中很有可能体现为产能过剩。与此同时,在技术不变条件下,劳动力供给的增长将降低人均产量。因此,对于增长逻辑的讨论要求我们回答在什么条件下增加某种生

产要素能够促进经济增长,在什么条件下则不能。现在让我们总结一下索洛增长理论给我们提供的可能的增长逻辑。

假定经济社会已经脱离了贫困陷阱,从而使资本积累成为可能。① 然而,经济的发展水平仍然很低,这体现为其初始状态(k_0,y_0)所代表的人均资本和人均产量都非常低下。从宏观(单部门模型)上讲,人均资本的低下本身就意味着大量劳动力不与资本结合而是与土地结合,从而滞留于农村,成为农村剩余劳动力。毫无疑问,这一初始阶段的生产方式是一种劳动密集型的生产方式。此时,经济的增长主要体现为通过投资使资本不断积累。现实中,这表现为城市不断开工建厂,由此吸引越来越多的农村剩余劳动力向城市转移。因此,这一过程本质上就是城市化过程和工业化过程。显然,这样一个增长(或发展)过程同时也体现为生产方式逐渐从劳动密集向资本密集的转型,由此带动了人均资本和人均产量的提高(见图 19-3)。

然而,在技术水平不变的条件下,由资本投入所推动的人均产量的提高是有极限的:一旦达到这一极限,进一步的资本投入将无法助推人均产量的进一步提高。而当人均资本和人均产量达到这一极限时,唯有技术进步才能推动人均资本和人均产量的继续提高。需要说明的是,在此阶段,人均 GDP 的增长并不是不要投资,而是经济社会的任何投资都必须体现为一种新的、更为先进的生产技术。由于技术进步本身是由知识所推动的,因此,经济社会的生产方式此时已经从资本密集转向了技术密集或知识密集(参见图 19-4)。

上述关于增长逻辑的讨论实际上已经蕴含了经济发展的两阶段理论。在本书第二十一章中,我们将对此作更为详细的讨论。

讨论与小结

索洛的增长模型是以新古典经济学的市场出清的均衡分析为基础的,这样一种均衡分析必然意味着其所研究的经济社会是供给决定型的,从而产量并不是由需求所决定的,而是由供给侧(通过生产函数)所决定的。这样一种忽略需求而只重视供给的分析方法自然可以避免哈罗德的刀刃问题。与此同时,当资本和劳动力可以相互替代(采用柯布—道路拉斯型生产函数)时,哈罗德的非平衡增长问题也将不复存在,而在平衡增长路径上,经济将按自然增长率增长。

必须说明的是,在新古典的均衡分析框架下,类似哈罗德模型和 IS-LM 模型中的独立的投资函数已不再需要,投资将因市场的均衡条件而不得不以一种残余变量的方式等于储蓄。于是,在投资—储蓄恒等式中,储蓄决定了投资,而不像凯恩斯理论体系下投资决定了储蓄。此外,索洛模型所讨论的经济社会已经是脱离了贫困陷阱后的经济社会,从而使资本积累成为可能。

---

① Galor and Weil(2000)讨论了人类社会漫长历史长河中的增长现象,并据此提出了著名的一致增长理论。一致增长理论把经济发展阶段分为马尔萨斯阶段、后马尔萨斯阶段和现代增长阶段。由于模型刻意没有引入资本这一经济变量(而资本无疑是现代经济增长的核心变量),并且对经济进入现代增长阶段后也没有做更多的研究,因此,我们可以假定其所谓的现代增长阶段就是指经济脱离了贫困陷阱开始进入现代增长的工业化过程。而索洛的增长模型无疑是针对现代经济增长现象的解说。

柯布－道格拉斯型生产函数包括三大生产要素：劳动力、资本和技术。也正因为如此，从表面上看，劳动力、资本和技术的提高必成为经济增长的动力。然而，并不是在所有情况下增加三大要素就能促进人均GDP的增长。因此，对于增长逻辑的讨论，要求我们回答在什么条件下增加某种生产要素能够促进经济增长，什么条件下则不能。新古典增长模型为我们揭示了如下增长逻辑：当人均资本水平很低时，即使此时技术没有进步，资本投入也必能提高人均资本存量，从而提高人均产量。然而，在技术水平不变的条件下，由资本投入所推动的人均产量的提高是有极限的：一旦达到这一极限，进一步的资本投入将无法助推人均产量的进一步提高。此时，唯有伴随着技术进步的资本投入才能推动人均资本和人均产量的继续提高。

思考题

1. 为什么说索洛的增长模型是新古典增长模型？
2. 请介绍索洛模型的基本框架。它与哈罗德模型有何不同？其背后的假设条件是什么？
3. 假定技术不变，请分析人均资本和人均产量是如何趋于稳定的。此时，稳定状态下的经济增长率应该是多少？
4. 假定技术可变并按固定增长率增长，请分析经济体是如何趋于稳定状态的。稳定状态下的经济增长率应该是多少？
5. 请在索洛模型框架下解释什么是劳动密集型的生产方式，什么是资本密集型的生产方式，什么是知识密集型的生产方式。
6. 请分析劳动力供给的增加对经济增长有什么影响。
7. 什么是增长逻辑？请解释新古典模型所揭示的增长逻辑。
8. 考察如下索洛的新古典增长模型：

$$Y_t = A_t K_t^{0.5} L_t^{0.5}$$
$$K_t = (1-0.1)K_{t-1} + I_{t-1}$$
$$Y_t = C_t + I_t$$
$$C_t = (1-0.3)Y_t$$
$$L_t = L_{t-1}$$

其中，Y_t 为产量，C_t 为消费，I_t 为投资，K_t 为资本，L_t 为劳动力供给，A_t 为技术。假定 $A_t = 1$。

(1) 请推导并写出人均资本变化的动态公式。
(2) 请计算人均资本和人均产量的稳定状态。
(3) 现在我们假定人口增长率为 $n>0$。请重新推导并写出人均资本变化的动态公式。
(4) 假定 $n=0.01$，请计算新的人均资本和人均产量的稳定状态。
(5) 现在进一步假定技术 A_t 进步到 1.2。请计算新的人均资本和人均产量的稳定状态。

第二十章 技术进步与经济增长——新增长理论

从上一章的分析中可以看到,如果我们不考虑需求的约束,则在新古典增长理论体系下,给定技术水平 A 和参数 s、d 和 n 等,无论初始状态如何,经济都将最终收敛于一个以人均水平衡量的稳定状态。在该稳定状态下,人均资本和人均产量将保持不变。此种情况下,人均资本和人均产量的进一步提高将只能依赖于技术的进步。

然而,技术是什么?它又是如何进步的?影响技术进步的因素又有哪些?显然,传统的新古典增长理论并没有对此作出解释。对于技术,模型中仅仅把它看成是一个外生变量。因此,以索洛模型为代表的传统新古典增长模型通常被认为是外生增长模型。

从 20 世纪 80 年代末起,经济学家们开始更多地关注对技术的解释,并由此而产生了大量的文献。有关这方面的研究现在仍在继续中。通常,人们把 20 世纪 80 年代以后所形成的更关注对技术进行解释的经济增长理论称为"新增长理论"或"内生增长理论",前者与传统的新古典增长理论相区别,后者与传统增长理论中把技术作为外生变量相区别。

本章中我们将对新增长理论进行介绍。在第一部分和第二部分中,我们将分别介绍新增长理论中的人力资本模型和知识资本模型。第三节将讨论创新及其他与技术相关的命题。

一、人力资本与经济增长

在新增长理论中,对于技术的解释基本上采用两种途径:一种是把技术理解为与人力资本直接相关,另一种则把技术看成是知识资本。这里,我们首先讨论人力资本问题。

在过去二三百年的经济学文献中,不乏有关人力资本思想的阐述,许多著名的经济学家都曾提出和阐述过有关人力资本的观点与思想。现代人力资本理论产生于 20 世纪 50 年代末 60 年代初,主要探讨人力资本的基本特征、形成过程以及人力资本投资的成本和收益。同其他许多新产生的经济理论一样,人力资本理论一出现就异军突起,备受关注,成为解决经济学本身所遇到的困难和向经济学传统以外的领域扩展的有力工具。人力资本理论传入我国较晚,因此,有必要对其作一定程度的介绍。[①]

(一) 人力资本及人力资本投资

人力资本的定义可以从个人或社会群体角度出发。

[①] 有关人力资本理论的经典文章和著作,请参见 Ben-Porath(1967)、Becker(1975)、Lucas(1988) 和 Schultz(2004) 等。

【人力资本】 从个人角度而言,人力资本是指存在于个体中后天获得的具有经济价值的知识、技术、能力和健康因素等。从社会角度而言,人力资本是指一个国家或地区的人口素质。

从经济学角度讲,尽管一个国家的人力(或劳动力)资源是外生给定的,然而人力资本则是内生的。就个人而言,人力资本并非天赋,而是靠后天获得,其获得的途径是人力资本投资。因此,人力资本投资对人力资本具有重要的意义,而人力资本投资理论则是整个人力资本理论的核心内容。接下来,我们将对人力资本投资的成本、收益、特点和回报率等作一番概述。

人力资本投资的成本可以分为两大类:一类是直接成本,即用于人力资本投资而实际发生的费用,包括由政府拨出的费用和学生个人负担的费用;另一类是机会成本,也就是为进行人力资本投资而放弃的眼前收入。需要说明的是,并不是所有的人力资本投资都会有机会成本,例如中小学和幼儿教育等对未成年人所进行的人力资本投资就没有机会成本。

人力资本投资的收益包括两个方面。一方面是个人收益。例如,通过人力资本投资可以实现未来收入的增加、福利状况和工作条件的改善、社会地位和生活质量的提高、职业机动性的增大以及精神生活的更加充实等。另一方面,人力资本投资也会给社会带来收益。个人人力资本存量的上升对社会也有贡献,宏观上表现为一个国家科学技术水平的提高、社会生产力的发展、国民收入的增长和经济社会的全面进步等。人力资本投资的这种社会收益与人力资本的间接效益有关,有关间接效益的讨论将随后展开。

(二) 人力资本投资的回报率

大量研究表明,人力资本投资的回报率要远高于物质资本投资的回报率。按照国际经验,人力资本投资的回报率一般在30%左右,这一数字远高于物资资本投资的回报率,其中,中小学和幼儿教育的回报率要高于成人和大学教育的回报率。其理由有两点:第一,中小学和幼儿教育没有人力资本投资的机会成本;第二,人力资本投资的回报率取决于投资以后个人的工作年限,即工作年限越长,投资的收益越大,而每个人的工作年限是给定的(如退休以后不能工作),因此,随着年龄的增长,人力资本的投资回报率会递减。

尽管人力资本投资(中小学和幼儿教育等)具有极高的回报率,然而人力资本投资是一项长期投资,其投资收益具有很长的滞后性。家庭对子女的人力资本投资只有在子女成长起来进入劳动力市场以后才能体现出来。这种非立竿见影式的投入和产出之间的关系,显然会影响家庭(特别是贫困家庭)对人力资本投资的热情。与此同时,人力资本投资回报受个人性格、机遇、健康等因素的影响,具有很大的不确定性。人力资本投资回报的这种长期性和不确定性会对人力资本投资的融资产生很大的影响。一般而言,银行等私人机构不愿意提供这方面的贷款,家庭内部融资现象极为普遍。这也同时意味着如果没有政府的支持,富裕家庭的子女受教育的机会要大于贫穷家庭的子女。

此外,人力资本投资还具有某种程度的连续性。一个没有受过初级教育的人无法接受中等教育,同理,一个没有受过中等教育的人则无法接受高等教育。人力资本的这种延续性意味着教育应从小抓起,从幼儿抓起。

(三) 人力资本对经济的影响

接下来，我们将分析人力资本对经济的影响。第一，人力资本对经济的影响可以分为直接效应和间接（或外部）效应。从最直接的角度考察，人力资本是一种生产要素，它的直接作用是使生产力提高。一个受过良好培训的技工，在修理引擎方面的效率要高于那些没有受过培训的工人，这是人力资本的直接效应。然而，人力资本对经济的影响更多地体现在它的间接效应上。一个受过良好教育的个人更能适应新的环境，更容易接受新知识、掌握新技能，更懂得如何针对新的环境对自己进行调整。在宏观上，人力资本的这种间接效应意味着国家更容易承受各种可能的外部冲击，更容易实现经济发展模式的转变。在世界这一充满变数的舞台上，在科技日新月异的今天，具有高素质人口的国家无疑会有更强的竞争力。卢卡斯对人力资本的这种间接效应给予了特别的关注。在他看来，正是人力资本的这种间接效应使得生产函数具有规模递增效益。

第二，从根本上来讲，技术进步取决于人力资本的提高。首先，新知识和新技术是由人力资本创造的。其次，人力资本是新知识和新技术扩散的必要条件。在其他条件一定的情况下，人力资本存量越大，新知识和新技术扩散的速度就越快，范围就越广。此外，人力资本还是新知识和新技术应用的基础。任何科学知识要转变为现实的生产力都必须实际应用到经济部门或生产领域，完成这一环节必须具备相应的人力资本条件。

第三，人力资本也同样影响着经济社会的和谐，如收入分配等。一个国家的收入分配状况取决于该国的人口结构。就一些经济不发达、人力资本水平较低的国家而言，其人口结构通常呈现出一种金字塔形（见图20-1）。大多数文化水平低的人处于金字塔的底部，这些人由于没有受过良好的教育，所从事的只能是一些低技能的工作，与此同时，他们对市场经济的适应性较差，失业的可能性更大。然而，如果一个国家的人力资本水平较高，其人口结构将呈现为椭圆形。人口中的大多数应为受过良好教育的律师、医生、会计师、工程师等专业化人士，这些人士组成社会的中产阶层，显然，这样一种人口结构意味着收入分配更趋于均匀。

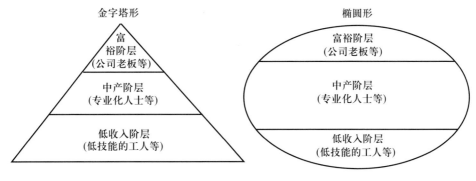

图 20-1　人口结构的金字塔形和椭圆形

由此可见，人力资本对经济的影响是多方面的。它不仅会影响一个国家的生产力和竞争力，同样，它还会影响一个国家的就业和收入分配。此外，人力资本除了能对经济产生影响,人力资本水平的提高还会提高社会的道德水准,使社会更为安全、更为和谐。

接下来我们将着重考察人力资本对经济增长的影响,而在这一方面,卢卡斯人力资本模型堪称经典。

(四) 人力资本的量化

为了把人力资本引入模型,我们首先必须将人力资本量化。令 h 为一个公民的人力资本水平。根据 Lucas(1988),个人的人力资本水平 h 就如同效用一样是可以进行衡量和比较的。例如,假定有三个公民,其人力资本水平分别为 h_1、h_2 和 h_3。假如具有 h_1 水平的第一个公民的每小时生产能力为第二个公民的 2 倍,但只是第三个公民的 0.5,于是我们就可以把这种关系写成 $h_1 = 2h_2, h_1 = 0.5h_3$。

假定现在有 $L(h)$ 个同质劳动力,他们具有相同的人力资本水平 h,这样我们就可以记这 $L(h)$ 个同质劳动力的人力资本存量为 $L(h)h$。再次假定这 $L(h)$ 个同质劳动力用于工作的时间占总时间的比例为 $u(h)$,其中,$u \in [0,1]$,于是,我们就可以看到这 $L(h)$ 个同质工人用于生产的有效人力资本存量为 $u(h)L(h)h$。

现在我们假定经济社会中具有不同人力资本水平的工人所具有的人力资本存量为 H。显然,H 的表达式可以写成

$$H = \int_0^\infty L(h) h \, dh \tag{20.1}$$

与此同时,经济社会中用于生产的有效人力资本存量 N 则可以表示为

$$N = \int_0^\infty u(h) L(h) h \, dh \tag{20.2}$$

(五) 卢卡斯模型

以上关于人力资本存量的数学表述尽管精确,却较为复杂,不利于我们用它们来进行经济分析。一种可能的简化是假定经济社会中的所有劳动力都具有相同的人力资本水平和相同的工作时间比例。在这一"同质性"或代表性经济人假设下,公式(20.1)和(20.2)可以写成

$$H = Lh \tag{20.3}$$
$$N = uLh \tag{20.4}$$

其中,L 可以看成是劳动力总数,h 为平均人力资本水平,u 则为平均工作时间占总时间的比例。给出公式(20.4)中的 N,我们可以把生产函数写成

$$Y_t = K_t^{1-\alpha} (u_t L_t h_t)^\alpha \tag{20.5}$$

接下来,我们将考察人力资本水平 h_t 是如何决定的。在我们的代表性经济人模型中,我们假定经济人除把非闲暇时间用于生产外,其他时间都用于接受教育。而受教育的好处在于提高人力资本,由此我们可以得到卢卡斯有关人力资本的决定公式:

$$\Delta h_t = \kappa (1 - u_t) h_{t-1} \tag{20.6}$$

其中,κ 为常数。上述公式表明,人力资本的增加 Δh_t 不仅取决于代表性经济人受教育时间占总时间的比例 $1 - u_t$,同时也取决于个人本身的人力资本水平 h_{t-1}。事实上,按照公式(20.6),当我们考察人力资本 h_t 的增长率 $a_t \equiv \Delta h_t / h_{t-1}$ 时,我们会发现

$$a_t = \kappa(1 - u_t) \qquad (20.7)$$

上述公式表明,当 u_t 为常数时,人力资本的增长率也将是一个常数。而 u_t 是一决策变量,它只能在 $[0,1]$ 区间内取值。

现在我们考察 u_t 的选择。显然,它是一个优化问题。u_t 的增加会使经济人的有效劳动时间增加,这样就直接增加了产量。然而,它会减少受教育时间,因此也就减少了人力资本 h_t 提高的可能,进而通过生产函数(20.5)影响产量。于是 u_t 的选择就必然是一个最优化问题。具体的优化过程将不在本书中叙述(这属于高级宏观经济学的任务)。

(六) 稳定状态分析

现假定当经济处于稳态时,u_t 为一常数,记为 $\bar{u}$。而当 u_t 为常数 $\bar{u}$ 时,由公式(20.7)可知,人力资本 h_t 的增长率 a_t 也为常数,记为 $\bar{a}$,即

$$\bar{a} = \kappa(1 - \bar{u}) \qquad (20.8)$$

公式(20.8)表明:稳定状态的技术进步率尽管仍然是个常数,但已经不再是外生给定的,而是具有一定的经济学意义,即它取决于人们用于人力资本积累(如教育)所用的时间占总时间的比例。

将公式(20.5)两边同除以 $h_t L_t$,我们得到

$$y_t = k_t^{1-\alpha} \bar{u}^\alpha \qquad (20.9)$$

其中,如同第十九章,$y_t \equiv Y_t/(h_t L_t)$ 为有效人均产量,$k_t \equiv K_t/(h_t L_t)$ 为有效人均资本。与此同时,以下关于资本积累的公式仍然成立:

$$K_t = (1-d)K_{t-1} + sY_{t-1} \qquad (20.10)$$

将公式(20.10)两边同除以 $h_t L_t$ 得

$$k_t = \frac{1-d}{(1+\bar{a})(1+n)} k_{t-1} + \frac{s}{(1+\bar{a})(1+n)} y_{t-1} \qquad (20.11)$$

将公式(20.9)代入公式(20.11),我们得到

$$k_t = \frac{1-d}{(1+\bar{a})(1+n)} k_{t-1} + \frac{s\bar{u}^\alpha}{(1+\bar{a})(1+n)} k_{t-1}^{1-\alpha} \qquad (20.12)$$

令稳定状态下 $k_t = k_{t-1} = \bar{k}$,将其代入公式(20.12)得到

$$\bar{k} = \frac{1-d}{(1+\bar{a})(1+n)} \bar{k} + \frac{s\bar{u}^\alpha}{(1+\bar{a})(1+n)} \bar{k}^{1-\alpha} \qquad (20.13)$$

求解方程(20.13),解得

$$\bar{k} = \left(\frac{s\bar{u}}{\bar{a} + n + \bar{a}n + d} \right)^{1/\alpha} \qquad (20.14)$$

此为人均有效资本的稳定状态。利用公式(20.9),人均有效产量的稳定状态可表示为

$$\bar{y} = \left(\frac{s\bar{u}}{\bar{a} + n + \bar{a}n + d} \right)^{(1-\alpha)/\alpha} \bar{u}^\alpha \qquad (20.15)$$

由此可见,稳定状态下,有效人均资本和有效人均产量均为常数。而正如我们在第十九章所证明的:当有效人均资本和有效人均产量均为常数时,产量和资本均按自然增长率增长,而

人均产量和人均资本则按技术进步率(这里的人力资本增长率)增长。

将公式(20.14)和(20.15)与索洛模型中的公式(19.19)和(19.20)进行比较,我们发现:当我们假定人们将所有的时间都用于生产即 $\bar{u}=1$ 时,人均有效资本和人均有效产量的表达式与索洛模型是一致的,然而,按照卢卡斯模型,此种情况下技术进步率 $\bar{a}$ 照理为 0。因此,卢卡斯模型实际上为我们揭示了技术的增长并非凭空产生的:技术的增长意味着部分经济资源被用于技术进步了,从而减少了用于生产的经济资源。而索洛模型下其外生给定的技术进步率本质上是使技术进步凭空产生,无须消耗任何经济资源。这也是为什么技术进步是内生的另一重含义。

二、知识资本与经济增长

对于技术的另一种解释途径是把技术看成知识资本。Romer(1990)可以看成是此种解释的典范。

(一) 知识资本及其特点

在罗默(Romer,1990)看来,一个国家的技术水平可以由它的知识存量来衡量。具体地说,技术可以表现为各种论文、专著、设计和专利等。

技术作为一种知识产品显然有其独特的性质,罗默对此做了精辟的解释。技术既可以看成是一种商品(比如说申请的专利等),同时又不能完全被视为商品(比如说公开发表的论文等)。一项技术如果不能成为商品,而且人人都可以通过很低的成本获得,那么我们就可以把它看成是"公共品"。所谓公共品,是指在消费上具有非竞争性和非排他性的物品或服务。非竞争性是指当物品被某个公司或个人使用时,他人也可以无限次地同时使用;非排他性是指拥有者不能禁止他人使用这一物品。显然,大多数的公共设施(如公园、道路和路灯等)都是公共品。

就技术而言,所有的技术理论和思想都是非竞争性的。一项技术在被某人使用时,也同样可以被他人使用。正是技术的这种非竞争性,使得某些关键性技术一旦成为公共品并被应用于社会,就能在很大程度上提高全社会的生产力。然而,与一般的公共品所不同的是,技术是部分排他。如前所述,公开发表的论文和专著等,由于其完全的非排他性,我们可以把它们看成是公共品。然而,还有许多技术则被拥有者严格地保密或通过申请专利而得到保护,就这些技术而言,它们是排他的。需要说明的是,那些非排他的技术通常是一些基础理论。按照国际惯例,基础理论是不能申请专利的。尽管我们不能否认基础理论的重要性,然而从基础理论到形成实际的生产力,仍需要多重的应用性研究,而应用性研究的成果则通常是排他的。应用性技术的这种排他性限制了技术成果的推广和应用,从而在一定程度上影响了经济的快速增长。然而,技术的这种排他性却为研发者的研发提供了激励。试想一下,如果一项技术没有受到保护,不具有排他性,技术的拥有者或研发者就不可能凭借其对技术的垄断而在竞争中处于优势,因此就不愿拥有或开发这项技术。

上述讨论让我们得到作为技术的知识资本的如下特征:知识是非竞争性的,但也是部分排他的,其中,基础知识是非排他的,从而是公共品;应用性知识具有排他性,从而不是公共品。

(二) 知识资本的累积

现在我们考察作为知识资本的技术是如何进步(或积累)的。按照罗默的说法,技术的进步首先取决于已有的知识存量。任何新知识都不是凭空产生的,都建立在已有的知识存量上:新知识唯有在前人知识积累的基础上才有可能产生。影响技术进步的第二个因素是用于技术研发的投入,其中最为重要的是人力资本:新技术的产生是由人完成的,投入研发的人力资本越多,新技术产生的可能性就越大。由此,我们可以将技术进步写成如下等式:

$$\Delta A_t = \mu H_{A,t} A_{t-1} \tag{20.16}$$

其中,μ 为参数,$H_{A,t}$ 为用于研发的人力资本(也可以解释为高素质的劳动力);A_{t-1} 为现有的知识存量,ΔA_t 为新创造的知识。该公式表明,知识 A_t 的增长率可以写成

$$a_t = \mu H_{A,t} \tag{20.17}$$

其中,$a_t \equiv \Delta A_t / A_{t-1}$ 可以理解为知识资本(技术)的增长率。

(三) 人多力量大?

比较罗默的知识资本积累公式(20.16)和卢卡斯的人力资本积累公式(20.6),我们发现两者之间有着很大的区别。卢卡斯的人力资本积累公式(20.6)本质上反映了一个代表性经济人的人力资本积累。因此,它并不能反映一个国家的人口规模与技术进步之间的关系,或者说,一个国家的技术水平只与人均人力资本水平相关,而与人口规模无关。

然而,在其他条件相等的情况下[①],如果人均人力资本水平相等,一个国家的技术水平显然与人口规模相关。例如,比较两个国家,其高水平的科技人口占总人口的比例相等,但 A 国的人口却是 B 国的 10 倍,从而 A 国高水平的科技人才也是 B 国的 10 倍。此种情况下很难让人相信 A 国的技术积累速度会和 B 国相等。

罗默的知识资本积累公式恰恰反映了人口规模对技术水平的影响。在公式(20.16)中,影响技术进步最为主要的投入是 $H_{A,t}$,它是指用于研发的人力资本总量或高素质的劳动力投入总量,从而投入的用于研发的人力资本总量越大,技术就越容易进步。因此,在研发领域,"人多力量大"应该是一个不争的事实:相对于小国而言,大国更容易积累技术。

由于技术是非竞争的,因此,在一项技术被发明之后,它可能很容易地被推广和运用,从而提高整个经济体的生产力。与此同时,技术又是部分排他的,这意味着拥有者可以禁止他人使用。技术的这些特征意味着在技术竞争中,大国可以更容易地(相对于小国而言)占据主动地位。

(四) 知识资本和人力资本的关系

以上我们分别从人力资本和知识资本的角度对技术进行了考察,并讨论了人力资本和知识资本的累积过程。我们假设无论是知识资本的积累还是人力资本的积累均意味着技术的进步,这使得传统柯布－道格拉斯型生产函数中的技术 A 将不再是一个外生变量,它的

---

① 这里的其他条件包括体制、研发经费的投入等,它们都会影响技术进步。

进步和提高将依赖于人力资本或知识资本的累积。然而,这种从不同的视角(人力资本和知识资本)对同一事物(技术)所进行解释是否会产生矛盾?

首先,对同一事物进行不同侧面的考察在科学上是完全容许的。其次,人力资本和知识资本之间有着密切的联系。这一点我们可以从公式(20.16)中看到,即知识资本的积累是由人力资本所决定的。

尽管感觉上用知识资本对技术进行解释似乎更贴切一些,但这绝不意味着我们可以忽略人力资本。事实上,使用、创造和掌握知识资本都需要靠人力资本。知识存量再多,专利和各种设计再多,如果没有人懂得它们,使用它们,则它们唯有被束之高阁,知识就永远无法转化为生产力。相反,即使知识存量不多,但只要有足够的人力资本,我们也能创造和吸收先进的知识为社会服务。更为重要的是,与知识资本不同,人力资本既是排他的,也是具有竞争性的,即人力资本不能同时被使用,而拥有者也可禁止他人使用。与此相反,由于知识的非竞争性和部分的非排他性,知识很容易传播,即知识有所谓的溢出性。知识资本的这种溢出性以及人力资本的竞争性和排他性更体现了人力资本的稀缺性和重要性。

三、创新及其他——关于新增长理论的几点补充

新增长理论为我们揭示了技术进步取决于研发投入,包括研发人员(如人力资本)和研发经费等,一定数量的研发投入通过某种概率带来一定的技术进步,即所谓全要素生产率 A_t 的提高。尽管这样一种解释在宏观上也许并没有错,但显然将问题简单化了,事实上也为我们留下了一个巨大的黑箱,让我们无法看到研发是如何启动、如何通过各种传导机制形成技术进步,进而影响经济增长的。此外,发展中国家的许多技术进步并非来自研发,而是来自引进。因此,需要对技术进步的讨论作更多的补充。

(一) 创新

知识本身并不能直接成为生产力,它仅仅体现为各种论文、专著、设计和专利等的存量。要使知识转化为生产力,必须要有一个过程。在经济学中,这一过程通常被称为创新。

【创新】 创新是将知识转化为生产力的过程。

遗憾的是,在现有的新增长理论中,知识的积累和知识的应用之间并没有得到应有的区分。罗默使用了一个完全竞争的拍卖市场使所有的知识一旦被发明就能被出售和使用,从而忽略了创新过程。然而,正如熊彼特曾经指出的:"如果没有创新,知识将一无是处"(Schumpeter,1934)。

创新是企业家的责任,但创新本身要具备一定的条件。这些条件至少应包括如下内容:

(1) 知识资本的积累。知识资本的积累为企业家的创新提供了一种技术上的资源。

(2) 人力资本的积累。知识是要靠人去发现、理解、掌握和使用的。

(3) 制度上的激励,即企业家有强烈的愿望和冲动去进行创新。可以设想,如果一个企业依靠垄断等特殊手段就能轻易获得利润,它就没有愿望进行创新。

(4) 金融上的支持。现实中,风险资本等为许多创新提供了很好的金融上的支持。

熊彼特对创新有过精辟的论述。在他看来,创新可分为五大类:新产品、新的生产方式、新市场的开发、新型原材料的使用和行业的重组(Schumpeter,1934)。现代经济学家们又把创新归为两大类,即所谓过程创新和产品创新。①

(二) 研发和创新机制

创新涉及多个主体。我们通过图 20-2 来反映各个主体之间的关系及研发和创新发生的机制。首先,创新的源泉来自知识的积累。知识一般有基础知识和应用性知识之分,而直接用于企业自主创新的知识被称为企业专用知识(firm specific knowledge)。显然,企业专用知识建立在基础知识和应用性知识的基础之上。

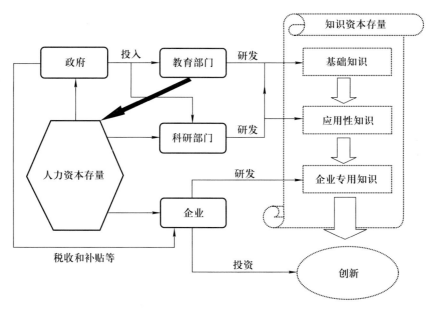

图 20-2 研发和创新机制

资料来源:龚刚等(2013)。

一般地,政府向教育部门和科研机构直接提供研发资金,对企业的研发活动则通过税收和补贴等予以支持。教育部门培养人力资本,进而将其分配到经济社会的其他部门,成为研发活动的主要要素投入;教育部门同时也从事基础知识的研发。科研部门则专注于研发,从而积累知识(包括基础知识和应用性知识)。在整个创新机制中,企业起着关键作用:企业不仅是创新的执行主体,同时也从事企业专用知识的研发和积累。

---

① 有关研究请参见 Scherer(1984)、Pavitt(1984)、Nelson and Winter(1982)和 Gong(2001,2006)等。

实践表明,企业所特有的技术储备和知识存量是其保持技术领先的核心。许多大型企业一般都拥有自己的研发部门,每年都会投入大量的研发资金,从而积累大量的企业专用技术(或知识)。对于这些技术或知识,企业也许并不马上将其投入生产,即不马上进行创新,甚至有可能不申请专利,而只是对其进行严格的保密和保护。然而,恰恰是此种储备能够确保企业在行业中长期保持技术领先:每当已经投入市场的产品逐渐变得过时,企业就会从其技术储备中将新的技术投入使用,以新产品或产品升级的方式将其投放到市场中去。这样一种技术的积累及创新过程被熊彼特称为创造性毁灭(creative destruction)。

【创造性毁灭】 所谓创造性毁灭是指新产品和新工艺的创新毁灭旧产品和旧工艺的过程。

显然,创造性毁灭能确保企业产品不断地升级换代,从而难以被竞争对手超越。[①]

(三) 技术进步的非线性

现在让我们再次回到公式(20.7)和(20.17)。我们发现,无论是人力资本还是知识资本,在稳定状态下,其增长率均为常数,这也同时意味着技术是按一个固定的增长率增长的。事实上,我们可以把由公式(20.7)和(20.17)所表达的技术进步看成是线性的,即新技术与已有的技术水平线性相关。

然而,许多学者,如索洛(Solow,2003)等同时也提出技术进步有可能是非线性的。例如Jone(1995)就曾把公式(20.16)修改成

$$\Delta A_t = \mu H_{A,t}^{\lambda} A_{t-1}^{\phi} \qquad (20.18)$$

其中,参数 λ 和 ϕ 都在$(0,1)$区间内取值。该公式表明,不仅人力资本的投入对新技术的产生具有某种边际递减效应,与此同时,新技术 ΔA_t 与已有的技术 A_{t-1} 也不是线性相关的。公式(20.18)表明技术的增长率可以写成

$$a_t = \mu H_{A,t}^{\lambda} A_{t-1}^{\phi-1} \qquad (20.19)$$

因此,技术 A_t 的增长率将随着现有技术水平 A_{t-1} 的提高而逐步下降。

关于此种技术进步的非线性原因,Jone(1995)解释为容易发现的知识通常是首先被发现的,当技术已经发展到一定程度时,进一步的发现可能更为困难,必须付出更多的人力资本等努力才能达到。因此,技术的增长率是随着技术的提高而逐步下降的。

有关的经验研究也证实了这一点。例如,Gong et al.(2004a,2004b)利用美国和德国数据所做的经验研究表明[②],人力资本和知识资本的累积更符合如下等式:

$$\Delta h_{t-1} = h_{t-1}^{p_1} \kappa (1-u_t)^{p_2} - \delta_h h_{t-1} \qquad (20.20)$$

$$\Delta A_{t-1} = \mu H_{A,t}^{\gamma} A_{t-1}^{\phi} - \delta_A A_{t-1} \qquad (20.21)$$

其中,δ_h 和 δ_A 可以分别理解成人力资本和知识资本的折旧率,参数 p_1、p_2、γ 和 ϕ 都在$(0,1)$

[①] 企业所从事的这种以产品更新换代和升级为目标的创新通常被称为非经典创新。创新可分为经典创新和非经典创新。

[②] 参见本书第二十二章的讨论。此外,还可参见 Greiner et al.(2005)。

区间内取值。显然,技术进步的这种非线性能够在某种程度上为我们解释趋同假设。

(四)前沿差距——发展中国家的技术进步

关于技术进步的另外一个补充是所谓的前沿差距(distance to frontier)理论。此种理论似乎更适合发展中国家的技术进步函数。如前所示,技术是非排他性的,这意味着一种技术可以同时在世界各地反复使用。技术的这种非排他性使得发展中国家可以引进技术,而无须自主研发技术。

按照前沿差距理论,落后国家的技术进步取决于其与技术前沿的差距:当差距很大时,落后国家(或企业)可以很容易地通过引进先进技术来提高自身的技术水平。令 A_t 为落后国家(或企业)的技术,A_t^f 为前沿技术,从而 $A_t^f - A_t$ 可定义为落后技术与前沿技术的差距。于是,落后国家的技术进步函数可写成

$$\Delta A_t = \mu(v)(A_{t-1}^f - A_{t-1}) + \gamma(v) A_{t-1} \tag{20.22}$$

以上技术进步函数反映了推动技术进步的两种方式:第一是引进,取决于前沿差距 $A_{t-1}^f - A_{t-1}$;第二是自主研发,取决于现有的技术水平 A_{t-1}。当然,两者都与影响技术的其他因素 v(如企业家水平和人力资本水平等)相关。有关讨论请参见 Acemoglu, Aghion and Zilibotti(2006)等。本书的第二十二章将对此作更进一步的讨论。

讨论与小结

在新增长理论中,对于技术的解释基本上采用两种途径:一种是把技术理解为与人力资本直接相关;另一种则是把技术看成知识资本。由此我们可以看到,技术进步来自对人力资本和知识资本的投资。

人力资本的积累来自教育的投资。人力资本对经济的影响不仅体现在对专业技术的直接效应上,其还有外部效应:人力资本的外部效应意味着一个受过良好教育的个人更能适应新的环境,更容易接受新知识、掌握新技能,更懂得如何针对新的环境对自己进行调整。在宏观上,人力资本的这种间接效应意味着国家更容易承受各种可能的外部冲击,更容易实现经济增长方式的转变。此外,一个国家的人力资本水平也同样影响着收入分配和就业。更高的人力资本水平也同样意味着更高的社会道德、更为安全和更为和谐的社会环境。

知识资本的积累来自研发。知识是非竞争性的:它在被某人使用时,也同样可以被其他人使用。知识的这种非竞争性意味着知识很容易传播,有所谓的"溢出性"。因此,某些关键技术和知识一旦成为公共品并被应用于社会以后,就能在很大程度上提高全社会的生产力。然而,应用性知识是排他的,即被拥有者严格地保护起来。知识的这种排他性限制了技术成果的推广和应用。然而,它为研发者的研发提供了激励。知识资本和人力资本之间有着密切的联系。知识的创造、使用和传播有赖于人力资本。在知识资本的积累上,有所谓"人多力量大"的原理:用于研发的人力资本总量越大,技术就越容易进步。

创新是将知识转化为生产力的过程。创新是企业家的责任,但创新本身要具备一定的条件,如知识资本的积累、人力资本的积累、制度上的激励和金融上的支持等。此外,作为技术的人力资本和知识资本,其增长和累积具有非线性,即当技术发展到一定程度时,进一步

的发展则更为困难。技术进步也可能体现为前沿差距理论。这意味着落后国家有可能通过模仿和引进技术而使技术提高得更快。技术进步的这种非线性和前沿差距理论不仅能为我们解释经济增长中的趋同现象,同时也为落后国家赶上发达国家提供了可能和希望。

思考题

1. 请解释下列名词:人力资本,知识资本,排他性,竞争性,创新,创造性毁灭。
2. 请分析人力资本投资的成本、收益、回报率及其他特点。这些特点告诉了我们什么?
3. 什么是人力资本的外部效益?请分析人力资本对经济社会的影响。
4. 请解释人力资本和知识资本之间的关系。
5. 比较卢卡斯模型和索洛模型的稳定状态,并讨论为什么索洛模型意味着技术是凭空产生的。
6. 请解释为什么在技术领域会存在"人多力量大"的现象。
7. 为什么技术进步是非线性的?此种技术进步函数更适用于什么样的国家?具有什么样的经济意义?
8. 为什么技术进步符合前沿差距理论?此种技术进步函数更适用于什么样的国家?具有什么样的经济意义?
9. 知识资本和人力资本是如何累积的?请写出有关公式。
10. 考察如下新古典增长模型:

$$Y_t = A_t K_t^{0.5} L_t^{0.5}$$
$$K_t = (1-0.1)K_{t-1} + I_{t-1}$$
$$Y_t = C_t + I_t$$
$$C_t = (1-0.3)Y_t$$
$$L_t = (1+0.01)L_{t-1}$$
$$A_t = (0.64 h_t)^{0.5}$$

其中,Y_t 为产量,C_t 为消费,I_t 为投资,K_t 为资本,L_t 为劳动力供给,A_t 为技术,h_t 可以看成是平均人力资本。

(1) 假定平均人力资本按下述公式积累:

$$h_t = h_{t-1} + 0.1(1-0.64)h_{t-1}$$

请计算稳态下的人均资本和人均产量增长率。同时也请计算按效益劳动力衡量的人均资本和人均产量增长率。

(2) 假定平均人力资本按下述公式积累:

$$h_t = 0.1(1-0.64)^{p_2} h_{t-1}^{p_1} + (1-\delta_h)h_{t-1}$$

其中,$p_1 = 0.5, p_2 = 0.5, \delta_k = 0.01$。请问:稳态下的人均产量增长率会是一种什么样的情况?

第二十一章 两阶段理论——中国经济高速增长回顾

从本章起,我们将开始讨论中国的经济增长。改革开放以来,中国经济给世人所展现的最为亮丽的一面是其经济的高速增长。在过去四十多年中,中国经济的平均增长率高达9%以上,而同一时期发达国家的经济增长率则在2%—3%左右。图21-1给出了同一时期中国的经济增长率与部分发达国家经济增长率之比较。

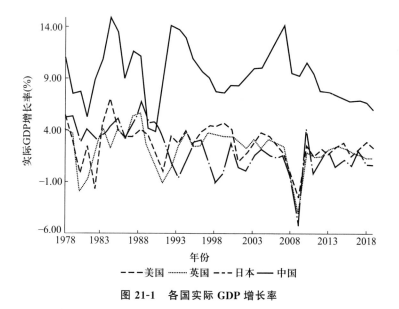

图 21-1 各国实际 GDP 增长率

对于中国经济的高速增长,国内外许多著名的经济学家都进行过解释。本章将首先从供给和需求的视角考察中国经济的高速增长。这一考察将为我们厘清中国经济高速增长的逻辑。与此同时,也为我们接下来提出两阶段理论提供基础。最后,我们将论证中国经济已经或即将进入其经济发展的第二阶段。

一、过去四十多年中国经济的高速增长

所谓经济增长是指产量即GDP的增长。关于产量的决定,经济学中的两大体系——新古典经济学和凯恩斯经济学——会给出两个截然不同的答案:新古典经济学认为,产量由经济社会的供给侧决定;凯恩斯经济学则认为,产量由经济社会的需求侧决定。从宏观上讲,经济社会的供给侧由资本、劳动力和技术组成,而经济社会的需求侧则由投资、消费和出口构成,即通常所说的三驾马车。

然而,经济社会的供给侧实际上决定的是经济社会潜在的生产能力。在给定的供给(或潜在生产能力)下,实际GDP仍然由需求决定。因此,供给为经济的增长提供了可能,而经济增长的实现则必须通过需求。与许多国家的经济增长一样,中国过去四十多年的经济增长既离不开需求,也离不开供给。正因为如此,对于过去四十多年中国经济高速增长的考察必须同时从供给和需求两侧进行分析。

我们首先考察需求。

(一) 投资

图21-2比较了过去四十多年中国的投资增长率与GDP增长率。可以看到,投资增长率与GDP增长率并不十分接近;平均而言,投资增长率要明显高于GDP的增长率:1979—2019年间,投资的平均增长率为11.2%,高于GDP的9.75%的平均增长率;此外,就波动而已,投资增长率的波动比GDP增长率明显更大,但其波动方向则与GDP增长率基本一致。投资的这些波动特征似乎告诉我们:投资高涨是中国过去四十多年经济的一大特点,而GDP的增长和波动在很大程度上是由投资的增长和波动所引起的。

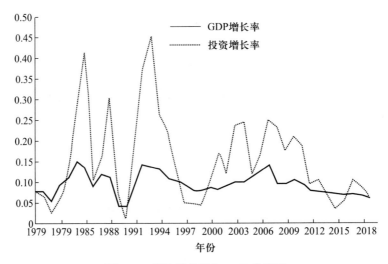

图21-2 投资增长率与GDP增长率

资料来源:国家统计局(2020)。

投资的高涨也同时意味着投资占GDP的比例会不断上升。由图21-3可知,改革开放初期,投资占GDP的比例为30%多,到了2009年这一比例上升到44.7%,接近消费占GDP的比例,尽管之后上升趋势得到了缓解。

(二) 为什么投资会如此高涨?

那么,中国的投资为什么会如此高涨?

第一,中国社会大环境的稳定为投资者(无论是国内还是国外)创造了良好的投资环境。自改革开放以来,中国社会大环境比较稳定,与亚洲、非洲和拉丁美洲的一些发展中国家常年不断的战争、政变和动乱完全不同。显然,中国社会大环境的稳定为中国进入"趋同行列"

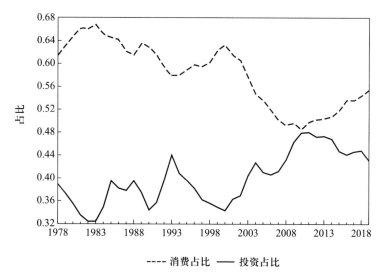

图 21-3 投资和消费占 GDP 的比例

资料来源:国家统计局(2020)。

提供了前提条件。

第二,中国是一个人口大国,也是一个地理大国。当一个像中国这样的大国开始被看好进入"趋同行列"之后,其大国的优势将吸引众多的投资者(特别是外商投资者)对中国进行投资。中国目前已经成为世界上吸引外商投资最多的国家。中国的这种大国优势体现在因经济的发展而形成的每年不断增长的巨大的市场潜力上,任何一个理智的商人都不会放弃这一不断增长的巨大市场所带来的无限商机。

第三,同时也是最为重要的,许多与投资有关的资源在中国都非常廉价。这些廉价的资源不仅包括劳动力和土地等,同时也包括金融资源。中国是一个发展中国家,存在着明显的二元经济特点,农村中有大量剩余劳动力。改革开放以后,农村剩余劳动力被容许在城市中寻找工作,这给城市的就业造成巨大的压力,而城市本身也存在着大量的下岗工人。因此,尽管中国的经济在不断高速增长,工资水平,特别是低技能工人的工资水平却在很长时期内得不到相应的提高。中国土地资源的提供通常是地方政府的行为。地方政府为了招商引资,发展本地经济,会推出各种优惠政策,包括通过建立经济开发区等方式提供非常便宜的土地资源来吸引投资者。此外,政府通过国有商业银行体系为中国的投资者提供了极为宽松的金融环境。在这种宽松的金融环境下,中国的金融资源不仅较容易获得,同时其成本也相对较低。表 21-1 给出了中国与部分 OECD 国家金融资源的比较。

由此可见,过去四十多年,中国的投资高涨不仅受益于中国社会大环境的稳定和国家始终如一的改革开放政策,同时中国的大国优势和资源优势也起着极为重要的作用。其中,中国的资源优势不仅因为中国是一个发展中国家(使得提供便宜的劳动力成为可能),同时也得益于它是一个社会主义国家(使得通过非市场方式提供便宜的金融和土地资源成为可能)。而人民币一定程度的贬值则使得中国已有的资源优势更为突出。

表 21-1　中国与部分 OECD 国家金融资源的比较　　　　　　（单位:%）

	中国	美国	德国	法国
实际利率	1.994 (1980—2014 年)	3.4757 (1961—2003 年)	4.1092 (1970—2003 年)	4.5654 (1980—2003 年)
货币供给增长率	20.06 (1985—2014 年)	7.12 (1964—2003 年)	6.26 (1975—2003 年)	6.01 (1980—2003 年)
名义 GDP 增长率	16.06 (1981—2014 年)	7.25 (1964—2003 年)	5.64 (1970—2003 年)	6.19 (1980—2003 年)

资料来源:美国、德国和法国的数据来自 OECD(2004),中国的数据来自国家统计局(2015)。

(三) 投资拉动型的经济增长

我们已经知道,投资的高涨是过去四十多年中国经济的一个特征化事实;不仅投资的增长明显高于 GDP 的增长,同时投资的波动也直接决定着 GDP 的波动(见图 21-2),而中国的宏观调控也基本上针对投资展开。投资的高涨使得投资占 GDP 的比例从改革开放初期的不到 30% 达到近年的近 45%。这样一种高比例是极为少见的。

现在我们讨论投资高涨在中国经济高速增长中所起的作用。如前所述,所谓增长是指产量的增长,而产量的决定取决于两大力量:供给和需求。就需求侧而言,投资本身是一种需求,而且是经济学中的自需求,即它还能通过乘数效应带动其他需求,如消费需求等。就供给侧而言,投资本身也体现为供给的增加:投资通过建设新厂等方式提高了经济社会潜在的生产能力。如同新古典增长理论所揭示的,经济的增长(和发展)过程本身就体现为人均资本的不断提高,而人均资本的提高本身也是通过不断地投资而实现的。由此我们看到投资高涨在过去四十多年中国经济高速增长中所起到的作用:

过去四十多年,中国经济的高速增长本质上可以理解成一种投资拉动型的经济增长。

必须说明的是:投资通常意味着开工建厂,而要使新厂开工,必然要有新的工人入厂。于是,

投资拉动型经济增长的一个前提条件是社会中存在着大量的剩余劳动力。

而这恰恰是许多处于发展初期的发展中国家的一个特征化事实。事实上,这样一种经济增长方式也同样起到了消化剩余劳动力的作用。

(四) 需求拉动型的经济增长

经济学研究通常有所谓的增长与周期之分(或长期与短期之分)。当我们研究经济增长时,由于所考察的是经济的常态或一般状态,从而会忽略经济的临时性波动和冲击,因此,供

给决定型经济,即产量由供给侧决定的经济通常被看成是一个可以接受的研究框架。这样一种研究方法上的设定实际上隐含着如下假设:常态下(或平均而言),经济社会的供给与需求相等或偏差不大,从而经济社会的供给侧(或潜在的生产能力)制约着经济的增长。而当研究商业周期和经济波动这些短期现象时,由于假定潜在生产能力不变,因此凯恩斯的需求决定型经济更为常用。

然而,上述做法通常针对的是发达国家。就发展中国家而言,其一般状态是否也可以被认定为供给决定型呢?经济社会的需求侧通常由投资、消费和出口组成,即通常所说的三驾马车,而经济社会的供给侧则由资本、劳动力和技术构成。过去四十多年,中国经济的一个明显特征是无限的剩余劳动力供给。如同世界上大多数发展中国家一样,中国具有足够过剩的人力资源(尽管人力资源的平均人力资本也许并不高)。中国大量农村剩余劳动力的存在意味着中国的劳动力并不能对经济的高速增长形成约束。就资本(由固定资产所形成的生产设备或产能)的供给而言,其存量增加则更为明显:固定资产是投资所累积的,投资创造产能,而投资的高涨是过去四十多年中国经济的一大特点。如图21-2所示,过去四十多年,中国的投资增长率明显高于GDP增长率,由于资本系数(产量－资本比)长期而言是稳定的,因此,由投资高涨所引起的产能增加也不可能对经济的高速增长形成约束。最后,就技术而言,它本身是嵌入在劳动力(如人力资本水平)和资本设备之中的。所以,当资本和劳动力都不能形成对经济高速增长的约束时,经济的增长就是由需求侧的三驾马车所决定的。

由于投资拉动型的经济增长本身也有一个前提条件,即社会中存在着大量的剩余劳动力,因此投资拉动型的经济增长同时也可以理解成一种需求拉动型的经济增长。

【需求拉动型的经济增长】 所谓需求拉动型的经济增长是指在经济增长过程中,经济社会的需求侧制约着经济增长,从而经济增长的动力主要来自需求侧,而供给侧则并不形成对经济增长的约束。

事实上,在过去相当长的一段时期内,无论是政策宣传还是理论分析,"三驾马车拉动经济增长"一直是对中国经济增长原理最为生动和形象的表述。

(五) 高速增长下中国的技术进步

投资通常会带来一种新的产能和新的生产方式。从这个意义上说,技术进步离不开投资,技术进步是通过投资实现的。然而,投资并不一定意味着技术进步,它所带来的新产能有可能是简单地重复已有的生产方式。过去四十多年,中国通过投资(特别是外商直接投资)实现了一定程度的技术进步。然而,我们也不得不看到,中国大量的投资并不能体现为技术进步(只是简单地重复已有的生产方式)。而事实上,只要社会中存在着大量的剩余劳动力,投资的高涨(即使不能体现为技术进步)也能带来经济的高速增长。

这里有必要给出投资依赖型的经济增长的概念。

【投资依赖型的经济增长】 所谓投资依赖型的经济增长是指经济增长是由那些不体现为技术进步的投资所拉动的。

显然，投资依赖型的经济增长也属于投资拉动型和需求拉动型的经济增长，其前提条件仍然是大量剩余劳动力的存在。

我们认为，过去四十多年中国经济的增长有很大一部分属投资依赖型的经济增长（龚刚等，2013），但这并不等于说中国就没有技术进步。事实上，技术进步除了体现为通过投资而构建一条更新和更为先进的生产线，对基础设施的投资，如修建高速公路、高铁和新基建等均可以看成是一种宏观意义上的技术进步①，通常也需要通过投资来实现。这也意味着中国的许多投资有可能带来了技术进步。事实上，经济学家们在估计中国的技术进步和技术进步对中国经济高速增长的贡献上存在着巨大的分歧。②

总而言之，过去四十多年，中国经济的高速增长是由需求侧的三驾马车所拉动的，特别是其中的投资：投资不仅创造了需求，同时也积累了供给（或产能），此外，投资也有可能带来技术进步。然而，当经济社会存在大量的剩余劳动力时，投资即使不能体现为技术进步，也能带来经济的高速增长。正因为如此，过去四十多年，中国经济增长的很大一部分属投资依赖型的经济增长，即经济增长是由那些不体现为技术进步的投资所拉动的。

二、经济发展的两个阶段

我们已经从供给和需求角度对过去四十多年中国经济的高速增长逻辑进行了梳理。我们看到，过去四十多年中国经济的高速增长是由需求侧的三驾马车所拉动的，特别是其中的投资，因此，它既是需求（或投资）拉动型的经济增长，同时在许多方面也体现为投资依赖型的经济增长。然而，这样一种增长方式是否可持续？为了回答这一问题，我们有必要介绍经济增长（或发展）的两阶段理论。

两阶段理论由本书作者在 2008 年首先提出，这一观点在 2012 年前后也曾多次被强调。③ 两阶段理论具有坚实的经济学理论基础，它可以由宏观经济学中的增长理论和发展经济学中的各种"拐点"理论演绎而来。

（一）增长理论的启示

事实上，在前文（第十九章）讨论增长的逻辑时，我们已经隐隐约约地提出了两阶段理论的概念。这里有必要再简单重复一下。

发展中国家落后于发达国家的主要标志在于人均产量的差异。按照宏观经济学中的增长理论④，发展中国家人均产量低主要有两个方面的原因：一是人均所拥有的资本（机器、设备等）较少，即生产方式主要体现为劳动密集型；二是技术水平落后。正因为如此，人均产量的提高可以通过生产方式上的趋资本密集化和趋技术（知识）密集化而得以实现。

现实中，生产方式上的趋资本密集化（或人均资本的提高）通常表现为更多的农村剩余劳动力进入城市工作，即越来越多的劳动力脱离土地而与资本结合。城市也正是通过不断

---

① 关于基础设施建设带来宏观意义上的技术进步的讨论，请参见 Barro and Sala-I-Martin(1992,1995)等。
② 有关讨论请参见龚刚(2017)。
③ 参见龚刚(2008,2012)、Gong(2012,2013)和龚刚等(2013)等。
④ 参见 Solow(1956)和各种中级宏观经济学教材。

地投资和开工建厂来吸纳、消化农村剩余劳动力的。因此,就整个国家而言,农村剩余劳动力的消化和转移过程也就是生产方式逐渐从劳动密集型向资本密集型转化的过程,即人均资本拥有量不断提高的过程。

然而,在增长理论框架下,我们还会发现:在没有技术进步的条件下,由资本密集所带动的人均资本和人均产量的提高是有极限的。如第十九章中的图 19-3 和图 19-4 所示,如果人均资本的初始状态为 k_0,技术水平维持在 A,经济的持续增长体现为人均资本 k 和人均产量 y 不断提高。人均资本 k 的不断提高可以被理解成经济趋资本密集化,从而使经济体进入稳定状态 H,此时人均资本为 $\bar{k}$,人均产出则为 $\bar{y}$。显然,如果技术维持在 A,一旦经济体达到稳定状态 H,人均资本和人均产量的上限将稳定在 $\bar{k}$ 和 $\bar{y}$,无法继续提升。然而,如图 19-4 所示,如果技术从 A 进步到 A',人均资本和人均产出也会相应提高到 $\bar{k}'$ 和 $\bar{y}'$,经济将会进入更高的稳定状态 H^*。显然,技术的提高(如从 A 进步到 A')意味着生产方式的趋技术密集化。

由此,我们发现:

> 发展过程存在着生产方式从劳动密集型向资本密集型转移再向技术密集型转移的两个发展阶段。

(二) 发展经济学中的"拐点"理论

发展经济学中存在着各种不同类型的拐点理论。首先是所谓的"刘易斯拐点"。美国经济学家刘易斯于 1954 年提出了著名的"二元经济"理论(Lewis,1954)。在刘易斯看来,发展中国家在其发展初期存在着大量甚至无限的剩余劳动力,经济社会被分隔成相对现代化的工业(或城市)部门和传统的农业(或农村)部门,而大量的剩余劳动力则滞留于农村。然而,随着经济的发展,传统农业部门中的剩余劳动力逐渐被现代工业部门吸收。所谓刘易斯拐点,就是指劳动力由过剩向短缺的转折点,此时,进一步的增长将使工资快速上升。

库兹涅茨曲线是美国经济学家库兹涅茨于 1955 年提出的另一种拐点理论(Kuznets,1955)。按照这一理论,一国的收入分配状况随该国的经济发展(由人均 GDP 水平衡量)呈现先恶化后改善的趋势。这样一种变化规律可以用图 21-4 中的库兹涅茨曲线来表示。借助该曲线,我们可以找到一国经济发展过程中所出现的"拐点"。

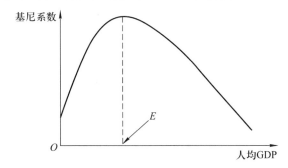

图 21-4　库兹涅茨曲线

需要说明的是,库兹涅茨曲线不仅可以用来解释收入分配的演变规律,同时也可以解释其他许多演变规律,例如,环境库兹涅茨曲线(Grossman and Kruger,1991;Panayotou,1993)、消费占 GDP 比例的库兹涅茨曲线(见图 21-5)和投资占 GDP 比例的库兹涅茨曲线(见图 21-6)等。

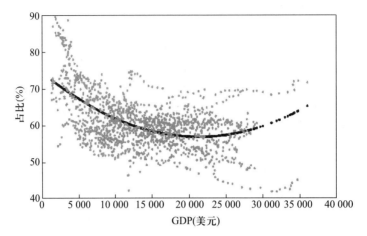

图 21-5 消费占 GDP 比例(OECD 国家,1950—2004 年)

资料来源:龚刚、杨光(2013)。

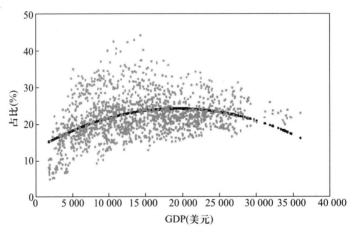

图 21-6 投资占 GDP 比例(OECD 国家,1950—2004 年)

资料来源:龚刚、杨光(2013)。

可以证明的是,刘易斯拐点和库兹涅茨曲线中的"拐点"是相互联系的,它们所代表的是经济社会发展过程中的同一状态。在经济发展初期,大量剩余劳动力的存在(或刘易斯拐点出现之前)必然意味着工资的上涨速度缓慢,低于经济的增长速度,从而使工资性收入占 GDP 的比例下降。由于除基尼系数外,衡量收入分配的另一种重要方法就是从功能性收入分配的视角出发,因此,工资性收入占 GDP 比例的下降就意味着收入分配持续恶化。然而,当剩余劳动力逐渐消化(刘易斯拐点出现或劳动力逐渐变得紧缺)时,工资的上涨速度会相应加快,这实际上意味着收入分配的恶化开始缓解。而当工资的上涨速度超过 GDP 的增长速度时,工资性收入占 GDP 的比例会出现逆转,从而库兹涅茨曲线的拐点将会出现。由此我们看到,刘易斯拐点和库兹涅茨曲线中的"拐点"之间存在联系。

此外,生产方式从资本密集向知识密集的转化通常发生于剩余劳动力接近消化之时。[①] 如前文所述,农村剩余劳动力的消化通常表现为更多的农村劳动力进入城市工作,即越来越多的劳动力脱离土地而与资本结合。因此,就整个国家而言,剩余劳动力的消化过程也就是生产方式从劳动密集向资本密集逐渐转化的过程,而当这一消化过程完成之际(刘易斯拐点出现之时),生产方式从劳动密集向资本密集(或不建立在知识密集基础上的纯粹的资本密集)的转型也将不可持续。

(三) 发展中国家向发达国家发展的两个阶段

无论是刘易斯拐点和库兹涅茨曲线,还是生产方式的转型,实际上都意味着发展中国家向发达国家发展过程中所必须经历的"两个阶段",而"拐点"和生产方式的转型则可以看成是两个阶段之分水岭(当然,两个阶段有可能是部分重叠的,见图 21-7)。

【经济发展的两个阶段】 发展中国家在脱离贫困陷阱后向发达国家发展的过程中会经历如下两个阶段:
- 第一阶段,剩余劳动力的消化过程。此时,经济处在刘易斯拐点出现之前、库兹涅茨曲线前半部分,发展过程体现为从低收入向中等收入发展,生产方式从劳动密集型逐渐向资本密集型过渡。
- 第二阶段,技术的追赶过程。此时,刘易斯拐点出现,经济处于库兹涅茨曲线后半部分,发展过程体现为从中等收入向高收入发展,生产方式从资本密集型向技术密集型转型。

图 21-7 发展中国家的发展过程

(四) 两阶段的其他特征

上述关于两阶段的不同特征也同样可以引申出其他特征。

第一,在经济发展初期,由于存在大量剩余劳动力,因此,经济社会的一般状态是需求决

[①] 有必要说明的是,剩余劳动力的消化并非意味着经济体内就不存在失业。即使就发达国家而言,失业也是自然现象,例如,美国的平均失业率一般在 4% 左右,而在欧洲许多国家(如法国等),失业率一般在 10% 左右。所谓剩余劳动力接近消化是指综合失业率接近发达国家水平,如 10% 以下。

定型的。这在为两阶段理论所构建的数学模型①中表现为：① 稳定状态下的经济增长率完全取决于投资率；② 稳定状态下存在着类似于菲利普斯曲线的经济增长率和通货膨胀率之间的替代关系。而当发展中国家步入其第二阶段时，大量剩余劳动力已不复存在，因此，其经济的一般状态（或常态）将转向供给决定型。在数学模型中，这表示为稳定状态下，不仅经济增长率与投资率无关，而且其与通货膨胀率之间的替代关系也不复存在，稳定状态下的经济增长率就等于由供给侧所决定的自然增长率。②

第二，就经济增长动力而言，如果一个国家处于发展初期，则必然存在着大量的农村剩余劳动力。于是，只要政治稳定、体制合理，就可以很容易地调动剩余劳动力为经济增长服务。这样一种调动通常体现为在城市投资建厂，吸纳农村剩余劳动力脱离土地与资本结合，从而经济增长动力充沛。然而，在经济发展到一定阶段以后，农村剩余劳动力将逐渐减少。此时，经济的增长只能让已经使用的劳动力进一步提高他们的生产力水平，而这只能靠技术进步，但技术进步绝非易事。于是，到了第二阶段，经济增长的动力就会减少。这样一种增长动力逐渐减弱的现象符合经济学中的趋同假设。③

第三，趋同假设并不能阻碍发展中国家继续接近前沿发达国家并且最终进入发达国家的行列，真正能够阻止发展中国家进入发达国家行列的是中等收入陷阱。所谓中等收入陷阱是指这样一种状态：在一个国家的人均 GDP 进入中等收入水平之后，其人均 GDP 的增长率再也不能以高于前沿发达国家水平（如 2％）的速度增长，从而再也不能缩小与前沿发达国家在人均 GDP 水平上的差异。世界上很少有发展中国家或地区能够跨越中等收入陷阱进入发达经济体行列。在下一章中我们将研究产生中等收入陷阱的原因。

我们在表 21-2 中比较了发展中国家向发达国家发展的两个阶段。

表 21-2　经济发展的两个阶段

特征	第一阶段	第二阶段（新常态）
基本特征	剩余劳动力的消化过程	技术的追赶过程
生产方式特征	从劳动密集向资本密集转化	从资本密集向技术密集转化
劳动力市场特征	刘易斯拐点出现之前	刘易斯拐点出现之后
库兹涅茨曲线特征	库兹涅茨曲线前半部分	库兹涅茨曲线后半部分
常态下的供需特征	需求决定型经济	供给决定型经济
经济增长动力	充沛	逐渐减弱
收入（发展）水平	低收入向中等收入发展	中等收入向高收入发展

最后必须指出的是，由于两个阶段之间存在着中等收入陷阱，因此，从第一阶段向第二阶段的转移（或从中等收入经济体向高收入经济体的发展）并不是一个生产力增长的内生的自然过程，而是需要对经济发展战略进行调整，以实现经济增长方式的转变。关于中等收入

---

① 参见龚刚（2020a，2020b）和 Gong（2016）。
② 自然增长率是新古典供给决定型增长模型中稳定状态下的经济增长率。
③ 所谓趋同假设是指人均 GDP 越低，发展程度越落后，经济增长速度就越快；或者越是接近前沿国家，经济增长率就越低。趋同假设为落后国家趋向前沿国家提供了可能。

陷阱,我们将在下一章展开讨论。

三、中国已经进入经济发展的第二阶段了吗?

改革开放以来,中国经济呈现出了前所未有的高速增长。在持续的高速增长下,过去贫穷落后的中国已经发生了翻天覆地的变化。人民的收入水平和物质生活水平显著提高,综合国力大大增强,国际地位不断攀升。然而,自2008年全球性金融危机以来,全球经济一直处在深度调整之中。虽然中国经济在这一时期仍是一枝独秀,经济增长率仍然高居全球主要经济体之首,但经济增长的动力还是出现了一定程度的减弱,与此同时,一系列结构性问题则不断显现,并正在成为制约中国经济未来可持续发展的关键因素。

(一)当前中国经济的问题

当前中国经济的问题主要表现在如下几个方面:

第一,经济增长乏力。2008年的金融危机使得中国经济从2007年14%以上的增长率骤跌至2008年的9.6%和2009年的9.2%。尽管在宏观调控的刺激下,中国经济的增长率于2010年再次反弹至10%以上,然而,2011年,经济增长率再次跌落至9.3%,并且此后再也没有超越8%。图21-8给出了自2004年以来中国的经济增长率。

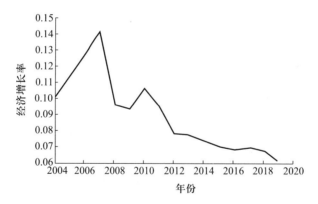

图 21-8　2004年以来中国的经济增长率

资料来源:国家统计局网站。

第二,产能过剩。目前,中国几乎所有的制造业都面临十分严重的产能过剩(李扬、张晓晶,2015)。根据IMF的研究①,进入21世纪以来,中国的产能利用率一直都低于80%。特别是自2008年国际金融危机以来,产能利用率更是出现急剧下滑,2011年甚至下降至60%左右的低点。其中,部分行业的产能过剩态势更为严峻:根据2012年的调查,汽车行业的产能过剩为12%,钢铁业为21%,水泥行业为28%,电解铝为35%,不锈钢行业为60%,农药行业为60%,玻璃为93%,光伏产业更是达到了95%。②

---

① IMF数据库。

② 参见 http://finance.people.com.cn/n/2013/0109/c1004-20136049.html,访问日期:2021年7月20日。

第三,其他问题。包括资源环境承受能力下降、债务问题严重和房地产业存在着泡沫破灭的威胁等。①

对于中国经济所出现的问题,经济学家们展开了激烈的争论,并出现了各种不同的解释。

(二)新常态的提出

2014年5月,习近平在考察河南论及经济形势时指出:

> 我国发展仍处于重要战略机遇期,我们要增强信心,从当前我国经济发展的阶段性特征出发,适应新常态,保持战略上的平常心态。②

这是习近平第一次使用"新常态"一词。此后,2014年7月29日,在中南海召开的党外人士座谈会上,习近平论及当前经济形势时,又一次提到新常态:

> 正确认识我国经济发展的阶段性特征,进一步增强信心,适应新常态,共同推动经济持续健康发展。③

2014年11月10日,在北京召开的APEC工商领导人峰会上,习近平再次提及新常态。2014年12月9日的中央经济工作会上,习近平更进一步指出:

> 我国经济发展进入新常态是我国经济发展阶段性特征的必然反映,是不以人的意志为转移的。认识新常态,适应新常态、引领新常态、是当前和今后一个时期我国经济发展的大逻辑。④

由此可见,习近平所提出的新常态事实上反映了中国经济进入了一个新的发展阶段,而中国经济当前所出现的一系列问题无疑与这一新的发展阶段相关。

事实上,正是由于中国经济已经进入新的发展阶段,但在发展模式和生产方式上都还没有实现转型以适应新的发展阶段,才使得中国经济出现了前文所述的一系列问题。

那么,目前中国经济发展的进程是否已经符合(或接近符合)经济发展第二阶段的特征了呢?中国是否已经跨越中等收入陷阱了呢?剩余劳动力在中国是否已经消化?库兹涅茨曲线的拐点在中国是否已经出现?中国是否已经完成了从劳动密集型向资本密集型的过渡?接下来,我们将对此进行讨论。

(三)剩余劳动力消化已经(或接近)完成

首先,按照各种国际标准,中国已经是一个中等收入国家。

---

① 有关讨论请参见龚刚(2017)。
② 参见http://opinion.people.com.cn/n/2015/0602/c1003-27088631.html,访问日期:2021年7月20日。
③ 同上。
④ 同上。

其次,经过四十多年的高速增长,大规模的剩余劳动力在中国确实已不复存在。现实中,"招工难"等情况已经在东部沿海地区不时出现。有关研究(徐文舸,2015)显示,中国的剩余劳动力已经从1990年的9 800万人减少到2012年的4 267万人。这使得中国当前的综合失业率约为6.6%。这一失业率水平已经和同期的城镇登记失业率相当,低于西欧发达国家(如法国等)的失业率。

也许在许多经济学家看来,4 000多万的剩余劳动力规模仍然是巨大的,大于世界上大多数国家的人口总和,因此,中国远未达到剩余劳动力已经(或接近)消化的发展阶段。但这一观点值得商榷。

首先,任何国家在任何时候总是或多或少存在着失业,无论经济景气与否,无论发展水平如何。经济学中有所谓的自然失业率的概念,它可以理解成经济处于一般状态或常态下的失业率。例如,20世纪90年代以后,欧洲一些国家的自然失业率一般在10%左右,而在美国则为4%左右。中国是一个人口大国,这4 000多万的剩余劳动力使得中国当前的综合失业率在6.6%左右,已经低于欧洲发达国家。

其次,经济学中衡量失业水平的指标不是失业规模,而是失业率,因为在劳动力市场上,影响工资水平(或劳动力成本)的是失业率而非失业规模,而劳动力成本低则是长期以来中国经济发展的比较优势。

最后,尽管中国目前还存在着一定规模的剩余劳动力,但按照简单的经济学原理,只要经济增长率高于由技术进步所带动的劳动生产率的提高,社会对劳动力的需求就会继续上升。按照现在的许多研究,中国全要素生产率的增长率在4%左右,因此,只要中国的经济增长率继续保持在6%以上,对劳动力需求的增长率就会在2%以上,明显高于劳动力供给的增长率。所有这些都意味着,未来随着经济的发展,剩余劳动力将继续减少,从而劳动力成本上升的趋势将不可逆转。

(四) 工资性收入占 GDP 的比例已经开始上升

剩余劳动力的短缺也必然意味着工资上涨得更快。早在2011年,温家宝总理就在《求是》杂志上把劳动力成本的上升看成是推动通货膨胀的"长期"和"刚性"要素(温家宝,2011)。有关统计数据也说明了这一点。自2011年起,城镇私营单位在岗职工的工资已经以高于GDP的速度增长。2011年,城镇私营单位在岗职工工资的名义增长率为18.3%,实际增长率为12.3%,明显高于GDP增长率。而私营单位的工资更能反映市场状态。工资的快速增长也已使得工资性收入占GDP的比例出现了逆转,从功能性收入分配的视角看,这也同时意味着中国的收入分配开始好转,即库兹涅茨曲线的拐点已经出现(尽管劳动报酬占GDP比例的逆转仍不明显)。图21-9给出了近年来中国工资性收入和劳动报酬占GDP比例的动态轨迹。

事实上,即使用基尼系数来衡量中国的收入分配状况,我们也可以看到中国库兹涅茨曲线的拐点已经出现。按照亚洲开发银行的研究,2008年中国的基尼系数达到最高值0.491,2015年则降为0.463(庄巨忠,2017)。

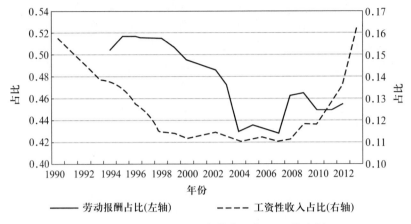

图 21-9 劳动报酬和工资性收入占 GDP 的比例

资料来源：历年的《中国统计年鉴》。

注：图中工资性收入是指城镇单位就业人员工资总额，劳动报酬占比数据与工资性收入占比数据的起止时间分别为 1994—2012 年与 1990—2013 年。

（五）资本密集和供给决定型经济

作为一个发展中国家，中国经济已经在很大程度上具有资本密集型经济的特征。例如，中国的钢产量已经连续十几年位居世界第一，进一步增资扩产的空间已经很小。大力发展资本密集型经济在现实中必然意味着以大项目来促增长，而产能过剩也通常集中在资本密集型产业（如钢铁业等）上。

前文曾经指出，新常态下（或经济发展的第二阶段）的另一个主要特征是供给决定型经济。在 Gong(2016) 和龚刚(2020a,2020b) 所构建的两阶段理论模型中，这表现为稳定状态下的经济增长率就等于由供给侧所决定的自然增长率。那么，经济社会是如何从需求决定型经济转向供给决定型经济的？其机制如何？

经济的发展意味着越来越多的农村剩余劳动力为城市所吸收，而当剩余劳动力减少到一定程度时，劳动力的供给将开始对需求的实现形成约束。实践中，这表现为就业率将会提高。而当就业率达到一定程度时，它对工资开始有反馈作用。从微观上看，这意味着企业的盈利能力减弱；从宏观上看，工资的上升必然带来通货膨胀，而较高的通货膨胀会促使货币当局缩小货币供应量，从而对投资产生负面影响。由此，经济社会的供给侧（如劳动力供给）开始通过约束投资需求而约束经济社会的需求侧，进而约束经济的增长。此种情况下，唯有能够带来技术进步（或节约劳动力）的投资才能推动经济的进一步增长或使人均产量进一步提升。

（六）产能过剩与供给决定型经济

然而，这样一种供给决定型经济在现实中是如何表现的？要知道，现实中许多行业（如前文所述的钢铁业）还存在着大量的产能过剩。也许有人会认为，尽管中国的劳动力供给是紧缺的，但由于中国的许多行业还存在着产能过剩，因此，很难认定中国是一个供给决定型经济。但我们有不同的观点。

第一,劳动力从大规模剩余转向紧缺(或脱离土地与资本结合)反映的是经济社会漫长的发展过程,是工业化和城市化的结果,是一种不可逆的具有决定性意义的结构变迁,从而必然体现为经济的发展过程从量变达到了质变。正因为如此,它必将改变经济环境,对经济体形成新的约束,由此而产生新的不同的经济变量的决定方式。常态下经济社会从需求决定型转向供给决定型正是反映了这种质的转变。

第二,与劳动力从大规模剩余转向紧缺相比,产能过剩通常只是一种短期现象,正因为如此,在许多情况下是可以用经济学中解决短期商业周期问题的宏观调控政策,如凯恩斯需求管理型的宏观经济政策予以解决的,"三去一降一补"正是这样一种具有中国特色的宏观调控。

第三,现实中,任何产能的运行都需要劳动力。当经济社会总体上存在着劳动力短缺时,需求增加,即使是那些过剩产能行业的需求增加,也只能使劳动力因工资的高低从一个行业转移到另一个行业,其结果必然是某些行业的产量会增加,某些行业的产量则会减少,总体则增加有限,甚至不增加,但劳动力成本却因劳动力的转移而加速上升,从而引发通货膨胀。正因为如此,只要劳动力短缺,经济社会总体上就是一个受劳动力供给限制的供给决定型经济。

供给决定型经济是中国供给侧结构性改革的逻辑起点。中国经济已经进入了其经济发展的第二阶段——新常态。

讨论与小结

投资的高涨是过去四十多年中国经济的一个特征化事实:投资的增长率明显高于GDP的增长率。中国的投资高涨不仅得益于中国社会大环境的稳定和国家的改革开放政策,同时,中国的大国优势和资源优势也起着极为重要的作用。

所谓增长是指产量的增长,而产量的决定取决于两大力量:供给和需求。就需求侧而言,投资本身是一种需求,而且是经济学中的自需求,即它还能通过乘数效应带动其他需求。就供给侧而言,投资本身也体现为供给的增加:投资通过建设新厂等方式提高了经济社会潜在的生产能力。由此,过去四十多年,中国经济的高速增长本质上可以理解成一种投资拉动型的经济增长。

必须说明的是,投资通常意味着开工建厂,而要使新厂开工,必然要有新的工人入厂。因此,在没有技术进步的条件下,投资拉动型经济增长的一个前提条件就是社会中存在着大量的剩余劳动力。而这恰恰是许多处于发展初期的发展中国家的一个特征化事实。事实上,这样一种经济增长方式也同样起到了消化剩余劳动力的作用。

由于由投资高涨所引起的产能增加不可能对经济的高速增长形成约束,劳动力供给又是无限的,而技术本身又是嵌在劳动力和资本设备之中的,因此,当投资高涨时,经济社会的供给侧对需求的实现并不能形成约束——即使投资并不能带来技术进步。此种情况也必然意味着经济社会是一个需求决定型的经济社会,而其经济增长方式也同样可以理解成需求拉动型的增长方式。

然而,经济的发展意味着越来越多的农村剩余劳动力为城市所吸收,而当剩余劳动力减少到一定程度时,劳动力的供给将开始对需求的实现形成约束。实践中,这表现为就业率将会提高。而当就业率达到一定程度时,它对工资开始有反馈作用。从微观上看,这意味着企业的盈利能力减弱;从宏观上看,工资的上升必然带来通货膨胀,而较高的通货膨胀率会促使货币当局缩小货币供应量,从而对投资产生负面影响。由此,经济社会的供给侧(如劳动力供给)开始通过约束投资需求而约束经济社会的需求侧,进而约束经济的增长。此种情况下,唯有能够带来技术进步(或节约劳动力)的投资才能推动经济的进一步增长或使人均产量进一步增加。

因此,发展中国家在脱离贫困陷阱后向发达国家的发展将经历两个阶段:第一阶段为剩余劳动力的消化阶段,第二阶段为技术的追赶阶段。而"拐点"(包括刘易斯拐点和库兹涅茨曲线拐点)、生产方式的转型(从劳动密集向资本密集的生产方式转型再向知识密集的生产方式转型)则可以看成是两个阶段的分水岭。与此同时,当经济社会进入第二阶段时,由于其已经从需求决定型转向供给决定型,因此第一阶段的需求拉动型的经济增长方式也将不可持续。此外,从第一阶段向第二阶段的转型并非自然而然,中间存在着中等收入陷阱。当前,中国经济已经进入了其经济发展的第二阶段——新常态。

思考题

1. 请解释下列名词:投资拉动型的经济增长、需求拉动型的经济增长、投资依赖型的经济增长、刘易斯拐点、库茨涅茨曲线、新常态。
2. 为什么过去四十多年中国会出现投资高涨?其原因是什么?
3. 请解释投资拉动型经济增长的基本原理。投资拉动型经济增长的前提条件是什么?
4. 为什么过去四十多年中国经济是一个需求决定型经济从而其经济增长方式也可以理解成是一种需求拉动型的经济增长?
5. 请阐述发展中国家在脱离贫困陷阱后向发达国家发展所经历的两个阶段,以及两个阶段各有什么样完全不同的特征。
6. 请解释两阶段理论背后的经济学原理。
7. 请用新古典经济增长理论解释发展过程中存在着生产方式从劳动密集向资本密集转移再向知识密集转移的两个发展阶段。
8. 为什么刘易斯拐点和库兹涅茨曲线中的"拐点"是相互联系的?
9. 为什么生产方式从资本密集向知识密集的转化通常发生于剩余劳动力接近消化之时?
10. 中国经济进入新常态为什么意味着中国已经或即将进入其经济发展的第二阶段?有哪些迹象表明中国经济已经或即将进入其经济发展的第二阶段?
11. 试分析中国近年来为什么提出供给侧结构性改革?其背后的经济学逻辑是什么?

第二十二章　跨越中等收入陷阱

中国经济已经进入新常态。在两阶段理论框架下,这实际上意味着中国经济已开始进入其发展的第二阶段。然而,经济从第一阶段到第二阶段的发展并非自然而然,其间存在着中等收入陷阱。世界上有相当一部分发展中国家曾在经济发展的初期实现过高速增长,其人均收入的增长率远远高于前沿发达国家,但在达到中等收入水平之后,它们经济增长的动力骤然下降,其人均收入不再以高于发达国家的水平继续增长。那么,为什么会存在中等收入陷阱呢?陷入或跨越中等收入陷阱的机制和条件是什么?中国会陷入中等收入陷阱吗?为避免陷入中等收入陷阱,中国应如何进行改革?所有这些都将在本章予以讨论。

一、中等收入陷阱:原因和条件——基于简单模型的研究

我们首先通过一个简单的模型论证陷入中等收入陷阱的原因和跨越中等收入陷阱的条件。为此,我们需要回顾当发展中国家进入其发展的第二阶段时所体现的如下特征:

> 当发展中国家步入其发展的第二阶段时,其经济的一般状态(或常态)将转向供给决定型,从而稳定状态下,经济的增长率将等于由供给侧所决定的自然增长率,而人均GDP的增长率则等于技术进步率。

在中等收入陷阱问题上,我们仅仅关注发展中国家在进入中等收入行列之后,其人均产量(GDP)的增长是否仍然快于前沿国家。根据其进入第二阶段(中等收入行列)后所体现出的前述特征,即稳定状态下人均产量的增长率等于技术进步率,我们将把研究的重点放在技术进步率上:研究发展中国家有没有可能,或者说在什么条件下其技术进步率会高于前沿发达国家的技术进步率。

(一) 模型

如第二十章所述,发展中国家的技术进步一部分来自自主研发,另一部分来自引进(或模仿)外国前沿技术。引进型技术进步取决于发展中国家与前沿国家的技术差距。基于这一思考,我们将发展中国家的技术进步函数[1]写成

$$A_t - A_{t-1} = \begin{cases} \theta_f [A_{f,t-1}(1-\varepsilon) - A_{t-1}] + \theta_a A_{t-1}, & A_{f,t-1}(1-\varepsilon) - A_{t-1} > 0 \\ \theta_a A_{t-1}, & A_{f,t-1}(1-\varepsilon) - A_{t-1} \leqslant 0 \end{cases}$$

(22.1)

---

[1] 我们注意到这一技术进步函数与第二十章所讨论的发展中国家前沿差距式的技术进步函数(20.22)本质上是一致的。

其中，$A_{f,t}$ 为 t 期前沿发达国家的技术水平，A_t 为发展中国家的技术水平，从而 A_t-A_{t-1} 为技术进步。按照公式(22.1)，发展中国家的技术进步 A_t-A_{t-1} 可以分为两部分：一部分来自引进，其值为 $\theta_f[A_{f,t-1}(1-\varepsilon)-A_{t-1}]$，其中，$\theta_f$ 可以表示引进参数，$\varepsilon\in(0,1)$ 可理解为技术封锁率。另一部分则来自自主研发，其值为 $\theta_a A_{t-1}$，其中，参数 θ_a 事实上可以理解为发展中国家通过自主研发而产生的技术进步率。公式(22.1)表明当发展中国家的技术与前沿国家的技术差距较大($A_{f,t-1}(1-\varepsilon)>A_{t-1}$)时，引进技术将成为可能，否则技术进步只能靠自主研发。当然，无论是引进参数 θ_f 还是研发参数 θ_a，其大小都取决于该国的人力资本和知识资本等要素。

对于前沿国家，我们假定其技术进步按参数 x_f 的速度稳定增长：

$$A_{f,t}=(1+x_f)A_{f,t-1} \tag{22.2}$$

公式(22.1)和(22.2)构成了我们所要研究的关于发展中国家技术进步率之动态变化的模型。

(二) 稳定状态下的技术进步率

公式(22.1)和(22.2)让我们得到如下关于发展中国家稳定状态下技术进步率的命题：

令 x_t 为本国(发展中国家)的技术进步率，$x_t\equiv(A_t-A_{t-1})/A_{t-1}$；$\bar{x}$ 为 x_t 的稳定状态，即当 $t\to+\infty$ 时，$x_t\to\bar{x}$。公式(22.1)和(22.2)让我们得到

$$\bar{x}=\begin{cases}x_f, & \theta_a\leqslant x_f\\ \theta_a, & \theta_a>x_f\end{cases} \tag{22.3}$$

该命题的证明请参见龚刚等(2017)。这里只做如下直观意义上的解释：

首先，当 $\theta_a>x_f$ 时，即使不靠技术引进，本国的技术进步率 x_t 也将高于前沿国家的技术进步率，从而到了一定阶段，本国的技术水平将超过前沿国家的技术水平，此时引进技术就为0。事实上，当本国的技术水平高于(或等于)前沿国家技术水平的某一比例，即 $A_{t-1}>A_{f,t-1}(1-\varepsilon)$ 时，就不会有技术引进了。而当技术引进为0时，本国的技术进步率将等于自主研发的技术进步率，即 $\bar{x}=\theta_a$。

其次，考察 $\theta_a\leqslant x_f$ 的情况。当本国自主研发的技术进步率低于(或等于)前沿国家的技术进步率时，本国的技术进步率 x_t 不可能长期超过前沿国家的技术进步率 x_f，因为长期超过该值必然意味着本国的技术水平将高于前沿国家，从而使引进技术为0，届时本国的技术进步率 x_t 将回到 θ_a，即 x_t 下跌。与此同时，本国的技术进步率 x_t 也不可能长期低于前沿国家的技术进步率 x_f，因为长期低于该值必然意味着本国技术水平与前沿国家技术水平的差距越来越大，从而引进技术就会越来越多，使 x_t 提高。因此，长期均衡的结果(或在稳定状态下)，本国的技术进步率只能等于前沿国家的技术进步率，即 $\bar{x}=x_f$。具体地，当 $\theta_a\leqslant x_f$ 时，均衡的结果必然是两种技术进步共存：自主研发型技术进步率为 θ_a，引进型技术进步率为 $x_f-\theta_a$。

(三) 跨越中等收入陷阱的条件

表面上看，公式(22.3)所表示的结论似乎并没有显示出自主研发的技术进步率 θ_a 的重

要性:即使发展中国家自主研发的技术进步率比不上前沿国家的技术进步率,即 $\theta_a \leqslant x_f$,长期均衡的结果也是两者的技术进步率相同,即 $\bar{x} = x_f$。

然而,这样一种均衡恰恰意味着发展中国家陷入了中等收入陷阱:增长率相同并不意味着水平相同,它仅仅意味着水平之比的固化。由于发达国家的技术水平一直处于前沿,因此,这种水平之比的固化必然意味着发达国家的技术水平永远领先发展中国家。由于按照增长理论,在稳定状态下人均 GDP 的增长率等于技术进步率,因此这样一种固化也同时意味着人均 GDP 水平之比的固化,从而发达国家的人均 GDP 水平永远领先发展中国家:发达永远发达,落后永远落后!

由此我们发现如下关于跨越(或陷入)中等收入陷阱的判定条件:

【跨越(或陷入)中等收入陷阱的判定条件】 发展中国家要跨越(或走出)中等收入陷阱,其自主研发所获得的技术进步率必须高于前沿国家的技术进步率;否则,发展中国家将陷入中等收入陷阱。

(四) 自主研发的技术进步率超越前沿国家的技术进步率容易吗?

我们已经看到,发展中国家要跨越或走出中等收入陷阱,其自主研发所获得的技术进步率必须高于前沿国家的技术进步率,否则将陷入中等收入陷阱。然而,自主研发的技术进步率超越前沿国家的技术进步率容易吗?

首先,由于发展初期存在大量的剩余劳动力,而技术进步则意味着节省单位产量的劳动力投入,其比较优势不够明显;更由于技术是可以传播和引进的,从而发展初期可以很容易通过引入技术来实现技术进步,因此,在发展初期,自主研发的技术通常不会被重视。而这很有可能会形成一种路径依赖甚至养成缺乏自主研发的惰性。

其次,自主研发需要大规模的研发投入,包括高质量的人力资本和大量的研发经费等。与此同时,自主研发还存在着巨大的风险和不确定性。例如,一般地,每一百个立项的研发投入,到最后大约只有五个可以申请专利;在十个申请专利的技术中,大约只有一两个具有商业价值。①

再次,如果说在经济发展的第一阶段,中国的主要竞争对手是其他发展中国家,那么到了经济发展的第二阶段,自主研发本质上就是直接和发达国家竞争,而这需要有极大的勇气和胆量。

习近平也多次强调技术从引进向自主研发和创新转型的重要性及艰巨性。他指出:

> 我国与发达国家科技实力的差距,主要体现在创新能力上。这些年来,重引进、轻消化的问题还大量存在,形成了"引进——落后——再引进"的恶性循环。当今世界科学进步日新月异,技术更替周期越来越短。今天是先进技术,不久就可能不先进了。如果自主创新上不去,一味靠技术引进,就难以摆脱跟着别人后面跑、

---

① 林毅夫:《技术创新、发展阶段与战略选择》,《经济参考报》2003 年 9 月 3 日。

受制于人的局面。而且,关键技术是买不来的。[①]

发展中国家正是因为长期依赖技术引进,缺乏自主研发型的技术进步,才陷入中等收入陷阱。

二、国家创新体系

我们已经知道,发展中国家陷入中等收入陷阱的根本原因在于其自主研发型技术进步率不足,过分依赖技术引进,从而形成习近平所说的"引进——落后——再引进"的恶性循环。在模型中,这具体体现为其自主研发型技术进步率低于或等于前沿发达国家的技术进步率,即 $\theta_a \leqslant x_f$。然而,在没有引进、没有模仿的条件下,技术进步是如何实现的?其条件是什么?机制是什么?需要什么样的制度保障?特别地,政府在这一过程中将发挥什么样的作用?这是我们接下来要讨论的问题。

(一) 主流经济学的回答和批判

主流的内生增长理论似乎已经对这些问题进行了解答,因为其模型特征就是将 θ_a 内生化。在该理论看来,θ_a 取决于一国的研发投入,包括研发人员(如人力资本)和研发经费等:一定数量的研发投入通过某种概率必然带来一定的技术进步,即所谓全要素生产率 A_t 的提高。尽管这样一种解答在宏观上也许并没有错,但显然是将问题简单化了,事实上为我们留下了一个巨大的黑箱,无法让我们看到研发是如何启动、如何通过各种传导机制形成技术进步,进而影响经济增长的。例如,在苏联,其研发投入常为 GDP 的 4% 以上,远远高于一般的发达国家。然而,其中的 70% 用于军事,与此同时,其技术(知识)传播的军转民机制并没有建立起来,从而其大规模的研发投入并没有给经济带来高速增长。[②] 因此,这样一种纯粹的函数分析方法无助于我们理解技术进步的本质及其所需要的各种制度和网络环境等(Nelson and Winter, 1982)。

研发投入(包括研发人员和研发经费等)本身并不能直接成为生产力。研发投入的成果仅仅体现为各种论文、专著、设计和专利等的知识存量(所谓知识资本)。事实上,要使知识转化为生产力,必须要有一个过程。在经济学中,这一过程被称为创新:创新是将知识转化为生产力的过程。熊彼特就曾指出,如果没有创新,知识将一无是处。[③] 于是,研究技术进步就需要我们去研究创新,研究创新的过程和创新是怎么发生的。

传统上,人们通常认为技术创新会自然地发生在"硅谷的车库"中。罗默曾使用一个完全竞争的拍卖市场使所有的知识一旦被发明出来就能被出售和使用,这显然忽略了创新过程的复杂性、阶段性和可能产生的各种风险。

---

① http://politics.people.com.cn/n1/2016/0228/c1001-28156352.html,访问日期:2021年7月20日。
② 参见 Freeman(1995)。
③ 参见 Schumpeter(1934)。

(二)国家创新体系

事实上,任何一个有意义的创新都应该被理解为产生于特定国家的国家创新体系。

【**国家创新体系**】 国家创新体系是指由公共和私营机构所形成的网络,在该网络体系中,人们的交流活动和相互作用使得新技术的研发得以启动、持续和传播,并最后通过商业化形成实质的生产力。(OECD,1997)

国家创新体系理论认为技术和信息在人、企业与机构间的流动是创新过程的关键。创新是系统中各方参与者之间复杂关系的结果,这其中包括个人、企业、大学、金融机构和政府研究机构等。对于政策制定者而言,了解国家创新体系可以帮助其确定杠杆点,以提高创新绩效和整体竞争力。

阿特金森将国家创新体系归纳为三个方面:商业环境(business environment)、管制环境(regulation environment)和创新环境(innovation environment)。[①] 理解国家创新体系必须从这三个方面入手(见表22-1)。

表 22-1 国家创新体系

商业环境	管制环境	创新环境
企业制度 　管理者天赋、时间维度、风险偏好、信息化程度等 金融体系 　风投基金、股票市场、债券市场和商业银行体系等 文化因素 　消费者的需求偏好(如是否愿意尝试新鲜事物等)、冒险精神、对科学的态度和尊重、合作习惯和时间维度等	管制体制 　对垄断的容忍、行业的壁垒、设立公司的难易程度、管制的形式和作用、法律的透明度 税收、贸易和政策 　宏观经济环境、税收政策、贸易政策、专利保护政策和商业标准化政策等	研发体系 　大学研发体制、科研机构和国家实验室的研发体制、对企业研发的支持等 知识流动体系 　技术转移系统、创新园区(或集群)、产学研协作系统、技术的应用和传播系统等 人力资本体系 　中小学教育、高等教育、技术和技能培训、移民政策等

商业环境中的企业制度决定了企业行为,并且通过管理者天赋、企业决策时所考量的时间维度、企业的风险偏好和企业决策所依赖的信息化程度等对企业行为产生影响。例如,时间维度对创新具有决定性的影响:一个追求短期利益的企业是不可能进行创新的。当然,企业决策时所考量的时间维度和冒险精神等同样也受文化因素的影响。例如,许多美国人自豪地认为,与其他国家相比,由移民及其后代所组成的美国公民更具有冒险精神。金融体系(特别是其中的风投基金等)在创新体系中无疑发挥着巨大的作用:许多"硅谷的车库"中的创新如果没有风投基金的支持是不可能产生奇迹的,而股票市场能否有效地让科技创新型

---

① Atkinson(2014)。

企业上市,也是技术创新过程中商业化的重要一环。

管制环境中管制体制对垄断和行业进出壁垒的容忍将严重阻碍企业的创新;一个获得垄断保护的企业不可能拥有创新的激励。此外,对处于发展阶段的创新型企业进行税收减免以及对专利保护政策进行调整等显然也会促进和鼓励创新。例如,在美国的创新史中,普遍认为其1980年出台的《拜杜法案》是推动研发技术商业化的一个关键举措,该法案容许国家资助的项目研发者(大学和中小企业等)拥有研发技术的专利权。此外,由于创新本身也意味着对现有产业的破坏,即所谓"创造性破坏",因此也会遇到很大的阻力。美国的许多创新项目正是由于现有利益集团的阻挠而胎死腹中,例如,美国的水泥行业就因担心住房技术的创新可能会减少对水泥的需求而通过游说国会阻止了行政部门所提出的《民用工业技术计划》(Civilian Industrial Technology Program,CITP)。[1]

就创新环境而言,研发体系和人力资本体系能够生产并积累知识资本与人力资本,它们是一个国家创新的原动力。而知识流动体系则反映了知识在不同的人、机构和企业间的流转、扩散、融合及发展,以及最后向商业化转移的流畅程度等。

由此可见,技术创新是一项复杂的系统工程,并不像人们所想象的那样自然地发生在"硅谷的车库"中。任何一个有意义的创新都必须借助国家的创新体系才可能实现。

(三) 政府在国家创新体系中的作用

尽管经济学家们并没有对国家创新体系理论持有太多的争议,毕竟它能够让我们较好地理解创新的复杂性和创新所涉及的方方面面,然而,当讨论政府在国家创新体系中的作用时,经济学家们则存在着激烈的争论。主流经济学家认为,政府的作用仅仅在于维护好创新所需的市场和商业环境,制定好有利于创新的管制规则,做好守夜人,除提供一些必要的基础设施、基础研究和承担好必要的教育投入之外,不应主动参与创新活动,创新活动应由市场和企业家们自发去做。还有一些经济学家更是认为,企业家远比政府懂得更多,更了解市场,政府不仅无能,更有可能借任何参与经济活动的机会行贪污腐败之实。正因为如此,应该去除一切形式的产业政策。

然而,一个没有政府积极主动参与的国家创新体系能否具有活力?能否创造出足够的创新?对执行追赶政策的发展中国家而言,能否实现其自主研发的技术进步率高于前沿发达国家的技术进步率?

创新可分为经典创新和非经典创新。

非经典创新通常表现为对已有产品的更新、升级和换代。非经典创新通常由一些已经建立起一定市场地位的成熟企业在竞争的压力下创造和完成。然而,这种仅局限于对已有产品更新换代的创新活动本身并不能创造新的市场、开拓新的领域、创造新的生活方式,更难以助推和驱动整个经济的可持续增长;与此同时,这种创新也有可能遭遇经典创新的创造性毁灭;此外,这样一种创新的风险程度相对较低,可以由企业自行控制,商业化过程也较为简单,一般情况下也无须政府和风险资本的介入及支持。

"经典创新是天赐的礼物,是一种全新的创造事件,是采用之前从未被使用过的方法来

---

[1] Atkinson(2014)。

创造新的产品并获得价值的一种行为。"①经典创新能够在相当长的一段时期内助推和驱动整个经济的可持续增长。大量的经典创新主要出现在工业革命时期,近期则有计算机、人工智能和互联网等。由于它是一种全新的创造事件,是采用之前从未被使用过的方法来创造一种全新的产品,并将其商业化和市场化,因此,不仅其整个创新过程缓慢,同时风险会更大。

经典创新需要经历从最初的设想和种子阶段到最后的商业化等不同阶段所经历的漫长过程,且每个阶段都存在着失败的风险,而且越是前期,失败的概率越大。表22-2给出了不同阶段创新失败的概率。

表22-2 不同阶段创新失败的概率

投资进入的各个阶段	失败的概率(风险)
种子(设想)阶段	66.2%
启动阶段	53.0%
第二阶段	33.7%
第三阶段	20.1%
前商业化阶段	20.9%

资料来源:Pierrakis(2010)。

可以看到,在种子(设想)阶段,其失败的概率达到66.2%,即使到了相对成熟的前商业化阶段,仍有20.9%的概率失败。由该表可知,即使不考虑商业化的风险,一个创新项目从最初投资进入的种子(设想)阶段起,在进入商业化之前存活的概率仅为

$$(1-0.662)\times(1-0.53)\times(1-0.337)\times(1-0.201)\times(1-0.209)=6.66\%$$

显然,如果我们进一步考虑商业化的风险,其存活的概率将更小。

也许有人会说,发达和完善的金融体制下的风险资本(venture capital)能够解决这些问题。事实是,风险资本从来不会进入创新研发的前期阶段,它们所进入的最早阶段是表22-2中的前商业化阶段。图22-1给出了风险资本的进入阶段。

正是由于创新活动前期所具有的巨大的风险和不确定性,私人资本(如风险资本等)基本上不可能介入创新的前期阶段,来自政府等公共部门的资金才是创新前期的主要投入。由此我们可以看到政府在经典创新活动中的作用。

(四)案例:美国的国防高级研究计划局

我们以美国国防部下属的国防高级研究计划局(Defense Advanced Research Projects Agency,DARPA)为例更详细地介绍创新过程。该局是在1957年苏联发射"斯普特尼克1号"卫星的刺激下于1958年成立的,其宗旨是"保持美国的技术领先地位,防止潜在对手意想不到的超越"。DARPA每年能获得财政拨款30多亿美元,工作人员在240人左右,分为

---

① 引自诺贝尔经济学奖得主埃德蒙德·菲尔普斯,参见《中国若没有自己的经典创新,中等收入陷阱不可避免》,http://www.cenet.org.cn/index.php? siteid=1&a=show&catid=123&id=68421,访问日期:2021年7月20日。

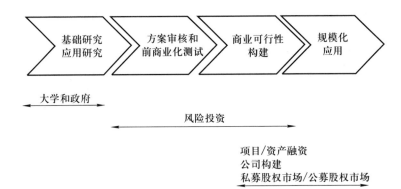

图 22-1 风险资本的进入阶段

资料来源：Ghosh and Nanda(2010)。

局长、业务处长和项目官员三层，其中，项目官员有100多名（其余大多为后勤保障人员），他们都是从学术界或产业界"借调"过来的各学科的一流专家和学者，一个聘期为3—5年。由于他们不进入公务员系列，因此，在DARPA内部不存在一般政府机构内普遍存在的等级制度。项目官员有非常大的自主权去识别和资助本人所熟悉领域内的相关技术项目。一位项目官员如果希望资助某个项目，那么他只需要说服两个人：自己所在业务处的处长和DARPA局长。

项目官员不仅要识别自己所熟悉领域内的项目，并使之立项，同时也将负责和协调该项目的研发，如在国家创新体系范围内构建研发团体，协调研发事项，分配研发经费，在项目接近成熟时，寻找风险资本，甚至为使研发成果商业化，建议相关管制、政策和规则的调整等。例如，在美国的大学设立计算机系等就是由DARPA提出的。在成果尤为丰硕的领域，DARPA造就了一大批前赴后继的项目官员，用DARPA的话来讲，这种超前的探索理念在开始阶段通常会被认为是"疯狂"的。秉持这样一种超前理念（一般为10—20年），DARPA的创新业绩有目共睹：互联网、半导体、个人计算机、操作系统UNIX、激光器、全球定位系统（GPS）等许多重大科技成果都可以追溯到DARPA资助项目(Mazzucato, 2018)。

需要说明的是，在美国的国家创新体系中，像DARPA这样的政府机构绝非个例。在这样一个号称最为资本主义和最为市场化的国家，政府官员在其国家创新体系中事实上起到了"企业家"的作用，成为经典创新活动中的主要推手。他们率先识别和制定超前的创新愿景（例如互联网或基因序列），投资于最早期的研发阶段（私营部门不能或不愿进入该阶段），协调和组建研发团队，提出管制体系下的规则调整（如大学设立计算机系，推动《拜杜法案》），寻找风险资本，创建创新企业，帮助创新企业上市等。

(五) 政府的投资回报问题

然而，就像任何其他投资项目一样，政府的创新项目并不一定会成功，失败可能更为常见——因为政府所投资的通常是那些经典创新项目的前期研究，以及那些最具不确定性的项目（见图22-1和表22-2），对于这些领域，私人部门的风险资本根本不可能进入。因此，政府也最容易成为公众和舆论批判、指责的对象。然而，对于成功的创新项目，公众和舆论也许因不知情而通常保持沉默,不予关注,甚至因后期的商业化过程通常由私人风险资本接手,并最后通过 IPO(首次公开募股)上市,使得经典创新项目的荣耀通常由私人部门获得。更为重要的是,私人风险投资项目的失败通常可以从成功的投资项目中获得补偿,但政府风险投资项目成功后却很少可以从其产生的收益中设立基金来弥补那些失败的项目。这实际上意味着政府主导的创新活动总体而言是亏损的,通常情况下,只有支出,没有收入。正因为如此,经济学中的经典规律——风险越大回报越高——在经典创新领域完全失效。

三、中国能跨越中等收入陷阱吗?

在我们对国家创新体系和自主研发型的技术进步机制进行讨论之后,我们接着讨论中国能否跨越中等收入陷阱的问题。

(一) 大国优势

在第二十章中,我们曾经比较罗默的知识资本积累公式(20.16)和卢卡斯的人力资本积累公式(20.6),我们发现:罗默的知识资本积累公式恰恰反映了人口规模对技术水平的影响。在公式(20.16)中,影响技术进步最为主要的投入是 $H_{A,t}$,它是指用于研发的人力资本总量或高素质的劳动力投入总量,从而用于研发的人力资本总量越大,技术就越容易进步。因此,在研发领域,人多力量大应该是一个不争的事实。

2014 年 5 月 28 日,当时的美国副总统拜登在美国空军学院学生毕业典礼上发表演说,提到中国虽然每年有 6—8 倍于美国的工程师和科学家毕业,但是他想不起有哪个了不起的创新项目、创新改变或者创新产品是由中国发明的。[①] 拜登的这番言论显然是在极力贬低中国的技术创新能力,却在不经意间反映出美国对中国崛起的焦虑——大国人力资本的人口优势:中国有 6—8 倍于美国的科研队伍,无疑是中国技术创新最为重要的优势。

根据清华大学技术创新研究中心《国家创新蓝皮书》的统计[②],2007—2011 年,全球研发人员年均增长率为 3.7%,而我国研发人员同期年均增长率为 13.5%,为全球最高。我国研发人员总量占到世界总量的 25.3%,高于美国的 17%。就研发经费而言,根据世界银行的数据[③],2012 年,中国的研发经费为 1 631.5 亿美元(占 GDP 的比重为 1.93%),美国的研发经费为 4 535.5 亿美元(占 GDP 的比重为 2.81%),中国的研发经费仍然少于美国。尽管如此,中国仍然是世界上研发支出增长最快的国家。1996 年,中国的研发经费仅为 48.6 亿美元,而美国的研发经费为 1 977.9 亿美元,即同一时期(1996—2012 年),中国的研发经费增长了 32.57 倍,而美国只增长了 2.29 倍。事实上,1996—2012 年,中国的研发费用年均增长率高达 24.3%,大大高于同期美国 5.32% 的年均增长率。

从科研成果来看,1980 年中国科技人员发表的论文数占世界总量的比重为 0.33%,中美两国之间的相对差距为 119 倍,中日两国之间的相对差距为 23 倍(胡鞍钢、熊义志,

---

[①] 参见 http://www.360doc.com/content/14/0531/06/10758327_382436137.shtml,访问日期:2021 年 7 月 20 日。
[②] 参见陈劲(2014)。
[③] 参见世界银行 WDI 数据库。

2008)。然而,根据中国科技论文统计与分析课题组(2015)的调查,2013年SCI数据库收录的中国科技论文为23.14万篇,连续五年排在世界第2位,占世界的份额达13.5%。与此同时,2013年,中国在国际论文被引用次数上排名世界第4位。科研成果的另一个表现是专利。根据世界银行的数据①,1985年,中国申请的专利为4 065件,美国申请的专利为63 673件,美国为中国的15.7倍;2013年,中国申请的专利反超美国,两国分别是704 936件和287 831件,中国为美国的2.5倍。也就是说,从1985年到2013年,中国专利申请数量年增长率为21%,大大超过美国同期的5.54%。② 在全球企业国际专利申请量排名中,中国共有4家公司进入前50位,其中,中兴公司和华为公司分别以2 309件和2 094件居第2位和第3位,华星光电公司和腾讯公司分别以916件和365件排名第17位和第48位。

(二) 体制优势

中国的社会主义市场经济体制也为中国的技术创新提供了基本的制度保障。中国的市场经济为参与市场的中国企业(无论是民营企业还是国有企业)提供了激励自主研发和创新的商业环境,已涌现出华为、中兴和腾讯等许多具有创新活力并引领世界科技前沿的企业。中国的市场经济体制也对那些不进行自主研发和创新,只靠引进技术的企业进行了惩罚——市场是公正的,没有自主研发和创新,产能过剩终将降临。中国的市场经济不仅淘汰了无数这样的民营企业,同时也给这样的国有企业造成了极大的压力,迫使它们重组、整顿甚至破产。

中国的金融体制改革也发展得较快,中国专门创建了新三板,为科技型创新企业的IPO融资和股权交易提供了便利。近年来,中国的风险资本也发展快速(见表22-3)。

表 22-3　中美风险资本比较

年份	中国风险资本总额(亿美元)	美国风险资本总额(亿美元)
2013	45	448
2014	150	689
2015	370	793
2016	310	691

注:中国的资料来源于伦敦咨询机构Preqin:2017 *Preqin Global Private Equity and Venture Capital Report*。美国的资料来源于PitchBook-NVCA。

此外,中国社会主义制度所特有的优势,如集中力量办大事和高效的政府执政能力③等,为中国调动资源、克服重大科技攻关项目的资金人才短缺等提供了强有力的保障。中国的

---

① 参见世界银行WDI数据库。
② 当然,申请的专利的质量可能会有所不同。
③ 关于政府执政能力的讨论,参见朗西斯·福山(2015)。这位曾在1989年称西方民主制度是"历史终结"的著名学者,根据其二十多年的观察,做了大幅度的理论调整。他在新书中把"强政府"(政府执政能力)的重要性放在了首位,高于秩序良好社会的其他两块基石:"法治"和"民主问责制"。

这种社会主义制度所特有的优势已经使其在短期内实现了许多经典创新和科技重大工程的突破,如"天眼"探空和"蛟龙"探海等。此外,中国的 5G 技术也已领先全球。这使得一直处于技术前沿的美国感到焦虑,从而开始了其打压华为和打压中国制造等一系列行动。

中国近年来所取得的这些成就为其跨越中等收入陷阱提供了强有力的支持证据。习近平也在多个场合强调中国定能跨越中等收入陷阱。2013 年 11 月 3 日,习近平在会见 21 世纪理事会外方代表时表示:"我们对中国经济保持持续健康发展抱有信心。中国不会落入所谓'中等收入国家陷阱'。"[①]2014 年 11 月 10 日,习近平在出席 APEC 领导人同工商咨询理事会代表对话会时指出:"对中国而言,'中等收入陷阱'过是肯定要过去的,关键是什么时候迈过去、迈过去以后如何更好向前发展。"[②]

(三) 构建中国特色的国家创新体系,跨越中等收入陷阱

尽管如此,中国的技术水平在未来相当长的时期内仍将落后于美国。当中国的技术越来越走向前沿时,不仅引进技术已绝无可能,而且自主研发型的技术进步也越来越困难。因此,在认识到中国的后发、人口、制度和大国优势的同时,我们还必须清醒地认识到,中国在构建国家创新体系方面仍然存在诸多不足。

第一,尽管中国具有明显的人口优势,使得其每年所培养的博士和工程师等远多于美国,但中国所培养的人力资本的平均质量仍低于美国。人力资本是自主研发和创新的原动力。为此,中国不仅要进一步加大对教育和科研的投入,更需要对中国的教育和科研体制进行改革,使中国的教育和科研投入更为有效。改革的目的在于提供一种宽松、公正和自由的环境,鼓励从事研究的科研人员"沉下心来搞研究,把冷板凳坐热"[③]。此外,作为教育改革的试点和方向,中国还应鼓励院校采取更加灵活的办学体制。

第二,就企业制度而言,阻碍企业研发积极性的因素来自两个方面:一是企业的短期行为,二是企业的垄断行为。由于研发需要大量的投入,而且收益并不会马上显现,因此,一个追求短期利益的企业不可能进行研发。此外,当企业的利益大量来自其垄断地位时,企业也没有激励去进行研发。目前,中国的国有企业尚未建立起有效的自主研发和创新的激励机制,一般情况下甚少有研发投入,但事实上,国有企业在规模和财务能力等方面的独特优势决定了其理应成为中国自主研发和创新的中坚力量,至少可以持续进行非经典研发创新。

第三,在文化因素方面,中国需进一步提高对科学家和科学的重视程度。有学者认为,对科学家的不够尊重部分体现在一些大学高度的行政化体制上。此外,对科学家的不够尊重还体现在科学家个人劳动成果的归属上。在中国,职务发明(执行本单位的任务或者主要利用本单位的物质技术条件所完成的发明创造,又称雇员发明)的专利权大多归属本单位所有,而在英美法系条件之下(包括现代的日本),职务发明的权属原则上可归发明人。在一些

---

① 《习近平:中国不会落入所谓中等收入国家陷阱》,http://www.chinanews.com/gn/2013/11-03/5456625.shtml,访问日期:2020 年 5 月 13 日。
② 《习近平:中国肯定要迈过中等收入陷阱 关键是何时》,http://theory.people.com.cn/n1/2017/0609/c40531-29329099.html,访问日期:2020 年 5 月 13 日。
③ 《李克强主持召开教科文卫体界人士和基层群众代表座谈会》,http://www.china.com.cn/news/2017-01/17/content_40123166.htm,访问日期:2020 年 5 月 13 日。

研究者看来,这是中国版的《拜杜法案》,即《中华人民共和国科学技术进步法》没有充分发挥作用的关键因素。①

然而,我们认为,中国要跨越中等收入陷阱,不仅需要持续和大量的非经典创新,更需要经典创新。如前所述,政府积极有为的企业家精神是经典创新的推手和催化剂,没有政府在经典创新方面的企业家精神,没有政府对经典创新的识别和前期研发投入,没有政府在政策、管制和规则上为支持经典创新而进行的必要调整,没有政府为经典创新的商业化推广和应用积极进行融资,经典创新根本不可能发生。

中国的各级政府从来不缺乏企业家精神,然而,中国各级政府的"企业家精神"并不完美,其精力通常集中在那些具有相对明确前景和相对较小风险的经济建设方面,如基础设施建设、房地产投资和其他固定资产投资等,而在具有巨大风险的经典创新方面,相对缺乏大量的投资,而且一些规划也没有完善的执行机制予以保障。根据张德荣(2013)的计量研究,进入中等收入阶段之后,制度和原创性技术进步成为推动经济增长的主要力量,而其衡量制度质量的指标则为腐败指数。为此我们建议,中国政府应继续秉承其优秀的企业家精神,然而,除必要的基础设施建设之外,政府的企业家精神更应体现在国家创新体系的建设方面,中国应尽快启动科技方面的军转民机制,更好地疏通知识的传播和应用机制。为了尽可能地减少政府官员在创新活动中所可能发生的乱为和腐败,可以参考美国国防部的 DARPA 机制,让非公务员体系的专家学者识别和主导创新项目,并支配相关的研发经费。

此外,如果失败是创新游戏中不可避免的一部分,如果政府积极有为的企业家精神对创新至关重要,那么社会就必须对"政府失灵"更宽容——尽管政府必须从错误中不断吸取教训。也许,中等收入陷阱的一大难题在于"政府陷阱":跨越中等收入陷阱需要政府在具有不确定性的创新活动中积极有为,并且保持高效廉洁,否则中国将无法跨越中等收入陷阱。

讨论与小结

发展中国家在进入经济发展第二阶段后的主要任务是跨越(或走出)中等收入陷阱。因为此时其经济的一般状态(或常态)已转向供给决定型,从而人均 GDP 的增长率将最终取决于技术进步率,所以研究发展中国家能否跨越(或走出)中等收入陷阱本质上就是研究发展中国家有没有可能,或者说在什么条件下其技术进步率高于前沿发达国家的技术进步率。

发展中国家的技术进步一部分来自自主研发,另一部分来自引进(或模仿)前沿发达国家的技术,而引进技术又取决于发展中国家与前沿国家的技术差距。然而,尽管发展中国家存在着引进技术的可能,但研究表明唯有其自主研发的技术进步率高于前沿国家的技术进步率,发展中国家的技术进步率才有可能高于前沿发达国家的技术进步率。否则,发展中国家将陷入中等收入陷阱。然而,就发展中国家而言,自主研发的技术进步率高于前沿发达国家的技术进步率绝非易事:自主研发本质上就是直接和发达国家竞争,而这需要极大的勇气

---

① 参见李犁:《中国版拜杜法案(Bayh Dole Act)的失灵及其出路》,http://news.hexun.com/2016-03-21/182862443.html,访问日期:2020 年 5 月 13 日。

和胆略。发展中国家正是因为长期依赖技术引进,缺乏自主研发型的技术进步,才落入中等收入陷阱的。

事实上,任何一个经典和有意义的创新都应该被理解为产生于特定国家的国家创新体系。国家创新体系是指由公共和私营机构所形成的网络,在该网络体系中,人们的交流活动和相互作用使得新技术的研发得以启动、持续和传播,并最后通过商业化形成实质的生产力。可将国家创新体系归纳为三个方面:商业环境、管制环境和创新环境。由于创新活动前期所具有的巨大的风险和不确定性,私人资本(如风险资本等)基本上不可能介入创新的前期阶段,来自政府等公共部门的资金才是创新前期的主要投入。

中国在自主研发的技术进步方面具有明显的大国优势和制度优势。尽管如此,中国在教育、科研和企业体制等方面仍然需要改革。更为重要的是,中国政府应继续秉承其优秀的企业家精神,然而,政府的企业家精神不应仅仅体现在大规模的经济建设方面,而更应体现在国家创新体系的建设方面。

思考题

1. 为什么研究发展中国家能否跨越(或走出)中等收入陷阱本质上就是研究发展中国家有没有可能,或在什么条件下其技术进步率高于前沿发达国家的技术进步率?
2. 如何理解增长率相等时水平之比将永远固化?能否用数学公式推导这一结论?
3. 发展中国家自主研发的技术进步很难吗?为什么?
4. 什么是国家创新体系?国家创新体系包括哪些内容?它们又是如何影响创新的?
5. 什么是经典创新?为什么在经典创新领域需要政府介入?
6. 请简单介绍美国国防高级研究计划局在创新领域的贡献及其运行机制。
7. 请讨论政府在技术领域所面临的投资回报问题。政府在技术领域的投资回报到底应如何衡量?
8. 请讨论中国在技术领域追赶前沿国家会有什么样的优势。需要什么样的改进?
9. 中国能跨越中等收入陷阱吗?为什么?
10. 请简单讨论应如何构建具有中国特色的国家创新体系。

第二十三章 "看不见的手"与中国增长奇迹:是激励机制还是资源配置机制?

在第二十一章中,我们从供给和需求的视角考察了中国经济的高速增长,这一考察为我们厘清了中国经济高速增长过程中的增长逻辑。某种程度上,这也可以看成是从资源配置的视角去研究中国经济的高速增长。事实上,绝大多数对中国经济高速增长的研究都是从资源配置的视角出发,即以改革开放之前的计划经济作为比较基础,强调市场在资源配置方面的作用,认为资源的优化配置是推动中国经济高速增长的最为根本的动力。例如,吴敬琏(2018)认为中国向市场化方向的分权式改革使得市场在资源配置方面的权利得到扩展,这是推动中国经济高速增长最主要的因素。而林毅夫教授所强调的比较优势理论本身就是市场在资源配置上的必然结果,只是这种比较优势建立在如下动态基础上:随着经济的发展,资源禀赋不断演变,从而由比较优势所决定的最优产业结构也将发生变化。①

确实,在经济学对市场经济的研究中,人们普遍关注和偏好的是市场的资源配置机制,而对市场经济所具备的其他机制,如激励机制等却甚少关心、研究不足,这样一种偏爱在很大程度上是受斯密那只"看不见的手"的影响。在经济学界,"看不见的手"常常被认为是资源的配置机制,即在价格调整这只"看不见的手"的引导下,市场调剂着资源的配置。如果将斯密"看不见的手"看成是资源的配置机制,则斯密"看不见的手"的名言必然会导致有效配置论。

然而,市场经济在多大程度上能有效地配置资源本身是极富争议的。就中国而言,改革开放以来中国由计划经济向市场经济转变取得了巨大成就,这些成就是资源优化配置的结果吗?资源更多配置到先富起来的那批人手中一定是最有效率的吗?市场近二十年将大量财富配置到房地产行业一定也是最有效率的吗?事实上,经济学中各种流派之间的争论(如新古典和凯恩斯经济学之间的争论)通常围绕着市场经济在什么情况下、在多大程度上、能(或者不能)有效地配置资源进行。正如龚刚、蔡昱(2019a,2019b)所分析的,市场常常错配资源,由此给经济体带来无休无止的波动、失业和经济危机;市场也常常不能在关键领域配置足够的资源,从而使经济常常陷入某种陷阱(如中等收入陷阱或贫困陷阱等);此外,市场也常常会引发道德和伦理风险。

实际上,市场除了提供资源配置机制,同时也提供着激励机制。激励机制是典型的中国故事。小岗村的故事实际上就是激励机制的故事。改革开放给中国经济带来的最为明显的变化就是更高能的激励,即调动了人的能动性和人参与经济活动的积极性,使人变得更加勤快,更加努力地工作,更加富有创造力,从而使整个经济更加充满活力。然而,这样一种增长动因在对中国经济奇迹的解释中却很少被提及。

---

① 参见林毅夫(2012a,2012b,2012c)。

在本书的最后一章中,我们将再次回到中国经济高速增长这一命题上。然而,这一次我们将从市场的激励机制视角来讨论这一命题。斯密那只"看不见的手"真的是指资源的配置机制吗?或者,它很有可能就是指激励机制?本章将首先针对这一问题进行讨论,即讨论"看不见的手"到底指什么。以此为基础,我们将从激励机制的视角讨论改革开放给中国带来高速增长奇迹的动因。我们希望这一讨论至少能够在现有对中国经济高速增长动因的解释上补上一个重要的缺口。

一、文献中"看不见的手"指什么?

> 固然,他们通例没有促进公共利益的心思。他们亦不知道他们自己曾怎样促进社会利益。……在这场合,像在其他许多场合一样,他们是受着一只看不见的手的引导,促进了他们完全不放在心上的目的。(斯密,1776,下卷)

这是亚当·斯密在《国富论》中对"看不见的手"的论述。斯密的这一至理名言是在告诉我们:一个自私和贪婪的人,为追逐自己的利益而参与经济活动,却在不知不觉中(在一只"看不见的手"的引导下)促进了他本没有想追逐的社会利益。

(一) 主流经济学的解释

经济学中对"看不见的手"的主流解释是明确的。弗里德曼认为:

> 价格体系就是这样一种机制,它既不需要中央指令,也不需要人与人之间彼此沟通或相互喜爱,就能完成这一任务。……亚当·斯密天才的灵光之处便是,他认识到价格产生于买者和卖者之间的自愿交易——简言之,产生于自由市场。价格体系协调着千百万人的活动,他们每个人都追求自身的利益,并且通过这种途径使每个人都过得更好。(米尔顿·弗里德曼、罗丝·弗里德曼,2013)

显然,按照弗里德曼的观点,斯密那只"看不见的手"指的就是价格的调节机制。[①] 日本经济学家堂目卓生(2008)就直截了当地指出:"所谓'看不见的手'指的是市场的价格调节机制。"其他持相同观点的经济学家还包括 Grampp(1948)、Gordon(1968)、Hahn(1982)和 Coase(1994)等。毫无疑问,这样一种解释强调的是市场的交易功能,从而将市场看成是一种资源的配置机制。这与经济学家们通常的认识,即市场(资源配置)机制是"看不见的手",而政府干预是"看得见的手"相一致。

确实,斯密在《国富论》的第一篇中也曾经提到过价格的调整如何影响供给和需求:

> 当某种商品因有效需求增长而市价高于自然价格时,这商品的供给者,例皆小心谨慎的,想瞒住这种事变。如果这种事变被人探知了,其利润之大,定会诱致许

[①] 参见聂文军(2006)。

多新竞争者,来这方面投资,结果,有效需求完全得到供给,这商品的市场价格,遂须低落而等于自然价格,甚或落在自然价格之下。(斯密,1776,上卷)

然而,没有迹象表明这样一种论述就一定意味着"看不见的手"是指价格调整这一使资源得以配置的机制。

必须说明的是,如果将"看不见的手"看成是价格的资源配置机制,也就是说,如果认定那种将人们对私欲的追逐不知不觉中转化为对社会利益的促进的神秘机制是市场的价格调整机制,也就自然导致了"有效配置论",即市场能有效配置资源,从而促进了财富增值的社会目的。确实,在斯密之后,瓦尔拉斯(Walras,1874)给市场经济构建了一个非常具体的模型——拍卖市场,这一拍卖市场后来被新古典经济学家们(如马歇尔等)包装成了看上去更为漂亮的完全竞争市场。20世纪五六十年代,阿罗和德布鲁则进一步基于完全竞争市场,构建了其著名的一般均衡的数学模型。[①] 由此,经济学家们所设想的一系列关于资源有效配置的结论,如"均衡""市场出清"甚至"帕累托最优"等也在他们的一般均衡模型框架下被严格地一一论证,尽管完全竞争市场在现实中根本就不存在。

(二)其他非主流的解释

如前所述,"看不见的手"就是价格机制(或资源配置机制)这一主流经济学解释是明确的,并已经深入人心,成为赞美市场在资源配置能力方面最有力的依据。然而,"看不见的手"在《国富论》中只出现过一次,而在斯密一生的论著中也仅仅出现过三次,其中一次又与经济学无关。[②] 与此同时,斯密又从来没有对"看不见的手"到底是指什么进行过详细的解释。也正因为如此,经济学家们对"看不见的手"的解释从来就没有形成完全一致的结论。Grampp(2000)一共总结了九种不同的解释。在许多经济学家看来,"看不见的手"仍是千古之谜。

例如,有人将"看不见的手"看成是"人类看不见的'神'的手"[③]。也有人认为"看不见的手"不是亚当·斯密重要的经济学概念,而是在开一个反讽的玩笑。[④] 更有人认为亚当·斯密自己对"看不见的手"的内容把握尚不明晰。[⑤] 与此同时,也有人干脆把"看不见的手"模糊和笼统地规定为市场或市场机制,[⑥]从而给"看不见的手"赋予尽可能多的多样化解释。[⑦] 更有甚者,如Knight(1947)和刘清平(2019)等则试图打破斯密"经济人"的假设,认为斯密在其交易通义(只要交易自愿,必能改善双方福利)中,已经自发承认了"经济人不仅拥有利己动机,而且拥有利他动机"。而当人们认识到这种双重动机时,所谓"看不见的手"将不再神秘。

这里,我们需要特别强调一下英国经济学家艾玛·罗斯柴尔德的研究(Rothschild,

---

① 参见 Arrow and Debreu(1954)、Debreu(1959)和 Arrow and Hahn(1971)等。
② 另外两次,一次出现在《道德情操论》中(斯密,1759),另一次出现在其关于天文学历史的讲座中,参见 Rothschild(1994a,1994b)。
③ 参见王继华(2015)。
④ 参见百度百科:https://baike.baidu.com/item/看不见的手/7294754。
⑤ 参见聂文军(2006)。
⑥ 参见姚建开(2019)。
⑦ 例如,张志军(1999)就将"看不见的手"归为五种,即经济运行机制、市场调节、利己心、价值规律和自由竞争。

1994a，1994b）。罗斯柴尔德通过考察斯密同时代的诸多英国文学作品发现，"看不见的手"在当时无一例外地代表着阴冷、血淋淋和罪恶。她认为，亚当·斯密无疑是熟知这些文学作品的，也正因为如此，她将其后来发表在《美国经济评论》上的工作论文，一开始就命名为"血淋淋和看不见的手"（Rothschild，1994b）。在她看来，正是由于"看不见的手"在斯密那个年代是一个家喻户晓的不光彩的概念，因此斯密既无须对其进行解释，也不愿过多地提及它：

斯密并不特别敬重"看不见的手"，而将它看成是一个具有讽刺性质但却有意义的玩笑。（Rothschild，1994a）

总之，按照罗斯柴尔德的考证，"看不见的手"对亚当·斯密而言是一个重要且有意义的经济学概念，但却不是一个光彩的、值得大书特书的经济学概念。

（三）对现有研究的简单评述

我们首先讨论主流经济学的解释，即将"看不见的手"解释成价格调整（或市场的资源配置）机制。

第一，这样一种解释显然是基于市场的交易功能。然而，市场自古就有，市场的交易功能也自古就有。与此同时，利己之心也古已有之。如果这种解释能够成立，我们不禁要问：为什么只有在资本主义社会，个人的利己追求通过市场的交易功能（或通过价格的调整）无意中促进了社会利益呢？

第二，资源配置（或价格调整）本身最多只能保证现有的资源能得到充分利用（如没有失业等）以及所生产的产品都能为市场所需求——尽管实际情况远非如此，但它不能解释资源是如何增值的以及所生产的产品是如何增加的。或用斯密的语言，国民财富是如何积累的。而斯密所述的增进社会利益无疑是指国民财富的积累。也就是说，从资源配置（或价格调整）的视角无法全面解释个人的利己追求如何增进社会利益或如何积累国民财富。

就非主流解释而言，关于经济人不仅拥有利己动机而且拥有利他动机的解释仍然是基于市场的交易功能，因此仍然无法解释国民财富的积累过程。那些将"看不见的手"模糊和笼统地规定为市场机制的解释，仍然需要清晰地告诉我们：个人的利己追求是通过什么样的机制（或力量）增进了社会利益或积累了国民财富？否则，"看不见的手"的神秘面纱仍然无法揭开。罗斯柴尔德通过考证，将"看不见的手"看成是一只不光彩和血淋淋的手，非常接近我们将要作出的解释。然而，罗斯柴尔德并没有具体告诉我们这只血淋淋的手到底是什么。

（四）"看不见的手"的思想古已有之

作为文献研究的一部分，也为了后文论述上的方便，我们还有必要对"'看不见的手'的思想"和"'看不见的手'的原理"进行区别。"'看不见的手'的思想"在一般意义上是指"有一种力量可以使人们对私利的追求不知不觉地促进了社会利益"，"'看不见的手'的原理"则是指上述过程之所以发生的条件、机制和原因。我们认为，现有研究的许多困惑实际上来自对"思想"和"原理"的认识不清。

经济学家常常将"看不见的手"的这一思想当作亚当·斯密的发明，但事实上，"'看不见的手'的思想",即"有一种力量可以使得人们对私利的追求不知不觉地促进了社会利益",最初源自贵族和骑士们对追逐名声的辩护。而且,在亚当·斯密之前,它曾被多位哲学家、思想家甚至文学家以不同方式论述过,亚当·斯密只是对其进行了"看不见的手"的形象比喻。

对"'看不见的手'的思想"更清晰的表述来自孟德斯鸠,他认为对名声的追求为君主制的政体注入了活力,因此,"当每个人都认为是在为自身利益努力时,结果却是为公共福利作出了贡献"①。这里的"自身利益"指的是名声,它与追求金钱无关。

18世纪初,维柯在更宽泛的意义上阐述了"'看不见的手'的思想":"社会利用使全人类步入邪路的三种罪恶——残暴、贪婪和野心,创造出了国防、商业和政治,由此带来国家的强大、财富和智慧。社会利用这三种注定会把人类从地球上毁灭的大恶,引导出公民的幸福。这个原理证明了天意的存在:通过它那智慧的律令,专心致志于追求私利的人们的欲望被转化为公共秩序,使他们能够生活在公共社会中。"②

赫尔德则将"'看不见的手'的思想"表述为"人心中的所有欲望都是一种狂野的驱动力,它并不了解自己,但是由其性质所定,它只能暗中促进一种更好的事物秩序。"③

重农学派则根据自由放任原理阐述了其著名的利益和谐论,即"公共利益是每个人自由追求自身利益的结果"④。

歌德也认同通过神秘的过程可以驯化欲望为社会秩序和社会目的服务,在《浮士德》中,墨菲斯特的自我定义是"一股总想作恶,却总会带来好处的力量"⑤。

然而,我们必须看到,尽管"'看不见的手'的思想"古已有之,但在所有这些关于"'看不见的手'的思想"的论述中,在亚当·斯密之前,"'看不见的手'的原理"却从来没有被揭示出来。

二、揭示"看不见的手"是什么

接下来我们将讨论亚当·斯密是如何论述其"'看不见的手'的原理"的。

(一)斯密的贡献

斯密将"'看不见的手'的思想"引入经济学领域,从而将促进社会利益的私欲限定在了贪财的欲望上。需要说明的是,在中世纪及之前,西方社会在基督教的影响下,普遍认为任何以金钱为目的的活动都是邪恶的。资本主义的兴起,首先需要打破的正是这一思想禁锢。为此,斯密首先将贪财这种在古代思想中被认定的"基本恶"用"利益"这类中性词替换掉,以使其易于被大众接受。由此我们看到了"'看不见的手'的思想"在经济学领域的出现。

必须说明的是,尽管在《国富论》中"看不见的手"这一名词只出现了一次,但经济学意义上的"'看不见的手'的思想"在《国富论》中则反复出现。例如:

---

① 赫希曼(2015),第8页。
② 同上书,第14页。
③ 同上书,第16页。
④ 同上书,第90页。
⑤ 同上书,第17页。

第二十三章 "看不见的手"与中国增长奇迹:是激励机制还是资源配置机制?

> 我们所需的食料不是出自屠宰业者、酿酒业者和面包业者的恩惠,而仅仅是出自他们自己的利益的顾虑。(斯密,1776,上卷)

更为重要的是,斯密不仅将"'看不见的手'的思想"引入经济学领域,并创造性地提出了"看不见的手"这一形象生动的名词,同时,也为这种"神奇变形的条件和机制"提供了其经济学意义上的解释。①

那么,斯密是如何描述这一"神奇变形的条件和机制"的?或者说,斯密所言的"看不见的手"到底指的是什么呢?

《国富论》的完整标题是《国民财富的性质和原因的研究》。这里所谓"财富的性质",就是说财富究竟是什么东西;所谓"原因",自然是指财富的来源,即财富是怎么来的,或是如何积累的。斯密在"序论"里开宗明义,给出了国民财富的性质。在斯密看来,国民财富就是生产出来的商品总量,是由劳动创造出来的。而追逐国民财富的积累就是所谓的社会利益。与此同时,国民财富的基础就在于个人财富的积累。

除"序论"外,《国富论》分为上、下两卷,共五篇三十二章,其中第一篇和第二篇是全书的重点,详细阐述了国民财富的来源。斯密在第一篇开篇就明确指出,积累国民财富的途径主要有两条:一是加强劳动分工以提高劳动生产率,二是增加资本积累。斯密接下来在此篇的其余部分对分工以及由分工引起的其他经济活动,如交易、价格和货币等进行了讨论。在斯密看来,分工不仅是在微观上提高劳动生产率,而且在宏观上形成了一种经济秩序,即所谓的市场。

如果说第一篇所要解决的问题是分工如何促进生产力的提高,进而形成一种经济秩序,那么第二篇所要回答的问题则是如何通过资本的积累来促进分工。斯密对资本的界定始于对财富的分类,更准确地说是对消费的分类。斯密将消费分为两类:生活性消费与生产性消费。当财富用于生产性消费,从而与劳动相结合时,就成为资本。资本就是用于组织生产的财富。为了说明资本的作用,斯密给出了一个有用劳动(或生产性劳动)的概念。所谓有用劳动(或生产性劳动),是指与资本结合的劳动。② 于是,资本的作用就在于吸纳无用劳动,即现代发展经济学意义上的农村剩余劳动力与资本结合,使其成为有用劳动(或生产性劳动)。显然,这是财富积累的一个极为重要的途径。然而,资本不仅能够吸纳无用劳动,同时还能促进分工。在斯密看来,"预蓄之财愈丰裕,分工亦按比例愈细密。分工越是细密,每个工人所能制造的材料,定然越是增加"(斯密,1776,上卷)。

再次说明,第一篇与第二篇是《国富论》的重点,即对一国财富增长的路径进行了理论上的论证。第三篇则以经济史的考察为依据,研究了国民财富增长的原因。这里,斯密对罗马帝国崩溃后的经济发展史进行了考证,由此分析了国家政策对财富积累的影响。第四篇以经济思想史的视角,对重商主义和重农主义阻碍国民财富增长的理论与政策进行了批判。最后,第五篇是关于国家财政如何影响国民财富增长的分析。如果说前两篇是国民财富积

---

① 尽管正如我们将要揭示的,其解释是非本质性的和不完善的。
② 言下之意,那些无法与资本结合的劳动显然是无用劳动了。斯密的这一有用劳动和无用劳动的区分显然是近代刘易斯二元经济下剩余劳动力理论的雏形。

累的理论途径,那么后三篇通过对历史的回顾、对重商主义等的批评和对政府行为的分析,讨论了国民财富积累的现实途径。在斯密看来,这一现实的途径就是建立一套以自由和平等竞争为原则的经济秩序。在这一秩序下,参与社会分工的各经济主体在追逐自身利益的同时,自动经国民财富积累的两大途径(资本积累和分工)实现社会利益的增加。这是后三篇的意义所在。

(二)"看不见的手"是市场的资源配置机制还是市场的激励机制?

毫无疑问,斯密所指的经济秩序是指竞争性的资本主义市场经济。然而,它所指的"看不见的手"是否就是指市场的资源配置机制呢?

首先,在《国富论》的某些地方,我们确实可以看到斯密关于价格的调整如何影响供给和需求及资本投入方向的论述。[①] 然而,从整部著作的结构安排上看,斯密并没有太多地关注资源配置问题,或经价格的调整而使市场出清、供需相等。在整部著作中,我们甚至都没有看到资源配置这一经济学名词。对于资源配置问题的系统研究最早来自瓦尔拉斯。就斯密而言,资源配置问题并不是《国富论》中所关心的重点,也正因为如此,"看不见的手"并非指价格的调整。

其次,如果说资源配置问题不是《国富论》所关心的重点,那么《国富论》中斯密所关注的重点又是什么呢?是一国财富的增长!从这个意义上说,斯密所关注的问题是现代经济学语境下的增长和发展问题(而不是微观经济学或一般均衡理论下的资源配置问题)。如前所述,资源配置问题本质上源自市场的交易功能。然而,市场的这种交易功能最多只能使现有的资源得到充分的使用(如没有失业等)和所生产的产品都为市场所需求[②],但它本身却不能促进资源(如资本等)的积累和所生产的产品的增加,或者用斯密的语言,即国民财富的积累,而这才是斯密所说的"增进社会利益"的真正含义所在。由此,"增进社会利益"并不仅仅是指现有资源得到了有效的配置。

最后,自古以来都存在着作为交易场所的市场,即它发挥着交易的功能,进而通过价格的调整为我们解决了资源配置问题。如前所述,市场的这一功能自古就有——尽管其强度因生产方式等要素而有所不同。但正如我们在第一章中就指出的,一个国家的经济体制不仅仅体现为资源配置机制(资源是通过市场还是计划进行配置),更重要的是由产权关系所决定的所有制形式。从这个意义上说,市场经济也因参与和主导市场交易的经济人之产权关系的特征而区分出不同的类型。例如,当前中国特色的社会主义市场经济与美国的资本主义市场经济就具有本质上的区别,斯密时期的市场经济与中世纪的市场经济[③]也具有本质上的区别。而市场的激励机制(或动力机制)则更主要地源自参与市场的经济人的特征以及与此相对应的产权关系。

由此可见,隐藏在斯密所描述的推动国民财富增长这一社会利益的机制之后的驱动力(这才是真正的"看不见的手")并非产生于市场的资源配置机制(或价格的调整机制),而是建立在资本主义私有制基础上的竞争性市场本身所释放的胁迫式的激励机制。

[①] 见前文的引用。

[②] 再次强调,实际情况远非如此。

[③] 如果也可以称之为市场经济的话,当然现有文献中仅仅把它称为商品经济。

(三) 资本主义产权的独特性

也许有人会说,激励机制自古就有,追逐私利也古已有之。那么,为什么资本主义的激励机制(而非资源配置机制)才是推动财富增长的那只"看不见的手"呢?这与资本主义产权的独特性,即剥夺生存性安全感相关。

必须说明的是,资本主义的到来并不是一种自然演化的过程,即它与之前的非资本主义社会不存在延续性,而是人类最基本的社会关系和产权关系的人为的突发转型(伍德,2015)。这种突发的转型带来了资本主义产权制度的如下特征:

第一,"完全的排他性"。资本主义产权关系的转型开始于掠夺式的作为产权关系再定义的"竞争性地租""圈地运动"和"具有排他性的私有产权制度"的立法。资本主义产生之前,如英国在16世纪前,其私有土地上有各种习俗性的使用权以保障穷人的生存。16世纪到18世纪,越来越多的"进步人士"呼吁以排他性的私有权来对抗有争议的共有土地的产权;废除私有土地上的各种习俗性使用权,以挑战那些给予小生产者在没有明确法律规定下的习俗性产权。[①] "具有排他性的私有产权制度"(不仅仅是"私有的",而且也是"排他性的")的立法标志着资本主义的彻底胜利,它完全剔除了私人产权之上的对他人生存的责任。

第二,"随时被剥夺的可能性"不能给人生存安全感。此种"随时被剥夺的可能性"来自两个方面。一方面是货币化导致的"流沙化",即资本主义社会中,财产是货币化的,而货币本身的不稳固性使得财产随时可能流失。另一方面是竞争所带来的"随时被剥夺的可能性"。具体地说,对于多数人来说,为了防止财产缩水就需要进入竞争性市场以求资本增值,这又必须承受因竞争失败而导致财产被剥夺的可能性。

第三,私人占有之物的扩大化和普遍化,如大量的共有土地、矿产和森林等被私有化。私人占有之物的扩大化和普遍化推动了无产者的大量产生,他们必须出卖自己才能购买生活所需。

(四) 胁迫式的激励机制——那只"看不见的手"

正是上述这种与剥夺生存性安全感相关的产权制度的独特性,才激发出资本主义独特的生存胁迫式的激励机制。

第一,如前所述,个人的欲望有多种形式,如追逐名誉、追逐权力和追逐金钱等,然而,在资本主义社会,人类所有的活动都被拉入了盲目追逐生存性安全感意义上的"维生"[②]。同时,"维生"是市场依赖的,后者不仅将所有事物(包括自然与人)资本化并货币化,也使金钱获得了前所未有的崇高地位,即对金钱的追逐高于其他一切欲望,同时拥有金钱便意味着拥有一切:金钱能购买名誉,也能购买权力。这反映于思想家们对它的描述中,如斯密在《道德情操论》中将改善我们的境况作为人生的伟大目标。继而,他在《国富论》中认为人类完全受"改善他们的境况的欲望"所驱使,同时,增加财富是大多数人打算或希望改善自己处境的手段。因此,对于人类来说,非经济的欲望虽然强大,但全部融入了经济欲望中,即非经济欲望

[①] 参见伍德(2015)。
[②] 参见蔡昱、龚刚(2019)。

的作用无非是强化了经济欲望,由此"丧失了其往日的独立存在"(赫希曼,2015)。由此可见,与资本主义之前的时代相比,资本主义对经济利益(或金钱)的追逐已经达到了无以复加的地步。

第二,资本主义产权关系不仅意味着拥有金钱便拥有一切,更意味着失去金钱便失去一切,这使得获得金钱成为一种"生存必需性"。人们被生存必需性及死亡的恐惧摄住,表现为生存安全感意义上的对金钱的盲目追逐。如前所述,资本主义产权的转型,使得越来越多的平民被驱离土地而一无所有。用斯密的话说,他们是"无用"的,等待着被雇佣,以便成为"有用"的。在剥夺所造成的生存必需性的胁迫下,无产者必须依附于资本和市场,这使他们不仅失去了自由选择的能力(尽管形式上其仍享有自由选择的权利),同时也失去了"选择自我"的勇气,不得不屈从于被剥削和被奴役。与此同时,在资本和市场的"凝视"下,他们不得不与其他劳动者展开无情的竞争。在此过程中,只有不断满足资本和市场的胁迫(如遵守劳动纪律、延长劳动时间、提升素质以提高自己的使用价值)才能获得生存的机会。试问,这难道不是财富积累的主要途径吗?

第三,市场虽然自古就有,但由资本主义产权所带来的竞争却是资本主义市场所独有的。同时,此种竞争是一种丛林式的生存性竞争,即唯有参与竞争并胜出才可能生存。也就是说,资本主义市场在其运行过程中进行着持续的剥夺(表现为不断有资本者破产和不断有劳动者"被无用化"),由此持续制造着因被剥夺而引发的"生存性恐惧"。同时,由竞争所产生的生存性恐惧(在竞争中失败从而失去生存机会的恐惧)不仅被施加于被雇佣的劳动者,也被施加于资本者,从而使他们丧失了生存性的安全感。正是此种生存性恐惧胁迫着资本家不得不穷其所能地进行经营、创新(在斯密时代主要表现为他所说的分工)和资本积累,即人的全部生命力都被扭曲到了财富的积累上。

总之,由资本主义产权关系所带来的生存胁迫式的激励机制无疑是财富积累的主要来源,这样一种生存胁迫式的激励机制所产生的推动财富积累的力量根本无法用资源的配置机制来进行解释。例如,资源配置机制无法让我们解释为什么人们从过去每天有效工作5小时左右,增加到现在每天工作8小时甚至12小时。由此我们看到:

> 【"看不见的手"的秘密】 隐藏在斯密所描述的推动国民财富增长的机制背后的驱动力并非产生于市场的资源配置机制(或价格的调整机制),而是产生于由资本主义独特产权关系所带来的生存胁迫式的激励机制——这才是那只真正的"看不见的手"!也是资本主义的秘密!

遗憾的是,出于对资本主义产权制度的维护,斯密是不可能(或不愿意)揭示这一秘密的。

三、改革开放对中国经济所带来的高能激励

现在让我们回到本章一开始所提出的问题:从激励机制的视角讨论改革开放给中国经济所带来的增长动力。

(一) 传统计划经济无激励机制

计划经济无疑也是一种资源的配置机制,但传统计划经济体制是以公有制为基础的企业所有制形式,并且以高度集权的、庞大的官僚机构作为其制订和执行计划的保证。这样一种体制与经济人追逐自身利益最大化的人性相矛盾,从而使整个经济缺乏激励。

就个人而言,由于其就业和收入完全由国家分配,个人不能选择自己所喜欢的工作,也无法因自己的努力而得到更多的回报。这使得他在参与经济活动时已无追求可言,只能沦为完成计划的工具。当人沦为工具而无追求的目标时,人就失去了活力,失去了其主观能动性。当然,也必须看到,在传统计划体制下,对个人的激励并不是完全没有,其主要表现为一些精神激励等弱的激励机制。

就企业而言,传统计划经济体制所带来的预算的软约束降低了企业面临的生存性压力,弱化了激励机制,严重制约着企业通过技术发明来进行创新。而按照熊彼特(Schumpeter,1934)的说法,创新是技术进步、经济社会不断向前发展的根本动力。经济社会的发展主要体现为创新对旧产品和旧技术的淘汰,即所谓"创造性的毁灭"。

这里我们想说明的是,创新并不是纯技术的概念。它是将已有的知识(或发明)转化为生产力的过程。因此,它是企业家的事。然而,在传统计划经济体制下,由于预算的软约束,企业缺乏创新的动力,因此,尽管计划经济体制能够集中力量,动用国家资源推出一些特殊领域(如军事领域)内的高精尖技术,然而,就整个社会而言,新技术的转化则明显过于缓慢。设备陈旧、技术老化在一般生产性企业中随处可见。有关研究表明,在改革开放前,我国国民经济增长中科技进步的贡献率只有10%,而在同时期的一些发达国家,这一比例已经达到60%左右(马凯、曹玉书,2002)。

(二) 改革开放所带来的高能激励

中国的改革开放无疑也是一种产权制度的改革,它伴随着传统体制外的民营经济和外资企业的逐步壮大。与计划经济相比,改革开放释放了人们的欲望:市场为经济人提供了机会,调动了人们参与经济活动的积极性;市场让我们更加勤奋,让人们更加富有创造力;它使个人更具有活力,而不是沦为工具;它使企业更勇于创新,而不是完成计划的单位;它使技术更容易进步,社会生产力更容易提高。中国过去四十多年所取得的成就离不开市场,离不开市场给予我们的激励。

必须说明的是,改革开放所带来的这种高能激励不仅体现在极大地释放了人们追逐财富的欲望上,同时也必然伴随着一定的生存性压力。随着中国改革开放的不断深入,20世纪90年代,中国开始出现国有企业下岗工人。21世纪初,工人下岗似乎达到了高峰:1998年至2000年,全国国有企业共出现下岗职工2 137万人。[①] 与此同时,中国的市场竞争不仅使大量优秀的民营企业脱颖而出,也使大量的国有企业和无数的民营企业破产倒闭。由此,中国的改革开放在释放了巨大的激励的同时,也伴随着制造了生存性压力,使得人们不得不极尽所能更加勤奋地创造财富。我们认为

[①] 参见 https://baike.baidu.com/item/下岗职工/11046567? fr=aladdin,访问日期:2021年5月13日。

【中国经济高速增长的动因】 这种由改革开放所释放的人们追逐美好生活的欲望及其所伴随的生存性压力才是中国经济奇迹般高速增长的根本动因。

对于这样一种推论,我们并没有直接的数据可以论证。但也许我们能够找到一些间接的数据。

在图 23-1 中,我们比较了中国、美国和德国就业人员的年人均工作时间。我们发现改革开放之前,中国就业人员的年人均工作时间大约在 1 970 小时左右。这一水平远低于美国等其他发达国家在 20 世纪 50 年代的水平。例如,20 世纪 50 年代美国就业人员的年人均工作时间在 2 000 小时以上,而德国,受第二次世界大战后重建家园的压力,则更是高达 2 400 小时以上。这说明即使中国人民是非常勤劳的,但由于体制上并不具备高能激励,人们对于工作的积极性并不高。然而,随着改革开放的不断深入,特别是随着下岗工人的出现,中国的年人均工作时间开始逐渐爬高,并长期稳定在 2 150 小时以上。反观美国和德国,随着生活水平的不断提高以及社会保障和福利制度的不断完善,其生存性压力开始减弱,从而其工作时长不断下降。特别是德国,从 20 世纪 50 年代的 2 400 小时以上下降到现在的 1 400 小时都不到。

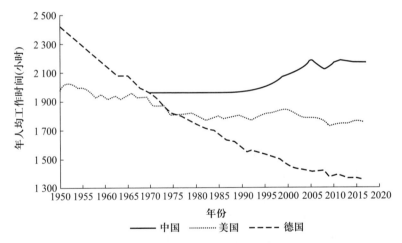

图 23-1 就业人员的年人均工作时间:中国、美国和德国

资料来源:Penn World Table 9.1 版。

总之,中国的改革开放也是一种产权制度改革,这种改革通过释放人性激活了人们追逐美好生活的欲望,通过市场和生存竞争压力激活了组织和个体的竞争活力,通过价值的自我实现机制激发人们参与经济活动的积极性。这种激励人性、释放活力的激励机制是中国经济高速增长的根本性动因。

四、结论和启示:从资本主义的价值观和文化看其对经济学的影响

本书中,我们对宏观经济学所涉及的问题,包括周期问题和增长问题进行了讨论,我们

的讨论不仅针对发达国家而且也兼顾了发展中国家,与此同时,我们比较了新古典经济学和凯恩斯主义经济学在这些问题上所给出的不同答案。在本书的最后部分,我们想总结一下本书的结论和启示。然而,在此之前,我们有必要先讨论西方主流社会的价值观和文化。

(一) 西方主流社会的价值观和文化

对于西方主流社会价值观和文化的认识也许可以从美国《宪法》的设计开始。美国《宪法》的设计首先把人,尤其是政府官员甚至总统看成恶人和小人,即使当时大家心目中的总统人选华盛顿被认为是一个值得信赖的人。因此,美国《宪法》正是围绕着如何通过一套法律制度来严防死守政府官员的作恶而设计的。总之,

> 人性本恶不仅是经济学中"经济人"假设的基础,同时也是近代西方社会普遍的认识。

由于政府本身也是由人组成的,因此,基于人性本恶之理念,西方社会普遍存在着对政府的不信任,这在知识界尤为普遍,甚至成为一种"政治正确",从而,

> 限制政府的权力、"把政府的权力关进笼子"等也就成为西方主流社会的价值观和文化。

这样一种价值观和文化也必然影响着经济学的研究。

(二) 新古典的作用

西方主流价值观和文化对经济学的影响首先体现在对经济学研究对象的设定上。经济学长期以来被认为是研究市场如何有效配置资源的学科。这样一种"先入为主"(市场能够有效配置资源)的研究范式显然意味着经济学受到了前文所述的西方主流社会的价值观和文化的影响。试想,如果市场不能有效配置资源,那么政府对经济的干预也就变得合情合理了。而这必然与西方社会普遍存在的对政府的不信任、限制政府的权力和"把政府的权力关进笼子"的价值观相冲突。因此,承载着西方主流价值观的经济学家们根本无法接受市场不能有效配置资源的观点。新古典经济学就是为了论证市场能有效配置资源(有效配置论)而诞生和发展起来的。

为了论证"有效配置论",经济学家们首先需要一个巨大的思想靠山。被封为"经济学鼻祖"的亚当·斯密无疑是最佳人选。尽管斯密从来没有研究过资源配置问题,经济学家们还是在斯密的《国富论》中发现了那句关于"看不见的手"的至理名言。又恰好,对于"看不见的手",因其伦理上的缺陷,斯密不愿过多提及,也觉得没有必要做解释("看不见的手"在当时是家喻户晓的文学名词),这就使得急于寻证的经济学家们如获至宝,硬是将斯密并不敬重的"看不见的手"说成是市场的资源配置机制。于是乎,"有效配置论"就莫名其妙地被公认为源自斯密的"看不见的手"这一早期思想。

然而,寻找思想靠山仅仅是第一步。为了使"有效配置论"成为一个能够被普遍接受的

信仰,还必须从学术上进行论证。当然,这样的论证绝非易事——因为现实中根本就不存在能够有效配置资源的市场经济。唯一可能的做法就是虚构一个与现实完全脱节的市场经济,于是,完全竞争的市场经济就被制造了出来,并被推向了经济学学术殿堂的中心。不仅如此,那些天才的数学家们也参与其中,用极为复杂和高深的数学方法,"严格论证"了"有效配置论"。这给人造成了一种高深莫测的感觉,从而在许多不明真相、对经济学和数学一知半解的人看来,"有效配置论"已经通过了严格的数学推演,得到了"科学"的论证。

(三) 凯恩斯和异端经济学家们的勇气和坚持

然而,真相或许会迟到,却从来不会缺席。完全竞争的市场经济始终就是假象:它既不会在现实中出现,也不可能被参照构建出来;而非完全竞争下市场经济的真相,即市场在资源配置方面一次又一次的失灵和错配从来就没有缺席过。对斯密那只"看不见的手"的真意的遮蔽和曲解总有一天将大白于天下。

我们需要感谢凯恩斯,感谢那些非主流甚至在西方世界被看作异端的经济学家们,感谢他们的勇气和坚持,他们(当然也包括本书作者)的努力为我们揭示了市场在资源配置方面的如下失灵:

第一,一般情况下,市场并非处于供给和需求的出清,相反,产能过剩才是常态;

第二,市场是内生不稳定的,由此给经济体带来无休无止的波动、失业和经济危机,如马克思所言,经济危机是资本主义挥之不去的噩梦;

第三,市场也常常不能在关键领域(如基础设施等公共品领域和存在巨大不确定性及风险的创新领域)配置足够的资源,从而使经济常常陷入某种陷阱,如中等收入陷阱或贫困陷阱等;

第四,市场会带来贫富分化,甚至会引发一定的道德伦理风险。

然而,由于凯恩斯主义所提倡的政府干预与西方主流社会的价值观和文化是格格不入的,因此它也频频受到西方学术界的挑战。西方主流经济学界对凯恩斯主义经济学的最大批评就是所谓的微观基础。与新古典经济学相比,缺乏微观基础也许是传统凯恩斯理论最为脆弱的软肋。然而,传统凯恩斯理论缺乏微观基础并不意味着其微观基础不存在,只是我们还没有发现或建立它。本书的一些研究表明:凯恩斯主义经济学的微观基础是可以建立起来的。

(四) 坚持市场经济和克服市场的盲目性

尽管市场经济不断地失灵,但由于市场经济也为我们提供着高能激励,因此,即使市场经济因参与者各自活动的无序、不协调、预期的不准确和不顾及社会利益等造成了经济资源的错配和浪费,甚至引发了大量的道德风险,但它却也一直激励着人们更加勤奋工作以创造财富。市场的这种激励机制是市场经济真正的魅力所在。正因为如此,我们仍然需要市场经济,就中国而言,仍然需要坚持改革开放,坚决纠正各种错误观点——特别是考虑到当前中国的国力还不够强大、人民的生活水平还有待进一步提高以及中国所面临的国际环境越来越复杂和严峻。

必须说明的是,坚持市场经济也必然意味着要坚持让市场在资源配置中起决定性作用。

试想,如果不让市场在资源配置中起决定性作用,那么市场的激励机制也就无从发挥作用。然而,由于市场常常错配资源,同时也给人们带来一定程度的生存压力,因此我们在坚持市场经济的同时,也应坚持政府对市场经济的合理介入。政府介入的目的在于以下几个方面:第一,弥补市场在资源配置上的失灵;第二,为社会提供足够的社会保障,以减少市场参与者的生存压力,使他们能更勇敢地面对风险,更积极地投身于创新等经济活动中去。尽管现实中政府的介入并不一定都合理,政府通常也会犯错,如介入过度和在介入过程中产生腐败等,但没有政府介入的市场经济一定不会成功。从这个意义上说,社会主义市场经济远比自由竞争(或资本主义)的市场经济具有更大的优越性。正如习近平在党的十八届三中全会上所指出的:

> 让市场在资源配置中起决定性作用,同时要更好发挥政府作用。经过改革实践,我们认识到,绝不能不克服市场的盲目性,也绝不能回到计划经济的老路上去。要努力将市场的作用和政府的作用结合得更好一些,这是一个止于至善的过程。①

总之,中国过去四十多年所取得的成就是因为坚持了中国特色的社会主义市场经济,这也将是我们今后坚定不移的发展道路!

讨论与小结

经济学在对市场经济的研究中普遍关注和偏爱的是市场的资源配置机制,这样一种偏爱在很大程度上是受斯密"看不见的手"的影响。在经济学界,"看不见的手"常常被认为是资源的配置机制,即市场的价格调整在"看不见的手"的引导下,调剂着资源的配置。如果将斯密"看不见的手"看成是资源的配置机制,则斯密的"看不见的手"的名言必然会导致有效配置论。然而,斯密"看不见的手"真的是指资源的配置机制吗?

英国的经济学家罗斯柴尔德通过考察斯密同时代的诸多英国文学作品发现,"看不见的手"在当时是一个非常流行的文学名词,它无一例外地代表着阴冷、血淋淋和罪恶。她认为,斯密无疑是熟知这些文学作品的。在她看来,正是由于"看不见的手"在斯密那个年代是一个家喻户晓的不光彩的概念,因此斯密既无须对其进行解释,也不愿过多地提及它。总之,"看不见的手"对斯密而言是一个重要的、有意义的经济学概念,但却不是一个光彩的、值得大书大写的经济学概念。然而,罗斯柴尔德并没有具体告诉我们这只血淋淋的罪恶之手到底是什么。

然而,我们的研究发现:隐藏在斯密所描述的推动国民财富增长的机制背后的驱动力并非产生于市场的资源配置机制(或价格的调整机制),而是产生于由资本主义独特产权关系所带来的生存胁迫式的激励机制——这才是那只真正的"看不见的手"!也是资本主义的秘密!

中国的改革开放也是一种产权制度的改革,这种改革通过释放人性激活人们追逐美好

---

① https://cbgc.scol.com.cn/news/291427,访问日期:2021年7月20日。

生活的欲望,通过市场和生存竞争压力激活组织和个体的竞争活力,通过价值的自我实现机制激发人们参与经济活动的积极性。激励机制的改革是典型的中国故事,小岗村的故事实际上就是激励机制的故事。这种激励人性、释放活力的激励机制是中国经济高速增长奇迹的根本性动因,也是市场经济真正的魅力。

正是由于市场经济所能提供的这种高能激励,我们仍然需要坚持市场经济,坚持改革开放。坚持市场经济也必然意味着坚持让市场在资源配置中起决定性作用,否则市场的高能激励也无从发挥。然而,在我们坚持市场经济的同时,也应坚持政府对市场经济的合理介入,以克服市场的盲目性。

思考题

1. 在经济学界,"看不见的手"常常被认为是资源的配置机制,如果将斯密"看不见的手"看成是资源的配置机制,则为什么斯密的"看不见的手"的名言必然会导致有效配置论?

2. "看不见的手"在《国富论》中出现过几次?在斯密一生的论著中出现过几次?又有几次与经济学有关?斯密对"看不见的手"到底指什么有过解释吗?

3. 请简单介绍罗斯柴尔德对斯密"看不见的手"的考证。

4. 什么是"'看不见的手'的思想"?什么是"'看不见的手'的原理"?"'看不见的手'的思想"是斯密首先提出的吗?

5. 请简单介绍《国富论》的基本结构和思想。《国富论》是研究资源配置的吗?

6. 请简单介绍"竞争性地租""圈地运动"和"排他性的私有产权制"。

7. 请解释为什么"看不见的手"是指由资本主义独特产权关系所带来的生存胁迫式的激励机制。

8. 为什么传统的计划经济无激励机制?

9. 请解释中国的改革开放是如何给经济社会带来高能激励的。

10. 市场经济真正的魅力是什么?是其资源配置机制的功能还是其激励机制的功能?为什么?

11. 我们已经知道市场常常错配资源,但为什么仍然需要让市场在资源配置中起决定性作用?

参考文献

Abbas, S. M. et al. (2010): A Historical Public Debt Database, IMF Working Paper, WP/10/245.

Acemoglu, D., P. Aghion and F. Zilibotti (2006): Distance to Frontier, Selection, and Economic Growth, *Journal of the European Economic Association*, Vol.4, No.1, 37—74.

Acemoglu, D., S. Johnson and J. A. Robinson (2001): The Colonial Origins of Comparative Development: An Empirical Analysis, *American Economic Review*, Vol.91, 1369—1401.

Altig, D. et al. (2011): Firm-specific Capital, Nominal Rigidities and the Business Cycle, *Review of Economic Dynamics*, Vol.14(2), 225—247.

Arrow, K. J. and F. H. Hahn (1971): *General Competitive Analysis*, San Francisco: Holden-Day.

Arrow, K. J. and G. Debreu (1954): Existence of an Equilibrium for a Competitive Economy, *Econometrica*, Vol.22, 265—290.

Arrow, K. J. (1962): The Economic Implication of Learning by Doing, *The Review of Economic Studies*, Vol.29, 155—173.

Atkinson, R. D. (2014): Understanding the U.S. National Innovation System, *The Information Technology and Innovation Foundation*, June, 1—27.

Azariadis, C. (1996): The Economics of Poverty Traps Part One: Complete Markets, *Journal of Economic Growth*, Vol.1, 449—486.

Bank for International Settlements (2013): International Banking and Financial Market Developments, *BIS Quarterly Review*, December.

Barro, R. J. and X. Sala-I-Martin (1992): Public Finance in Models of Economic Growth, *Review of Economic Studies*, Vol.59, 645—661.

Barro, R. J. and X. Sala-I-Martin (1995): *Economic Growth*, New York: McGraw Hill.

Barro, R. J. (1997): *Macroeconomics*, 5th edition, Cambridge: MIT Press.

Barro, R. J. (2016): Economic Growth and Convergence, Applied Especially to China, NBER Working Paper No.21872.

Barro, R. J. and H. I. Grossman (1971): A General Disequilibrium Model of Income and Employment, *American Economic Review*, Vol.61, 82—93.

Baumol, W. J. (1958): Activities in One Lesson, *American Economic Review*, Vol. LXVIII, 837—873.

Baumol, W. J. (1972): *Economic Theory and Operations* Analysis, 3rd edition, Englewood Cliffs: Prentice—Hall Inc.

Beaudry, P., D. Galizia and F. Portier (2020): Putting the Cycle Back into Business Cycle Analysis, *American Economic Review*, Vol. 110 (1), 1—47.

Becker, G. (1975): Human Capital: *A Theory and Empirical Analysis with Special Reference to Education*, Chicago: University of Chicago Press.

Bemanke, B., M. Gertler and S. Gilchrist (1996): The Financial Accelerator and the Flight to Quality, *The Review of Economics and Statistics*, Vol.78, No.1, 1—15.

Ben-David, D. (1998): Convergence Clubs and Subsistence Economies, *Journal of Development Economics*, Vol.55, 155—171.

Ben-Porath, Y. (1967): The Production of Human Capital and the Life Cycle of Earnings, *Journal of Political Economy*, Vol.75, 353—359.

Benassy, J. P. (1975): Neo-Keynesian Disequilibrium Theory in a Monetary Economy, *Review of Economic Studies*, Vol.42, 502—523.

Benassy, J.P. (1982): *Economics of Market Disequilibrium*, New York: Academic Press.

Bernanke, B. and M. Gertler (1989): Agency Costs, Net Worth, and Business Fluctuations, American Economic Review, Vol.79, No.1, 14—31.

Blanchard, O.J. (2000): *Macroeconomics*, 2nd edition, New York: Prentice Hall.

Bloom, D. E., D. Canning and J. Sevilla (2003): Geography and Poverty Traps, *Journal of Economic Growth*, Vol.8(4), 355—378.

Bordo, M. (1995): Is There a Good Case for a New Bretton Woods International Monetary System, *American Economic Review*, Vol. 85, No. 2, 317—322.

Bradley, M., G.A. Jarrell and E. Kim (1984): On the Existence of an Optimal Capital Structure: Theory and Evidence, *Journal of Finance*, Vol.39, No.3, 857—878.

Buttiglione, L. et al. (2014): Deleveraging, What Deleveraging? Geneva Report on the World Economy, No. 16.

Calvo, G.A. (1983): Staggered Contracts in a Utility Maximization Framework, *Journal of Monetary Economics*, Vol.12, 383—398.

Christiano, L.J., M. Eichenbaum and C.L. Evans (2005): Nominal Rigidities and the Dynamics Effects of a Shock to Monetary Policy, *Journal of Political Economy*, Vol.113, 1—45.

Christiano, L.J. and M. Eichenbaum (1992): Current Real Business Cycle Theories and Aggregate Labor Market Fluctuation, *American Economic Review*, Vol.82(3), 431—472.

Coase, R. H. (1994): *Essays on Economics and Economists*, Chicago: University of Chicago Press.

Clarida, R., J. Galí and M. Gertler (1999): The Science of Monetary Policy: A New Keynesian Perspective, *Journal of Economic Literature*, Vol. 37, 1661—1707.

Clower, R. W. (1965): The Keynesian Counter Revolution: A Theoretical Appraisal, in F. H. Hahn and F. P. R. Brechling eds., *The Theory of Interest Rates*, London: Macmillan.

Debreu, G. (1959): *Theory of Value*, New York: Wiley.

Eichengreen, B., D. Park and K. Shin (2012): When Fast-growing Economies Slow Down: International Evidence and Implications for China, *Asian Economic Papers*, Vol.11(1), 42−87.

Eichengreen, B., D. Park and K. Shin (2013): Growth Slowdowns Redux: New Evidence on the Middle-income Trap, National Bureau of Economic Research.

Fair, R. (2000): Testing the NAIRU Model for the United States, *The Review of Economics and Statistics*, Vol.82(1), 64−71.

Fama, E. (2010): Interview with Eugene Fama, http://www.newyorker.com/online/blogs/johncassidy/2010/01/interview-with-eugene-fama.html.

Feenstra, R.C., R. Inklaar and M.P. Timmer (2013): The Next Generation of the Penn World Table, available for download at www.ggdc.net/pwt.

Fischer, E.O., R. Heinkel and J. Zechner (1989): Dynamic Capital Structure Choice: Theory and Tests, *The Journal of Finance*, Vol.44(1), 19−40.

Fischer, I. (1907): *The Rate of Interest*, New York: Macmillan.

Fisher, I. (1933): The Debt-deflation Theory of Great Depressions, *Econometrica*, Vol. 1, No. 4, 337−357.

Flaschel, P., G. Gong and W. Semmler (2001): A Keynesian Econometric Framework for Studying Monetary Policy Rules, *Journal of Economic Behavior and Organization*, Vol.46, 101−136.

Flaschel, P., G. Gong and W. Semmler (2002): A Macroeconometric Study on Monetary Policy Rule, Geman and EMU, *Jahrbuch fur Wirtschaftswissenschaften*, Vol. 53, 1−31.

Fleming, J.M. (1962): Domestic Financial Policies under Fixed and Floating Exchange Rate, IMF Staff Papers, Vol. 9, 369−379.

Freeman, C. (1995): The National System of Innovation in Historical Perspective, *Cambridge Journal of Economics*, Vol.92, Issue 1, 5−24.

Friedman, M. (1969): *The Optimum Quantity of Money and Other Essays*, Chicago: Aldine.

Frisch, R. (1933): *Propagation and Impulse Problems in Dynamic Economics, Economic Essays in Honor of Gustav Cassel*, London: Allen and Unwin.

Fischer, E. O., R. Heinkel, and J. Zechner (1989): Dynamic Capital Structure Choice: Theory and Tests, *The Journal of Finance*, Vol. 44(1), 19−40.

Galbraith, J.K. (1985): *New Industrial State*, 4th edition, Boston: Houghton Mifflin Company.

Gale, D. (1989): *The Theory of Linear Economic Models*, Chicago: The University of Chicago Press.

Gale, D. and M. Hellwig (1985): Incentive-compatible Debt Contracts: The One-period Problem, *The Review of Economic Studies*, Vol. 52, No. 4, 647−663.

Galor, O. and O. Moav (2002): Natural Selection and the Origin of Economic Growth, *The Quarterly Journal of Economics*, Vol. 117, No. 4, pp. 1133−1191.

Galor, O. and D. N. Weil (2000): Population, Technology, and Growth: From Malthusian Stagnation to the Demographic Transition and Beyond, *The American Economic Review*, Vol. 90, No. 4, 806−828.

Gao, Y. and G. Gong (2020): Stabilizing and Destabilizing Mechanism: A New Perspective to Understand Business Cycles, *Economic Modelling* (forthcoming).

Gertler, M., J. Gali and R. Clarida (1999): The Science of Monetary Policy: A New Keynesian Perspective, *Journal of Economic Literature*, Vol. 37(4), 1661−1707.

Ghosh, S. and R. Nanda (2010): Venture Capital Investment in the Cleantech Sector, Harvard Business School Working Paper, 11−20.

Gill, I. S., H. J. Kharas and D. Bhattasali (2007): *An East Asian Renaissance: Ideas for Economic Growth*, Washington D.C.: World Bank Press.

Gong, G. (2001): Irregular Growth with Excess Capacity, *Metroeconomic*, Vol. 52, 428−448.

Gong, G. (2005): Modeling Stabilization Policy in a Financially Unstable Economy, *Metroeconomic*, Vol. 56, 281−304.

Gong, G. (2006): Endogenous Technical Change: An Evolution from Process Innovation to Product Innovation, in T. Asada and T. Ishikawa eds., *Time and Space in Economics*, Tokyo: Springer Verlag.

Gong, G. (2012): *Contemporary Chinese Economy*, New York: Routledge Press.

Gong, G. (2013): Growth and Development in a Harrodian Economy: With Evidence from China, *Metroeconomica*, Vol. 64(1), 73−102.

Gong, G. (2016): Two Stages of Economic Development, ADBI Working Paper 628, available at SSRN: https://ssrn.com/abstract=2893418 or http://dx.doi.org/10.2139/ssrn.2893418.

Gong, G., A. Greiner and W. Semmler (2004a): Endogenous Growth: Estimating the Romer Model for the U.S. and Germany, *Oxford Bulletin of Economics and Statistics*, Vol. 66, 147−164.

Gong, G., A. Greiner and W. Semmler (2004b): The Uzawa-Lucas Model without Scale Effects: Theory and Empirical Evidence, *Structural Change and Economic Dynamics*, Vol. 15, 401−420.

Gong, G. and J. Y. Lin (2008): Deflationary Expansion: A Overshooting Perspective to the Recent Business Cycles in China, *China Economic Review*, Vol. 19, 1−17.

Gong, G. and W. Semmler (2006): *Stochastic Dynamic Macroeconomics: Theory, Nu-

merics, and Empirical Evidence, New York: Oxford University Press.

Goodwin, R.M.(1951): The Nonlinear Accelerator and the Persistence of Business Cycles, *Econometrica*, Vol.19, 1—17.

Gordon, H.S.(1968): Laissez-faire, in L.S.David ed., *International Encyclopedia of the Social Sciences*, Vol.8, New York: Macmillan.

Grampp, W.D.(1948): Adam Smith and the Economic Man, *Journal of Political Economy*, Vol.56, 315—336.

Grampp, W.D.(2000): What Did Smith Mean by the Invisible Hand? *Journal of Political Economy*, Vol.108, No.3, 441—465.

Greiner, A., W.Semmler and G.Gong (2005): *The Forces of Economic Growth: A Time Series Perspectives*, Princeton: Princeton University Press.

Grossman, G.M. and A.B.Kruger(1991): Environmental Impacts of A National American Free Trade Agreement, NBER Working Paper, No.3914.

Hahn, F.H.(1982): Reflections on the Invisible Hand, *Lloyds Bank Review*, No.144, 1—21.

Hahn, F.H. and R.C.O.Matthews(1964): The Theory of Economic Growth: A Survey, *Economic Journal*, Vol.74, 779—902.

Han, X.H. and S.J.Wei(2015): Re-examining the Middle-income Trap Hypothesis: What to Reject and What to Revive, ADB Working Paper Series.

Harrod, R.F.(1939): An Essay in Dynamic Theory, *The Economic Journal*, Vol.49(193), 14—33.

Hicks, J.R.(1937): Mr. Keynes and the Classics: A Suggested Interpretation, *Econometrica*, Vol. 5, 147—159.

Hicks, J.R.(1950): *A Contribution to the Theory of the Trade Cycle*, Oxford: Clarendon Press.

Hicks, J.R.(1980): IS-LM: An Explanation, *Journal of Post Keynesian Economics*, Vol. 3, Winter, 139—154.

Jalan, J. and M.Ravallion(2002): Geographic Poverty Traps? A Micro Model of Consumption Growth in Rural China, *Journal of Applied Econometrics*, Vol.17(4), 329—346.

Jones, C.(1995): R&D-based Models of Economic Growth, *Journal of Political Economy*, Vol.103, 759—784.

Kaldor, N. (1940): A Model of the Trade Cycle, *The Economic Journal*, Vol.50(197), 78—92.

Kaldor, N.(1961): Capital Accumulation and Economic Growth, in F.A.Lutz and D.C.Hague ed., *The Theory of Capital*, New York: St.Martin's Press.

Kalecki, M. (1937a): A Theory of the Business Cycle, *The Review of Economic Studies*, Vol. 4(2), 77—97.

Kalecki, M. (1937b): The Principle of Increasing Risk, Economica, Vol. 4, No. 16, 440—447.

Keynes, J.M. (1936): *The General Theory of Interest, Employment and Money*, London: Macmillan Press.

Kindleberger, C.P. (2005): *Manias, Panics, and Crashes: A History of Financial Crises*, 5th edition, New Jersey: John Wiley & Sons Press.

King, R.G., C.I.Plosser and S.T.Rebelo (1988a): Production, Growth and Business Cycles I: The Basic Neo-classical Model, *Journal of Monetary Economics*, Vol.21, 195—232.

King, R.G., C.I.Plosser and S.T.Rebelo (1988b): Production, Growth and Business Cycles II: New Directions, *Journal of Monetary Economics*, Vol.21, 309—341.

King, R.G. and S.T.Rebelo (1999): Resuscitating Real Business Cycles, in J.Taylor and M.Woodford ed., *Handbook of Macroeconomics*, Vol.I, New York: Elsevier Science.

Kiyotaki, N. and J. Moore. (1995): Credit Cycles, NBER Working Paper No.5083.

Kiyotaki, N. and M. John (1995): Credit Cycles, NBER Working Paper No.5083.

Kiyotaki, N. and R. Wright (1993): A Search-theoretic Approach to Monetary Economics, *American Economic Review*, Vol.83, 63—77.

Klein, M. W. and E. Rosengren (1994): The Real Exchange Rate and Foreign Direct Investment in the United States: Relative Wealth vs. Relative Wage Effects, *Journal of International Economics*, Vol. 36, Issues 3—4, 373—389.

Knight, F.H. (1947): *Freedom and Reform: Essays in Economics and Social Philosophy*, New York: Harper.

Koopman, T. C. (1951): Analysis of Production as an Efficient Activities, in T. C. Koopman ed: *Activity Analysis of Production and Allocation*, New York: Wiley.

Kraay, A. and C.Raddatz (2007): Poverty Traps, Aid, and Growth, *Journal of Development Economics*, Vol.82, 315—347.

Kraay, A. and D. Mckenzie (2014): Do Poverty Traps Exist? *Social Science Electronic Publishing*, Vol.28, 127—148.

Krugman, P. and M. Obstfeld (2006): *International Economics: Theory and Policy*, 7th edition, New York: Pearson Education, Inc.

Kuznets, S. (1955): Economic Growth and Income Inequality, *American Economic Review*, Vol.45, 1—28.

Kydland, F. E. and E. C. Prescott (1977): Rules Rather Than Discretion: The Inconsistency of Optimal Plans, *The Journal of Political Economy*, Vol. 85, 473—492.

Kydland, F.E. and E.C. Prescott (1982): Time to Build and Aggregate Fluctuation, *Econometrica*, Vol.50, 1345—1370.

Laeven, L. and F. Valencia (2008): Systemic Banking Crises: A New Database, IMF Working Paper No. 61.

Lewis, S.A. (1954): Economic Development with Unlimited Supplies of Labour, *The*

Manchester School,Vol.22,139—191.

Lin, J. Y. (2000): The Current Deflation in China: Causes and Policy Options, *Asian Pacific Journal of Economics and Business*, Vol. 4, No. 2, 4—21.

Lin, J. Y. (2004): Is China's Growth Real and Sustainable? *Asian Perspective*, Vol. 28, No. 3, 5—29.

Long, J. B. and C. I. Plosser (1983): Real Business Cycles, *Journal of Political Economy*, Vol. 91, 39—69.

Lucas, R. E. (1988): On the Mechanism of Economic Development, *Journal of Monetary Economics*,Vol.22,3—42.

Ma,Guonan and S. C. F. Ben(2002):China's Asset Management Corporations, BIS Working Papers No. 115.

Mankiw, N.G.(1985):Small Menu Cost and Large Business Cycles: A Macroeconomic Model, *Quarterly Journal of Economics*,Vol.100,529—538.

Mankiw, N.G. (1990): A Quick Refresher Course in Macroeconomics, *Journal of Economic Literature*, Vol.27,1645—1660.

Mankiw, N. G. (1997): *Macroeconomics*, 3rd edition, New York:Worth Publishers.

Mazzucato, M.(2018): *The Entrepreneurial State, Debunking Public vs. Private Sector Myths*, London:Penguin.

Meysonnat, A., J.Muysken and A.Zon(2015):Poverty Traps: The Neglected Role of Vitality, United Nations University Working Papers No.052.

Miller,M.H.(1977): Debt and Taxes, *Journal of Finance*,Vol.32,No.2,261—275.

Minsky, H. P. (1986): *Stabilizing an Unstable Economy*, New Haven: Yale University Press.

Minsky,H.P.(1971): Financial Instability Revisited: The Economics of Disaster, in Fundamental Reappraisal of the Discount Mechanism, the Board of Governors of the Federal Reserve System.

Minsky,H.P.(1975):*John Maynard Keynes*, New York: Columbia University Press.

Modigliani,F. (1986): Life Cycle, Individual Thrift, and the wealth of the Nations, *American Economic Review*, Vol. 76, 297—313.

Modigliani,F.and M.H.Miller (1958):The Cost of Capital, Corporation Finance and the Theory of Investment, *American Economic Review*,Vol.48,No.3,261—297.

Modigliani, F. and M. H. Miller (1963): Corporate Income Taxes and the Cost of Capital: A Correction, *American Economic Review*,Vol.53,No.3,433—443.

Mundell, R. A. (1960): The Monetary Dynamics of International Adjustment under Fixed and Flexible Exchange Rate, *Quarterly Journal of Economics*, Vol. 74, 227—257.

Mundell, R. A. (1963): Capital Mobility and Stabilization Policy under Fixed and Flexible Exchange Rates, *Canadian Journal of Economics and Political Science*, Vol. 29, 475—485.

Muth, J. F. (1961): Rational Expectations and the Theory of Price Movements, *Econometrica*, Vol.29, Issue 3. 315—335.

Nell, E.J. (1980): Competition and Price—taking Behavior, in E.J.Nell ed., *Growth, Profit and Property*, Cambridge: Cambridge University Press.

Nelson, R. (1956): A Theory of the Low—level Equilibrium Trap in Underdeveloped Economies, The *American Economic Review*, Vol.46(5), 894—908.

Nelson, R. R. and S. G. Winter (1982): *Evolutionary Theory of Economic Change*, Cambridge: Harvard University Press.

OECD (1997): *National Innovation Systems*, Paris: OECD Press.

OECD (2004): Economic Outlook Database, https://www.oecd—ilibrary.org/

OECD (2019): *Economic Outlook Database*, Paris: OECD Press.

Ohno, K. (2009): Overcoming the Middle Income Trap: The Challenge for East Asian High Performers, Working Paper, presented at WB Conference.

Okun, A.M. (1962): Potential GNP: Its Measurement and Significance, Proceedings of the Business and Economics Statistics Section, American Statistical Association, Vol.7, 98—104.

Oliner, S.D. and G.D. Rudebusch (1996): Is There a Broad Credit Channel for Monetary Policy, *Federal Reserve Bank of San Francisco Economic Review*, No.1, 4—13.

Panayotou, T. (1993): Empirical Tests and Policy Analysis of Development, ILO Technology and Employment Program Working Paper WP238.

Pavitt, P. (1984): Sector Pattern of Change, *Research Policy*, Vol.13, 343—373.

Phillips, A. W. (1958): The Relationship between Unemployment and the Rate of Change of Money Wage in the United Kingdom, 1861—1957, *Economica*, Vol.25, 283—299.

Pierrakis, Y. (2010): Venture Capital: Now and After the Dotcom Crash, NESTA Research Report.

Rawski, T. R. (2002): 近年来中国GDP增长核算: 目前的状态, 《经济学季刊》第2卷第1期, 53—62。

Rebelo, S. (2005): Real Business Cycle Models: Past, Present and Future, *The Scandinavian Journal of Economics*, Vol.107(2), 217—238.

Romer, C. D. (2009): Lessons from the Great Depression for Economic Recovery in 2009, To be presented at the Brookings Institution, Washington, D.C., March 9th.

Romer, P. M. (1986): Increasing Returns and Long-run Growth, *Journal of Political Economy*, Vol.94, 1002—1037.

Romer, P.M. (1990): Endogenous Technological Change, *Journal of Political Economy*, Vol.98(5), 71—102.

Rotemberg, J. (1982): Sticky Prices in the United States, *Journal of Political Economy*, Vol.90, 1187—1211.

Rotemberg, J. and M. Woodford (1997): An Optimization-based Econometric Framework for the Evaluation of Monetary Policy, *NBER Macroeconomics Annual*, Vol. 12, 297—361.

Rothschild, E.(1994a): Adam Smith and the Invisible Hand, *American Economic Review: Paper and Proceeding*, Vol.84, No.2, 319—322.

Rothschild, E.(1994b): Bloody and the Invisible Hand, Centre for History and Economics, Discussion Paper, Kings College, Cambridge University.

Sachs, J.D., J.W. McArthur and G. Schmidt-Traub (2004): Ending Africa's Poverty Trap, *Brookings Papers on Economic Activity*, Vol.1, 117—240.

Samulson, P. and R. Solow (1960): Analytical Aspects of Anti-inflation Policy, *American Economic Review*, Vol. 50, 177—194.

Scherer, F.M.(1984): *Innovation and Growth: Schumpeterian Perspectives*, Cambridge: MIT Press.

Schultz, P.T. (2004): Human Resources in China: The Birth Quota, Returns to Schooling, and Migration, *Pacific Economic Review*, Vol.9, 245—267.

Schumpeter, J.A. (1934): *The Theory of Economic Development: An Inquiry into Profits, Capital, Credit, Interest, and Business Cycle*, Cambridge: Harvard University Press.

Sen, A.(1967): Introduction, in A.Sen ed., *Growth Economics*, Harmondsworth: Penguin Books Ltd.

Slutsky, E.E. (1937): The Summation of Random Causes as the Source of Cyclical Processes, *Econometrica*, Vol.5, 105—146.

Solow, R.M. (2003): General Comments on Part IV, In *Knowledge, Information and Expectation in Modern Macroeconomics*, Princeton: Princeton University Press.

Solow, R.M.(1956): A Contribution to the Theory of Economic Growth, *Quarterly Journal of Economics*, Vol.70, 65—94.

Solow, R.M.(1994): Perspectives on Growth Theory, *Journal of Economic Perspectives*, Vol.8, 45—54.

Steger, T.(2000): *Economic Growth with Subsistence Consumption, Transitional Dynamics and Economic Growth in Developing Countries*, New York: Springer.

Stiglitz, J.(2008): How to Get Out of the Financial Crisis, *Time Magazine*, Oct.17th.

Stokey, N.L. (1988): Learning by Doing and the Introduction of New Goods, *Journal of Political Economy*, Vol.96(4), 701—717.

Taylor, J.B. (1993): Discretion versus Policy in Practice, *Carnegie-Rochester Conference Series on Public Policy*, Vol.39, 195—214.

Taylor, J.B. (1999): Staggered Price and Wage Setting in Macroeconomics, in J.B. Taylor and M.Woodford eds., *Handbook of Macroeconomics*, Vol.I, New York: Elsevier Science.

Townsend, R.M. (1979): Optimal Contracts and Competitive Markets with Costly

State Verification, *Journal of Economic Theory*, Vol.21, No.2, 265–293.

Triffin, R.(1960): *Gold and the Dollar Crisis*, New Haven: Yale University Press.

Vandenbussche, J., P.Aghion and C.Meghir(2006): Growth, Distance to Frontier and Composition of Human Capital, *Journal of Economic Growth*, Vol.11, 97–127.

Walras, L.(1874): *Elements D'économie Politique Pure*, Lausanne: Corbaz.

Walsh, C.E.(2003): *Monetary Theory and Policy*, Cambridge: MIT Press.

Weintraub, E.R.(1977): The Micro-foundation of Macroeconomics: A Critical Survey, *Journal of Economic Literature*, Vol.15(1), 1–23.

Wicksell, K.(1898): *Interest and Prices*, English translation by R.F.Kahn, London: Macmillan, 1936.

Woo, W. T.(2009): Getting Malaysia Out of the Middle-income Trap, University of California at Davis, Working Paper.

Woodford, M.(2005): Firm-specific Capital and the New Keynesian Phillips Curve, *International Journal of Central Bank*, Vol. 1(2), 1–46.

Woodford, M. and C. E. Walsh(2005): Interest and Prices: Foundations of A Theory Of Monetary Policy, *Macroeconomic Dynamics*, 9(3), 462–468.

阿尔伯特·赫希曼(2015):《欲望与利益:资本主义胜利之前的政治争论》,杭州:浙江大学出版社。

艾伦·米克辛斯·伍德(2015):《资本主义的起源——一个更长远的视角》,北京:中国人民大学出版社。

蔡昉(2010):人口转变、人口红利与刘易斯转折点,《经济研究》第4期。

蔡昉、林毅夫(2003):《中国经济》,北京:中国财政经济出版社。

蔡洪斌(2011):社会流动性与中等收入陷阱,《企业观察家》第3期。

蔡昱、龚刚(2019):从畏死的恐惧看人的境况——三论节制欲望的共产主义和人类文明再启蒙,《学术界》第6期。

陈劲(2014):《国家创新蓝皮书——中国创新发展报告(2014)》,北京:社会科学文献出版社。

多恩布什,R.、费希尔,S.(1997):《宏观经济学》,北京:中国人民大学出版社。

冯兴元(2019):斯密眼中的"看不见的手",《深圳特区报》4月9日第B07版。

弗朗西斯·福山(2015):《政治秩序和政治衰败:从工业革命到民主全球化》,桂林:广西师范大学出版社。

甘道尔夫·贾恩卡洛(2006):《国际金融与开放宏观经济学》,上海:上海财经大学出版社。

龚刚(2004):实际商业周期:理论、检验与争议,《经济学季刊》第3卷第4期。

龚刚(2005a):积极财政政策宏观经济效益分析——基于宏观计量模型的研究,《数量经济与技术经济研究》第12期。

龚刚(2005b):《宏观经济学——中国经济的视角》,北京:清华大学出版社。

龚刚(2007):回归凯恩斯:写于《通论》发表70周年之际,《经济学季刊》第7卷第1期。

龚刚(2008):《当代中国经济——第三种声音》,北京:高等教育出版社。
龚刚(2009):回归哈罗德——发展中国家的增长与波动,《世界经济》第 4 期。
龚刚(2012):《宏观经济学:中国经济的视角(第二版)》,北京:清华大学出版社。
龚刚(2013):《人民币突围——走向强势货币》,北京:人民出版社。
龚刚(2016a):论经济学的多元化,《政治经济学报》第 6 卷。
龚刚(2016b):国企改革重在健全激励机制,《中国社会科学报》10 月 12 日。
龚刚(2017):《当代中国经济(第二版)》,北京:高等教育出版社。
龚刚(2019):理解中国特色的宏观调控,《观察者网》,https://www.guancha.cn/Gong-Gang/2019_03_08_492779.shtml。
龚刚(2020a):《高级宏观经济学:中国视角》,北京:北京大学出版社。
龚刚(2020b):进入"现代经济增长时期"后经济体将如何增长?——基于两阶段理论的研究,工作论文。
龚刚、蔡昱(2019a):市场能有效配置资源吗?《政治经济学季刊》第 4 期。
龚刚、蔡昱(2019b):市场能有效配置资源吗?《中国社会科学》内部文稿第 6 期。
龚刚、高坚、李炳念(2012):储备型汇率制度:发行非国际货币的发展中国家之选择,《经济研究》第 9 期。
龚刚、高阳(2013):理解商业周期——基于稳定与非稳定机制的视角,《经济研究》第 11 期。
龚刚、黄春媛、张前程等(2013):从技术引进走向自主研发——论新阶段下中国的经济增长方式,《经济学动态》第 5 期。
龚刚、林毅夫(2007):过度反应——中国经济缩长之解释,《经济研究》第 4 期。
龚刚、魏熙晔、杨学明等(2017):建设中国特色国家创新体系跨越中等收入陷阱,《中国社会科学》第 8 期。
龚刚、徐文舸、杨光(2016):债务视角下的经济危机,《经济研究》第 6 期。
龚刚、杨光(2013):消费与投资占 GDP 比例演变规律之研究,南开大学当代中国经济研究中心工作论文。
郭熙保、朱兰(2016):"中等收入陷阱"存在吗?——基于统一增长理论与转移概率矩阵的考察,《经济学动态》第 10 期。
国家审计署(2011):全国地方政府性债务审计结果(第 35 号公告)。
国家审计署(2013a):36 个地方政府本级政府性债务审计结果(第 24 号公告)。
国家审计署(2013b):全国政府性债务审计结果(12 月 30 日公告)。
国家统计局(2004):《中国统计年鉴:2003》,北京:中国统计出版社。
国家统计局(2007):《中国统计年鉴:2006》,北京:中国统计出版社。
国家统计局(2015):《2015 年中国统计年鉴》,北京:中国统计出版社。
国家统计局(2020):《中国统计年鉴:2020》,北京:中国统计出版社。
国务院(2015):关于提请审议批准 2015 年地方政府债务限额的议案(第十二届全国人民代表大会常务委员会第十六次会议)。
胡鞍钢、熊义志(2008):对中国科技实力的定量评估(1980—2004),《清华大学学报(哲学社会科学版)》第2期。

胡永泰(2011)：其他国家特别是东亚各国追赶型增长对中国的启示，"亚行一中国论坛，从中等收入到高收入之旅：中等收入转型的机遇与挑战"会议打印稿。

江时学(1996)：拉美进口替代工业化发展模式的演变，《拉丁美洲研究》第4期。

李稻葵(2019)：中国经济实践提供了经济学新知，《北京日报》7月22日。

李扬、张晓晶(2015)：《论新常态》，北京：人民出版社。

李扬、张晓晶、常欣(2015)：《中国国家资产负债表2015：杠杆调整与风险管理》，北京：中国社会科学出版社。

林毅夫(2003)：《技术创新、发展阶段与战略选择》，《经济参考报》9月3日。

林毅夫(2012a)：《繁荣的求索：发展中经济如何崛起》，北京：北京大学出版社。

林毅夫(2012b)：《新结构经济学：反思经济发展与政策理论框架》，北京：北京大学出版社。

林毅夫(2012c)：《解读中国经济》，北京：北京大学出版社。

林毅夫(2012d)：《本体与常无：经济学方法论对话》，北京：北京大学出版社。

林毅夫、蔡昉、李周(1999)：《中国的奇迹：发展战略与经济改革》，上海：上海人民出版社。

刘清平(2019)：试析斯密已经看见的那只看不见的手，《人文杂志》第4期。

刘世锦、徐伟(2011)："陷阱"还是"高墙"：中国经济面临的真实挑战与战略选择，《中国经济时报》6月19日。

楼继伟(2015)：国务院关于规范地方政府债务管理工作情况的报告，http://money.163.com/15/1223/14/BBHCVD4400254TI5.html。

马尔萨斯，T.(2012)：《人口原理》，北京：商务印书馆。

马凯、曹玉书(2002)：《计划经济体制向社会主义市场经济体制的转轨》，北京：人民出版社。

马晓河(2010)：迈过"中等收入陷阱"的需求结构演变与产业结构调整，《宏观经济研究》第11期。

米尔顿·弗里德曼、罗丝·弗里德曼(2013)：《自由选择》，北京：机械工业出版社。

聂文军(2006)：亚当·斯密"看不见的手"的伦理得失，《湖南文理学院学报(社会科学版)》第3期。

钱颖一(2002)：理解现代经济学，《经济社会体制比较》第2期。

钱颖一(2003)：《现代经济学与中国经济改革》，北京：中国人民大学出版社。

萨缪尔森，P.、诺德豪斯，W.(2012)：《经济学(第19版)》，北京：商务印书馆。

孙立平(2012)："中等收入陷阱"还是"转型陷阱"？，《开放时代》第3期。

堂目卓生(2008)：《解读亚当·斯密之＜道德情操论＞和＜国富论＞》，北京：求真出版社。

田国强(2005)：现代经济学的基本分析框架与研究，《经济研究》第2期。

王继华(2015)：浅析《国富论》中关于"看不见的手"的理论，《佳木斯职业学院学报》第8期。

温家宝(2011):关于当前的宏观经济形势和经济工作,《求是》第17期。

吴敬琏(2018):《中国经济改革进程》,北京:中国大百科全书出版社。

习近平(2013):在十八届中央政治局第九次集体学习时的讲话(2013年9月30日),载于中共中央文献研究室编《习近平关于科技创新论述编摘》,北京:中央文献出版社。

谢亚轩等(2011):《1980年代拉美债务危机的历史启示》,招商证券研究报告。

谢玉先、周军(2007):提高钢企竞争力是建设钢铁强国的根本途径——中国钢铁工业协会副会长、攀钢董事长、党委书记樊政炜谈中国由钢铁大国到钢铁强国的战略转变,《中国冶金报》2017年7月17日。

徐文舸(2013):解读美联储第四轮非常规货币政策,《国际金融》2013年第3期。

徐文舸(2015):"新常态"下的供给约束——我国农业剩余劳动力究竟还有多少?《人口与社会》第4期。

亚当·斯密(1759):《道德情操论》,北京:中央编译出版社。

亚当·斯密(1776):《国民财富的性质和原因的研究(上卷)》,上海:上海三联书店。

亚当·斯密(1776):《国民财富的性质和原因的研究(下卷)》,上海:上海三联书店。

姚建开(2008):论斯密"看不见的手",《中国人民大学学报》第4期。

姚洋(2011):《避免中等收入陷阱的"人力资本"视角,关注"中等收入陷阱"系列评论之二》,http://news.xinhuanet.com/comments/2011-08/12/c_121845867.htm。

易中天(2005):《美国宪法的诞生和我们的反思》,济南:山东画报出版社。

张五常(2009):《中国的经济制度》,北京:中信出版社。

张五常(2014):《经济解释卷四:制度的选择》,北京:中信出版社。

张志军(1999):看不见的手"的否定分析——马克思实现的经济学革命之一,《西南师范大学学报(哲学社会科学版)》第1期。

中共中央党史研究室(2013):正确看待改革开放前后两个历史时期——学习习近平总书记关于"两个不能否定"的重要论述,《人民日报》2013年11月8日。

中国科技论文统计与分析课题组(2015):2013年中国科技论文统计与分析简报,《中国科技期刊研究》第1期。

中国银监会(2009):《中国银行业监督管理委员会2008年报》。

周黎安(2007):中国地方官员的晋升锦标赛模式研究,《经济研究》第7期。

周其仁(2010):形成人民币汇率的市场特征——汇率与货币系列评论之二,《经济观察报》4月26日。

庄巨忠(2017):评论:缩小收入差距仍存挑战,《环球网》,http://world.huanqiu.com/hot/2017-01/9973914.html。

张德荣(2013):"中等收入陷阱"发生机理与中国经济增长的阶段性动力,《经济研究》第9期。

中国金融年鉴编写领导委员会(2010):《中国金融年鉴2009》,北京:中国金融年鉴杂志社。

教辅申请说明

北京大学出版社本着"教材优先、学术为本"的出版宗旨,竭诚为广大高等院校师生服务。为更有针对性地提供服务,请您按照以下步骤在微信后台提交教辅申请,我们会在1~2个工作日内将配套教辅资料发送到您的邮箱。

◎ 手机扫描下方二维码,或直接微信搜索公众号"北京大学经管书苑",进行关注;

◎ 点击菜单栏"在线申请"—"教辅申请",出现如右下界面:

◎ 将表格上的信息填写准确、完整后,点击提交;

◎ 信息核对无误后,工作人员会把教辅资源及时发送给您;如果填写有问题,工作人员会同您联系。

温馨提示:如果您不使用微信,您可以通过下方的联系方式(任选其一),将您的姓名、院校、邮箱及教材使用信息反馈给我们,工作人员会同您进一步联系。

我们的联系方式:

北京大学出版社经济与管理图书事业部

通信地址:北京市海淀区成府路205号,100871

电子邮件:em@pup.cn

电　　话:010－62767312/62757146

微　　信:北京大学经管书苑(pupembook)

网　　址:www.pup.cn